李晓波资助翻译出版

中国人民大学中国公益创新研究院推荐教材

非营利管理译丛
主编／康晓光　郭超

实现卓越筹款

第四版

Achieving Excellence in Fundraising

Fourth Edition

〔美〕尤金·坦普尔（Eugene R. Tempel）　〔美〕蒂莫西·塞勒尔（Timothy L.Seiler）
〔美〕德威特·伯林格姆（Dwight F. Burlingame）／编
王伊　刘洋／译　杨丽／审校

社会科学文献出版社
SOCIAL SCIENCES ACADEMIC PRESS (CHINA)

本书献给印第安纳大学基金会、印第安纳大学和校区的领导层、
捐赠人和资助者，以及具有坚定信念、大胆开创精神的
印第安纳大学礼来家族慈善学院教职员工

译者序

筹款是艺术还是科学？相信你在阅读《实现卓越筹款（第四版）》后将会得到答案。

1991 年，印第安纳大学慈善研究中心出版了《实现卓越筹款》第一版，筹款、慈善学和非营利管理专业教师将其作为教材来使用。2016 年，在印第安纳大学礼来家族慈善学院的协助下，《实现卓越筹款（第四版）》出版，书中纳入了近年来筹款领域的新研究和新观点，对第一版具有持续影响力的成果进行了更新和补充。本书囊括了印第安纳大学筹款学院首任院长汉克·罗索等学者在筹款领域的学术成就和工作成果，是一本较为全面的筹款领域学术及实践经验文集，作者多为礼来家族慈善学院的建设者、学院发展的见证人、从事慈善研究的教师和学院校友。

《实现卓越筹款（第四版）》共分为 8 个部分 37 章，8 个部分的主题分别为“筹款的慈善背景”（第 1~5 章）、“支持者：捐赠人的价值观”（第 6~16 章）、“筹款结构”（第 17~20 章）、“管理筹款流程”（第 21~25 章）、“劝募艺术”（第 26~30 章）、“志愿者参与”（第 31~33 章）、“伦理与问责”（第 34~35 章）、“筹款职业生涯”（第 36~37 章）。每一部分由若干篇与主题相关的文章组成，既包括该领域的学术研究成果，也包括相关的实践指南，整合了学者和筹款人的观点和看法，在理论与实践之间建立起了富有创造性的联系。

本书所强调的重点在于，在筹款事业中，筹款人并不是去“乞求”或“获得”捐赠品，也不是带有歉意地向捐赠人进行索取，而是要通过筹款前周密的计划、筹款中积极的联系互动与筹款后的及时反馈，邀请捐赠人加入这一令人肃然起敬的事业中。作为专业筹款人，应充分了解捐赠人的兴趣和意愿，教导人们体验“捐赠的喜悦”，并为自己所做的筹款事业感到自豪。与此同时，实现卓越的筹款，还需要强化筹款流程的管理和问责、加强志愿者的参与、严格遵守筹款专业人员的职业操守和伦理准则。

如同印第安纳大学礼来家族慈善学院院长阿米尔·帕西克在本书的序言中所说，读者“可以采取不同的方式来使用本版。它可以作为教材抑或是某一特定问题的参考书，也可以用于解决实践问题或伦理难题时的灵感源泉”。因此，无论是筹款专业的学生，还是刚刚开始职业生涯或已具有一定经验的筹款专业人员，抑或是慈善组织的管理者、志愿者，都能或多或少从本书中受益。

本书的翻译历时 9 个月，基于本书英文原版书所呈现的丰富内容，译者力争将这本书原汁原味地呈现给国内读者，希望能够为国内筹款领域的学者、实践者、教师和学生提供一本覆盖面相对齐全、筹款知识比较完善的参考书。同时，为确保读者能够更好地理解原著内容，针对原著中部分较为复杂的语句，我们采用中文进行了意译和解释，希望能够用简洁易懂的文字呈现本书的精华。除前言等部分外，本书第 9~21 章、第 31~34 章由王伊负责翻译，刘洋负责第 1~8 章、第 22~30 章、第 35~37 章的翻译。全书由王伊、刘洋共同统稿、核对。

非常感谢中国人民大学中国公益创新研究院院长康晓光教授给予译者的信任，以及郭超老师为译文审阅、校对所做的辛勤努力。虽然译者尽力而为，但水平有限，疏漏之处在所难免。恳请读者不吝赐教，提出宝贵的意见和建议。

序

保持与时俱进，持续更新传统，是机构拥有活力的标志。杰出的机构则会衍生出新的机构和传统，在蓬勃发展中不断彰显其多样性。《实现卓越筹款（第四版）》就体现了这一点。

本版中的新研究和新观点，对第一版编者汉克·罗索①具有持续影响力的成果进行了更新和补充。汉克用伦理的、令人愉悦而让人敬重的筹款专业视角，指引着慈善学的研究者和实践者。他在印第安纳波利斯创建的筹款学院后来发展成为印第安纳大学慈善研究中心，也就是如今的礼来家族慈善学院。学院成立40年来，他制定的课程大纲富有创造性地在学术研究成果和实践效果之间建立起联系。这种富有创造性的联系也在本版中有所体现，本版整合了学者和实践者的观点和看法，是十分难得的成就。

除了继承了汉克·罗索、罗伯特·佩顿（Robert Payton）、查尔斯·约翰逊（Charles Johnson）和与他们同时代的其他编者的学术成就，本版还包括了三位编者的工作成果。蒂莫西·塞勒尔（Timothy L. Seiler）在筹款学院任职20年，指导了众多热血青年加入在全球不

① 汉克·罗索（Hank Rosso），即亨利·罗索，汉克是昵称。——译者注

断发展的筹款专业行列。他致力于扩大筹款学院的品牌和影响力，执着地专注于知识和实践的整合。

尤金·坦普尔（Eugene R. Tempel）曾参与慈善研究中心的建设，25年间，他致力于将印第安纳大学建设为慈善研究的中心阵地，终于成立了世界上第一所慈善学院，并担任首任院长。作为一名他所说的“实践学者”，尤金成功地弥补了研究与实践之间的鸿沟，结合他在印第安纳大学多年的工作，本版得以孕育诞生。

德威特·伯林格姆（Dwight F. Burlingame）是本版的灵魂，也是应运而生的慈善学院的学术灵魂。他撰写了慈善研究方面的多部重要著作，指导了该领域的许多领导人，主编了一系列具有重要影响力的丛书，为研究者提供了平台，探究曾经蒙着神秘面纱的“捐赠和索取”的实践。

蒂莫西、尤金和德威特，他们三个人一道为全球慈善领域的实践者、组织创建者和研究者建立起了特别重要的网络节点。无论问起慈善领域的任何令人尊崇的捐赠人、筹款人和学者，总会发现他们的专业网络关系有一条主线指向本书的编者和他们在印第安纳大学做出的开创性工作。

如果你还没有与印第安纳大学建立起这样的联系，那么通过阅读本版，你马上就会与印第安纳大学紧密相连。

和第一版相比，本版已“整合为一部整体著作”。但是，你依然可以采取不同的方式来使用本版。它可以作为教材抑或是某一特定问题的参考书，也可以用于解决实践问题或伦理难题时的灵感源泉。

初学者将会在本书中学到关键的概念，本书为这些概念给出了清晰的解释，同时也会明确概念出现的语境，指出其意义和相关性。具有一定经历的专业人员可以专注本书中的当代研究，比如对共情的研究，证明捐赠的喜悦。同时也将会重温关系建设中历经时间考验的基本理论。慈善组织的领导者则会学习到成功的运营架构和全面筹款流程管理的指南。受托人和志愿者可以了解到，如何能够在组织中发挥最大的作用，如何能够使自己最有效地接受组织员工领导力的管理。我们要确信站在坚实的伦理基础上，总会从与困难的斗争中受益。此外，专业慈善内外的读者都希望对筹款人这一不断变革的专业定位及其职业生涯路径有进一步的了解。

最后，本版的完成，离不开那些将其专业知识和心血倾注于本版编写的教职员工和实践者的共同协作与努力。在你读完《实现卓越筹款》之后，欢迎你加入我们蓬勃发展的队伍，让我们能够保持激情，改变世界。

阿米尔·帕西克（Amir Pasic）

印第安纳大学礼来家族慈善学院院长

2015年5月

前　言

《实现卓越筹款（第四版）》是在汉克·罗索一生著作的基础上完成的。汉克一直有一个梦想，那就是高校能够提供科研教学和培训，从而奠定筹款专业化的基础。他在1991年出版了《实现卓越筹款》第一版，该版结合了学者和实践者的观点，使筹款人对他们的工作有更深入的了解，从而更好地开展工作。他所推崇的很多理论经过了研究的证实或进一步改良。筹款学院的长久发展，学院所教授的理论保持着活力，并且随着实践的发展不断改良，都不断印证了这一点。

前三版《实现卓越筹款》都是由印第安纳大学慈善研究中心支持出版的，1974年汉克创建的筹款学院也设在慈善研究中心。2012年，慈善研究中心的项目和研究机构，包括筹款学院，成为印第安纳大学礼来家族慈善学院的一部分。第四版的出版见证了慈善研究中心向礼来家族慈善学院的转变。

转型时期的里程碑之一就是学校继续致力于开展汉克创建筹款学院时的研究，并且提供相关的教育和培训课程。

对于一个非营利组织来说，最大的挑战就是使其创始人后继有人，筹款学院做到了这一点。如今，筹款学院成为礼来家族慈善学院一部分的时间，要比其作为独立学院所经历的时间还长。1974 年汉克和他的妻子多蒂（Dottie）建立了筹款学院。2014 年我们刚刚庆祝了学院 40 周年纪念。1987 年，筹款学院成为慈善研究中心的一部分。在汉克 1999 年去世之前，他一直是我们的顾问和导师。1996 年至 2015 年的 20 年间，蒂莫西·塞勒尔一直担任筹款学院院长职务。现任院长比尔·斯坦茨基维奇（Bill Stanczykiewicz）从 2015 年 6 月 29 日开始任职。

第四版体现了对最初的原则和理念的坚持。同时，它也反映出了慈善事业和筹款环境的变化、筹款工作方式的新发展以及对慈善事业和筹款不断加深的认识。这种认识的加深和知识的传播，都要归功于礼来家族慈善学院、美国以及全球的高校和研究机构的大力发展。

本版书的编者与汉克·罗索熟识。他们和汉克互动颇多，与汉克一起参加了多次研讨会，也了解汉克的理念。从其他意义上来讲，第四版是同样具有转折性的。如果《实现卓越筹款》要实现罗伯特·佩顿所预期的目标，即继续成为一本经典著作，它必须不仅要反映出筹款和慈善不断丰富的知识储备，更要被新一代的学者和实践者所接受。第四版已经向这个方向迈出了第一步。第四版的所有作者都是礼来家族慈善学院慈善研究方面的教师、学院校友或筹款学院的任职教师，其中大多数人与汉克并不相识。

第一版出版时，主要是为了帮助人数快速增长的筹款人提供知识储备。1980~1990 年，专业筹款人协会成员迅速增加。第三版被大学中讲授筹款、慈善和非营利管理课程的教师作为教材来使用。所以，在进行第四版的写作和编辑时，我们始终是将其作为教材来进行编写的。

慈善事业关乎公共目标和公共商品。慈善事业基于支持的力量，同时也反映出捐赠人的兴趣和意愿，以实现对自我的超越。筹款事业是一种要用自豪替代抱歉情绪的事业。

第四版的重点体现在对筹款过程、捐赠人和非营利组织所服务的个人的尊重。我们并不去“获得”捐赠。汉克教导我们，筹款就是教导人们体验捐赠喜悦的微妙艺术。在本书第二章，萨拉·康拉斯（Sara Konrath）的研究进一步丰富了这一概念。筹款人并不是去“乞求”，这种乞求通常意味着志愿者、筹款人和捐赠人之间的冲突。他们邀请捐赠人加入这一令人肃然起敬的事业中，以此获得捐赠。虽然人口学和人口心理学是了解捐赠人的重要工具，能够使他们在实现个人利益的基础上，参与到组织的建立中，但是，筹款人并不是去“瞄准”捐赠人，也不会“迫使”他们完成期望的目标。如今，捐赠人已逐渐成熟，他们能够通过更小额的捐赠来体现他们的利益，新一代慈善家也开始决心做出一番事业，对以上这些理念，我们应该更好地理解。

第四版的篇章结构

围绕筹款的主要方面，《实现卓越筹款（第四版）》将更多章节紧密联系起来。本书整合了第三版中的一些章节，并对它们进行了修订和重新编辑。同时，本书加入了新的章节，以反映慈善业中重要的新知识领域和动态变化。

第四版是作为筹款、慈善和非营利管理专业课程的教材而编写的。实践者也可以在实际工作中将此书作为参考，或是用来准备 CFRE 考试。

全书分为 8 个部分，共有 37 章。第一部分包括 5 章，介绍了理解慈善筹款和参与慈善筹款方面的重要内容。

第二部分包括 11 章，主要是让筹款人做好各方面的准备，另外也从捐赠人的不同视角了解慈善事业。这里的捐赠人并不仅仅指个人，也包括基金会和企业。

第三部分包括 4 章，重点介绍了总体发展项目的结构。总体发展项目包括从年度基金到有规划的捐赠等不同项目。这部分能够帮助筹款人理解不同的项目如何实现互相支持和互相联系。

第四部分包括 5 章，重点介绍了总体发展项目的管理。这一部分包括为筹款所做的组织准备和为特殊目的使用顾问。

第五部分包括 5 章，探讨了筹款人及其所在组织采取不同方式以吸引捐赠人并请其在不同层级进行捐赠等内容。

第六部分包括 3 章，重点介绍筹款和慈善事业的外部特性，也包括慈善组织各方对于更高透明度和可问责的呼吁。

第七部分包括 2 章，主要介绍筹款的伦理框架和法律框架。

第八部分主要介绍了专业主义，其中一章介绍筹款人职业生涯如何开展，另一章则侧重介绍可以协助筹款人职业生涯发展的资源。

关于第四版的一些感想

正如致谢中所言，本书从用于筹款管理向用于教学转型，我们非常希望看到第四版能够受到大学教师和筹款实践者的欢迎。第三版为学术研究和筹款实践做出了贡献，我们希望第四版能够让人们增加对慈善研究和慈善筹款的关注。

前三版得到了印第安纳大学慈善研究中心的支持，第四版也得到印第安纳大学礼来家族慈善学院的继续支持，对此我们非常感谢。

第四版增加了更多的研究型章节，其他章节也都有研究支持，还有些章节强调了有效筹款实践中近乎普遍适用的原则，这些原则经历了时间的考验。我们热切地希望，这些增补不仅是对慈善筹款事业的回顾，也能够为后来的学者和实践者出版《实现卓越筹款》第五版做好准备。

致谢

如果没有前三版《实现卓越筹款》，第四版将无从谈起。我们再一次感谢汉克·罗索，他在1974年创立了筹款学院。1991年，他接受了一项挑战，那就是通过编辑《实现卓越筹款》第一版，与更多的人分享自己的知识和经验。我们也要感谢筹款学院，自1987年汉克·罗索将其移交给印第安纳大学并创建慈善研究中心以来，学院不断成长发展，如今已成为礼来家族慈善学院的重要组成部分。《实现卓越筹款》也要衷心感谢礼来家族慈善学院的赞助，感谢其在慈善研究领域发展中发挥的重要作用，感谢其多年来在慈善和筹款事业中做出的研究，感谢其促进了筹款学院、女性慈善研究院、雷克宗教与捐赠研究院以及印第安纳大学筹款学本科、硕士和博士学位项目的发展。以上都是促成《实现卓越筹款（第四版）》成功出版的宝贵资产。

同时要感谢汉克的夫人，多蒂·罗索，她也是筹款学院的创始人之一。她对汉克精神遗产的传承给予了鼓励，同时也对筹款学院和礼来家族慈善学院的项目表示了认可，认为这些项目实现了汉克对慈善学和筹款研究的愿景。这一切都支持了第四版的出版。

感谢前三版《实现卓越筹款》的所有作者。尤其要感谢为第四版做出贡献的人。他们是慈善研究教职员工、筹款学院的教职员工、礼来家族慈善学院的工作人员和校友。他们对本书和本领域知识的传播和发展做出了贡献。我们非常感谢印第安纳大学慈善研究教职员工以及来自全世界的教师和研究人员，他们在礼来家族慈善学院做了大量研究，在过去25年间为该领域知识的传播和发展做出了贡献。

感谢礼来基金会支持《实现卓越筹款（第四版）》的出版，它是礼来基金会向礼来家族慈善学院转型的专项拨款项目，第四版的编者都亲身经历了这一转型。他们都曾长期担任慈善研究和筹款学院的行政和领导职务，现在则加入了礼来家族慈善学院慈善研究的教师队伍，第四版的成形也标志着他们的转型。

无论是现在，还是前三版出版之时，礼来家族慈善学院和Wiley公司都共同发起过许多项目。我们也要感谢Wiley公司能够持续推动《实现卓越筹款》各版的出版工作，促进了非营利领域尤其是筹款和慈善事业的发展。此外，还要特别感谢Wiley公司编辑马修·戴维斯（Matthew Davis），他一直帮助我们做好第四版的出版工作。

对于一直支持我们参与项目、为我们提供保障的工作人员和同事，我们都要表示特别的感谢。衷心感谢我们的家人，感谢他们在我们从事行政工作期间以及第四版的编写阶段，对我们做出的无尽支持和牺牲。

感谢伊丽莎白·莱瑟姆（Elisabeth Lesem），她是印第安纳大学礼来家族慈善学院的哈索克（Hartsook）研究员，也是尤金·坦普尔的研究生助教。她在第四版中承担了繁重的任务，不仅协助完成统稿和标准统一，也参与了研究，作为共同作者参与了一些章节的写作。我们应该感谢伊丽莎白做出的工作。天道酬勤，目前她已经获得慈善学硕士学位，顺利毕业，并成为印第安纳定目剧院基金会（Indiana Repertory Theatre）发展专员。希望这段工作经历有助于她的职业生涯发展。

同时要特别感谢萨拉·内森（Sarah Nathan），她是礼来家族慈善学院毕业生，目前在帕斯湾大学教学，曾经负责《实现卓越筹款》第三版的统稿工作。十分幸运能够邀请到她来协助我们完成第四版的出版。她用了五个星期来统一标准、编辑全书文本，并协助编者完成各自负责的部分。非常感谢她的协助，希望这段工作经历能够对她的教师职业生涯的发展起到促进作用。

本书编者

德威特·伯林格姆（Dwight F. Burlingame）是印第安纳大学礼来家族慈善学院慈善研究教授、格伦家族慈善系主任。伯林格姆博士从莫海德州立大学、伊利诺伊大学和佛罗里达州立大学获得学位。1989年他获得了筹款人职业认证。在过去的25年，他在印第安纳大学积极致力于发展慈善教育，并在全球发展公民社会教育。他是美国专业筹款人协会研究委员会、非营利组织和志愿行动研究协会（ARNOVA）的活跃成员，同时担任后者的财务主管。他还是公益组织“学会捐赠”（Learning to Give）和国际第三部门研究协会董事会成员。伯林格姆是慈善学和筹款领域的专家，他曾担任非营利组织和志愿行动研究协会官方刊物《非营利和志愿部门季刊》的主编一职六年。他还是印第安纳大学出版社“慈善与非营利研究”丛书的联合主编，曾独自撰写或与人合作撰写10本专著、近60篇文章、100多篇书评。伯林格姆博士还担任了《美国慈善：一部综合历史百科全书》一书的主编，该书于2004年出版。他在非营利领域十分活跃，有多种身份，如董事、志愿者、演讲人、顾问等，此外，还是慈善、企业公民、非营利组织和发展方面的专题文章作者。2013年，他获得了亨利·罗索筹款终身成就奖。

蒂莫西·塞勒尔（Timothy L. Seiler）是印第安纳大学礼来家族慈善学院罗索慈善筹款首届会士、慈善研究教授。2015年6月，他转任目前职务。在此之前，他担任筹款学院院长一职长达20年。在这20年间，筹款学院通过针对海内外的线上和线下课程不断发展壮大。2014年11月，美国专业筹款人协会印第安纳分会授予他“杰出专业筹款执行官”称号。2014年12月，他获得了印第安纳大学礼来家族慈善学院颁发的亨利·罗索筹款终身成就奖。塞勒尔在筹款学院讲授核心大纲课程和个性化项目课程，并受邀在地区、全国、国际会议和研讨会上发言。他是作者和编者，不仅是“实现卓越筹款工作手册”系列丛书的主编，还著有《阐明筹款声明》一书，并参与编写《实现卓越筹款》（第三版）。在担任印第安纳大学基金会副主席一职期间，他是大学发展部门大额捐赠专员，负责协调各个学院和印第安纳波利斯校区支持群体的项目开发。除了筹款人、作者和教师等角色，塞勒尔在非营利部门中的角色还包括志愿者和董事会成员，他还是年轻的专业筹款人的导师。他有印第安纳州伦斯勒的圣约瑟夫学院英文学士学位，印第安纳大学英文硕士和博士学位。他也获得了筹款人职业认证。

尤金·坦普尔（Eugene R. Tempel）是印第安纳大学礼来家族慈善学院创始院长、慈善研究教授。他领导着这个全球首家致力于慈善研究和教学的学院。坦普尔是世界知名的慈善学专家，有着40年的筹款和领导经验。他协助建立了慈善学院的前身（即慈善研究中心），并担任慈善研究中心执行董事一职长达11年，使慈善研究中心成为美国国内的领先机构。最近，相关捐赠人在慈善学院慷慨设立了尤金·坦普尔特聘院长一职，这是印第安纳大学首次设立冠名特聘院长的职务。坦普尔教授是许多非营利组织董事会成员，还曾担任美国专业筹款人协会伦理委员会主席。他是慈善研究领域的先驱人物，是非营利学术中心委员会选举产生的第一任主席，还是独立部门组织专家咨询委员会成员，协助制定美国非营利治理和伦理行为方面的指南。他在这一领域有诸多著作，获得许多奖项，曾13次被《非营利时报》评为50名最有影响力的非营利部门领导人之一。还曾被《非营利时报》授予非营利部门首个2013年“年度影响力人物”称号。他获得了圣本尼迪克特学院英文学士学位、印第安纳大学英文硕士学位和高等教育博士学位。他也获得了筹款人职业认证。

各章作者简介

伊娃·奥尔德里奇（Eva E. Aldrich）是国际注册筹款人职业认证委员会（以下简称“CFRE 国际”）的总裁兼首席执行官，该组织是专业筹款人志愿认证机构，已在全球范围获得认可。在加入 CFRE 国际之前，奥尔德里奇是印第安纳大学礼来家族慈善学院公共服务部副主任。在任此职之前，她是约翰逊·格罗斯尼克尔咨询公司（Johnson Grossnickle & Associates）顾问团队成员，该公司致力于加强慈善领域的发展，给非营利组织授权使世界变得更美好。奥尔德里奇在筹款类期刊上发表了大量文章，是《实现卓越筹款》第三版的编者之一。她在莫瑞州立大学的非营利领导力研究项目咨询委员会任职，目前是印第安纳大学慈善研究专业在读博士生。

莱恩·本杰明（Lehn Benjamin）是慈善研究专业副教授。她对非营利组织如何挑战和加深贫困社区的边缘化和民主公民权的结果进行了调查研究。她尤其关注资助人的业绩和问责的需求条件如何形塑非营利组织的工作。最近她试图通过观察基层员工的日常工作以及他们所服务的人员，揭示这些问题的答案。在加入印第安纳大学教师队伍之前，她曾在南非工作，当时南非正处于民主转型时期，她也曾在美国参议院银行委员会、住房和城市事务分委员会和美国财政部下属的社区发展金融机构基金任职。

梅丽莎·布朗（Melissa S. Brown）帮助慈善组织将知识转化为行动。她提供的咨询服务包括调查、项目评估和背景研究。她在非营利组织研究协作体任职，该机构负责对慈善组织开展调查，评估筹款活动的效果。她在印第安纳大学筹款学院定期讲课。她曾在专业筹款人协会研究委员会、慈善顾问协会和美国捐赠基金会方法论咨询理事会做志愿者。2011年她创办梅丽莎·布朗咨询公司（Melissa S. Brown & Associates）。之后，她在印第安纳大学礼来家族慈善学院任职，这期间任《捐赠美国》副主编长达10年。她曾就读于里德学院和宾夕法尼亚大学。

亚伦·康利（Aaron Conley）是慈善、筹款和志愿事业的实践者和学者。他有印第安纳大学高等教育和慈善研究博士学位。现在他是印第安纳大学筹款学院的教师，讲授慈善活动方面的课程。康利博士的专业经验将近25年。他曾担任科罗拉多大学副校长，负责学校的筹款事宜，主要负责监督学术和体育筹款、家长捐赠和科罗拉多大学校友会。他还曾担任得克萨斯大学达拉斯分校发展和校友关系委员会副主席，领导了该校第一次综合筹款活动。他还在匹兹堡大学、佛罗里达州立大学和普渡大学负责学校筹款事务。

伊丽莎白·戴尔（Elizabeth J. Dale）是西雅图大学非营利领导力硕士项目的助理教授，也是印第安纳大学礼来家族慈善学院慈善研究专业在读博士生。她主要研究LGBT群体个人及情侣的慈善捐赠行为、女性捐赠以及性别与慈善互动关系。她主要讲慈善、治理、筹款、营销和传播等方面课程。她作为筹款人获得了国际注册筹款人职业认证。戴尔获得俄亥俄州立大学的女性研究硕士学位，俄亥俄卫斯理大学新闻学、女性和性别研究学士学位。

帕特·达纳赫·贾宁（Pat Danahey Janin）是印第安纳大学礼来家族慈善学院慈善研究专业在读博士生。她是科罗拉多州人，曾在美国和欧洲的文化教育领域学习、做志愿者和工作，包括近期在巴黎的富布赖特委员会工作。她目前在美国妇女组织在欧美国女性协会（Association of American Women in Europe，AAWE）任职，负责管理为有双文化背景的青年颁发夏季哈洛克奖事宜。她目前的研究重点是国际志愿活动的变化格局和目标，包括政府、高等教育和国际非政府组织项目。她获得巴黎欧洲高等商学院（ESCP）的工商管理硕士学位、巴黎索邦第四大学硕士学位，以及科罗拉多州立大学学士学位。

凯蒂·斯图尔特（Caitie Deranek Stewart）是印第安纳大学医学院负责筹款工作的副主任，印第安纳大学医学院是美国公认的医学教育和研究机构。2016 年，她将获得印第安纳大学礼来家族慈善学院慈善研究硕士学位，还有印第安纳大学—普渡大学印第安纳波利斯联合分校公共和环境事务学院非营利管理公共事务硕士学位。从 2011 年起，凯蒂就加入礼来家族慈善学院，除了没有参与年度基金活动外，她有从亲密的大额捐赠人聚会到大型庆典活动等不同类型筹款活动的管理经验。

罗伯塔·多纳休（Roberta L. Donahue）在非营利部门有 25 年以上的工作经验，她的工作涉及筹款所有领域的管理，以及市场营销、志愿活动和财务管理。目前，多纳休担任印第安纳州立大学基金会发展资深专员，在印第安纳大学礼来家族慈善学院的筹款学院任职。她获得了 CFRE 认证。曾担任美国专业筹款人协会印第安纳分会主席，并被评选为 2005 年度“杰出专业筹款执行官”。她在印第安纳波利斯的玛丽安大学获得学士学位，也获得纽约州立大学宾汉姆顿分校的工商管理硕士学位。

肖恩·邓拉维（Sean Dunlavy）在印第安纳大学礼来家族慈善学院担任筹款和机构发展总监。他负责从多元化的基金组合、企业以及个人捐赠人中发展、培养和获取支持。邓拉维有超过 25 年管理复杂而全面的发展和营销项目的经验，担任过印第安纳波利斯交响乐团负责筹款工作的副团长，以及马萨诸塞州波士顿的天主教学校基金会/内部城市奖学金基金执行董事。他在代顿大学获得工商管理学士学位，并在礼来家族慈善学院筹款学院获得筹款原则和技术证书。

伊丽莎白·艾尔卡斯（Elizabeth A. Elkas）是印第安纳大学医学院负责筹款工作的副院长。她在非营利部门有 30 多年的筹款经验。她在印第安纳大学基金会开始了她的职业生涯，使印第安纳大学医学院发展团队从只拥有 3 人发展到拥有 30 多名专业人员。目前，她在美国医学院协会和医疗保障慈善协会任职，正在领导第四次巨额筹款活动。1991 年以来，她就担任礼来家族慈善学院筹款学院的教师。艾尔卡斯获得巴克内尔大学学士学位和印第安纳大学硕士学位。

黛博拉·埃什巴赫尔（Deborah Eschenbacher）是埃什巴赫尔慈善咨询公司（Eschenbacher & Associate）总裁。该公司位于俄亥俄州哥伦布市。黛博拉在非营利部门有30多年的经验。她曾担任筹款工作领导职位，在全国非营利组织的几个州分部担任执行董事。她在高等教育领域的筹款工作经验丰富，在俄亥俄州立大学担任大额捐赠专员，在俄亥俄州立大学担任企业和基金会关系主管等。作为印第安纳大学筹款学院的教师，她从1997年开始教学。她是第二个获得印第安纳大学慈善学硕士学位的学生，还获得俄亥俄州大学的学士学位。她在几个非营利组织的董事会任职，表现十分活跃。

德里克·费尔德曼（Derrick Feldmann）是创造性研究和活动机构——Achieve的领导人，也是广受欢迎的演讲者、研究员、慈善事业参与方面的顾问。他是一名公认的思想领袖，协助慈善事业和行业增进对重塑慈善事业的新世代捐赠人、活动分子和员工的了解。他是“千禧年影响项目”（Millennial Impact Project）的主要研究员和策划者，这一知名项目旨在开展多年期研究，探究新的世代支持慈善事业的方式。他同时是MCON年会的发起人，这个全国性年会每年都有15000多人参加，探讨组织是否以及如何利用当前人们对慈善事业的浓厚兴趣，来取得新的发展。

泰隆·麦金利·弗里曼（Tyrone McKinley Freeman）博士，是印第安纳大学慈善研究助理教授，也是印第安纳大学礼来家族慈善学院的本科生课程主任，他在慈善学院给本科生和研究生上课，并指导慈善研究本科学位课程。15年来，他从事筹款工作，在社区发展、青年和家庭社会服务以及高等教育组织担任领导职务，负责年度基金和大额捐赠筹款工作。他在学术和实践刊物上，包括《推进慈善事业和国际教育进步期刊》发表了很多论文。他是《非营利组织中的种族、性别和领导力》一书的共同作者。作为学者，泰隆主要研究美国慈善和筹款的历史、非裔美国人慈善，以及慈善学和高等教育。

詹姆斯·格林菲尔德（James M. Greenfield），获得高级筹款人职业认证，是美国医疗保健慈善协会（AHP）会员。1962年以来，他在三所大学和五所医院担任筹款总监。2001年2月他从豪格长老教会纪念医院退休，在此之前，他在这所医院担任基金会高级副总裁、资源发展总监和执行董事长达14年。在他的任期内，该医院基金会资产增加了1.2亿多美元。他参与编写了10本著作，还撰写了40多篇筹款管理方面的文章。最近，他写的《非营利机构董事会的筹款责任》（2009）一书出版，该书是“董事会资源治理丛书”中的一本。

埃琳娜·赫曼森（Elena Hermanson）2015年获得印第安纳大学礼来家族慈善学院慈善研究学士学位，并以优异的学术成绩被授予“校长学者”称号。她曾在《捐赠美国》任研究员和编辑助理，并参与撰写《美国捐赠基金会亮点：捐赠星期二——捐赠的计划日》和《美国捐赠基金会亮点：下一代校友捐赠》。此外，她还研究了社会效益债券作为创新性金融工具对社会变革带来的影响，并就此作学术会议发言。她专注家庭，回馈社会。埃琳娜希望跟随她祖父的足迹，她祖父作为导师、社区领袖和慈善家，一生致力于为他人服务。

詹姆斯·霍奇（James M. Hodge）曾和博林·格林州立大学、梅奥诊所和科罗拉多大学的慈善家共事35年。詹姆斯主要关注有重大意义的捐赠，主要是与捐赠超过100万美元给其工作的机构的捐赠人合作。人们评价他是一名具有反思精神的从业者。他不仅激励了慈善事业的发展，而且不断为这一行业推崇最佳实践。詹姆斯是印第安纳大学—普渡大学印第安纳波利斯联合分校的长期教师、筹款学院的导师、雷克宗教与捐赠研究院讲师，经常就基于价值的慈善事业、转型中的慈善事业发表主旨发言，他也作为慈善家经常与企业家开展合作。

弗朗西斯·赫斯（Frances Huehls）是印第安纳大学—普渡大学印第安纳波利斯联合分校约瑟夫及马修·佩顿慈善研究图书馆的副图书馆员。她拥有印第安纳大学—普渡大学印第安纳波利斯联合分校慈善研究硕士学位，图书馆和信息科学硕士学位，以及印第安纳大学高等教育学博士学位。赫斯博士是《慈善研究指数》和《*PRO*：网络慈善资源》两本期刊的编辑。

戴维·金（David P. King）是雷克宗教与捐赠研究院卡伦·莱克·巴特利（Karen Lake Buttrey）名誉讲师、印第安纳大学礼来家族慈善学院慈善研究助理教授。他毕业于桑佛德大学和杜克神学院，在埃默里大学获得宗教学博士学位。在为地方教会和全国性宗教组织服务的同时，他也致力于促进（所有世代的）宗教领袖、捐赠人与筹款人之间就宗教信仰和捐赠的关系展开对话。作为一名美国宗教史学家，他的研究兴趣包括分析宗教非营利组织的宗教认同如何影响它们的动机、话语和实践。

萨拉·金（Sarah King）正在攻读印第安纳大学礼来家族慈善学院慈善研究硕士学位。本科阶段她学的是生物学，专业是神经生物学和生理学。萨拉的学术背景使她专注于慈善行为的社会性和生物性基础。她积极参与社区事务，在几个非营利组织中担任董事会成员，在非营利组织“甜豌豆计划”（Project Sweet Pea）中担任主席。

萨拉·康拉斯（Sara Konrath）是印第安纳大学礼来家族慈善学院助理教授，她在密歇根大学获得社会心理学博士学位。康拉斯是共情和利他主义研究跨学科研究项目（iPEAR）的负责人，这一项目的研究主要关注慈善捐赠、志愿服务和其他亲社会行为的动机、特点与行为。她的研究成果已发表在顶尖学术期刊上，她曾接受过全国性媒体的专访。有关详细信息，请参阅 www. iPEARlab. org。

伊丽莎白·莱瑟姆（Elisabeth Lesem）在印第安纳大学礼来家族慈善学院获得硕士学位。她给礼来家族慈善学院名誉院长尤金·坦普尔做了两年研究生助教，真的很幸运。目前，她是印第安纳定目剧院基金会发展专员。硕士生在读期间，她有机会为一个家族基金会董事会协助制定捐赠计划。能为《实现卓越筹款（第四版）》的出版做出贡献，她深感荣幸。

玛格丽特·麦克斯韦（Margaret M. Maxwell）是麦克斯韦咨询公司首席执行官，她与美国各地的非营利组织开展合作，合作领域主要包括战略规划、治理、营销和基金发展规划等方面。她是印第安纳大学礼来家族慈善学院筹款学院的教师。在参加咨询工作之前，她曾任美国全国性知名文化机构——印第安纳波利斯儿童博物馆的副馆长，并分管筹款、营销、战略规划和收入项目方面的工作。她获得了印第安纳大学新闻学学士学位和市场营销工商管理硕士学位。

黛博拉·梅斯（Debra Mesch）是印第安纳大学礼来家族慈善学院女性慈善研究院（Women's Philanthropy Institute）院长。她在礼来家族慈善学院担任艾琳·兰柏·奥加拉（Eileen Lamb O'Gara）女性慈善讲座教授，该讲席在全世界是首个。梅斯博士在女性慈善研究院的主要职责是指导关于性别在慈善事业中的作用的研究议程。她和她的同事为“女性捐赠”系列丛书编写了若干报告，对年龄、婚姻状况和性别收入差异对慈善捐赠的可能性和捐赠数额的影响做了分析。除了为“女性捐赠”丛书翻译报告之外，梅斯博士独自或与他人合作在学术期刊上发表大量论文。

萨拉·内森（Sarah K. Nathan）是马萨诸塞州朗梅多帕斯湾大学非营利管理和慈善学助理教授。她在印第安纳大学礼来家族慈善学院获得博士学位。她从19岁还是一名学生时就开始从事慈善事业，当时她的主要工作是在明尼苏达州穆尔黑德的康科迪亚学院（Concordia College）给校友打电话。后来她成为该校年度基金的副总监。目前，她的研究兴趣包括筹款专业、会员组织、非营利部门的女性以及慈善教育。

尤娜·欧斯里（Una Osili）是印第安纳大学礼来家族慈善学院慈善学教授、研究部主任。欧斯里博士牵头了学院关于家庭财务行为和慈善捐赠的大量研究项目。欧斯里博士为美国捐赠基金会提供研究指导，并指导学校的经典研究项目——慈善小组研究（PPS），这是美国家庭捐赠和志愿工作方面最大型、最广泛的研究。欧斯里博士发表了很多文章。她有哈佛大学经济学学士学位、硕士学位和西北大学经济学博士学位。

安德里亚·帕克特（Andrea Pactor）是女性慈善研究院副院长，负责项目和课程的开发和实施、营销、社交媒体及运营。她曾组织了四次有关女性和慈善事业的全国座谈会，并和他人合作撰写了几部著作，还为《纽约时报》知识网络和“她做出改变”（SHEMAKESCHANGE）线上会议与他人合作开发了首个关于女性和慈善事业的线上课程，该课程对女性、金钱和慈善事业之间的关系做了阐释。安德里亚为艺术组织、教育组织和宗教组织提供了专业和志愿服务。她获得了美利坚大学学士学位、密歇根大学硕士学位和印第安纳大学慈善研究硕士学位。

凯蒂·普瑞恩（Katie Prine）毕业于汉诺威学院，在印第安纳波利斯的非营利社区任职十余年，负责筹款工作。她还曾在印第安纳之光组织（Noble of Indiana）、印第安纳波利斯交响乐团任职。目前，她在印第安纳大学礼来家族慈善学院担任负责发展工作的副院长，从各种各样富有特色的组织筹集资金。这段任职经历锻炼了她在年度基金建设、潜在捐赠人管理和劝募、数据库管理、战略规划和有规划的捐赠方面的能力。

菲利普·珀塞尔（Philip M. Purcell）是鲍尔州立大学基金会负责有规划的捐赠方面的副总裁。他获得沃巴什学院的学士学位（以优异成绩），印第安纳大学法律博士学位和公共管理硕士学位（以优异成绩）。目前，菲利普在美国国税局下面的免税组织税务咨询委员会做志愿者。他在印第安纳大学莫伊雷尔法学院和礼来家族慈善学院讲授“法律和慈善事业”、“非营利组织法律”、“有规划的捐赠”等课程。菲利普曾是慈善规划伙伴关系和美国专业筹款人协会印第安纳分会董事会成员。他也是印第安纳州律师协会和美国律师协会的成员。

迪恩·雷根诺维奇（Dean Regenovich）是南佛罗里达大学基金会负责发展工作的助理副主席。他曾担任印第安纳大学莫伊雷尔法学院负责发展工作的助理院长、印第安纳大学副校长办公室负责发展工作的执行董事，是印第安纳大学基金会有规划的捐赠总监。迪恩在大额捐赠和有规划的捐赠领域有20多年的筹款经验。他是印第安纳大学礼来家族慈善学院筹款学院的教师，讲授有规划的捐赠和大额捐赠方面的课程。他获得乔治敦大学法学院税务法学硕士学位、约翰·马歇尔法学院法律博士学位，以及印第安纳大学会计学士学位。

帕特里克·鲁尼（Patrick Rooney）是经济学和慈善学教授、礼来家族慈善学院负责研究和学术事务的副院长。之前，他担任慈善研究中心的执行董事和研究部主任，将慈善研究中心建成为全美首屈一指的慈善研究组织，为美国捐赠基金会、美国银行、美国运通、谷歌、阿斯彭研究所和全球联合劝募会等机构开展研究项目。他曾在多个非营利组织的董事会和咨询委员会任职。帕特里克在美国圣母大学获得经济学学士、硕士和博士学位。

吉纳维芙·夏克（Genevieve G. Shaker）博士是为数不多的同时进行筹款实践和学术研究的学者之一。她是印第安纳大学—普渡大学印第安纳波利斯联合分校的教师，担任印第安纳大学文学院负责发展工作和对外事务的副院长，在礼来家族慈善学院担任慈善研究助理教授。她的研究重点是高等教育中的慈善发展，她对高校教师员工的慈善捐赠特别感兴趣。2015年，她获得了美国专业筹款人协会的认证，并被该协会授予“杰出学者”称号。

杰夫·斯特朗格（Jeff Stranger）是非营利组织顾问，印第安纳大学礼来家族慈善学院筹款学院教师。曾通过社区解决方案项目——该项目是国际研究与交流委员会（IREX）和美国国务院资助的——为国际筹款专业人员授课。他在筹款领域工作了近20年，其中在“救世军”工作10年，作为救世军印第安纳分部发展总监工作了6年。他开了一家咨询公司，叫“慈善事业极客”（Cause Geek），专门从事数字筹款、年度活动和资助方面的咨询。

艾米·塞耶（Amy N. Thayer）是公益组织“Achieve”的研究总监，负责为千禧年影响报告、千禧年运营研究等项目开展方法和数据收集战略的设计。艾米的研究将跨学科的研究内容和混合方法论的调查结合起来，试图揭示个体行为的产生机制。艾米在青年慈善、慈善教育、高净值捐赠人捐款方面开展过研究，同时也参与过捐赠行为的普及和推广项目。她有非营利部门的工作经历，曾在一所大学、一个大型健康维护组织和市政府牵头做研究项目，也曾在服务女童和边缘青年的组织机构中工作。

莉莉娅·瓦格纳（Lilya Wagner）是机构慈善服务中心主任，也是印第安纳大学礼来家族慈善学院筹款学院和明尼苏达州圣玛丽大学的教师。莉莉娅曾在华盛顿特区的一个国际发展组织（即国际互援组织），担任负责慈善事业的副主席。她在印第安纳大学慈善研究中心工作了14年，曾担任筹款学院副院长、女性慈善研究院院长等职务。她在北美和国际上都是活跃的会议发言人、演讲者，发表或出版了有关慈善、筹款和非营利领域的诸多文章和书中章节。

目　录

第一部分　筹款的慈善背景

第二部分　支持者：捐赠人的价值观

第三部分　筹款结构

第四部分　管理筹款流程

第五部分 劝募艺术

第六部分 志愿者参与

第七部分 伦理与问责

第八部分 筹款职业生涯

表、图及例表（图）目录

表

图

例表（图）

第一部分

筹款的慈善背景

第一章　筹款理念

亨利·罗索

导语（尤金·坦普尔）

自从亨利·罗索［昵称汉克（Hank）］承担了《实现卓越筹款》这本书的写作，已经有25年之久。《实现卓越筹款》第一版获得了美国全国筹款执行官协会（National Society of Fund Raising Executives）——现专业筹款人协会（Association of Fundraising Professionals，AFP）所颁发的久负盛名的"斯特利·罗伯逊奖"（Staley Robeson Prize）。当时，筹款（Fundraising）一词还是由两个单词（Fund Raising）组成。汉克是众多筹款人中的一个重要人物，我们很多人有幸称他为导师。 3

1974年汉克创建了筹款学院，也就是我们开始编写《实现卓越筹款（第四版）》的40年前。如今，汉克所发起的事业不断壮大、繁荣发展，筹款学院已成为印第安纳大学礼来家族慈善学院的一部分。通过印第安纳大学礼来家族慈善学院在伦理慈善筹款领域所设置的罗索终身成就奖、开设的筹款学院、出版的《实现卓越筹款（第四版）》，尤其是本章的内容，我们依然能够感受到他的影响力。

在本章，汉克提出了他作为筹款人、咨询师和教师在筹款这一终身事业中所探索出的筹款理念。他在1974年成立的筹款学院的原则并没有被取代，而是如他的筹款理念一样，在不断地调整和变化后，经受住了时间和文化的检验。汉克的原则和理念已经被如今关 4

于慈善、捐赠行为和筹款方面的研究所证实。这就是我们将本章继续保留至今的原因。

本章涵盖了汉克提出的一些基本原则，包括：

- 筹款中宗旨的重要性。
- 组织存在的理由比组织所做的事情更重要。
- 将筹款整合到组织中的重要性。
- 在筹款中用自豪代替歉意。

《实现卓越筹款》第一版出版后的补充修订，包括第四版，都原封不动地保留了汉克的原始章节“筹款理念”。在汉克撰写这篇文章25周年到来之际，第四版也即将出版。这是为了致敬其为筹款专业和慈善事业发展所做出的贡献。

汉克的理念及其工作方法的核心主题是“筹款是慈善事业的服务者”。他在本章的开篇和结尾都提到了这个主题。筹款本身并不是目的。当筹款本身变成了目的的时候，组织和慈善就会削弱，筹款就仅仅变成了对技能的技术性应用。在汉克看来，筹款只是一种方法和手段，以实现基于组织宗旨的目的。现在我们都知道，捐赠人的捐赠动机主要是出于他们相信所支持的事业。如今，和1991年一样，汉克所提出的核心主题背后的理论支柱依然非常具有价值。例如，研究表明，高净值捐赠人会依靠专业筹款人和同事来帮助他们做出有关捐赠的决定（Indiana University Lilly Family School of Philanthropy，2014）。

这些理论支柱中，最重要的一个就是：“组织为什么存在?”这个问题使组织能够从其实现的社会价值角度来阐明其宗旨。正是组织宗旨给予了我们寻求慈善支持的特权。在这个时代，非营利组织被鼓励发展新的收入来源，开展市场活动，关注社会企业，形成合作和伙伴关系，并充满信心地迎接风险慈善家，宗旨显得尤为重要。

汉克筹款理念的着眼点还在于董事会所发挥的作用。他认为董事会不仅负责筹款，还应该对组织宗旨和资源的管理工作

承担责任。当今的董事会必须确保组织的公信力，才能够成功筹款。与1991年相比，对透明度和问责的高度强调，使董事会 5
的作用更加重要。信任是慈善事业赖以存在的基石。

作为慈善事业的服务者，筹款必须是组织管理体系的一部分。筹款是慈善事业的服务者是汉克筹款理念的理论支柱之一，如今也非常重要。筹款不可能是分离的、孤立的活动。确保信任，意味着要基于宗旨，真诚地通过致力于组织事业且代表组织的员工和志愿者进行筹款。如果组织欢迎慈善的文化，那么这个组织的员工和志愿者就能够将慈善视为一种合法且重要的收入来源，支持有价值的事业，从而促成筹款。

汉克认为慈善必须是自愿的。如今，这一理论支柱比1991年更加重要。人们有兴趣通过慈善进行自我表达，这要求组织开拓更加开放的手段。多元化成为一种重要的手段。汉克的另一个理念可应用在此处：“筹款是教导人们体验捐赠的喜悦的微妙艺术。”为了确保长期的捐赠参与和较高捐赠满意度，从而促进慈善事业的发展，筹款人必须牢记捐赠是自愿的。在第二章我们将会了解到，当代研究表明，捐赠是一种喜悦。

汉克做出的最大贡献，或许就是教会人们在筹款中如何用自豪代替歉意。随着致力于筹款事业人数的增长，以及筹款人寻求更加专业化的方式，他们认识到筹款是基于组织宗旨的高贵行为，对于专业发展至关重要。汉克的另一种关于劝募的陈述也在这里适用：“不要关注自己，让筹款声明来说话。”第四章中关于筹款声明的讨论，将会重新探讨个人捐赠的主要原因。

本章的最后两段与开头用了相同的副标题，略微有所调整，即“筹款作为慈善事业的服务者”。汉克解释了筹款的作用，提出了目前所需的帮助财富持有人决定其慈善事业的模式。关于筹款，他写道：“如果筹款能够作为一种负责任的邀请，指导捐赠人做出既能满足其特殊需求又能为其生活带来巨大意义的捐赠，这样的筹款就是合理的。”

如今，筹款人前所未有地需要一种筹款的理念。对于责任的呼吁、对信任的需求、对志愿者的领导、捐赠人对慈善事业

> 的参与以及慈善事业的新手段，这些将要在本书后面章节探讨的问题，都需要筹款人成为具有反思能力的实践者，能够将其融入自身的筹款理念。汉克的筹款理念为我们发展自身的慈善理念提供了极佳的示范。

6 筹款理念

筹款是慈善事业的服务者，从 17 世纪清教徒把筹款的概念引进新大陆以来，一直是如此。筹款的早期形式非常简单，显然和当代美国筹款的特点不同，缺少多方面的实践。如今的这些筹款实践使筹款比之前任何时候都更加多样、复杂。

美国的捐赠精神为其他国家熟知和尊重，美国的筹款方式同样在海外被熟知和钦佩，参加过筹款学院课程的外国公民会证实这一点。但讽刺的是，作为非营利组织文化、需求和传统的重要部分，筹款实践在美国却没有得到充分理解，反而通常被误解，经常被一大部分美国人所怀疑和忧虑，尤其是监管机构。极少数人仍然认为，在美国，筹款从未被视为最大众的行为。

科罗拉多大学博尔德分校校长斯库勒曾在筹款专业学习，现在是筹款专业的学者。他采用了生机论哲学中的目的论观点，该理论认为现象不仅受到机械力的引导，而且会朝着自我实现的某些目标迈进。实际上，筹款本身从不是目的，而是有目的性的。它从服务的目的中汲取其意义和本质：关怀、帮助、治愈、培育、引导、提升、教学、创造、保护、推进事业、保留价值观等。筹款是以价值观为基础的，价值观必须指导筹款过程。筹款从不应该仅为了简单地筹集资金，它必须服务于慈善事业大局。

组织及其存在的理由

作为独立部门的非营利组织存在的目的是回应人类或社会某些方面的需求。服务的需求或机会为组织提供了存在的理由，也给了组织设计和执行项目或战略以回应需求的权利。这就形成了组织关注的核心事业。核心事业为更多的参与提供了正当理由，同样也为筹款提供了正当理由。

组织可以通过募集免税捐赠来行使筹集资金的权利，必须通过其管理层对需求的回应能力、项目的价值、董事会的管理等来换取募集捐赠的特权。组织可以有募集捐赠的权利，但潜在捐赠人并没有捐赠的义务。潜在捐赠人保留对任何劝募请求作出“是”或“否”的回应的权利。任何回应都是有效的并且必须受到尊重。

7

每个行使劝募权的组织都应该准备好回答大量问题，这些问题可能并没有问出口，但隐藏在潜在捐赠人的心中。这些问题可以概括如下：“组织为什么存在?”“组织的独特之处是什么?”“你值得支持的理由是什么?”“你想完成什么并打算如何去做?”以及“你将如何对自己负责?”

“你是谁以及为何存在”，对这一问题的回应隐含在组织的宗旨之中。宗旨不仅体现了组织存在的正当理由，也不仅是对组织目的和目标的界定，而且决定了将会指导项目战略的价值体系。宗旨如同磁石，将吸引并保持住董事会成员、志愿者、员工及捐赠人的兴趣。

“我们的独特之处是什么?”对这一问题的答案在一系列目标、目的和项目中显而易见，这些目标旨在满足价值体系的需求，体现出对于该价值体系忠诚。

“我们将如何对自己负责?”这是一个根本问题，是对忠于宗旨的持续呼唤。这一问题认识到了组织与其支持者、社会之间固有的信任的神圣性。非营利组织是对他人委托的资源的管理者。

不言而喻，变化是一种常态。环境中的动因加快了变化的步伐，从而形成了一个新的常态。非营利组织必须一直做好在旋涡中心的压力下运营的准备。

非营利组织绝不能忽视它们周遭的环境。环境中的动因，包括人口、技术、经济、政治和文化价值以及不断变化的社会模式，都在影响着日常业务绩效，无论这种绩效是与治理、项目管理、财务责任相关，还是与筹款相关。

治理与否

治理是在权威和控制下的一种实践。受托人、董事或治理人，这些可以互换的名词都是参与治理的角色，他们是慈善精神的主要守护者。作为守护者，他们就是传说中的“守门人”。他们对非营利组织进行管理，以确保组织继续按照其宗旨进行运转。

8 受托人必须承担界定和阐释宗旨的责任，并确保组织将一直忠于其宗旨。董事会成员应该接受这种管理所应承担的责任，包括资源部署、相应的行动和资源的保护。如果所需资源没有通过有效的筹款实践得到保障，那么部署资源就很困难。作为宗旨的守护者和倡导者，受托人必须参与推动资源开发，促使项目走向成功。

筹款的制度化

在非营利组织寻求捐赠支持时，筹款是将整个组织的价值观投射到社会中。治理的所有方面——行政、项目以及资源发展——都是整体的一部分。因此，在寻求捐赠时，这些要素必须都有所体现。筹款无法脱离组织，脱离其宗旨、目标、目的和项目，脱离对其所有行为负责的意愿而发挥作用。

筹款是且必须始终是非营利组织实体的延展，反映出组织的尊严、组织成就的自豪感以及组织对服务的承诺。筹款本身和脱离制度的筹款在潜在捐赠人的心目中是没有意义的。

捐赠是一种自愿交换

捐赠是建立在自愿交换的基础上的。通过强制和除了说服之外的其他任何方式获得的捐赠，都不是自由的捐赠。这些捐赠没有慈善的意味。少数时候，捐赠是在压力之下或通过各种形式的重复威胁而获得的，这些捐赠已经失去了它们的意义。

在捐赠过程中，捐赠人为非营利组织提供了一种价值。除了政府授权的税收减免之外，这种捐赠没有任何对物质回报的期待。做出捐赠的原因是多方面的。

在接受捐赠的过程中，组织有责任以非物质价值的形式向捐赠人返还价值。这种价值可以是社会认可、支持有价值事业的满足感、对自身重要性的感受、在解决问题方面发挥作用的感觉，也可以是归属感或是在项目中致力于服务公益事业的主人翁意识。

9 受托人、管理者或筹款实践者经常误解这种交换关系的真正意义，通过提供物质价值回报，他们亵渎了捐赠认可的过程。这种行为改变了交换的内涵，贬损了慈善的意义，同样削弱了捐赠对宗旨的承诺。这种交易是一种物质交换，是以自我为中心的等价交换，没有任何慈善精神。

用自豪代替歉意

捐赠是一种殊荣，而不是烦扰或负担。管理（stewardship）使人们怀有信念，从超越自身局限的资源中汲取创新的能量、自我价值感和高效工作的能力。这是一种深层的个人信念或宗教性的坚定。深谋远虑的慈善家视自己为生命赠礼的尽责守护者。他们深信所拥有的一切都是信托之物，要承担起通过慈善有效分享财富的责任。捐赠，是他们对生命中所受福泽而表示的感激之情。

请求捐赠的人员不应该用歉意的态度提出请求。劝募为潜在捐赠人提供了回应“是”或“否”的机会。恰当的劝募方式应该让潜在捐赠人感到轻松自在，并从中体验捐赠的喜悦，无论捐赠是否达到期望。

劝募人的首要任务是帮助潜在捐赠人了解组织的情况，尤其是宗旨说明。当一个人由于接受并相信宗旨而承诺捐赠，并采取了行动，那么此人就成为组织和其事业的“利益相关者”。这就强调了慈善是一种道德行动，捐赠人也是该行动不可或缺的一部分。

筹款作为慈善事业的服务者

慈善是通过自愿行为、自愿组织以及自愿捐赠而为公益事业所采取的自愿行动（Payton，1988）。千百年来，筹款都是慈善事业的服务者。通过几个世纪的发展，人们希望并有需求进行捐赠，这已是不争的事实。人们希望能够为服务人类和社会需求的事业而进行捐赠。如果人们确信这些事业有价值、受托人负责任地运用这些资金，他们就会愿意捐赠。

符合伦理的筹款能够激励、促成和激发捐赠。它是整个筹款过程的 10
伦理准则。当尽其所能，将非营利组织的需求与捐赠人的需求和捐赠愿望相匹配时，这才实现了筹款的最佳效果。只有当被赞扬的是捐赠人而不是劝募人时，这样的筹款才是合理的。如果筹款能够作为一种负责任的邀请，引导捐赠人做出既能满足其特殊需求又能给生活带来更大意义的捐赠，这样的筹款同样是合理的。

第二章　捐赠的喜悦

萨拉·康拉斯

11 根据美国国家和社区服务企业（Corporation for National & Community Service）的数据，2014 年有 6260 万美国人投入 77 亿小时从事无偿志愿工作，估计价值为 1730 亿美元。此外，美国捐赠基金会发现，2014 年超过 3583.8 亿美元的捐赠进入了慈善组织，其中 80%来自个人和遗产捐赠。专业筹款人很有可能推动了一大部分的个人捐赠进入非营利组织。发展部门员工是非营利组织成功的必要条件。

然而，发展部门员工的离职率却非常高。一项针对发展总监的全国性研究显示，其中 50%的人计划在未来两年内离开现职，其中 40%计划完全离开筹款工作（Bell and Cornelius，2013）。尽管有很多组织因素可能会影响到筹款人的工作满意度，但不应忽视的一个因素是筹款人对自身的认知。因此，本章内容包括：

- 筹款人在协助捐赠人获得捐赠的喜悦方面发挥的作用
- 捐赠的心理收益
- 捐赠的社会收益
- 捐赠的身体健康收益
- 将捐赠的收益最大化的方法

12 筹款人是捐赠者，不是索取者

虽然筹款人需要参与许多复杂的日常活动，但其中大部分活动集中在为非营利组织筹集资金。换句话说，他们的工作就是获得金钱。筹款人通常被视作销售人员。但销售人员角色对筹款人来说并不完全准确，因为销售人员被认为是以金钱为导向并受利润驱动。将筹款人比作销售人员，可能会使筹款人将自己视为索取者，从那些通常没有太多金钱或时间的人那里获取辛苦赚来的金钱和宝贵的时间。事实上，2014 年的盖洛普民意调查发现，销售人员已经进入美国最不值得信赖的职业之中，与政客比肩。

从更多方面来讲，筹款人实际上是捐赠者。没有筹款人，非营利组织就无法实现其重要宗旨，捐赠人和志愿者就无法有效地实现个人价值。筹款人就像是捐赠的神圣使者。大多数捐赠人无法以最有效的方式直接帮助他人。例如，一个真诚地关心流浪汉困境的人，当然可以直接掏钱给偶然遇到的流浪汉。但是这只可能有限且暂时地解决问题。对长期的庇护措施如教育和工作培训项目等进行捐赠，对于捐赠人想要完成的目标来说，可能是一种更好的投资。筹款人协助捐赠人将价值观与捐赠的机会相匹配，这样，就能够帮助饥饿者获得食物、病人得到照顾，人们也可以分享音乐和文化体验、教育一代又一代的学生。

除了这些显而易见的社会效益外，最近还有很多关于对捐赠人本人潜在收益的研究。正如印第安纳大学礼来家族慈善学院筹款学院创始人汉克·罗索所写：“慈善是教导人们体验捐赠的喜悦的微妙艺术。”本章总结了捐赠金钱（慈善捐款）和时间（志愿服务）对健康和幸福方面益处的有关研究。筹款人在帮助捐赠人进行捐赠时可能没有意识到，他们正在给这些捐赠人带来更多的快乐和更健康的身体。考虑到捐赠所带来的健康和幸福方面的益处，我希望筹款人可以将他们自身视为重要的捐赠者角色，这样才能够体验到捐赠的喜悦。

捐赠的心理收益

很多人认为，只要有了更多的时间和金钱，就会更快乐。事实上，更多的研究发现，捐出时间和金钱会使人更快乐，尽管在捐赠之后留给人们的时间和金钱会变少。

有很多研究对志愿服务与幸福之间的关系做了调查，其中绝大多数 13
研究发现，经常做志愿者的人比不做志愿者的人有更高的幸福感、生活满意度和心理健康水平。当然，志愿者在很多方面与非志愿者有所差异，这也能够解释他们喜悦的原因。例如，他们常常比非志愿者拥有更高的收入以及更多的社会和心理资源。但是也有很多研究发现，这些差异并不能充分解释捐赠出时间所获得的幸福效应。即便有学者从统计上控制了这些变量，结果仍然相似。

此外，一些研究采用了新药作用测试的方法，即随机对照试验。研究人员挑选一组非常相似的人群，要求其中一半人志愿服务一段时间，另一半人则列入候补名单。这些研究发现，志愿服务确实可以引发人们拥有更强的自尊心，同时减少沮丧感（Li and Ferraro，2005）。其他研究发现，要想增强人们的幸福感，并不一定需要在非营利组织环境中帮助他人（Tkach，2005；Otake et al.，2006）。善待他人的感觉也是非常不错的。

捐赠金钱也可以使人更快乐吗？在回答这个问题之前，要注意到，志愿服务者和捐赠人之间经常存在重叠。捐赠人以各种方式慷慨解囊，所以筹款人应留心，下一个大额捐赠人可能正好就在他们眼皮底下为慈善活动或项目提供志愿服务。实际上，“请求时机效应”表明，如果先要求人们花时间为非营利组织提供服务，在要求其做出财物捐赠时，人们将赠予更多的时间和财物（Liu and Aaker，2008）。如果先要求人们做出财物捐赠，人们赠予的时间和财物都更少。这是因为对于金钱的考虑，会自动激活人们心中的个人主义和自我关注的概念（Vohs，Mead，and Goode，2006）。

与投入时间相比，关于捐赠金钱的心理影响的研究要少得多。但是，这些研究的结果非常一致。大多数研究表明，向其他人（包括慈善组织）捐赠金钱，要比花钱在自己身上使人更加快乐。例如，一项研究要求参与者分别花费少量的钱（5 美元或者 20 美元）在他们身上和另一个人身上，在一天结束后，研究人员对参与者的情绪进行测量。不管花钱的数量是多少，花钱在别人身上的人要比那些花钱在自己身上的人更快乐（Dunn，Aknin，and Norton，2008）。其他研究也发现，简单地回忆在其他人身上的花费，具有类似的情绪促进效应。这些积极情绪反过来会激发更多的捐赠行为（Aknin，Dunn，and Norton，2012）。因此，即使我
14 们只是回忆赠予的时光，也会感觉很好，这种感觉会产生更多的捐赠，获得更好的结果。

在特定工作场所环境中捐赠金钱不仅使人们更加快乐，而且已被证明，还可以提高工作满意度，使人们更好地从事团队工作（Norton et al.，2012）。这表明，除了由公司发展总监负责公司大额捐赠项目外，这些项目应该直接向员工开放。给员工机会选择将公司的慈善资金应该花在什么地方，对于留住员工和提升生产率具有重要意义。

筹款人不必担心可能因为与潜在捐赠人分享信息而抵消了捐赠的收益。即使当人们意识到捐赠的潜在幸福效应，也不会消除捐赠的心理收益（Anik et al.，2009）。实际上，一项研究表明，当捐赠人了解到捐赠的潜在幸福效应时，会捐赠得更多（Benson and Catt，1978）。

筹款人也不用担心这些心理回报一定会稍纵即逝。几项研究表明，捐赠与持久的良好感觉密切相关。例如，那些被要求定期并经常为他人做小善事的人在两个月内都会感到更快乐（Tkach，2005）。在向其他人赠予金钱方面，也有类似的发现。例如，一项研究发现，选择在其他人身上花费更多奖金的人在两个月内都会感到更快乐（Dunn et al.，2008），而另一项研究发现，在同一个时间点，向慈善组织捐赠更多金钱的参与者在九年内都会感到更加快乐（Choi and Kim，2011）。

更令人难以置信的是，捐赠所激发的幸福感似乎都能够被外部观察者感知（Aknin，Fleerackers and Hamlin，2014）。不仅仅是因为人们认为在捐赠之后更加快乐，更多是因为他们真正体验到了更多的积极情绪。

这些效应非常明显，并且已经在多种研究中被证实。然而，当人们被要求猜测哪一种情况会使自己更快乐，是把钱花在自己身上还是他人身上，他们却全然不知捐赠对自身快乐产生的强大影响。相反，他们会认为在自己身上花钱的时候将会更快乐（Dunn et al.，2008）。这在某种程度上可以解释为什么人们如此拼命地追逐最新的潮流和时尚，筹款人也可借此来填补这一知识空白。

捐赠金钱不仅可以让人们变得更快乐，也会使他们感觉更富有。最近的一项研究对以下二者做了一个比较，一部分参与者获得为贫困儿童提供捐赠的机会，而不给其他参与者这个机会（Chance and Norton，
2015）。捐赠金钱让人们感觉到，他们在财富方面似乎要比大多数人更加 15
优越。虽然实际的客观情况是，因为捐赠了一部分金钱，他们的财富反而变少了。

将时间捐赠给他人可能产生类似的时间富裕感（Mogilner，Chance and Norton，2012）。最近的一项研究给一部分参与者提供花时间去帮助别人的机会，而其他参与者或者把时间花在自己身上，或者被允许提早离开实验，从而给他们节省了时间。通过四项研究分析发现，给他人捐赠时间可能产生更多的“时间富裕”感，主观上感觉有了许多可以利用的闲暇时间。出人意料的是，人们在将时间捐赠给他人之后，感觉行程并不匆忙，尽管实际的客观情况是，因为捐赠了一部分时间，他们的时间反而减少了。

捐赠和志愿服务的心理收益不仅能够给心理健康人群带来更多积极情绪，有时也被用来缓解沮丧和焦虑症状（Hunter and Linn，1980；Musick and Wilson，2003），这些症状如果不加以治疗，可能会成为全面的心理障碍。在持续存在心理问题的人群中，例如创伤后应激障碍或社交焦虑的人群，捐赠可以帮助控制他们的症状（Alden and Trew，2013）。

捐赠的社会收益

捐赠的喜悦和志愿服务也能够感染他人。

首先，有研究发现，捐赠是具有传染性的。人们的捐赠行为会传染给最亲密的朋友和家庭成员，并且在广泛的社交网络进行传播（Tsvetkoa and Macy，2014）。这是由于当人们成为受赠人或看到其他人捐赠时，就会激发自身也去进行捐赠。例如，家长不仅可以通过捐赠影响他们的孩子，也可以直接与孩子交流谈论他们的捐赠行为（Wilhelm，Brown，Rooney and Steinberg，2008）。家长对于孩子捐赠相关特性的发展具有影响作用。研究表明，特定的养育模式可以培养更具有移情能力和捐赠心理的儿童。如果父亲较多地参与养育，或是父母尤其关注他人感受，则可能培养出更具有移情能力的儿童（Koestner，Franz and Weingerger，1990）。

反过来说，父母也对孩子自恋和自我关注行为产生影响。自恋这种人格特质是一种自我意识和权利的膨胀。正如父母能鼓励孩子多关注他人的需求一样，他们也可能培养出以自我为中心和贪婪的孩子。而父母纵容孩子们的每一次心血来潮，就是让自己的孩子认为自己是何等的优越和特别（Brummelman et al.，2015）。

捐赠不仅是能够学习和传染的，同样也在数量上和质量上丰富了人 16
们的社会关系。善良之人都很相像，人们都愿意围绕在他们身边。例如，男人和女人在寻求浪漫伴侣关系时，首要考虑的特质就是善良（Sprecher and Regan，2002）。一项随机控制实验要求一组青春期前儿童每周为他人做三件小事，帮助他人，持续四周。而另一组儿童每周参观三个新场所。研究人员发现，研究结束时，在“善良小组”中的青少年在同龄人中更受欢迎（Layous et al.，2012）。

为重要事业做志愿者和捐款，可以帮助人们认识有着相似热情的人，并且更深入地融入当地社区人群中。例如，一项研究发现，被安排做志愿服务的老年人在4~8个月里会拥有更多的社会关系，而对照组人员的社会关系数量则有所下降。在志愿者组中，在需要时他人会帮助自己的数量上升了16.7%，而对照组获得的社会支持则下降了25.3%（Fried et al.，2004）。

志愿服务能够帮助老年人接受角色的转变，例如，随着老年人退休，他们的孩子逐渐开始独立（Greenfield and Marks，2004）。志愿服务能够给予人们一种被重视和被需要的感觉，也能帮助人们从老龄化的潜在压力中缓解，这些压力包括重要社会关系的失去以及每况愈下的健康问题等。

捐赠的身体健康收益

很多研究对志愿服务和捐赠对身体健康的意义进行了调查。例如，有一项有趣的研究旨在验证，当人们在做出慈善捐赠时大脑中发生了什么。这一研究发现，在捐钱的时候，大脑的愉快/回报中心会被激活，和他们收到金钱时一样（Harbough et al.，2007；Moll et al.，2006）。这些生理效应都反映了本章前文所讨论的心理效应。

然而，对捐赠直接带来的生理效应进行检验的研究却很有限。研究已经发现，在经历巨大压力后，具有高度共情能力的人的应激荷尔蒙皮质醇水平较低（Reinhard et al.，2012；Ho et al.，2014）。其他研究也证实，人们从关注自身到转移关注点并关注他人，能够从紧张性刺激中得到缓冲（Ableson et al.，2014）。捐赠金钱给他人与低水平皮质醇有直接 17
关系（Dunn et al.，2010）。此外，一些研究表明，志愿服务与更好的心血管健康有关联。

综上所述，增加的积极情绪和减少的应激激素有可能对生理健康有影响。实际上，根据志愿者的自我报告，他们要比非志愿者更加健康（Kumar et al.，2012）。我们的研究也已经发现，志愿服务与良好健康有关联，尤其在宗教人士中更是如此（McDougle et al.，2013）。或许通过志愿服务，更加强了宗教人士最珍视的信仰，帮助并服务他人。

捐赠也能够使人们身体强壮，至少是暂时的强壮。在一项研究中，研究人员要求正在等地铁的人们手持 5 磅重的哑铃，尽可能地水平拉伸胳膊，之后给他们 1 美元的酬劳。同时，要求他们中的一半人捐赠给联合国儿童基金会（他们都捐了），而另一半人继续保留这笔钱。结果表明，捐款的人们手持 5 磅重哑铃的时间比没有捐钱的人长。另外两个研究则证实，捐赠真的会使人们身体强壮（Gray，2010）。“我可以做出改变”的感觉的确能够令人充满活力。

终身捐赠的喜悦

了解了前文描述的捐赠带来的所有益处，志愿服务与长寿的相关性也就不足为奇。对 25 年间十几项研究的分析发现，志愿服务使总体死亡风险下降 47%，在根据人口统计学变量进行调整后，总体死亡风险下降 24%。捐赠金钱与死亡风险下降是否相关，或者志愿服务与特定死亡原因而不是其他原因（例如癌症、心脏疾病、伤病）是否相关等都无从得知。

截至目前，大多数关于时间和金钱捐赠效应的研究是在老年人身上开展的，这是因为他们常常有更多的时间为非营利组织或在研究中做志愿者。研究普遍发现，随着人们年龄的增长，捐赠带来的健康和幸福收益往往更多。然而，捐赠时间和金钱也与中年人、青年人甚至儿童的心理幸福感和身体健康密切相关。

关于捐赠喜悦的全球研究

关于捐赠时间和金钱效应的研究在北美和西欧广泛开展。然而，还
18 有一项新兴的跨文化研究领域表明了来自世界各种文化的人都体验着捐赠和志愿服务的快乐。

一些大型跨国别研究充分利用了盖洛普民意调查，该调查定期开展

大型调查，代表了世界大约95%的人口。这些研究已经关注了全世界136~142个国家，并证实了在大多数文化中，志愿服务与高幸福感（86%的文化）和良好健康水平（88%的文化）相关，慈善捐赠与高幸福感相关（90%的文化）。即使在资源稀缺的贫穷国家，结果也是类似的，并没有事实表明这与志愿者和捐赠人在人口因素如性别、年龄、宗教和收入方面可能存在的差别相关。

综上所述，这个领域的所有研究都表明，虽然捐赠意味着使自己的金钱和时间减少，但感觉上并不是这样。“捐赠悖论”就是指在将金钱和时间捐赠给他人之后，人们会感到更快乐、更富有、更健康。拥有金钱本身不会让人们更快乐，但人们花钱的方式会影响人们的幸福感。

动机的重要性

那么，我们应该为了体验这些收益而进行捐赠吗？并不是这样。有事实表明“通过开展慷慨的行动而进行的捐赠实践可以产生个人回报，但没有人能够仅仅是为了收获这些预期的回报而进行捐赠”（Smith and Davidson，2014：7）。

参与志愿服务有很多种不同的理由，其中的一些人更加关注他人的需求，例如希望帮助他人，或者与亲人一起参与到对他们来说重要的事业中。另外一些人则更加关注个体如何从帮助他人中获得个人收益，例如学习新事物、让自我感觉更好、逃离个人的烦扰以及提升个人的职业发展。

一项研究对4085名澳大利亚志愿者的动机与幸福指标是否相关做了调查。研究人员发现，以他人为导向而从事志愿服务的人拥有更高的自尊、心理健康水平和自我效能，这是一种自我胜任感（Stukas et al.，2014）。这些以他人为导向的志愿者也更多地感受到与他人紧密相连。以自我为导向的志愿者的动机通常是逃离困扰或提升职业发展，他们在这些幸福指标上的得分较低。志愿服务的一种潜在个人收益就是学习新事物，在该项研究中，拥有这种动机与更高的幸福感相关联。

另有一项研究利用威斯康星纵向研究对一个包含3376名老年人的样 19
本中志愿服务动机是否能够预测他们4年后的死亡风险做了调查。研究发现，出于他人需求而进行志愿服务的老年人4年后的死亡风险更低

（Konrath et al.，2012），而认为志愿服务的原因是能够使个人受益的老年人 4 年后的死亡概率则稍微高一些。在研究中，该文作者也从统计学角度控制了对这些结果可能的不同解释，例如这些老年人先前的精神和生理健康以及社会经济状况。因此，我们得出结论，这些结果并不是因为以他人为导向的志愿者比以自我为导向的志愿者更加健康和富有。

回到人们选择捐款的原因，这方面的相关研究较少。截至目前，学者们已经确定了捐赠的几种原因，但是未检验其对健康和幸福的影响。与志愿服务相似，很多人捐款，一是因为意识到需求，二是因为他们关心受赠方。同时，也是因为他们相信非营利组织能够恰当且有效地使用他们的捐款。在捐赠动机中，也有一部分动机并不是那么亲社会：避免被公开要求捐赠或与他人相处时的尴尬，通过捐赠获得权利或认可，享受捐赠的税收优惠，避免罪恶感或者是让自我感觉良好。人们捐赠的另外一个主要原因仅仅是他们被人请求捐赠。研究发现，大多数（85%~86%）的慈善捐赠来自被直接要求捐赠。

他人导向的志愿服务动机更有益于健康和幸福，基于这方面的发现，慈善捐赠的他人导向动机与类似的收益十分相关。然而，还需要进一步的研究为这个问题提供更多的视角。

将捐赠的喜悦最大化

除了他人导向的动机外，有一些做法似乎也能够让捐赠的喜悦最大化。

首先，捐赠的社会属性可能有助于提升幸福感。有学者对有关志愿服务和幸福之间的关系的 37 个问题做了调查，他们发现，当志愿活动涉及直接与他人互动，而不是间接的帮助时，志愿服务可能获得双倍的幸福感（Wheeler，Gorey and Greenblatt，1998）。目前并没有已知的研究对慈善捐赠相关的类似问题做调查，但是我认为亲自捐赠（例如，直接捐给筹款人或者参与慈善活动）比其他捐赠方式（例如邮寄、线上、自动扣除工资）更使人快乐。

其次，一些特定方式的捐赠能最大化捐赠的喜悦。让捐赠的指导大
20 纲更加具体（例如让某人微笑）而不是更加抽象（例如让某人感到快乐），来提升捐赠的幸福感（Rudd，Aaker and Norton，2014）。因此，筹

款人应该在劝募的设计中，更注重引导人们开展简单而具体的行动，而不是高度概念化的行为。

以不同的方式进行捐赠、向不同类型的人捐赠，会比重复运用一种捐赠方式向同样的人捐赠更令人感到快乐（Tkach，2005）。正如健康的饮食一样，健康的捐赠应该包括各个种类，避免捐赠成为一种无聊惯例。由于捐赠的喜悦一部分来自它的新鲜感，筹款人应该考虑如何鼓励捐赠人获得多种多样的捐赠体验。

有时，甚至没有必要为了体验捐赠的喜悦而确实进行捐赠，正如捐赠动机一样，给予和捐赠的心理方面至少与行为本身一样重要。例如，仅仅是计算一个人践行善良行为的数量，就可以使人更快乐（Otake et al.，2006）。与控制组的人群相比，通过计数而意识到自身善行的人们会感到更加快乐、更加感恩。利他的态度也很重要，比如说你乐于帮助他人，或即使他人不能回报，你也会尝试着帮助。实际上，在某个时间点，与一些亲社会行为（例如为一个非营利组织做志愿服务或帮助朋友）相比，利他的态度更能够独立激发积极的情绪（Kahana et al.，2013）。这样的观点很有分量：即使并没有帮助他人的实际机会，随时准备服务和帮助的态度也是非常重要的。

为什么捐赠对人们有益？

为什么捐赠有益于人们的健康？为什么我们人类这一物种会认为捐赠是具有很大回报的？终极原因在于，我们天生能够进行面对面的交流，包括互动接触、眼神交流以及微笑。这种互动激发了源于父母的照护，以及从婴儿到任何一个有烦恼的人都可能拥有的复杂感情联系和压力调节系统（Preston，2013）。我认为捐赠是有益的，根本原因是当捐赠给他人的时候，我们是根据各自最深处的本能而行事的。

但是我们也可以分析某人正在捐赠时发生的特定过程，而不是在反复捐赠后一段时间内的情况。

捐赠的行为即刻把对自身注意的焦点转移到他人身上。关注自身对心理健康可能是十分不利的，而将注意的焦点转移到他人身上，可能会 21
减少焦虑和压力。实际上，一项研究发现，志愿服务帮助人们在闲暇时间里把精力从工作上转移，从而创造新的心理资源来应对压力（Mojza et

al.，2010）。其他休闲活动似乎并不能产生这样的益处。

捐赠时，人们也会对受赠人和他们自身的状况做出比较判断。捐赠使人们对于自身处境更加庆幸："还有比我更不幸的情况。"一项研究为这一观点提供了最初支撑，这项研究发现，人们在给帮助贫穷人口的慈善组织捐赠后，要比捐赠给一个没有向下比较的慈善组织之后的生活满意度要高（Huang，2014）。然而，这也可能是因为人们直接捐赠要比间接捐赠获得更多的快乐。

正如本章所述，捐赠会即刻产生更多积极情绪，帮助人们从紧张性刺激中修复，恢复精力和体力。积极情绪本身也预示着更加健康和长寿（Danner，Snowdon and Friesen，2001），因此，"捐赠的喜悦"本身可能是对捐赠的身体健康收益的一个重要解释。

随着捐赠而增加的体力活动也值得强调。例如，一项研究发现，志愿者在远距离步行方面每周增加了31%，而控制组的参与者则下降了9%（Fried et al.，2004）。志愿服务意味着摆脱沙发、走到室外，体力活动本身就与更高的健康水平、幸福感和长寿相关联。

在重复的捐赠互动之后会发生什么？久而久之，捐赠使人们看到，他们在减轻他人痛苦方面起到了非常重要的作用，并使他人快乐。换句话说，捐赠增强了捐赠人的意义感和生活目标（Musick and Wilson，2003）。研究已经发现，生活中目标感较为明确的人比目标感不明确的人更长寿、更健康。

在反复的捐赠互动中，人们开始遇到志趣相投的他人，感觉与他人的联系更密切，孤独感更少，同时会更加感受到，随时会有人陪伴自己。社会联系本身就预示着更健康、更长寿。反复的捐赠互动就像把存款放进了一个复利的银行账户。这些对捐赠促进身体健康的解释具有一些共同点：捐赠能协助人们处理生活中预期之外的变故和压力。例如，研究已经发现，志愿服务能够帮助人们处理变化的角色，并在不稳定状况下提供一种安定感（Schwartz and Sendor，1999；Meier and Stutzer，2008）。向他人捐赠就像一项社会保障政策，即使发生了意外，一切也都会好起来。再次强调，这里的前提是，捐赠应该来自真实的慷慨精神。

“有捐赠过多”这回事吗？

当然，人们捐赠的时间和金钱超越了他们的能力，这种情况是可能 22
的，但是我想，快乐的捐赠人应该知道自身的极限。

说回志愿服务，研究已经发现，每周 1～15 小时的志愿服务与良好的健康水平和幸福相关（Choi and Kim，2011）。每周少于 1 小时的志愿服务是没有收益的，或许这更多的是一种间歇性志愿服务，而不是每周定期的捐赠实践活动。

对慈善捐赠来说，最近的一项研究发现，将自己 10%的财富用来捐赠的美国人比捐赠 10%以下财富的人更加快乐（Smith and Davidson，2014）。作者使用 10%作为分界点，因为一些宗教鼓励这个比例的捐赠，然而，他们并没有探讨是否捐赠达到这个点后，就不再与增加快乐相关。或许是因为只有 2.7%的参与者做到了这一点，人们并不认为这是一件寻常的事情。另一项研究发现，人们捐赠的金钱越多，心理幸福感就越强，作者并没有找到捐赠收益减少的临界点（Choi and Kim，2011）。实际上，把金钱花费在他人身上与提高幸福感相关，甚至是在相对贫穷的国家也是如此（Aknin et al.，2013）。然而，似乎有理由假设在某一节点，慈善捐赠可能有损幸福感，尤其是如果人们的捐赠达到这个节点，他们就无法关注自身的需求。这种过度捐赠很少见，更普遍的问题是捐赠不足。

总而言之，从自己富余的资源中进行捐赠似乎更加有益。例如，对于低收入人群来说，捐赠时间比捐赠金钱可能更好，因为研究人员已经发现，与高收入人群相比，志愿服务会使低收入人群获得更高的幸福感（Dulin et al.，2012）。这或许与低收入人群的可用资源有关，因为他们有更多的富余时间，而金钱较少。

和其他的善举一样，人们捐赠得越多，捐赠就越会成为日常生活的一部分，他们从捐赠中体验的快乐就越多。例如，每周践行九次善行比每周践行三次体验的快乐要多。

“维他命 G”的每日剂量

医生通常会建议他们的病人做出健康的饮食选择，参加更多的体力活动，并克制吸烟。但就目前而言，很难想象医生会向患者推荐每日剂

23 量的维生素 G（giving，捐赠）。然而，随着更多的研究开始关注利他主义与健康之间的联系，也许每日捐赠应该包含在健康生活方式行为列表中（Hirschfelder and Reilly，2007）。到那时，发展专业人员将在传播这些信息方面发挥重要作用。通过关注捐赠人健康影响的最新研究，帮助他人捐赠，筹款人捐赠量与其所服务的捐赠人相当，甚至更多。

结语：捐赠的食谱

本章的题目参考了著名的美食著作《烹饪的喜悦》，那么本章的结尾也最好给出捐赠的食谱。这些用量和原料都来自本章先前的研究总结，但是专家型捐赠人（如专业大厨一样）会做出调整来适应他们的生活方式和偏好。这些只是指导准则，仍旧有很大的空间来了解如何优化捐赠，实现健康和幸福。

在我们运用这一食谱时，捐赠人必须理解，慷慨解囊的方式有很多。总之，我建议要开展慷慨的实践，因为研究发现，有规律性的实践会提升捐赠人的心理收益（Smith and Davidson，2014）。无论你是马拉松跑者、音乐会钢琴家或是一门新语言的学习者，要成为一门新技能的专家，最好的方式就是把这一技能分成可以定期练习的重复小片段，通常来说至少每天一次。“捐赠大杂烩”食谱如下：

- 把你的日程安排和预算切块，这样就可以把时间和金钱捐赠给非营利组织。这将提供固定的时间来实践和优先考虑慷慨。
- 增加特定的具体捐赠目标（例如，使某人微笑、资助一名儿童）。
- 在捐赠时，减少对自身的关注，增加对他人的关注。让你的自身关注蒸发，让他人的需求成为中心。
- 测量你的善良行为：关注向别人捐赠的方法，或许是为陌生人开门、让邻居借走工具、倾听他人、志愿服务、向慈善组织捐赠。
- 为你能够有资源捐赠而增加少许的感激之情。
- 与社会互动混合搅拌，和他人一起捐赠，使收益最大化。
- 用成为受赠人的意愿进行调味。允许他人向你捐赠，这不仅仅如本章所描述的那样会使他人从种种方式中受益，也帮助你避免同情心疲劳。

- 多种多样是捐赠的香料。通过多种方式进行捐赠，增加风味。
- 将捐赠的各种原料置于激素、联系和压力调节荷尔蒙中慢炖。 24
- 随时准备好在需要时进行服务，对他人保持关爱的态度。
- 品尝对他人生活产生影响的乐趣。
- 每当看到有人渴盼善行的时候，不断重复以上。

讨论问题

（1）比较和对比捐赠金钱和时间对捐赠人的健康和幸福的影响。是否有更多的研究关注某一领域或其他领域？捐赠金钱或时间更有益于健康和幸福吗？

（2）你认为会不会对一些人来说或在某种环境下，捐赠是有害的？而不是对健康和幸福有益？

（3）如果某人在向慈善组织捐赠金钱后感觉很好，是否意味着其行为不是利他的？

（4）筹款人如何将这些研究发现运用到自身的专业实践中？

a. 这一信息如何提升其对工作的满意度？

b. 这一信息如何协助他们实现筹款目标？

主要文献/推荐阅读

Aknin, L., Barrington-Leigh, C. P., Dunn, E. W., Helliwell, J. F., Biswas-Diener, R., Kemeza, I., Norton, M. I. (2013). "Prosocial Spending and Well-Being: Cross-Cultural Evidence for a Psychological Universal." *Journal of Personality and Social Psychology*, 104 (4), 635-652.

Anderson, N. D., Damianakis, T., Kröger, E., Wagner, L. M., Dawson, D. R., Binns, M. A., Cook, S. L. (2014). "The Benefits Associated with Volunteering among Seniors: A Critical Review and Recommendations for Future Research." *Psychological Bulletin*, 140 (6), 1505-1533.

Bekkers, R., Konrath, S., & Smith, D. H. (2014, in press). "Conducive Biological Influences (Genetics, Physiology, Neurology, and Health)." In D. H. Smith, R. Stebbins & J. Grotz (eds.). *The Palgrave Research Handbook of Volunteering and Nonprofit Associations*.

Bekkers, R. , & Wiepking, P. (2010) . "A Literature Review of Empirical Studies of Philanthropy: Eight Mechanisms that Drive Charitable Giving." *Nonprofit and Voluntary Sector Quarterly*.

Calvo, R. ,Zheng, Y. ,Kumar, S. ,Olgiati, A. ,& Berkman, L. (2012). "Well-being and Social Capital on Planet Earth: Cross-national Evidence from 142 Countries." *PLoS ONE*, 7 (8), e42793.

25 Dunn, E. ,& Norton, M. (2013) . *Happy Money: The Science of Smarter Spending*. New York, NY: Simon and Schuster.

Fried, L. , Carlson, M. , Freedman, M. , Frick, K. , Glass, T. , Hill, J. , Zeger, S. (2004). "A Social Model for Health Promotion for an Aging Population: Initial Evidence on the Experience Corps Model." *Journal of Urban Health*, 81 (1), 64-78. doi: 10.1093/jurban/jth094

Harbaugh, W. T. ,Mayr, U. ,& Burghart, D. R. (2007). "Neural Responses to Taxation and Voluntary Giving Reveal Motives for Charitable Donations." *Science*, 316 (5831), 1622-1625.

Holt-Lunstad, J. ,Smith, T. B. , & Layton, J. B. (2010). Social Relationships and Mortality Risk: A Meta-analytic Review." *PLoS Med*, 7 (7), e1000316. doi: 10.1371/journal. pmed. 1000316

House, J. ,Landis, K. ,& Umberson, D. (1988). "Social Relationships and Health." *Science*, 241 (4865), 540-545. Doi: 10.1126/science. 3399889

Konrath, S. (2014). "The Power of Philanthropy and Volunteering." In F. Huppert & G. L. Cooper (eds.), *Wellbeing: A Complete Reference Guide. Interventions and Policies to Enhance Wellbeing* (Vol. Ⅵ, pp. 387-426). West Sussex, UK: John Wiley & Sons Ltd.

Konrath, S. ,& Brown, S. L. (2012). "The Effects of Giving on Givers." In N. Roberts & M. Newman (eds.), *Handbook of Health and Social Relationships*. American Psychological Association.

Kumar, S. , Calvo, R. , Avendano, M. , Sivaramakrishnan, K. , & Berkman, L. F. (2012). "Social Support, Volunteering and Health around the World: Cross-national Evidence from 139 Countries." *Social Science & Medicine*, 74 (5), 696-706.

Leary, M. R. (2004) . *The Curse of The Self: Self-Awareness, Egotism, and The Quality of Human Life*. New York, NY: Oxford University Press.

Moll, J. ,Krueger, F. ,Zahn, R. ,Pardini, M. ,de Oliveira- Souza, R. ,& Grafman, J. (2006). "Human Fronto-mesolimbic Networks Guide Decisions about Charitable

Donation." *Proceedings of the National Academy of Sciences*, 103 (42), 15623-15628.

Okun, M. A., Yeung, E., & Brown, S. (2013). "Volunteering by Older Adults and Risk of Mortality: A Meta-analysis." *Psychology and Aging*, 28 (2), 564-577.

Schreier, H. M., Schonert-Reichl, K. A., & Chen, E. (2013). "Effect of Volunteering on Risk Factors for Cardiovascular Disease in Adolescents: A Randomized Controlled Trial." *JAMA Pediatrics*, 167 (4), 327-332.

Smith, G., & Davidson, H. (2014). *The Paradox of Generosity: Giving We Receive, Grasping We Lose*. New York, NY: Oxford University Press.

Wheeler, J. A., Gorey, K. M., & Greenblatt, B. (1998). "The Beneficial Effects of Volunteering for Older Volunteers and the People They Serve: A Meta-analysis." *International Journal of Aging & Human Development*, 47 (1), 69-79.

第三章　筹款规划的成功之道

蒂莫西·塞勒尔

27 读完本章后，你将能够：

1. 认同筹款循环的多步骤流程。
2. 评估你的组织在筹款规划和执行方面的强项和弱项。
3. 如果你是监督筹款流程的员工，请评估你的作用。
4. 指导他人，包括员工和志愿者，让他们了解如何在筹款规划和执行过程中发挥作用。

本章重点介绍筹款规划的重要性。经验表明，筹款的成功来自有效的规划。有筹款规划的组织比没有筹款规划的组织劝募到的钱可能会更多（Nonprofit Research Collaborative，2014）。通常来讲，规划越有效，筹款就越多。本章利用“筹款循环”的规划模型，介绍筹款的多步骤流程，这一流程始于对捐赠人希望从其捐赠中所寻求回馈的认识，终于培养重复捐赠的关系和感情。虽然筹款循环也可以用于评估，但本章并没
28 有强调这一点，因为这一内容在本书后文的章节中有所涉及（见第二十二章“筹款的组织发展”和第二十三章“筹款预算和绩效评估”）。

关于筹款循环，第一个要关注的是它的名称：循环。筹款的流程是持续的。在该模型中，各步骤之间是通过连续不断的箭头相互连接的，这体现了这种持续性的特征。通过这些箭头，筹款流程内部互相关联的各步骤形成了圆环。筹款流程复杂性的部分原因在于，不同的劝募对象处于流程的各个阶段。筹款管理者必须协调各种必要活动，来打动处于

流程不同阶段的劝募对象。

第二个需要注意的事情是构成整体的分散步骤的数量。从“计划对照检查点：审查筹款声明”的标签开始，顺时针围绕该循环向下，共有14 个步骤。劝募是第 13 步。筹款规划包括前面 12 步。如果跳过或缺少劝募之前的任何一个步骤，都会达不到预期效果。劝募（第 13 步）不是流程的终点，而是会从这一步骤重新开始。因此，筹款循环是一个持续的流程，包括筹款规划和请求慈善捐赠、实施良好管理以及与捐赠人建立持续关系（见第三十一章“管理与问责”）。

在开始筹款循环第一步之前，非营利组织有必要了解营销的原则以及如何将其应用在筹款流程中。这种意识要求非营利组织建立反馈体系，对需求、认知、希望以及潜在捐赠人的价值观进行评估和监测。潜在捐赠人希望通过参与非营利组织，为自身生活寻求到什么？非营利组织对这种交换理解得越透彻，就能够越好地管理筹款循环。越来越多的研究表明，捐赠的主要动力来自慈善捐赠带来的“温情效应”（见第二章“捐赠的喜悦”）。

筹款循环的第一步（见图 3.1），即第一个计划对照检查点，是对非营利组织筹款声明的审查。筹款声明汇总了捐赠人为非营利组织进行捐赠的所有原因。每个非营利组织必须清晰地确定和理解社区的需求，在满足这些需求的基础上，详尽阐释自身具有吸引力的筹款声明。筹款声明应阐明该非营利组织如何为社区提供服务、带来收益、增加价值。

筹款声明必须就以下问题提供有说服力的回应：

1. 该非营利组织为何存在？答案应该基于该非营利组织致力于解决的人类/社会问题或需求。也就是组织的宗旨和存在的理由。

2. 非营利组织提供何种服务或项目来满足需求或解决问题？ 29

3. 为什么潜在捐赠人（个人、企业、基金会）会提供捐赠，对做出馈赠的捐赠人有什么益处？

这些问题的答案就构成了组织宗旨的基础。下一步就是分析捐赠市场需求。非营利组织必须针对其寻求慈善捐赠的市场或捐赠来源的期望

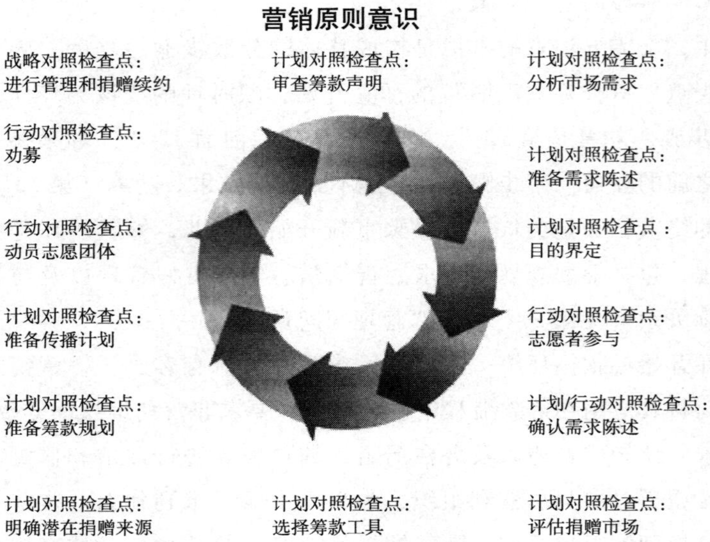

图 3.1　筹款循环

资料来源：引自 Henry A. Rosso and Associates，*Achieving Excellence in Fund Raising* (2nd ed.)，p. 24. Copyright © 2003 Jossey-Bass Inc.，Publisher. Reprinted by permission of Jossey-Bass Inc.，a subsidiary of John Wiley & Sons，Inc.。

和需求，对其宗旨进行检验。只有市场能够真正检验非营利组织所提出的对人类、社会问题的解决方案是否有效。这种市场有效性对于成功的筹款来说至关重要。如果组织从个人、企业和基金会等市场寻求捐赠，那么就必须在每个市场中对其宗旨进行检验。

30 如果市场不能理解或接受非营利组织要解决的需求的重要性，筹款就面临着非常严重的障碍。更严重的情况是，如果市场根本不了解这个非营利组织或其解决的需求，筹款就成为不可能的任务。捐赠人向他们所关注的组织捐赠，而这些组织则满足捐赠人所关注的需求。

为了满足潜在捐赠人所关心的已明确的社区需求，非营利组织可以给出令人信服的充分理由，说明为什么其工作值得慈善捐赠。

再下一步是准备需求陈述。组织为了实现其宗旨要开展计划。项目计划按照年度需求和长期需求开展。财务计划应该紧跟着项目计划，并明确开展项目和提供服务所需的资源，包括详细阐明所需的收入来源，以支持项目计划。这也就构成了筹款的正当理由。

需求陈述的准备涉及非营利组织的志愿者领导层，尤其是董事会成员、经过筛选的大额捐赠人和其他能够影响组织及其筹款的志愿者。需求陈述给出了预期筹款目标和目的，不仅必须包括目前的项目需求，也包括涉及巨额筹款和如捐赠基金让财务稳定的长期需求。

下一个计划对照检查点是目的界定。为了实现宗旨，项目必须转化为具体的、可衡量的行动计划，体现出组织如何提供其关注问题的解决方案。如果说宗旨说明解释了“为什么”，目标陈述回答了“是什么”，那么目的界定则给出了“如何做”的答案。为了向市场资源展示可靠性，目的必须能够在组织可用资源范围内具有实际性、可实现性。

目的要具有的特点可以通过“SMART”这一缩略语来阐明：

具体的（Specific）
可衡量的（Measurable）
可实现的（Achievable）
结果导向（Result-oriented）
由时间决定的（Time-determined）

例如，筹款目的可以这样来表述：“通过扩大社交媒体宣传，结合直接邮寄，下一个财年年度基金新捐赠人数量增加10%。”总而言之，目的是对组织如何执行其筹款规划的具体说明。

接下来是筹款循环中的第一个行动步骤：志愿者参与。前面的步骤 31
需要董事会成员和挑选出来的部分志愿者参与计划，而这一步则是呼吁有效战略的制定及实施方面的行动。因为有效的劝募者本身就是信仰并致力于慈善事业的人，参与早期的步骤，会让志愿者成为其同事中的有效劝募者。无论是过去还是现在，最有效的劝募就是志愿者通过个人劝募发出捐赠请求（Schervish and Havens，1997：241）。

让志愿者参与的有效方式之一，就是对组织的需求陈述进行确认。慈善支持需要董事会成员和其他志愿者的持续确认。如果志愿者进行捐赠或慈善劝募，就必须通过持续分析非营利组织的筹款规划，确认需求陈述。这种参与在开展筹款项目或活动前至关重要。

筹款循环的下一个步骤，是对捐赠市场进行评估，以确定捐赠人的能力和通过慈善捐赠对非营利组织项目进行资助的意愿。这一步骤包括对市场的选择和请求捐赠的数量做出明智判断。

可能性最大的捐赠来源是个人、企业、基金会、社团和政府。在过去，最慷慨的捐赠来源一直是个人，近些年个人捐赠大概占慈善捐赠总额的 80%。而近年来，很多个人财富已经进入家族基金会和社区基金会，因此，基金会已经成为增长最快的捐赠来源。如果算上直接捐赠和遗产捐赠，近些年对家族基金会的捐赠使个人捐赠占慈善捐赠总额的比例增加到 87%（Giving USA，2014）。

很多非营利组织却没有这样来自个人更不用说个人与基金会结合的高比例的捐赠支持，它们获得的更大比例的支持可能来自企业和基金会。那么，市场评估就应聚焦尽可能地构建和维系捐赠来源的多样性。捐赠来源的多样性越强，非营利组织在不稳定的筹款环境中得以维持的可能性就越大，并能更好地回应其市场支持者的需求。

筹款规划的下一步，就是慎重地选择筹款工具（战略）。随着捐赠市场评估的完成，筹款员工和志愿者必须立即决定在每个市场内，哪种筹款技巧将最有效。筹款战略或方式包括直接邮寄、特设活动、寻求捐
32 赠、个人劝募、捐赠认同组织（或捐赠俱乐部），以及不断兴起的电子邮件和社交媒体。正如市场评估需要捐赠来源的多样性，筹款方式的选择也应该探索各种筹款机会，来实现组织宗旨。

筹款项目包括年度基金、特别捐赠或大额捐赠、巨额筹款活动和捐赠基金项目。后两者常常高度依赖于有规划的捐赠，捐赠人比传统的通过年度基金或特别捐赠项目所做出的捐赠额要大（见第十九章“巨额筹款活动”和第二十章“创建有规划的捐赠项目”）。

成功的筹款项目将分析、检验各种方法，并且通过成本收益比和其他衡量成功的方式来评估其有效性。通过对长期持续筹款有效性的评估，能够将各种方法与不同捐赠来源相匹配，以明确其在哪种市场中最有效。

明确潜在捐赠来源是筹款循环中的下一个步骤。这一步骤通过总结、细化捐赠市场评估，制定潜在捐赠人的具体名单。潜在捐赠人将在个人、企业和基金会等三个捐赠市场中出现。每个潜在捐赠人都会通过以下三个标准得到识别和认可：

与组织的**联系**，是指一种有意义的关系，例如直接从非营利组织的工作中获益，或地理位置邻近，或是与组织中某人（包括董事会成员或其他捐赠人）的私人联系。

在特定层面进行捐赠的**能力**，这是在对捐赠人/资助者财务能力的正式和非正式研究后确定的。

对组织工作的**兴趣**，也就是组织的工作对捐赠人/资助者比较重要的原因。

虽然在寻找潜在捐赠人时，很多实践是从确定拥有最多金钱（能力）的个人（以及企业和基金会）开始，除非能够做出跟进工作，确定捐赠人/资助者对组织的兴趣或其捐款和资助的能力，否则这些实践都会是徒劳的。缺少对组织工作的兴趣或是和非营利组织的联系（这通常是通过致力于投入组织工作的志愿者而实现的），最有钱的资助者并不会仅仅因为能力使然就进行捐赠。

通过潜在捐赠人发展委员会，志愿者参与能够形成具体的捐赠来源优先列表。此外，这种类型的志愿者参与活动也让志愿者对筹款规划和流程有了主人翁意识。

筹款循环的第十个步骤，是筹款规划的准备。前九个步骤聚焦分析或事实收集和计划。筹款规划的准备则是对行动的呼吁。筹款员工起草 33
规划，让志愿者领导层完善并验证规划。应该通过配置规划实施的必需资源，使规划能够适当地执行。规划也应该包括监督和评估等管理步骤，以备需要时做出调整。

筹款规划需要清楚地说明，哪个项目在何时使用何种方法筹集多少金额。规划中也应该包括志愿者和员工的职责。

通过被要求做出捐赠的潜在捐赠人来理解组织宗旨及其筹款规划，对于成功的筹款来说至关重要。人们会为他们所了解和关注的事业捐款。因此，下一个计划步骤就是准备传播计划。有效的筹款传播必须不仅仅限于信息的传播，而且要激发潜在捐赠人的情感和思考。有效的筹款传播能够触动心灵和头脑。

筹款传播的目标是使潜在捐赠人理解并接受非营利组织及其目的，并使其希望共享这一宗旨的实现。有效的筹款传播是一种双向互动，为捐赠人表达关切提供了一种方法。有效的传播也为成功筹款的基础——价值交换，创造了机会。

筹款还关乎基于相互兴趣和关注的关系构建。筹款的原因之一在于，人们会向有慈善事业的人捐赠。筹款循环中的下一步，就是动员作为劝募者的志愿团体。

在美国，筹款在很大程度上是一种志愿活动。很多人全身心投入某项慈善事业，不但做出自己的捐赠，也热心地邀请他人加入慈善事业中，正是这些人采取行动。如今，仍然没有任何劝募能够比志愿倡导者所做的更令人信服，他们会通过亲自劝募来支持其热情投入的非营利组织。

虽然志愿服务在筹款中仍旧很盛行，但是如今，尤其是大型组织越来越依赖训练有素的筹款员工进行劝募，特别是募集大额捐赠，这种趋势日益明显。在大学和学院中，有时在医院和医疗中心，大额捐赠筹款日益成为有薪酬员工而非志愿者的职权范围。事实上，这种更多地依赖有薪酬的专业员工的趋势已经很普遍（Walker，2006：64）。然而，有效的非营利组织还是会继续扩大其筹款志愿群体，进而扩大捐赠人的基础。一般来说，每五个个人劝募就需要一名志愿者。

34 现在我们已经完成了十二个步骤，下一步是劝募。一些来自董事会、员工以及某些志愿者的捐赠，可能已经成为筹款流程早期阶段的一部分。但第十三步代表着在更广泛的支持者中开展筹款，是迄今为止所做的所有工作的高潮部分。

在这一环节，已经做出承诺的捐赠人要亲自拜访潜在捐赠人。现有捐赠人为组织做出了捐赠，证实了自身捐赠的能力，并邀请潜在捐赠人通过做出自己的慈善捐赠以实现组织的宗旨。劝募是一个庄严的过程，筹款人带着自豪感请求慈善捐赠，以帮助开展非营利组织的重要工作。

劝募和获得捐赠并不是筹款流程的目的。实际上，这仅仅是捐赠人和非营利组织之间一种深度关系的开端。对捐赠表达适当的感激之情和致谢必须由非营利组织来进行。此外，非营利组织也必须对如何使用捐赠的情况进行公开，并在恰当、明智地使用捐赠的过程中，体现最高的问责和管理水平。

适当地感谢捐赠人、公布捐赠的用途以及体现对捐赠资金审慎的管理工作，将会使续约捐赠成为可能。续约，也就是第十四步，标志着循环的重新开始。筹款声明必须被支持者再次检验，筹款循环也重新开始。续约捐赠要对非营利组织如何有效满足社区需求和捐赠市场的需要进行持续分析。同时还必须对需求陈述一再检查确认，以体现持续的有效性和非营利组织的价值。

结　语

35

筹款很简单，即恰当的个人或群体在恰当的时间采用恰当的方式，为恰当的项目向恰当的潜在捐赠人请求恰当的捐赠。然而，筹款却并不容易。筹款是涉及多个学科的流程，要求员工和志愿者广泛参与上文所述的筹款循环的一系列相关步骤。筹款循环是一个复杂的流程，如果妥善管理，会成功实现上文所描述的所有“恰当”的结合。专业筹款人的主要职责是管理这一流程，为所有参与到筹款流程的规划和执行的人提供动力和指导。

讨论问题

（1）你所在的组织的筹款循环中，哪一个步骤最具优势？哪一个步骤需要改善？

（2）在筹款过程中，你所在的组织如何让志愿者参与进来？

（3）如何应用筹款循环完善你的筹款规划？

第四章　撰写阐释筹款声明

蒂莫西·塞勒尔

37 读完本章后，你将能够：

1. 阐释筹款声明如何为筹款提供正当理由。
2. 明确筹款声明资源档案的组成要素。
3. 认识到筹款声明资源档案如何成为筹款声明的基石。
4. 区分内部和外部筹款声明。
5. 在筹款声明的表述中列举关键要素。

非营利组织本能地认为它们的工作值得慈善捐赠支持。但如果认为潜在捐赠人或资助者也拥有这种本能认知，那它们就错了。对非营利组织来说，筹款声明是它们获得捐赠的必要条件，是它们筹款的基础理由，是它们值得慈善支持的原因。如果没有筹款声明，非营利组织就没有权利寻求慈善支持和筹款。

从广义上来说，筹款声明是对非营利组织应该得到捐赠支持的原因的基本论述。筹款声明的范畴大于非营利组织本身，并且与其所服务的慈善事业有关。筹款声明所罗列的信息包罗万象，其中一部分用于证明为什么该组织值得获取捐赠支持。

38 筹款声明陈述是对筹款声明的具体表述。筹款声明陈述的范畴不像筹款声明一样广泛。换言之，筹款声明陈述是对构成筹款声明的某些要素的具体说明。虽然筹款声明涵盖了组织应获得捐赠支持的大量原因，但并不是每个原因都包含在筹款声明陈述中。筹款声明陈述关注或强调捐赠支持论证中具有重要意义的关键因素。筹款声明陈述精选并阐明整个筹款声明中的特定要点（Seiler，2001；The Fund Raising School，2009）。

本章首先讲了一般性筹款声明的撰写，其次讲了筹款声明陈述，并对内部筹款声明和外部筹款声明进行了区分。本章还介绍了发展部门员工和志愿者在筹款声明准备中的作用。

做好筹款声明准备，首先应理解非营利组织筹款是为了满足更大的社会需求。因为社会需求得不到满足，才产生了非营利组织，筹款声明要建立在组织能更好地满足这些需求的基础上。筹款声明的有效性取决于组织服务于慈善事业的程度。

筹款声明是慈善筹款的基石，是对问题解决方案的紧急呼吁，是对需求的满足。筹款声明的说服力与非营利组织解决问题的能力直接相关，也与组织为满足市场和社会需求变化而进行调整的能力直接相关。筹款声明是对慈善事业的表达，强调了为何人人都应该致力于慈善事业的发展进步。筹款声明的重要性大于非营利组织的财务需求，也大于非营利组织本身。

筹款声明的准备、撰写及生效都是从发展部门员工开始的。如果非营利组织设有发展总监职务，这一角色应该在筹款声明的准备和发展中发挥催化剂作用。专业筹款人尤其应该对外部支持者的关切、兴趣和需求加以阐释，同时也要阐明组织的需求。发展部门的员工不仅应该了解组织内部情况，也要与外部支持者定期进行互动。发展部门的员工必须能够并愿意将其寻求捐赠的支持者对组织的看法带回组织内部。

对于发展部门的员工来说，发现支持者并不是样样完美，这是很正常的。支持者时常会被误导或没有充分了解情况，有时则可能会认为组织无法发挥作用。或许支持者并没有信心能够确定其捐赠满足了某种需求，也不觉得他们的捐赠可以产生真正的影响。如果能够找到解决这些关切的方法，将有力加强筹款声明。发展部门员工必须对组织有着充分的了解，并将在组织内部代表外部的支持者（见图 4.1）。

让他人参与到筹款声明的撰写中依然非常重要，了解关键支持者 39
（董事会成员、志愿者、捐赠人和潜在捐赠人）的想法，尤其能够有效获得志愿者领导层的支持，从而实现对筹款声明的清晰阐释。如果能够在筹款声明的撰写和确认中发挥作用，那些用自己的方式对筹款声明进

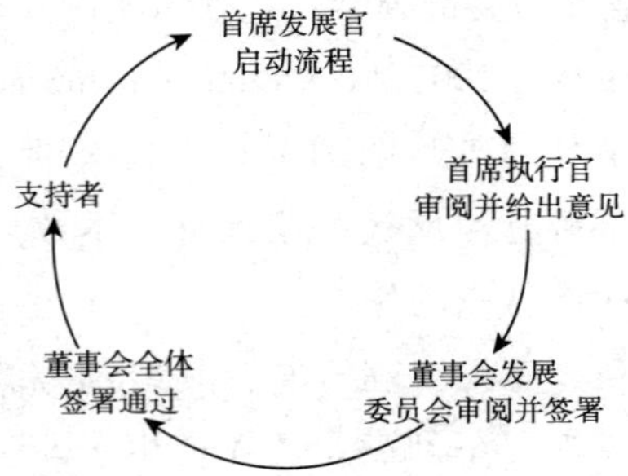

图 4.1　员工及支持者参与筹款声明的撰写

资料来源：The Fund Raising School。（原文如此。该图是由作者直接引用该校的教学材料。引自该校的资料，在本书的参考文献中不列出，下同。——译者注）

行呈现的人，会更加具有热情。面对让自己感到困惑的部分，他们会提出怀疑；面对让自己不安的部分，他们会提出挑战。如果他们能够代表捐赠人，那么这些质疑和挑战将会进一步加强筹款声明的影响力。

从何入手处理筹款声明资源

撰写筹款声明的第一步是对信息要素进行整理，这些信息要素为潜在捐赠人提供了他们希望了解到的非营利组织的全部背景情况。这些要素属
40 于筹款声明资源，可能是组织内已经存档的文件。筹款声明就建立在筹款声明资源所提供信息的基础之上。筹款声明资源就像是一个数据库或信息银行，筹款声明的内容都可从中提取。筹款声明资源就是能够形成筹款声明的要素。这种对筹款声明的初步陈述类似于一种内部文件，为筹款声明的撰写提供了切入点，筹款人从中获得信息并实现筹款。

筹款声明资源包含以下信息要素：

宗旨说明

目标

目的

项目和服务

财务

治理

员工配置

设施、服务供给

计划和评估

历史

所有这些要素的信息应该以随时可用的形式，常备于非营利组织的办公室。在需要筹款时，这些信息应该是可用、可获得并且是可以检索的。下面，我们来详细介绍表4.1中总结的筹款声明构成要素。

表4.1　阐释筹款声明以吸引捐赠人 41

筹款声明构成要素	必须清晰表达
1. 宗旨说明	对所支持事业有所认识，对非营利组织旨在解决的问题有深入认识
2. 目标	预期达成的成就，从而解决该问题
3. 目的	通过完成目标将会实现哪些成就
4. 项目和服务	非营利组织为大众提供的服务（包括人们如何受益的故事）
5. 财务	提供项目和服务的成本，证实其对慈善捐赠的需求
6. 治理	组织的特点和质量，可能会体现在志愿者领导力和治理结构中
7. 员工配置	员工的资质和优势
8. 设施、服务供给	项目和服务供给机制的优点、优势和有效性
9. 计划和评估	体现出服务决心、优势和影响的项目和筹款计划以及评估流程
10. 历史	创始人、员工和其他人的辉煌事迹，以及过去积累的信誉

宗旨说明

宗旨说明是对非营利组织旨在满足的人类和社会需求的理念表述，解释了组织存在的原因。宗旨说明也是对组织相信的或围绕其开展工作的价值或价值观的表述。通过描述组织的价值观和信念，宗旨说明深入组织的核心价值观。

对宗旨说明常见的误解是，宗旨说明只是对一个组织所做的工作做出表述，例如："该组织的宗旨是提供放学后的照护。"这是一个目标陈述，而不是宗旨说明。

任何陈述都会包含一个如去实现、去服务、去提供等话语，它们是目标陈述，告诉人们组织所做的工作。换言之，宗旨说明解释了组织为何去做这些工作。有效的宗旨说明为捐赠人明确信念和价值观提供了基础。一个好的宗旨说明经常用“我们相信”或“我们珍视”等措辞开头。

例如，动物收容所可能使用下述内容作为其宗旨说明：“关爱动物组织认为，所有的动物都应该得到人道待遇。因为我们关注所有动物，关爱动物组织为被遗弃和无人愿意领养的动物提供收容和食物。”

还有另一个陈述的例子，其所表达的内容更多的是目标陈述而不是宗旨说明：

> 支持生命中心致力于提供重燃生活信心的服务，以满足计划外怀孕女性的需求。

这个句子描述了支持生命中心所开展的工作，但是并未说明如此做的原因。

42 下面是对这一陈述的修正，修正后的陈述阐明了组织信奉的核心价值，也是一种更有效的宗旨说明：

> 面临计划外或意外怀孕的女性应得到同情和支持。她们通常不知道在哪里寻求使人重燃生活信心的服务、援助和信息。支持生命中心致力于满足计划外或意外怀孕女性的身体、情感和精神需求（Seiler，2001：22-23）。

接下来的几个步骤，是为构想和写好一份宗旨说明提出的建议，从而清晰地阐明组织的价值观和信念：

1. 明确提出组织所信奉的主导价值。
2. 简要描述妨碍该价值实现的客观条件。
3. 简要说明需要采取哪些措施来缓和第二个步骤中的条件。
4. 明确说明你所在的组织要克服第二个步骤中描述的条件，可以执行第三个步骤中描述的内容。

宗旨说明为捐赠人和潜在捐赠人提供了一个机会，让他们发现与非营利组织共享的价值观。人们会对拥有共同价值观的非营利组织做出慈善捐赠，因此组织是否能够清晰地表达它们的价值观非常重要。筹款循环的第一步就是审查筹款声明，而筹款声明的第一个要素就是宗旨说明，因此，宗旨说明必须是对价值的陈述，这一点至关重要。

目　标 43

目标是对“非营利组织开展怎样的工作?”这一问题的回答。目标陈述用一般性的表述解释组织在寻求满足需求或解决宗旨说明中描述的问题时，希望完成的任务。目标陈述引导组织去实现在宗旨说明中所表达的信念。因为组织通常开展多个项目，所以目标也是多元的。组织的一些目标是与项目相关联的，其中一些需要资助，对项目进行资助，就形成了筹款目标。

目　的

目的与目标在具体程度上有所差别。目的比目标更精确，并且解释了组织期望如何达成其目标。

目标陈述可以是“为了增加年度基金收入”，目的陈述则阐释了如何达成这一目的，可能是“在下一个财年，我们将使年度个人捐赠增加5%”或“在下一个财年，我们将使来自企业的捐赠和赞助增加15%”。

项目和服务

项目和服务要素应包括组织如何向其客户提供服务的相关描述。讲述服务接受者如何从服务中获益的故事是很有效的方式，表明哪些人能够从组织提供的项目和服务中获益。当潜在捐赠人和资助人意识到真实的人正在从非营利组织的工作中获益的时候，他们更愿意对筹款呼吁做出回应。

构建这部分要素最好的方式之一，就是搜集来自客户和受益人的证言，请他们讲述组织如何给予其帮助，以及作为接受者，他们如何从组织的项目和服务中受益。

财　务

组织的财务信息要将预算与目的和项目描述联系起来。财务的相关信息表明了组织如何获得收入和如何支出财务资源。财务情况概览确立并验证了慈善捐赠支持的需求，并证实了筹款的合理性。财务情况概览也为组织体现在财务方面的责任和问责提供了机会，同时责任和问责也促使组织谨慎使用资金。简而言之，筹款规划需要建立在组织全面的财务计划基础之上。撰写筹款声明，需要有能力清晰地体现出组织的全部收入和支出状况。

治　理

非营利组织的治理在吸引慈善捐赠方面至关重要。非营利组织的治理结构体现了组织的特点和质量。筹款声明资源的这部分材料应该包含
44 董事会的构成和运作情况。每个董事会成员的完整档案，以及包括章程和利益冲突声明在内的组织材料，应该是筹款声明资源材料的一部分。

在筹款声明资源材料中，治理这一要素不容忽视。治理通常是检验潜在捐赠人的试剂。管理层的团结和质量体现了非营利组织的实力。如果董事会能认真对待他们做出的治理承诺，并能够使组织对公众负责，捐赠人对这样的非营利组织会更有信心。

员工配置

非营利组织的治理关乎组织的团结和质量，员工的配置则体现了组织的能力和专业性。这部分材料应阐明员工（包括有薪酬员工和志愿者）拥有的证书和资质。员工的类型可以体现出组织如何有效地提供项目和服务。这部分材料应包括员工简历。

称职且有技能的员工，加之乐于奉献且有活力的董事会成员，对潜在捐赠人做出慈善捐赠来说会很有说服力，因此非常有必要及时更新档案中的这一部分材料。员工至少应该每年都核实简历，将其为了提升专业能力而参加的继续教育和职业发展项目更新进去。

设施和服务供给

筹款声明材料中的下一个要素，就是对设施和服务供给的描述。这一要素应该阐明人们如何获得项目和服务。有时，设施是较为显著的因素：设施的可见性、可用性和便利性都是项目和服务供给方面的体现。

这部分也可以包括设施修缮计划、扩建以及新的建设项目，它们也有助于巨额筹款活动声明的撰写。

计划和评估

计划和评估的信息应该对计划流程和评估方法进行描述。项目计划应该在筹款计划之前制订，并确认服务的需求。因此，撰写筹款声明的第一步，就应该从组织的战略规划开始。组织的战略规划阐明了组织的发展方向以及实现目标所需要的条件。筹款计划则体现出组织因开展战略规划而需要的慈善支持。

通过对项目的评估，我们可以展示项目的有效性和高效性，同时也 45
可以展现组织对慈善资源的管理和问责。

计划和评估材料表明，组织能够认真对待其工作，并落实自身的责任。这能够增强捐赠人和潜在捐赠人的信心。

历　史

在讲述其历史时，非营利组织应关注为其支持者提供服务方面的成就。对历史的描述应该能够抓住历史中“人”的精神，包括服务提供者和受益人。历史陈述的重点应该聚焦组织的先进人物，讲述组织中的传奇故事。

内部声明和外部声明及二者的差别

当这些要素全部完成时，声明资源材料或内部声明就准备就绪了。可操作的声明资源材料（内部声明）能够让组织为筹款准备好筹款描述和外部声明陈述。外部声明陈述主要是给支持者讲故事。

如果说内部声明是信息和知识的数据库，外部声明陈述则有序地呈现推广、公关和筹款方面的信息。外部声明陈述可以采用手册、基金会（或企业）提案、直接邮件、网站开发、活动计划书、新闻稿、简报、演讲和个人劝募等形式。将外部声明陈述视为“实践中的筹款声明”，可能会有助于理解（Rosso，1991）。

从确立内部声明到撰写外部声明陈述的过程中，应重点回答以下问题：

1. 哪些问题或社会需求是我们的核心关切？

2. 为回应这一需求，我们应该提供何种具体服务和项目？

3. 为什么这一问题和服务具有重要性？

4. 我们服务的市场由什么构成？

5. 是否有其他人正在做我们所做的工作，来服务我们的市场？或许他们做得更好？

6. 我们是否已写好包括理念、目标和项目陈述的书面规划？

46 7. 寻求私人捐赠支持的具体财务需求是什么？

8. 组织有能力开展已确定的项目吗？

9. 哪些人与组织相关，是员工、关键的志愿者、受托人还是董事会成员？

10. 谁应该为组织提供支持？

在撰写外部声明陈述时应牢记，你的目的就是要激励某一潜在捐赠人采取一系列步骤，最终决定做出捐赠。在声明陈述的撰写和呈现中，必须体现以下特征，如兴奋点、亲近感、紧迫性、对未来的期待、意义和相关性，以激发潜在捐赠人的行动。

筹款声明陈述应该能够激发读者（或听众）的兴奋点。很多慈善活动始于对筹款声明中所明确的外部需求的情感回应。亲近感，即能够创造出情感上的意识和地理位置邻近的感觉。在多大程度上，组织所关注的问题在潜在捐赠人的生活中现实存在？对于潜在捐赠人来说，采取行动来解决这一问题的重要性和紧迫性有多强？这就是对紧迫性的描述。如果捐赠人没有及时回应这一需求，后果会怎样？除了紧迫性，也就是必须立即行动的需求之外，还应该对未来的期待进行描述。这并不是一次性的行动，而应该是持续的进程。并不是说所有的问题现在就能够解决，如果说在未来来解决这些持续的问题，并把它作为一种承诺，结果会怎样？对于捐赠人的意义是什么？如果捐赠人参与了其认为重要的慈善事业，将获得怎样的价值和收益，这是声明陈述应该传递给捐赠人的内容。声明中的宗旨说明，应该与捐赠人的价值观相关。

声明描述所体现的这些特征，能够获得潜在捐赠人的回应结果（见表4.2）。相关性抓住了捐赠人的注意力，聚焦非营利组织关注的问题或

需求的重要性。亲近感会使捐赠人感兴趣，从而建立一种关切感。问题 47
的紧迫性和未来的期待会逐渐让捐赠人充满信心，相信非营利组织已经准确地界定了问题并提供了强有力的解决方案。这样的信任感让捐赠人再次确信，非营利组织将在解决问题后实现预期结果。对于即将采取行动的兴奋感，使捐赠人的期望成为项目的一部分，因为这种期望将带来满足感和喜悦。最后，项目的重要性将推动捐赠人采取行动，通过对非营利组织做出捐赠而成为亲身参与者。

表 4.2　特征和回应

声明描述的特征	后续回应
相关性	关注
亲近感	兴趣
对未来的期待	信心
紧迫性	确信
兴奋感	期望
重要性	行动

资料来源：The Fund Raising School，2002。

将声明付诸实践：进行声明描述

撰写筹款声明的流程从创建或整理声明资源材料的关键组成要素开始，再到撰写声明陈述，最后对声明进行表述从而获得信息、进行教育、实现筹款。为了区分内部声明陈述和外部声明陈述，可以将以外部为主的声明陈述看作声明描述。

声明描述必须符合个人、企业、基金会筹捐赠人和其他资助者的兴趣和需求。声明描述应该根据受众量身定做，这里的受众包括直接邮寄的对象、新捐赠人和持续捐赠或不断增加捐赠额的捐赠人、邮件的接收人、接收正式提案的企业或基金会、个人劝募的对象等。虽然在不同的情况下，声明会有具体的描述，但是声明描述的共性就在于其体现了组织的宗旨：所有筹款都是为了支持组织宗旨。

有效的筹款声明描述必须做到以下几点：

1. 表达某种需求：这是社区的某种需求，是被服务的“慈善事业”。

2. 记录需求：有哪些外部事实能够证实的确存在这一个问题。

3. 提出缓解该需求的战略：组织的目标、目的、项目。

4. 明确受益方：受赠人、受益人、社区整体。

5. 体现组织能力：治理、员工配置、设施。

6. 明确具体的资源需求：慈善支持。

7. 说明做出捐赠的方式：支票、信用卡/借记卡、手机设备、线上捐赠。

8. 解释捐赠的收益："捐赠人/资助者能获得什么？"

48

结　语

在进行声明描述时，将捐赠人或资助者放在首位是至关重要的。声明描述必须使受众能够理解。不要假设受众完全了解组织，更不要假设他们对组织的了解达到了声明描述撰写者的程度。声明描述应该避免使用"内部语言"或行话，并且必须用清晰、准确的本地通俗语言书写。

撰写筹款声明是筹款过程的第一步。至少每年要对声明进行核查，以更新项目，并保持相关性。组织对筹款声明进行年度审核时，可以问以下问题：

1. 我们是谁，为何存在？

2. 我们想要实现什么？

3. 我们将如何做？

4. 我们如何确保自身可问责？

5. 是什么将我们与其他从业者相区分？

定期回答这些问题，将会使组织的筹款声明持续有效，并能够使组织做好撰写声明描述的准备，大胆而有说服力地阐明其值得慈善捐赠支持的原因。

讨论问题

（1）在宗旨说明中，如何清晰地阐明你所在组织的核心价值观？

（2）你所在组织的声明资源材料的完整度如何？

（3）在撰写寻求财务支持的声明描述时，你面临的主要挑战是什么？

（4）在撰写组织的筹款声明时，你将哪些参与方列入其中？

第五章 个人作为筹款支持者

蒂莫西·塞勒尔

49 读完本章后，你将能够：

1. 认识到个人作为筹款支持者的重要性。
2. 描述支持群体同心圆模型的一般原则。
3. 阐释整合碎片化支持者的重要性。
4. 认识到个人生活角色/责任对捐赠的影响。

实现有效的筹款，需要对非营利组织的支持者进行深入了解，这些支持者是非常特别的群体，对组织有着实际的或者潜在的兴趣。一些组织拥有“天然的”支持者，这类支持者很容易发现和联系，例如中小学校和高校内的学生和校友。也有很多教育机构将支持者范围扩大到学生的父母和祖父母。再如医院中的病人，他们在筹款领域中通常被称为“充满感激的患者”。艺术机构则拥有赞助人、会员和观众。很多组织也有类似的“朋友”，如“图书馆之友”一类的正式团体组织，或是依附于组织的非正式团体，当然也包括企业、基金会、协会和其他类型的捐
50 赠人/资助人，这些都是筹款的支持者（见第八章“企业捐赠及筹款”和第九章“基金会筹款”）。本章主要关注个人支持者。明确并发展个人支持群体，是可持续筹款的核心。

确定个人支持群体

即使组织没有这类天然的支持者，也仍然会有其他支持者。虽然确

定并建立支持群体需要组织开展更多的工作，但是每一个非营利组织都拥有其自身的支持群体。至少包括需要该组织服务的人员、提供服务并指导项目的人员、组织管理人员以及支持慈善事业的人员。在开发其支持群体时，非营利组织应该尽可能地利用必要的资源认同、告知、吸纳支持群体，并加强支持群体与组织的联系。为开发支持群体而投入的精力、时间和金钱，都会通过志愿者、捐赠人及倡导者为组织提供的服务而得到加倍回报。非营利组织的宗旨，就是建立这种支持群体与慈善活动之间的联系。

支持群体是热情服务组织慈善事业的热心人群。支持群体的一个代名词就是“热心各方”，包括当前、过去和未来参与组织活动的人群。所有支持群体也分为活跃的和不活跃的、热心的和冷漠的、亲密的和疏远的等类型。为了实现筹款目标，了解支持群体中人们的兴趣、需求及欲望非常必要，因为他们的参与程度决定了是协助还是阻碍非营利组织实现其目标。支持群体由一系列利益相关方组成，他们关注组织的健康发展，并乐意为组织投资。

支持群体模型

确定非营利组织支持群体的一个有效的方式，是将其设想为一组同心圆（见图 5.1）。这些依次扩大的圆圈代表了非营利组织的能量，以及能量从中心向外部的流动和消散。就像是将石块投掷到水中，石块入水的地方能量最强。当波纹从石块入水的位置向外扩散时，波纹在范围不断扩大的同时能量也越来越微弱。也就是说，波纹在逐渐远离中心的同时，能量变得越小、越弱。这就是非营利组织的支持群体与组织进行互
动的模式。越接近中心，能量越大，联系就越紧密。核心支持群体处于 51
同心圆的中心。处于第二个、第三个、第四个圈的支持群体越来越远离中心，与组织的联系逐渐变弱。距离核心支持群体越远，能量越低，与组织的联系越弱。

若希望支持群体模型对筹款产生积极影响，那么应该由特定的群体构成中心的圆圈，成为核心。最理想的情况，是由董事会、各级管理团队和大额捐赠人形成组织的核心。董事会保持组织的公信力，对组织的宗旨、愿景和政策负责。高层管理团队负责实施组织项目，以满足宗旨

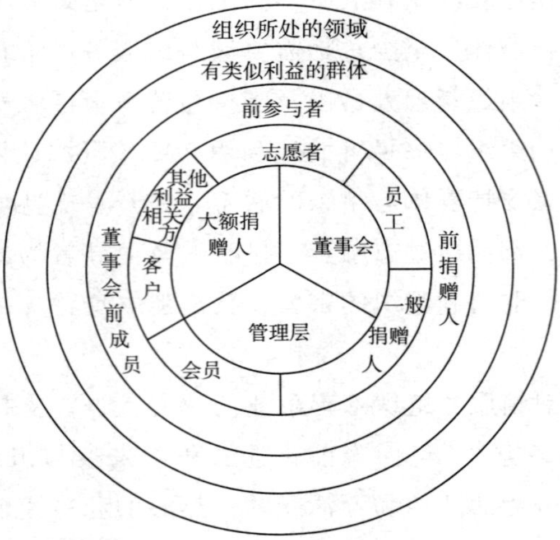

图 5.1　支持群体同心圆模型

中所阐释的社区需求。大额捐赠人则不仅通过物质捐赠，也作为组织慈
52 善事业的倡导者体现出对慈善事业的承诺。中心圈的所有三个核心要素
为组织提供了能量并影响组织的发展方向。筹款正是从中心圈开始。

以上三个群体是处于中心圈的关键群体，而大型组织的中心圈也可能包括其他关键群体，例如校友董事会、巡视委员会（visiting committees）、基金会董事会、咨询委员会以及朋友等，这些群体都可能成为复杂的非营利组织核心支持群体的一部分。

第二圈包括负责方案执行及筹款的志愿者、接受组织服务的客户、高级管理层之外的员工、捐赠额度少于大额捐赠人的一般捐赠人、会员制组织的会员，以及与组织相关但不处于中心圈的其他利益相关方，包括供应商等。

第二圈内的所有组成要素都很重要，因为他们代表了广泛的支持基础，在未来有更大的可能去参与筹款，参与方式包括更具战略性的志愿活动以及大额捐赠。

第三圈包括前参与者、董事会前成员和前捐赠人，因为这些群体距离中心圈越来越远，所以能量有所减弱。“前”这个词代表了“过去曾是”的状态，也可能带有一些消极意味，但即便如此，这个圈内的群体依然有潜力重新开始行动、重新参与进来。经过富有创意而开放的沟通，这些群体在受到邀请后，可能会更加全身心地投入其中。无论是董事会前成员还是前捐赠人，如果他们曾经是参与者，就必定与组织拥有共同的价值观。通过探索如何重新赢得他们的关注和忠诚，可能会使他们重回第二圈甚至中心圈。

第四圈包括有类似利益的群体，这一类群体的界定并不明确。这类支持者远离能量中心，通常对组织知之甚少，组织对他们的了解也不多。非营利组织为获得新的捐赠人，通常会通过直接邮寄、社交媒体甚至特设活动而与这一群体取得联系。虽然组织能意识到，从这类群体中获得的回报相对于所付出的时间和精力来说，并非物有所值，但是依然值得去探索。

最后一个圈是组织所处的领域。每个组织都会有这样一类支持群体，而组织通常对其捐赠的潜力知之甚少。他们的参与可能是最少的，从这个圈中所获得的任何形式的捐赠都是规模最小的，但可能是定期的、持续的。这一类捐赠人可能会年复一年地捐赠，随着时间的推移，这些捐赠累计起来，数目也会不小。因此这个圈内的群体也是值得关注、花费精力的。

支持群体同心圆模型有几个重要的原则。第一个原则是，由于能量由中心向四周扩散，那么核心区就拥有最强的联系。筹款始于支持群体同心圆的核心，由内圈的董事会、管理层和大额捐赠人带到外圈。一直 53
以来，筹款项目所面临的挑战就在于让核心参与者保持在同心圆的中心位置。如果筹款项目的董事会和/或管理层处于外圈，那么这个项目就无法正常运行。

第二个原则是同心圆之间的流动性。今年的大额捐赠人明年可能就成了一般捐赠人。董事会成员的任期一到，就会成为董事会前成员。支持群体发生变化的原因还有很多：居住地址或职业变更、捐赠人的兴趣点发生变化、捐赠人的财务能力发生变化。根据支持群体的变化规律，支持群体每年都会发生 20%～25%的变化。有效的支持群体开发需要持续地邀请同心圆模型中各圈群体进行参与。

发现并吸引可能的捐赠人

在筹款中，老生常谈的一个说法是，最好的潜在捐赠人就是当前的某个捐赠人。已经做出捐赠的人早已表现出对组织的兴趣并参与其中。这类捐赠人很可能考虑继续进行捐赠。经验丰富的筹款人已认识到，每个层级上的捐赠人都是更高层级的潜在捐赠人。通过审慎运用支持群体模型，你会发现，最有可能进行再次捐赠或增加捐赠额的人，最终都会进行大额捐赠（也可能是有规划的捐赠）。

最有可能的捐赠人具有三个特征，即联系、能力和兴趣，人们可根据这些特征对他们进行识别。联系就是指接触，这种接触通常是由潜在捐赠人的熟人进行一对一的接触。这种私人接触，也就是联系，能够让组织通过对潜在捐赠人的私人拜访，实现捐赠。这种联系可以是地域上、情感上或专业上的（后文中的“角色和责任轮”将会详细探讨这一问题）。联系也是我们熟知的“人脉网络”概念的另一种说法。通过联系，可以确定哪些人之间互相了解，从而安排必要访问，实现有效的劝募。

能力是指捐赠方的财务能力达到了非营利组织认为合适的捐赠水平。非营利组织开展的研究有助于判断捐赠能力和水平。同行对捐赠能力的评估（联系）也能够有效地判断能力因素。

对非营利组织及其工作的兴趣是必不可少的。即使是最有财力的捐赠人也不会向不感兴趣的组织进行捐赠。兴趣应该来自对信息的充分了解，随后引发进一步的参与。

联系、能力和兴趣这三个特征是识别最具资格、最有可能的捐赠人
54 的必要条件。这些特征大概率会出现在支持群体模型的中心圈。尽管在各个圈层都可以使用这三个特征进行验证，但是最有可能的潜在捐赠人会出现在第一圈或第二圈。

有一部分支持群体是自动产生的。例如，客户群直接就可以成为支持群体的一部分，因为这一群体会对组织提供的服务做出回应。董事会、管理层和初始项目员工成为组织的早期组成部分，是因为这类人群能够提供客户所需要的服务。捐赠人、志愿者和倡导者则需要花费更长的时间进行开发。需要对这类人群进行探索并加以邀请，他们才会成为慈善支持者，拓展组织的工作并庆祝工作的成功。筹款人必须意识到这样一个事实，在支持群体同心圆之间、每个圈的各个要素之间都是存在互动的。当个人的兴趣被触动、加深时，他们就会逐渐被核心圈所吸引。而

当兴趣减少或被忽略，或是兴趣发生改变时，他们就会远离核心圈。有必要针对支持群体的参与和培养开展研究项目，保持支持群体库的活力。

负责任的筹款员工应该持续坚持自我，构建支持群体内部对组织宗旨、目标和目的的意识；加深对完成宗旨所需提供服务的理解；通过做出捐赠，邀请支持群体对组织做出捐赠承诺。这种捐赠的过程强化了支持群体与非营利组织及其宗旨之间的纽带。

制订有效的、外部导向的推广计划非常有必要。在发展人脉关系时，有必要引起相关对象，也就是组织希望吸纳的人员的注意。必须让相关人员意识到组织的存在，且其存在的目的能够使其感兴趣。这种意识必须转化为理解，首先，他们要理解组织的宗旨，宗旨阐释了组织必须解决的人类或社会需求。其次，他们要理解为回应这些需求而开展的项目。从意识到理解，再到接受，这是实现人员参与的直接路径，也是开发支持群体所必须经历的过程。

如果人们对组织有所了解并接受其存在的理由，认可组织的项目的有效性和对相关问题的回应，坚信那些为了宗旨而提供服务的组织相关人员是有能力且值得信任的，那么他们就会对组织产生认同感。

在发现支持群体并加强支持群体参与的过程中，尤其是如何确定那些很可能进行捐赠、愿意花时间提供志愿服务的群体方面，可以运用很多技巧。开发支持群体的首要工具，也是最有效的工具之一，就是筹款。 55
筹款流程的基础，是与无规则的、未明确的市场之间进行经过深思熟虑、目的明确的沟通，这里的市场包括潜在捐赠人和捐赠人。悉心制订的推广计划会给组织及其宗旨、目标和项目带来关注。外联和公共关系工作应该包括制作电子版或纸质版的定期简报，简报上要包含读者感兴趣的信息。这些出版物往往成为组织服务于自身的信息工具，表彰员工取得的成绩，却忽略了支持群体的关切、问题和好奇心。通过定期调查，可以了解读者的兴趣，以及他们对简报价值的看法和回应，或许有利于解决这种对自身利益过多的关注。

特设活动为吸引潜在支持群体注意力提供了机会，它是为完成一系列目标而设计的活动，其目标之一就是邀请潜在支持群体参与并对组织有更多了解。这类活动可以包括开放日、来访游览、十公里跑、领导晚宴、时装秀、讨论会、研讨会、工作坊、年会和书籍销售（见第三十章

“特设活动”）。

合理安排的活动不仅能够实现筹款的目的，也能够鼓励人们加入组织，成为组织扩大的支持群体的一部分。社交媒体平台也是一种很好的手段，通过平台，组织能够接触到更多的潜在捐赠人群体（见第二十九章“数字筹款”）。

重要的是，要知道并理解支持群体同心圆的概念，这种理解必须转化为对每一个支持个体的理解，从而建立并保持这种交流的关系，为有效的筹款和捐赠打下基础。

影响捐赠的角色和责任

在发现大额捐赠人或志愿者领导层的候选人时，角色和责任轮（Wheel of Roles and Responsibility）是一个很好的模型，可以为筹款人所用（见图 5.2）。这一模型体现了个人可能承担的各种角色和责任，而角色和责任有助于判断与非营利组织相关的支持者的行为。

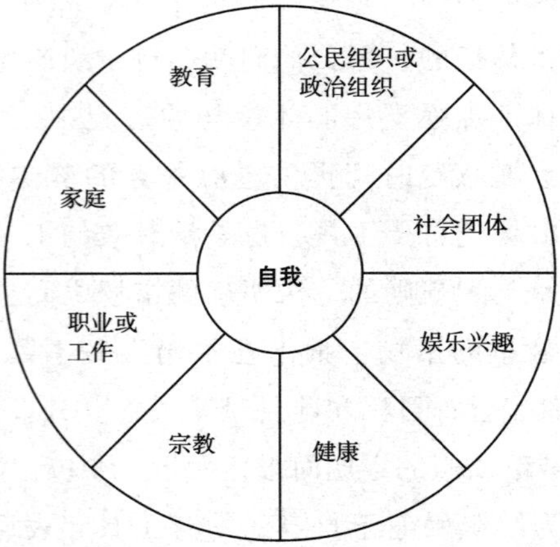

图 5.2　角色和责任轮

未来的大额捐赠人或领导候选人处于轮盘中心，每一个轮辐表示每一种角色或责任占据个体的时间、精力、能力以及希望参与筹款的程度。角色/责任包含家庭、职业或工作、宗教、教育、娱乐兴趣、政治和社会等方面。

56 家庭是大多数人关心的重点。家庭对捐赠决定通常会产生正向影响。

然而，家庭利益也可能阻碍大额捐赠。筹款执行官需要判断家庭角色如何影响支持群体中每个大额捐赠人的捐赠决定。

职业或工作常常会影响支持者的能力或其帮助非营利组织的倾向。从传统上来看，一些特定的职业会被视为最有可能的大额捐赠人，如律师、医生、投资经理及近年来的技术投资人和企业家。其他职业，包括教育家、护士、社会工作者等，通常被认为几乎没有能力捐赠。有效的支持群体开发超越了传统的观点，会探索每个个体的能力和爱好，并不将传统作为单一决定因素。

宗教在过去、现在、未来都是慈善的基石。回顾历史，不同的捐赠模式都表明，宗教影响了对世俗慈善事业的慷慨解囊。然而，对教堂、寺庙、犹太会堂或清真寺做出的捐赠承诺可能会削弱为其他慈善事业捐赠的能力。

教育在个人生活中发挥的作用可能成为影响大额捐赠能力的一个重要因素。如果一位潜在大额捐赠人正在为就读于私立大学的家庭成员支付学费，其为非营利组织捐赠的能力可能就受限于教育持续的时间。如
果某人基于其当前拥有的地位而重视教育，那么这可能就是一个重要因 57
素，用以判断其对高等教育领域的慈善有兴趣。

娱乐兴趣也可能在潜在捐赠人的生活中扮演重要角色。有一些兴趣花费的成本可能很高，以至于减少了捐赠的可能性。另外，娱乐兴趣也为参与活动和互动提供了平台。聪明的筹款人会考虑如何通过娱乐满足捐赠人的兴趣。

政治或公民参与在大多数人的生活中扮演重要角色，在某种程度上它们会影响人们互动的方式。最积极参与感兴趣的、价值上认同的社区事务的人们，拥有更广泛的人脉，从而会扩大支持群体圈。

社会角色体现出一个人如何构建人脉并产生联系，这对筹款来说非常重要。一个社交活跃、精力充沛的支持群体将会广泛地对外接触，为传递非营利组织的信息创造更多的机会。扩大社会接触有助于建立有用的联系。

在人们的生活中，这些角色会发生很多次变化。筹款人必须意识到其中的一些角色与组织的筹款需求可能相冲突，并且将因此对大额捐赠产生不利的影响。另外，角色也可能与组织需求相兼容，并形成组织联

系的基础，从而有利于大额捐赠。捐赠人能实现的角色或兴趣越多，组织与捐赠人能够建立起联系的点就越多。筹款执行官和志愿者的作用在于明确这些为建立交流关系提供基础的要素，重点关注共同价值观的相容性。

结　语

支持群体的开发对于长期、可持续的筹款成功来说至关重要。大多数组织所拥有的支持群体远大于其能够有效互动的程度。的确，企业、基金会和协会都是组织的支持群体，但是个人作为一种支持群体，可能为大多数组织提供了最好体验可持续筹款的机会。组织应该将大部分时间和精力用于发现支持者，培养与他们之间有意义的关系，邀请他们接近组织的核心，并将他们与组织团结在一起。应敏锐地关注支持者的需
58 求、价值观和动机，这将吸引他们更加密切地关注组织宗旨。认识到生命阶段（角色和责任）的变化以及这些变化如何对捐赠的能力和意愿产生影响，有利于和支持群体建立更加坚实的关系。

讨论问题

（1）从内部核心圈向外，你所在组织支持群体同心圆的具体构成是怎样的？

（2）选择一个支持群体，阐释如何对其进行开发。例如年龄跨越几十岁或不同性别的校友、根据任职年限划分的董事会前成员、根据近期捐赠时间划分的前捐赠人等。

（3）与你所在组织的其他领导者探讨将个体作为慈善支持群体的重要性。

（4）至少针对一个主要支持群体，分析角色和责任轮如何影响该群体的捐赠能力。

第二部分

支持者：捐赠人的价值观

第六章　慈善事业的当代动态

德威特·伯林格姆　帕特·达纳赫·贾宁

慈善以及筹款人工作的环境是不断变化的。如今，我们在一系列不同的文化中，都能够看到个人支持在时间或金钱捐赠中的重要性，这已经形成了全球性的认同。自从 1991 年《实现卓越筹款》第一版公开出版，通过研究和教育，非营利/慈善/市民社会部门以及筹款专业领域都得到了加强，并获得了长足发展。正如我们在《实现卓越筹款》第三版中所引用的（Rooney and Nathan，2011：117）："甚至连最近的流行文化都已经将慈善融入其中，比如美国全国广播公司的短期电视连续剧《慈善家》（*The Philanthropist*），娱乐节目《偶像回馈》（*Idol Gives Back*）、《奥普拉的奉献》（*Oprah's Big Give*），以及'给海地希望'赈灾义演等等，慈善如今已成为流行文化必不可少的元素。"慈善事业在全球范围内发挥作用的方式，与该行业的团体和组织的宗旨一样多样化。为了了解筹款人开展工作的当代环境，本章将重点关注： 61

- 慈善的作用及文化根源。
- 筹款的经济环境。
- 当今慈善事业的机会。

慈善的作用 62

"慈善"这个词的词根来自古希腊语，意思是"人类的爱"。这个词的历史反映出，一个"多面性的术语，在其历史和现代用法中都具有多层含义”（Sulek，2010）。事实上，慈善活动有许多动机，可能是出于对他人，对美好、善良、神圣、智慧的人的热爱；可能是出于个人卓越性、公民道德或美德；可能是出于理性的理解、道德情感或善意；可能是出于社交互动带来的喜悦等。然而，即使我们使用最基本的定义，“对他人的爱”，作为对当今慈善事业的简化理解，它也无法掩饰慈善行为内在的道德性质。这就是为什么印第安纳大学礼来家族慈善学院要使用罗伯特·佩顿（Robert Payton）对慈善事业的广义定义作为其工作的基础，即“为公益事业采取自愿行动”。在这一概念中，慈善事业在行动和意向上都是有目的的，其涵盖的范围要比非营利组织或非政府组织大得多，这也是本书的主要观点。与此同时，慈善也包括了筹款人所做的工作。慈善事业是一种传统，几乎在全球所有文化中都有各种方式的体现。

就这类行动的内容和原因而言，慈善对这一领域的定义是积极的。慈善肯定了一种价值，一种超越了自我的、对他人福祉的关切，以及对公益事业的关切。慈善行业的各种行动（正式和非正式）中，最重要的就是其公共目标和行动宗旨（Payton and Moody，2008）。在这种情况下，慈善事业的作用通常被定义为：

- 减少人类的痛苦。通过医疗保健、人类服务和国际救济，非营利组织致力于为受伤或生病的人提供更舒适的生活，帮助受害者，援助不能自食其力的人们。这可能是慈善事业最古老的作用，所有有记录的历史中都记载着这一作用。
- 提升人的潜力。非营利组织通过宗教、教育、艺术、文化和人文、公共和社会利益、环境和国际社会的努力来提升人的潜力。
- 促进公平和正义。慈善事业通过人类服务，代表那些无法为自己发声的人做倡导推广，提升公共部门、私营部门和非营利部门内部结构和项目，促进公平和正义。非营利组织通过倡导工作为无声者发声。
63 - 建立社区。人们通过组织和志愿协会聚集在一起，他们归属于自己的邻里社区、城市、州、国家或世界，并通过社区建设为其做出贡献。
- 提供人类的满足感。慈善事业为所有人提供了成为自己设想

> 的最佳形象的机会。人类通过给予和分享表达他们的想法和价值观。彼得·德鲁克（Peter Drucker）最好地诠释了这个概念，他说：“让捐赠人成为贡献者，意味着美国人民可以在每天早上面对镜子中的自己时，看到那个自己希望看到或者应该看到的形象：一个负责任的公民，一个关爱邻里的人。”
>
> ● 支持实验和变革。慈善事业冒着风险，探索那些更大的社区或市场部门不愿意进入的领域，支持实验并刺激变革，并对不同的选择或新的解决方案进行自助。
>
> ● 促进多元化。非营利组织以及参与非营利组织，能够实现对某一问题的多种回应，甚至能包含各种各样的声音。在慈善事业蓬勃发展的社会中，这种并行的权力结构能够实现政府不愿或无法做的事情。

对慈善事业的这种理解，也就是“我们关心社区中需要帮助的人”，这与我们所生活的土地一样古老。美国印第安人的故事中始终存在关怀、分享和奉献的传统，其中许多故事影响了北美的早期移民（Jackson，2008）。1630 年，在“阿拉贝拉”号船上，约翰·温思罗普（John Winthrop）做了题为“基督教慈善模范”的布道，指引了殖民者在马萨诸塞湾的行动。他为慈善事业奠定的基本原则是：慈善是无论贫富，所有人之间的内在联系。由于这种联系，关爱他人的相互义务将人们团结在一起。差不多一个半世纪之后，作为坚定的个人主义者，本杰明·富兰克林却参加了许多志愿协会。他建立了青年俱乐部 Junto 社团、第一个志愿消防部门和费城的公共图书馆。人们认为，也是富兰克林创造了匹配捐赠（matching gift）的概念。历史学家凯瑟琳·麦卡锡（Kathleen McCarthy）揭示了几代美国人如何利用慈善事业聚集一堂、自由发言、游说改革，形成了“美国信条”。

在富兰克林之后的 100 年里，法国政治学者亚历克斯·德·托克维尔（Alex de Tocqueville）详细记录了这种志愿结社的传统。美国慈善事业的历史丰富多样，在过去的 40 年里，我们看到了学术界对这一主题的关注，对美国国内外慈善事业的实践都具有启示性的意义。近年来，关于慈善事业的历史以及如何组织以实现共同利益的研究，为筹款人提供 64

了许多可以学习的优秀资源。

美国将慈善事业理解为“非营利”、“志愿的”、“独立的”或“第三部门的”是较为近期的事情。1975年，私人慈善和公共需求报告委员会（Commission on Private Philanthropy and Public Needs，通常被称为“菲勒委员会”）首次以较长的篇幅研究非营利部门，并证实其合理性，此后，非营利部门被认为是经济和社会中一股强大的力量。菲勒委员会的最终报告强调了非营利组织与政府之间时而密切时而矛盾的关系。从各个方面来看，非营利部门随后的专业化都应归功于菲勒委员会。或许其最伟大的遗产，将是一个以研究为基础的部门：这种研究有助于判别当代的新兴趋势，挑战传统智慧，为慈善组织及其实践提供宝贵的见解。

慈善的历史和认识

自1975年菲勒委员会发布报告以来，非营利部门在美国国内外均有显著发展。社区基金会、慈善事业和非营利组织研究的全球性扩大，以及专门致力于慈善/非营利主题的研究和期刊出版物增加的数量也很显著。

在其最近关于社区基金会的文章中，历史学家萨克斯（E. Sacks）指出，“社区基金会是有组织的社区慈善事业中最容易识别的形式”（Sacks，2014：3）。它们在社区筹款，支持当地非营利组织的发展，并让当地公众参与其董事会。传统上，社区基金会服务某一地理区域。然而，当今全球社会的流动性和联系性正在扩大社区的概念。过去的20年里，美国的社区基金会数量翻了一番。2014年，美国约有763个社区基金会积极进行捐赠资助。美国最大的100家资助型基金会中，有6家是社区基金会。社区基金会在美国以外地区的发展始于20世纪70年代和80年代，并已遍布美洲、欧洲、中东和亚洲，导致美国以外的社区基金会数量增加。这种发展证明了这一概念的灵活性及其促使公众参与社区事务的能力（Sacks，2014：2-3）。

自1996年西东大学（Seton Hall University）开展了首个慈善教育学习项目以来，慈善教育的规模和范围显著扩大。调查显示，共有179所
65 院校开展了284个课程，涵盖非营利管理教育的本科、研究生、非学分、继续教育和线上课程（Mirabella，2007：135）。2015年，共有292所大

学提供非营利组织管理课程，其中包括 91 个非学分课程、73 个继续教育项目和 168 个研究生学位项目（Mirabella，2015）。

最近一项关于英国和欧洲大陆慈善教育的研究提出，整个欧洲的慈善教育领域处于萌芽期，西欧国家主要在研究生阶段提供该领域的教育（Keidan，Jung and Pharoah，2014：41）。虽然这些课程分布在不同的社会科学学科中，但主要还是由商学院提供。慈善教育的这种“萌芽”特征在世界其他大部分地区也是如此。正如赫斯（Huehls）博士在本书第三十七章所指出的，慈善领域的书籍和期刊出版物数量显著增长，这些出版物提供了研究发现，推动了慈善事业和筹款实践的专业化、成熟化发展。

规模和范围

如上所述，慈善事业和非营利组织一直在美国社会中发挥着重要作用，如今则扮演着更重要的角色。非营利部门已成为美国经济的重要组成部分。根据美国城市研究所（Urban Institute）下属全国慈善统计中心（National Center for Charitable Statistics）的数据（McKeever and Pettijohn，2014），2012 年，美国国家税务局注册了约 144 万个非营利组织。然而，这个数字低估了这一部门的真实规模，因为没有包括未注册的组织，即不需要注册的宗教组织和教会，以及小型和非正式组织。2002～2012 年，注册的非营利组织数量从 132 万个增加到 144 万个，增长了 9.1%。在公共慈善机构中，人类服务（Human Services）构成了最大的分部门（35.5%），教育（17.1%）紧随其后，之后是卫生（13.0%）、公共及社会福利（11.6）、艺术（9.9%）。在规模较小的分部门中，国际和外交事务以及环境和动物保护慈善组织数量的增长率最高，2002～2012 年分别增长了 22.5%和 21.2%。非营利组织数量的增加，意味着志愿者参与和捐赠的机会更多。

随着非营利组织数量的增加，美国人慈善捐赠的比例也有所提高。1955 年以来，美国捐赠基金会持续对年度慈善捐赠进行计算。根据《捐赠美国 2014 年度慈善报告》，2014 年美国的捐赠总额预计为 3583.8 亿美元，占 GDP 的 2.1%，以当年美元计算，比 2013 年的捐赠总额增加了 66
7.1%（根据通货膨胀调整后为 5.4%）。2009 年美国经济衰退以来，

2010～2014年美国的捐赠总额稳步增长，平均增长率为3.6%。2014年达到了经济衰退前的水平。这些数据揭示的最有用的信息是：个人捐赠通常占捐赠总额的最大比例。2014年，个人捐赠和遗赠占捐赠总额的80%，而在20世纪90年代初，这一比例为87%。这也就是为什么掌握筹款的艺术和科学对非营利部门的健康发展至关重要：一个组织不能再仅仅依赖于某一个基金会或企业的慷慨解囊。

为了获得更全面的捐赠情况，需要明确分部门，并对捐赠来源进行分析。例如，每年对宗教事业的捐赠约占捐赠总额的1/3，2014年这一比例为32%。虽然这个数字正在下降，但一项最近的研究表明，除为宗教集会进行捐赠外，如果将对宗教认同组织（Religiously Identified Organization，RIO）的捐赠考虑在内，例如天主教慈善机构（Catholic Charities）、教会世界服务社（Church World Service）、犹太联合会（Jewish Federation）、扎卡特基金会（Zakat Foundation）或世界宣明会（World Vision），会发现宗教事业捐赠额日益增长（McKitrick et al.，2013）。教育事业是第二大分部门，获得的捐赠占比也排名第二，2014年的占比是15%。此外，虽然人类服务组织的数量远远超过其他慈善组织，但这些组织获得的捐赠包括对救灾工作的支持，只占捐赠总额的12%。值得注意的是，基金会获得的捐赠占比为12%，卫生分部门获得的捐赠占比为8%。

国际捐赠的情况更为复杂，需要通过搜索来汇总数据。韩国捐赠、日本捐赠、波多黎各捐赠以及欧洲捐赠都表明，国家和地区层面都不断为捐赠数据的收集做出工作。或许由哈德逊研究所下属全球繁荣中心（The Center for Global Prosperity at Hudson Institute）发布的《2013年全球慈善捐赠和汇款指数》（*2013 Index of Global Philanthropy and Remittances*）可以作为筹款人了解全球捐赠情况的第一站。

了解美国捐赠和其他来源提供的数据，可以为你的工作提供支持。虽然分部门内的组织可能会由于自身特殊的情况而经历变化，但全国数据始终是可用的基准。此外，筹款人可以根据分部门的全国平均情况，与员工和董事会就主要趋势开展有意义的探讨，并可以将特定分部门的整体情况与组织的筹款增长率进行跟踪和比较。2015年，印第安纳大学礼来家族慈善学院发布了《2015年和2016年慈善事业展望》（*The*

Philanthropy Outlook 2015 and 2016），为美国捐赠增长率的预测提供数据和分析。第一版的展望预测 2015—2016 年增长率约为 3.1%。《慈善事业展望》是明智筹款人可以使用的另一种资源。

筹款与经济环境 67

本章标题为“慈善事业的当代动态”，如果不探讨金融环境及其对慈善捐赠的影响，本章将是不完整的。众所周知，许多非营利组织已经意识到筹款是一项挑战，尤其是在经济衰退期间。美国 2007～2009 年的大衰退导致捐赠额自 1987 年以来的首次下降。自 2009 年经济衰退的低点以来，慈善捐赠总额持续攀升，根据通货膨胀调整后，过去 4 年累计增长 12.3%。分析 40 多年来的捐赠情况会发现，捐赠变化显然与经济变化密切相关，尤其与家庭财富、家庭收入、基金会和股票市场表现相关。根据通货膨胀调整后，我们会发现，捐赠通常会在非经济衰退时期增加，而在经济衰退时期则略有收缩。

社会投资慈善事业和社会企业投资已经取得了可观的增长，并且它们经常成为非营利组织除传统筹款外的替代收入来源。社会企业是一种可以在市场运行的、具有吸引力的解决方案，因为企业可以利用收入来推动社会目标。此类混合组织形式正在全球范围内发展，并提供了一种运用创新思想和资源的新方法，以应对长期的社会挑战。然而，加拿大最近的一项研究表明，非营利组织和营利组织现有的法律形式既限制了组织商业收入和融资的机会，也限制了其追求社会目标的机会（O'connor，2014）。随之在加拿大引发了将社会企业制度提上议程的呼吁，这符合非营利领域包括筹款人在内所有成员的利益。

当前的经济形势喜忧参半。在组织层面，年度捐赠可能会出现重大波动，例如预算或预期收入与实际（平均）收入间 10%的波动，这是从悲观的视角来看。然而，从乐观的视角来看，自美国经济大萧条以来最严重的经济衰退之后，捐赠额仅仅下降了 5%。采取乐观视角的组织一般都能够成功地积极应对经济环境，采用对捐赠人来说最为重要的方式，如更完善的管理、更频繁地沟通他们的需求，并做出能够提高组织效率和影响力的选择。与此同时，成功的筹款人在和潜在捐赠人交谈时，以及了解到捐赠人在特定时间所处的情况时，都会表示出同理心。

当面对不确定的经济状况时，无论是现在还是将来，都应尽可能地
68 强调坚持本书中最佳实践的重要性。筹款人必须忠实于组织的宗旨、富有创造力，并继续加强董事会成员的参与，寻求他们的帮助。最重要的是，筹款人必须保持积极的态度。筹款天生是一种乐观的职业，特别是能在危难之时很好地为社会服务。

慈善事业的机会

显然，经济危机需要筹款人做出创造性的回应。当然也存在其他机会。最有前景的就是利用电子媒体进行筹款、吸引志愿者，并围绕组织宗旨建设社区。本书中也充分考虑了电子筹款、社交媒体和各种营销/挑战活动。正如社交媒体专家克里斯·布洛根（Chris Brogan，2010：44）所言："创造性、创造力、感兴趣的社区和文化本身是社交媒体所要赋能的核心。"对于非营利组织来说，尤为重要的是发现谁能够用较少的成本获得更广泛的受众。就像在人与人之间建立联系是筹款人的重要工作一样，有效利用社交媒体建立高质量联系也是如此。尝试不同的电子通信工具的意愿可能开辟新的途径，与捐赠人、志愿者和客户建立关系。世界各地的企业社区参与战略为筹款人提供了说明性的例子，阐明如何在日益互联的慈善世界中应对地区差异。

慈善事业发展的另一个机会，是意识到小型组织和小额捐赠的重要性。关于捐赠人行为的研究往往侧重于高净值群体（例如，"美国信托基金，美国银行集团高净值慈善研究"和"百万美元捐赠人"报告，详见 www. philanthropy. iupui. edu / research），对长期捐赠模式的分析表明，2/3 的美国人每年都会捐赠，高于参加投票选举的选民比例，这使捐赠及志愿服务比政治进程更民主。另外，收入最高的 3%的群体通过家族基金会和遗赠等方式贡献了捐赠总额的一半。这一小部分高净值捐赠人通常是筹款人关注的重点，因为他们有能力提供数额巨大的捐赠，但是也不能忽视年度捐赠人，即使他们的捐赠额很小。针对这两者只是需要不同的策略而已。筹款人应该注意，不要低估小额捐赠人的捐赠行为和潜
69 力，也不要低估小型非营利组织的贡献。在大大小小的社区，来自很多捐赠人的小额捐赠切实维系了社区的运转和受捐赠人的生活，提供通常被忽视却必不可少的服务。小额捐赠使人们有机会发声，有助于培养多

样性（Tempel，2008）。筹款人有很多机会与各个级别的捐赠人建立联系。

结　语

在未来几年，筹款人将不得不应对一系列经济挑战、法律和政治问题、技术变革、社会和教育变革以及伦理问题。建立创新伙伴关系、增加新型志愿者的参与、吸引新一代捐赠人，这些都是组织在范围更大、更有效的非营利/慈善部门持续发挥重要作用的必要做法。慈善事业需要解决的都是最棘手的社会难题，如流离失所、虐待、饥饿和其他种种问题。慈善事业为无声者和正义倡导者提供发言权，给予他们关怀、希望和帮助。非营利组织所能提供的，常常是政府和企业不能或不愿做的服务，以解决最棘手的问题，支持公众利益。无论慈善部门面临怎样的挑战，慈善事业从根本上来说，总是关于爱、慈善、希望、新开始、提出解决问题的新想法的践行以及新的启程。作为慈善事业的机构管理者，筹款人在履行其公正文明社会建设的职责时，应将这一点牢记于心。

讨论问题

（1）你如何界定慈善部门的角色和作用？

（2）慈善部门在你所在社区中起到了什么显著作用？

（3）你所在组织的主要收入来源是什么？

（4）你预测慈善组织未来面临的最具挑战的问题是什么？是法律、政治、经济、技术、社会问题，还是教育问题？

第七章　捐赠人和潜在捐赠人研究及数据库管理

凯蒂·普瑞恩　伊丽莎白·莱瑟姆

71 组织所积累的捐赠人、志愿者、活动参与者和其他成员的信息是通向成功筹款的桥梁。这一桥梁让我们走出办公室，通过信件、电话和面谈等形式，为组织筹款。然而，如果数据发生错误，会有什么后果？或者更糟糕的情况，如果数据根本不存在，会发生什么事情？当这座桥梁的末端信息不完整且所需的信息不可得时，筹款工作就变得越来越困难。我们在捐赠人和组织之间建立坚固桥梁的同时，也应该考虑等式的另一边。如何继续巩固这种桥梁关系，并获得更深刻的认识以促进筹款工作？本章将关注以下问题：

- 筹款数据库和对潜在捐赠人的管理都非常重要，因为二者之间是相互联系的。
- 数据库系统的基本要素。
- 数据库的各类应用。
- 潜在捐赠人研究的方法。
- 潜在捐赠人研究的伦理准则。

72 数据库入门

最基本形式的筹款数据库由筹款发展流程所必要的信息组成。对于某些组织而言，对这些信息的需求非常简单，只需要记录一小部分捐赠人的姓名、联系方式和捐赠历史。这些信息可帮助及时做出捐赠收据、个性化的感谢信，或是制定年度捐赠荣誉榜。在未来几年，相同的数据还可以用来更新捐赠人慷慨支持情况。

对于另一些组织而言，对数据的需求已扩展到需要对数据进行全面的收集，所需数据要素几乎没有限量，如活动参与情况、志愿活动情况、联系指标、财富和资产信息、预测模型数据、从外部供应商获得的细分市场、与组织的联系情况、线上行为等。还可以将可获得的信息存储在数据库中，对其进行分析，用于提高组织的效率和效能。

虽然数据的存储、分析和大量使用已经变得更加容易，但重要的是要记住，筹款是关于人的事业。寻求资金（asking for money）的流程将是任何筹款项目整体成功的决定因素。擅长数据库管理的人们利用其掌握的数据更有效地管理资源配置以及人际关系。仅仅是为了收集数据而收集数据，这种做法会导致很多职业筹款人进入“分析瘫痪”（analysis paralysis）状态，更不要说数据录入人员所耗费的时间了。

样本数据的要素

只要数据获取人具有足够的想象力，一个人可以获得并存储的数据要素是无限的。我们这里所探讨的数据，应该是更为基本的、从个体捐赠人和潜在捐赠人处获得的信息，用于提高劝募流程的有效性。

基本信息

虽然非营利组织在收集、维护和利用数据方面的能力存在很大的差异，但有一些核心数据要素对所有组织来说都是必不可少的。所有的组织都必须获取和维护基本的联系信息，如姓名、地址、电话号码、电子 73
邮件、就业信息和捐赠历史记录。

这些核心数据要素使组织有能力履行必要职能，维护筹款的运行。利用这些少量的数据，就可以开展直接邮件劝募、电话营销、电子邮件、个人劝募，发送捐赠收据、感谢信、荣誉名单、特设活动邀请等。就业信息除了能够协助配捐采购外，也在决定潜在捐赠人捐赠能力方面提供了实用信息。

组织通常会在首次捐赠时获取核心数据要素。这些数据可以通过劝募卡、支票信息或线上捐赠表格获得。也可借组织活动和志愿岗位的回执表获取潜在捐赠人数据并更新数据库中已有的捐赠人数据。现在也有专门从事租赁或出售潜在捐赠人清单的经纪公司，可帮助非营利组织根据其确定的标准获取信息。

劝募历史

除了涵盖每个捐赠人的基本捐赠历史之外，数据库还应包含潜在捐赠人的劝募历史。这些信息无论在微观和宏观层面都很有价值。对个人而言，如果能了解已经开展了哪些劝募（包括个人劝募和集体劝募），什么时候进行的劝募，以及结果怎样，这些信息都是很有帮助的。可以对每次的请求（以及每次请求中的各部分）进行唯一编码，从而跟踪信息。可以在劝募和进行捐赠交易时，将此跟踪编码用于个人信息记录。

从宏观层面来看，这些数据使非营利组织能够分析每次个人劝募成功的原因，查找过度劝募和劝募不到位的情况，同时监测捐赠人对各个层面请求的回应。管理层可以将这些信息作为有价值的工具，以决定未来的劝募活动，最有效地分配资源。

活动数据

随着组织开始将其数据目录扩展到上述讨论的基本数据要素之外，按理来说，下一步就是记录与组织的互动信息。从全年中举办的任意一次活动的出席情况开始，对这些互动进行全面记录，可以包括年度筹款拍卖、董事会会议参加情况或志愿活动参加情况。这些与组织的互动都
74 应该被记录，因为这些数据对于构建捐赠人及潜在捐赠人与非营利组织关系的历史账户至关重要。通过追踪这些数据，可以发现哪些人与组织有更强的联系，对组织有更大的兴趣。

为了进一步加强数据的使用，每次活动应该记录受邀者信息、参加者信息以及每位受邀嘉宾的回执状态。给予肯定回复但是从未出席与参加了每次活动的人，是明显不同的两类潜在捐赠人。这些数据可以为个体捐赠人行为分析提供重要参考，并有助于分析每次活动的有效性。

个人互动

除了涉及多名参与者的筹款活动之外，非营利组织还应保留与每个人进行个人互动的历史记录。捐赠人和组织关系的延续往往会长于工作人员的任期。因此，随着组织团队成员的加入和退出，有必要在数据库中详细记录先前的互动情况，包括电话、个人消息和面谈。

每次与捐赠人或潜在捐赠人联系之后，应鼓励员工将讨论细节记录下来，可能包括捐赠人的具体兴趣、资助机会、关注点等。这样，当前员工和未来员工在开始负责同一捐赠人的工作时，历史记录将帮助他们了解过去的情况，使其能够恰当地制订计划，继续保持这种关系。

在理想情况下，每次联系应该记录的要点不仅包括讨论的实质内容，还包含互动类型（电话、电子邮件、亲自会面）、环境以及推动关系进一步发展所需的后续步骤。

潜在捐赠人研究入门

让我们回到“用信息构建起与捐赠人之间的桥梁”这一比喻，潜在捐赠人研究要求组织能够创造性地审视自身的数据，确定其中最坚实的桥梁，随后可在外部寻找其他信息，帮助建立和巩固这些桥梁。通过最终的结果，能够发现此前没有考虑过的、可能会提供更多捐赠的潜在捐赠人。

内部审视

20 多年来，对潜在捐赠人的研究经历了巨大的发展，进入这一领域
的人数不断增长，这一领域的范围也不断扩大。然而始终如一的，是潜 75
在捐赠人研究的基本原则——LAI 原则（linkage、ability、interest）。这
些基本原则是开展高质量、全面研究的基础。联系（linkage）是最容易
实现却很关键的原则之一。联系是个人与组织的直接联系，无论是作为
董事会成员、志愿者或捐赠人等。能力（ability）是指个人在特定水平
上做捐赠的能力，有趣的是，这一原则却是最不可靠的指标。研究表明，
根据捐赠数额占收入的百分比来计算，捐赠能力较低的人做出的捐赠会
更多。兴趣（interest）是潜在捐赠人可能进行捐赠的最重要指标之一。

潜在捐赠人参与组织的程度，以及他们对宗旨和愿景的信念，都与其捐赠水平和频率直接相关。

潜在捐赠人研究方面的专业人员利用 LAI 原则作为筹款工作的基础，提供经过全面审视的潜在捐赠人名单（见第三章）。对于直接与捐赠人进行对接的筹款人员而言，背景情况的准备能够节省时间和提供高质量信息，具有不可估量的价值。潜在捐赠人研究专家能够针对每一个给定的项目，理解并使用恰当的参考资料，他们不仅能够识别和确定切实可行的潜在捐赠人，也知道怎样确定不可能的捐赠人并从工作清单中删除。

潜在捐赠人的识别 潜在捐赠人研究的工作就是明确识别这一类群体，他们拥有与组织的密切联系、在特定水平上进行捐赠的能力以及提供资金支持的倾向。识别潜在捐赠人的最佳入手点，是对该组织现有的捐赠人数据库的关键部分进行分析。

大额捐赠人 筹款人应该提前与大额捐赠人建立密切关系，从而了解捐赠人何时准备好继续筹款循环的下一步。研究能够提供额外信息，了解捐赠人可能发生的任何变化，帮助筹款人考虑开始发起下一次捐赠的恰当时机。相关指标可能包括年度捐赠不断增长、空巢情况和/或子女已从大学毕业、获得职位晋升、达成商业交易或退休。

年度捐赠 对组织年度排名靠前的捐赠人进行分析，能有效决定可以培养哪些人超越其原有捐赠。对与这类人员的联系报告进行回顾，也能够提供有效的信息。和这些与捐赠人直接沟通的筹款人持续交流，并根据研究分析的结果，将能够形成一份潜在大额捐赠人名单。

76 董事会 一个潜在的大额捐赠人库就存在于组织的董事会内部。令人惊讶的是，许多在非营利组织中担任高级职务的人尚未做出领导层的捐赠。非营利组织的董事会成员参与捐赠，会为整个社区的捐赠奠定基调，这应该成为他们首先应该参与的事项。董事会成员还能够在自己的社交和商业网络中发挥一定程度的影响力，帮助实现组织的筹款目标。

同行审查 同行审查是对潜在捐赠人进行资格认定的重要工具，让董事会和其他高级志愿者作为同行审查者，是让他们参与筹款循环的好方法。在识别潜在捐赠人的过程中，一种有效且成本较低的方法，是让上述群体来审查潜在捐赠人的名单，以保密的方式分享他们对某些人的捐赠习惯、兴趣和能力的了解。此外，如果这些潜在捐赠人之前与非营利组织没有很密切的关系，上述群体也许能够向潜在捐赠人进行介绍。有关同行审查表格的示例，请参见例表 7.1。

例表 7.1　同行审查表

潜在捐赠人的识别、评估和验证
筹款活动或项目：
评估人：
日期：
地点：

姓名	捐赠能力/可能性	评语

资料来源：The Fund Raising School，2009：Ⅵ-23。

填写未来捐赠人档案表　根据组织需求不同，研究档案也有所不同。档案并不是个人履历表，而是一份能够精准突出捐赠人的联系、能力及兴趣的扼要描述。无论何种风格的档案，都应包含三种基本信息。例表 7.2 为筹款学院的一份研究档案，值得参考。

已查实的联系信息　包括捐赠人的全名以及家庭、工作和电子联系 78
信息。筹款人很容易只依赖数据库中的信息，而不是花时间来查实潜在捐赠人的联系信息有没有变化。对联系信息进行查实验证应该是研究人员在准备档案材料时的首要任务。

联系　捐赠人与组织所有的联系情况都应该在档案文件中明确并有所记录，这不仅包括明显的关系（捐赠人、毕业生、董事会成员等），还包括与组织内部及相关人士的任何密切关系。

例表 7.2　捐赠人研究档案

潜在捐赠人资料表

准备日期：　　修订日期：

来源：

卡片：捐赠人______　潜在捐赠人______

受托人	捐赠人	朋友	邮件列表	#劝募对象

姓氏 名/中间名 居住地址/电话 工作地址/电话 职位/头衔	教育背景 社会/商务活动 配偶名字（未婚，如适用） 结婚日期
董事会/业务关系 （股票持有） 基金会关系 社区/慈善/社会关系 职业会员	家族史（孩子/父母/兴趣/成就/其他信息）
	政治面貌 宗教信仰 兵役情况
特殊兴趣 奖励/荣誉等 亲密朋友/相关私人关系	律师 银行 信用托管会社专员 税务顾问

资料来源：The Fund Raising School，2009b：Ⅵ-21。

背景　潜在捐赠人研究人员必须收集和记录信息，包括当前的商业信息和职业重点；简要的相关家族史；与家族基金会或私人基金会的关系；

公众活动（非营利组织董事会成员、公司董事会成员、教育背景等）。

捐赠历史　该档案材料应包括对组织做出的所有捐赠以及其他慈善捐赠（以及任何已知的政治性捐赠）。衡量捐赠人兴趣的主要指标是其在哪个领域投入资金。对捐赠历史的回顾应该具有一定的参考价值，并能够使研究人员提供更准确的建议，指出明确潜在捐赠人的方向。

财富指标　应该对潜在捐赠人的财富进行研究，因为这与其慈善潜能有关，从现实的角度考虑能够发现什么公开的信息、哪些信息可能是越线的、研究的局限是什么。除非某个潜在捐赠人的私人财务信息泄露，否则潜在捐赠人研究人员必须依赖公开信息，包括房地产持有情况以及市场价值、家族基金会、一些公开股票持有及期权情况、作为公开招股企业高管的薪酬、掌握私营企业股权的比例。通过搜索法庭记录，可以发现潜在捐赠人的离婚判决及财产继承情况，但研究人员应该意识到，这些做法可能是侵权的。筹款人员要明确，研究只能提供衡量潜在捐赠人财富的指标，而不是精确计算出个人的净资产，这一点非常重要。

捐赠能力　可以通过多种途径确定有效的劝募数额。经验丰富的研究人员会根据兴趣和捐赠历史，考虑个人的已知资产和倾向，以确定捐 79
赠规模。一些组织会制定参考准则，指导如何用已知的资产和先前的捐赠来判定潜在捐赠人的慈善能力水平。重要的是，要考虑到这种潜力的判定与捐赠总额相关，而每个非营利组织仅仅是潜在捐赠人捐赠目标的组成部分之一。但是，这类参考准则依然可以作为快速判定捐赠潜力的工具，可以共享给参与同行审查的志愿者，也可以由研究人员在需要快速估算捐赠潜力的情况下使用。表 7.1 展示了一套参考准则的样本。能够很轻松地适用于所有捐赠水平的非营利组织。

表 7.1　收入/资产/捐赠范围参考准则

收入水平	累计资产	参考捐赠潜力（5 年内的捐赠或通过有规划的捐赠工具进行捐赠）	评级
500 万美元以上	2 亿美元或更多	1000 万美元	1000 万美元
200 万~500 万美元	1 亿~2 亿美元	500 万美元	500 万美元
200 万美元	5000 万~1 亿美元	200 万美元	200 万美元

续表

收入水平	累计资产	参考捐赠潜力（5年内的捐赠或通过有规划的捐赠工具进行捐赠）	评级
100万~200万美元	2000万~5000万美元	100万~200万美元	100万美元
50万~100万美元	1000万~2000万美元	50万~100万美元	50万美元
10万~50万美元	100万~1000万美元	25万~50万美元	25万美元
少于10万美元	100万~1000万美元	10万~25万美元	10万美元
10万~25万美元	少于100万美元	5万~10万美元	5万美元
5万~10万美元	50万~100万美元	2.5万~5万美元	2.5万美元

关键问题在于，要为特定的机构找到最佳的计算公式。这经常要通过不断的试错来决定。研究人员应制定捐赠能力参考准则，并通过一线筹款人对结果进行测试，以确定最适合该组织的最精确的方法。

捐赠能力确定后，就应该分配评级代码（参见表7.2中的评级量表样本）。在最理想的情况下，这一评级结果将进入组织数据库，这样就可
80 以提取各个层级的潜在捐赠人。评级应该反映出潜在捐赠人的总体捐赠能力（例如，其能够在五年内直接向组织提供的现金总额，或通过信托、遗赠等有规划的捐赠工具所能提供的总额）。同样的，这一评级量表也应该根据组织的潜在捐赠人数据库以及他们的捐赠能力进行调整。

表7.2　大额潜在捐赠人评级量表样本

等级	可能捐赠数量
10	1000万美元以上
9	500万~999万美元
8	200万~499万美元
7	100万~199万美元
6	50万~99.9999万美元
5	25万~49.9999万美元
4	10万~24.9999万美元
3	5万~9.9999万美元
2	2.5万~4.9999万美元
1	少于2.5万美元

潜在捐赠人研究人员应该将同行审查者确定的评级也录入数据库中。不同人员做出的评级能够更真实地反映捐赠人的实际潜力。更重要的是在潜在捐赠人档案中包含免责声明，表明所评定的捐赠能力等级体现出总能力，您所在组织可能只是捐赠人总体慈善兴趣的一部分。

潜在捐赠人研究工具

如今，大多数针对潜在捐赠人的研究是通过一系列网站在线上开展的。然而，应牢记这一点，从单一的资源不可能获得每位潜在捐赠人的所需信息。互联网和收费资源提高了研究人员的效率，但从中并不能获得所有的相关信息。潜在捐赠人研究人员应该利用公共可用资源和大学图书馆以及档案管理的专业知识。此外，潜在捐赠人研究的相关组织也会提供其现有的信息和实用信息，并在其网站上分享。筹款专业研究者 81
促进协会网站（www. aprahome. org）提供了很多链接。较受欢迎的收费资源包括财富引擎（WealthEngine）、律商联讯（LexisNexis）、iWave、校友网（Alumni Finder）、胡佛在线（Hoovers）等。很多筹款人也喜欢使用谷歌、Zillow（美国房地产估价网站）、指南星（GuideStar）、报纸及杂志一类的免费资源。

潜在捐赠人管理

潜在捐赠人管理计划的主要目标，是促进参与到潜在捐赠人关系中的所有各方之间的沟通，并跟踪可能带来捐赠的活动。在理想情况下，筹款人与捐赠人、相关研究人员和/或潜在捐赠人管理人员、发展部门领导人直接合作，参加潜在捐赠人例行审议会。相关的讨论应该包括已完成劝募的信息、潜在捐赠人关系的进展、对档案的审查以及与新潜在捐赠人相关的活动。无论组织规模如何，潜在捐赠人管理计划都将提供必要的沟通流程、基于历史活动的目标设定、问责和管理工具，从而实现有战略性和针对性的筹款。

潜在捐赠人研究必须通过帮助与潜在捐赠人建立最佳关系，实现组织的最佳筹款结果。严密的潜在捐赠人管理流程强调爱护与关注，这有利于与潜在捐赠人在参与组织活动的整个过程中建立关系。同时，需要对每个潜在捐赠人的参与战略进行监督，记录下与潜在捐赠人的重要互动，这些互动将会推动关系的发展。这也使筹款人和组织在与潜在捐赠人的关系中实现并维持效率和问责制。要想利用提供高质量潜在捐赠人研究的资源（包括员工对资源投入的时间和金钱），需要建立一个体系，来跟踪研究所做工作的有效性：判定筹款人是否通过面谈以及对潜在捐赠人的验证，利用了所提供的资源开展工作，确保与潜在捐赠人开展了恰当的互动，持续地推动关系发展。同时要判定是否需要员工或资源方面的额外协助。有效的潜在捐赠人管理计划能够确保潜在捐赠人在筹款循环中向前有效进展。通常来说，该计划会跟踪并记录筹集的资金、
82 提交的提案、每个培养阶段潜在捐赠人的数量以及组织与潜在捐赠人进行的重要联系的次数（即能够推动与潜在捐赠人关系向前发展的互动）。

潜在捐赠人研究的伦理准则

潜在捐赠人研究应该严格遵守伦理准则，来保护组织的诚信度。每个组织的伦理准则可能有所不同，但所有组织应遵守的基本原则是一致的。潜在捐赠人研究人员应熟知的两个与伦理准则相关的文件是由专业筹款人协会（AFP）和其他组织制定的《捐赠人权利法案》（*A Donor Bill of Rights*），以及由筹款专业研究者促进协会制定的《伦理声明》（*Ethics Statement*）。

《捐赠人权利法案》明确了捐赠人的权利，包括了解组织的宗旨和捐赠的预期用途，以及确信组织的董事会和员工有能力执行预期的工作。此外，该法案还坚持组织问责制和透明度的必要性。《捐赠人权利法案》强调了捐赠人获得适当感谢的权利，以及确保其捐赠和保密信息得到组织充分保护和尊重的权利。

筹款专业研究者促进协会制定的《伦理声明》概述了潜在捐赠人专业研究人员自身与相关工作应达到的标准，并对其负责。除保护个人和机构的保密信息、遵守所有法律和机构政策之外，潜在捐赠人研究人员还有责任遵守基本的伦理准则。《伦理声明》中的基本原则包括：对潜在捐赠人信息的保密性、准确性和相关性的承诺；带头制定并遵守潜在捐赠人研究伦理政策的责任；作为潜在捐赠人研究人员和组织研究人员，做到诚实和守信；避免利益冲突。

《捐赠人权利法案》和《伦理声明》中的原则都坚持保护组织和研

究部门内的捐赠人数据。敏感的信息应该通过加密数据库及其他数据控制措施加以保护，例如确保不通过电子邮件发送敏感信息，将信息获得权限限制在有需求的人员内部，教育员工和志愿者了解保密的重要性。83
通常来说，与组织关系密切的个人，如董事会成员或大额捐赠人，可能会索要董事会同事成员的个人信息。通过制定明确的政策，既达到保护敏感信息的目的，也阐明违反这些政策会产生的后果，有助于避免这些尴尬情况。

结　语

如今，捐赠人都具有较高的预期，希望筹款人去了解他们，并记住他们的偏好。如果一名潜在捐赠人告诉你只可以在夏天向其劝募，但你在 12 月向他发送续约信，他很可能不会回复。跟踪潜在捐赠人的信息、倾听他们、构建良好关系的桥梁，这些都是至关重要的。潜在捐赠人研究能够帮助组织快速判定重要个体的关切，潜在捐赠人的管理确保所有捐赠人都沿着筹款循环向前发展，实现全过程的联系。

讨论问题

（1）为什么信息的准确性对于筹款至关重要？至少阐释三方面的原因。

（2）现有的数据库如何协助潜在捐赠人研究？

（3）为什么同行审查仍旧是一种有用的潜在捐赠人研究工具？

（4）与潜在捐赠人研究相关的三个基本原则是什么？

第八章　企业捐赠与筹款

德威特·伯林格姆　肖恩·邓拉维

85 很长一段时间以来，企业对慈善的参与都是资本主义的一部分。企业支持非营利组织的深层目的，是创造有利于企业成功运营的环境。有一种得到普遍认同的观点，那就是“社区发展得越好，企业能够开展的商业活动就越多”，这一观点在全球都得到了认可。在大多数国家，创办公司或企业的能力是由国家赋予的，因此，企业在进行商业运营的同时，承担着为公民提供社会和经济福祉的终极责任。企业的首要责任在于对员工及其他利益相关方负责，其次则是通过慈善捐赠、缴税或其他的合作关系对公众负责。

通过阅读本章，你将了解到企业捐赠的近期历史、企业参与非营利组织的方式、企业捐赠的模式、企业社会责任项目的案例研究以及公司参与企业“慈善事业”的益处。

在21世纪上半叶，企业和非营利组织在探索二者之间关系的同时，持续不断地解决了重大的社会和经济问题。在相关的慈善事业中，排名较高的是人类基本需求（包括健康和教育需求）、社区影响力事业、环境可持续性以及与股东和消费者需求更相关的事业。尤其是因为经济的发展及衰退，企业更加关注其捐赠的协作性、战略性和效率。无论非营
86 利组织或企业的规模如何，考虑各方如何从关系中受益，将继续成为企业-非营利组织关系中的主导问题。在当前的环境下，汉克·罗索数年前留下的智慧如今尤其具有相关性：“在接受捐赠时，组织有责任以除物质之外的其他形式回报给捐赠人某种价值。”（Rosso，1991：6）

在过去的35年中，企业和非营利组织之间的公益营销、赞助以及其

他合作伙伴关系的发展，一直是企业对非营利组织资助中发展最快的领域。这种发展代表了企业在参与慈善部门以及与慈善部门建立关系方面发生了重大转变。正如许多人曾注意到的，20 世纪 80 年代以来，企业捐赠发生了重大的变化，从单纯的慈善事业发展到建立明确的、一体化的伙伴关系（Austin，2000；Andreasen，2009）。这一趋势始于最著名的公益营销计划——1983 年对自由女神像的修缮工作。美国运通与修缮委员会合作，其信用卡产生的每次交易，将为修缮捐赠 0.1 美分，为期 3 个月。最后，该计划为自由女神像基金提供了 170 万美元的“捐赠款”，美国运通信用卡在此前一年的使用量增加了 28%——在做出善行的同时的确获得了不小的经济效益。

历　史

从实践角度而言，企业对慈善活动的支持是 20 世纪的新现象。在 19 世纪，大多数法院认为企业出于慈善目的的捐赠是不恰当的，除非这种捐赠与商业活动有关。当时的自由主义观点和米尔顿·弗里德曼（Milton Friedman，1970）提出的观点一致，即公司管理层不能向外捐赠股东的钱，因为“企业的社会责任……是增加其利润”。20 世纪初，铁路公司对基督教青年会提供商业支持，为工人提供“安全”的住房，很多人认为这是企业慈善事业的开端，或者称其为一种战略性的企业捐赠或理性的利己主义更为合适。

20 世纪非营利组织获得的企业支持，其性质大多是利己的而不是利他或利于公益事业的。对于为非营利组织筹款的人来说，这是一个重要的成果，为开展成功的企业筹款项目创造了环境——提供了基础，即在寻求捐赠和其他收入来源的同时，能够使双方都受益。

企业定期捐赠项目的发展始于 1936 年，海登·史密斯（Hayden Smith，1997）称之为现代时期（the modern era）。1935 年，美国修订了
《国内税收法典》，允许企业扣除出于商业目的的慈善捐赠的税额。1936 87
年，联邦企业所得税表所记录的企业捐赠总数约为 3000 万美元。到 2013 年，这一数字已增加到约 178.8 亿美元，且不包括赞助和其他形式的伙伴关系。根据《捐赠美国 2014》（Giving USA，2014），绝大部分的企业捐赠增长出现在过去 35 年，原因是法律障碍的清除以及企业规模的扩大

和数量的增加。其中，最重要的诉讼案件是 1953 年史密斯公司诉巴罗案（A. P. Smith Mfg Co. v. Barlow），在案件中，新泽西州最高法院拒绝撤销关于管理层向对企业没有任何已知利益的慈善机构捐赠的判决。这一案例反映出，人们越来越重视企业在社会中的经济和社会作用。尽管如此，许多公司通过股息分红向股东分配利润，把捐赠部分留给所有者，并且大约只有 1/3 的公司会就其慈善捐赠申报联邦企业所得税。小规模公司向非营利组织的捐赠额占其收入的比例更大。

即使在过去 35 年中，企业捐赠额不断增加，企业平均利润的增长速度也远高于企业捐赠增长的速度。例如，1986~1996 年，企业捐赠额占利润的比例从 2.3%降到 1.3%。截至 2013 年，企业捐赠额占利润的比例进一步下降至 0.8%（Giving USA，2014）。包括赞助在内的几种形式的企业支持不包括在《捐赠美国 2014》数据中。企业捐赠及捐赠对象变化的原因可能包括不断变化的理念、首席执行官的作用、企业文化的改变、全球竞争的加剧、经济环境的变化以及现金在企业和非营利组织之间流动的方式。

非营利企业捐赠

如上文所述，2013 年，企业捐赠约占美国慈善捐赠总额的 5%（178.8 亿美元）（Giving USA，2014），占企业税前收入的 0.8%，低于 1986 年的 2%。企业基金会捐赠了其中约 1/3。企业捐赠的金额与企业利润直接相关，令许多人感到惊讶的是，捐赠额占企业税前利润的比例并没有相应提高。事实却相反。例如在 1986 年，企业捐赠总额为 50.3 亿美元，企业税前利润为 2460 亿美元，捐赠额占税前利润的比例为 2%。2013 年企业捐赠总额为 178.8 亿美元，企业税前利润为 2263.7 亿美元，
88 捐赠额占税前利润的比例约为 0.8%。超过 1/3 的企业慈善捐赠是以公司产品进行的实物捐赠。但在 2013 年，企业现金捐赠的比例比 2012 年有所增加（Giving USA，2014：212）。

人们可能预设，从企业募集的最普遍的捐赠是为特定项目和新项目或巨额筹款活动和赞助提供的资金支持。然而，当今企业通常回避提供大型的捐赠，而更愿意关注与其他各方，包括政府进行合作，以满足社区需求的支持活动。企业对支持如下类型的事业最感兴趣：（1）能够在企业和非

营利组织之间建立联系，使企业在经济和社会方面受益的事业；（2）相对积极、范围较为有限的事业。当然，很多企业依然会为很多组织做出回应性的大规模捐赠。

筹款人应该意识到，企业支持非营利组织的主要方式之一是支持在工作场所的慈善倡导活动。被列为此类工作场所慈善活动的代理机构，可以产生更多运营方面的支持以及对非营利组织的认同。虽然现在仍然有针对员工捐款的员工配捐项目，但在过去几年一直在减少，尤其是配捐数额不断下降。包括企业产品和员工时间的实物捐赠在某些行业组织（如制药业）中仍然很常见。许多社区有员工贷款计划。企业的研发支持仅限于少数非营利组织，主要是在健康和教育领域。

企业公民领导力中心（Business Civic Leadership Center，2008）的一份报告介绍了企业社区投资方面的研究结果。研究发现，受访者的主要动机是希望改善企业的“本地竞争”环境、提高社区生活质量，最终能够保留和招揽客户和员工。

正如该报告所建议的，未来企业与社区非营利组织的合作将更多地体现在如何为其核心运营创造一支更高素质的员工队伍，而不是企业的公民身份或捐赠活动。因此，儿童教育项目越来越重视企业与非营利组织的合作，并重视利用对高等教育的支持，提供具有竞争力的员工队伍，这些做法都不足为奇。

关于不同规模、支持非营利组织的类型、区域、行业的企业如何进行捐赠以及企业哪些部门负责社区投资，读者可以参考企业公民领导力中心的各类报告，可在美国商会（US Chamber）的网站上获得：http：//www. uschamberfoun-dation. org/corporate-citizenship-center。

此外，印第安纳大学慈善研究中心的一项研究（2007）总结了大型企业“模范”捐赠的主题和做法。其中一些研究结果包括： 89

- 通过员工导向的捐赠和志愿服务、为当地社区的需求捐款及实物捐赠以及客户导向的捐赠（公益营销），增加与非营利组织的联系。
- 明确符合商业目标、具有较高社会影响力的重点需求。

- 为重要的社会需求寻求长期外部捐赠承诺。
- 与有益于双方的非营利组织建立可持续和更长期的合作伙伴关系。
- 提高所有利益相关方及各方之间的透明度。
- 停止不能够创造最大效益的实践。
- 衡量或至少尝试衡量企业捐赠项目的实际社会影响。

企业关系的培养是一个持续的过程。正如筹款学院几十年来所倡导的那样，联系、能力和兴趣在任何筹款活动中都很重要。向企业筹款的路径将由筹款声明及潜在企业捐赠人的数量所决定。当然，个人化的路径常常是筹款人偏爱的方式。问题的复杂性会决定使用的方法，包括组织可能获得的筹款资源数量。

在通过口头或会面联系之后，完成联系报告至关重要。这一报告应说明联系的实质，并记录下双方共享信息和未来行动承诺（如有的话）。如果潜在捐赠人要阅读该联系报告，那么报告只能包括不会令人尴尬的必要信息。对企业的企业公民及可持续性报告进行审阅，是了解潜在企业合作伙伴的好方法。了解企业过去的一些行动，也能够避免企业对非营利组织的“恶意的慈善”（felonious philanthropy）。要避免接受来自企业和个人“不义之财”的捐赠，二者同样重要。

一旦建立了捐赠关系，筹款人需要制定方案对关系进行管理。该方案第一个组成要素，即应该提供高质量的服务或对捐赠进行管理。方案的第二个组成要素就是要考虑未来的关系将为非营利组织带来什么。这两个组成要素都应该与能够反映出双方对成果评价的评估相结合。从长远来看，对筹款声明及其评估方式进行准确阐释，将带来更有益和更长期的关系。

90 企业捐赠的模式

本节的大部分研究基础来自德威特·伯林格姆和邓尼斯·扬（Burlingame and Young，1996）的早期成果，他们提出了企业向非营利组织捐赠和提供志愿服务的四种模式。利用这些模式，筹款者能够获得接近企业以获取其对宗旨支持的特定背景环境。四个主要模式是：

企业生产力或新古典主义模式（corporate productivity or neoclassical model）

道德或利他模式（ethical or altruistic model）

政治（外部和内部）模式［political（external and internal）model］

利益相关方模式（stakeholder model）

下文将对每个模式进行总结，并指出每个模式对筹款工作的意义。

企业生产力模式

这种模式的基本前提是，企业捐赠将帮助企业增加利润并为股东带来更多价值。因此，企业捐赠活动必须以某种方式表现出利润的增长，这可以通过捐赠现金或企业产品直接完成，也可以通过提高企业士气或员工生产率间接完成。只要重点依然是关注企业的长期营利性，“理性的利己主义”这一概念与新古典主义模式是非常一致的。这种模式体现出“企业慈善”这个词的矛盾性，更准确的措辞应该是“企业公民”或“战略慈善”，从而能表达出企业与非营利组织之间互动的目的。与该模式相符的捐赠类型包括：

有助于企业产品营销的项目，如赞助、公益营销和其他合作伙伴关系。

提高员工士气，从而提高生产力的项目。

有助于提升企业公共形象的项目。

降低企业成本的项目，例如为非营利组织的研究工作提供资助，降低企业内部产品开发支出。

在这里，筹款人的机会在于能够将组织的宗旨和活动与企业提高生产力的愿望相匹配。筹款人将协助加深企业捐赠工作人员的理解，了解对非营利组织的捐赠支持将如何直接或间接地促进企业的发展。 91

道德或利他模式

企业慈善的经典概念基于这样一个前提，即企业及其领导者有责任成为优秀的企业公民，企业捐赠和志愿服务是向社会展示企业社会责任的一种方式。这一模式假设企业拥有可自由支配的资源。当一家企业处于经济困难时期，人们不会期望它基于这种模式进行捐赠。捐赠项目必须能够提醒企业领导者注意到社区的优先事项以及该企业从哪个角度可能成为寻求解决方案的合作伙伴。与该模型相符的捐赠类型包括：

能够解决社区需求的项目，社区需求为企业所运营或拥有市场的领域。

能够吸引企业领导（作为个人或企业公民）的项目。

让员工参与社区工作以解决当地问题的项目。

筹款人需要敏锐地意识到，通过员工和企业领导的参与，其组织获得的捐赠将如何使社区受益。

政治模式

在许多企业中，政治模式在外部和内部都有所应用。外部形式是基于这样一种理念，即企业利用捐赠来建立关系，从而保护企业的权利，影响政府对企业的限制。在这种模式下，企业捐赠项目在社区联盟中起到联络作用。符合该模式的捐赠类型是那些在非营利组织和企业之间建立更紧密联系的项目。代替政府计划或最小化政府干预、塑造良好企业公民形象，这也是较为典型的方式。环境和艺术相关的项目就是很好的例子。

内部形式则建立在这样的前提下，即企业捐赠专员或代表发挥着媒介作用，其需要建立内部联盟，证明捐赠对企业各个领域的益处。因此，企业捐赠项目必须促进与人力资源、市场营销、研究、公共关系等部门建立联盟，以便他们能够看到非营利组织对其所在领域的支持价值。与
92 该模型相符的捐赠类型包括员工志愿服务、赞助、公益营销、合作伙伴关系、员工教育计划以及社会服务项目，以及通常为当今企业环境中的短期回报而设计的研发兴趣。

筹款人应该能够具有战略性，评估其与企业所有部门互动的情况，而不仅仅是企业内捐赠部门的情况。在满足公司内部和外部需求的同时，

能够满足非营利组织的需求且具有相关性的项目才是最重要的项目。撰写筹款声明对于此模式作用的最大化至关重要。

利益相关方模式

企业捐赠的利益相关方理论基于这样一种理念，即企业是一个复杂的实体，必须应对来自各种利益相关方的需求和压力，包括股东、员工、供应商、客户、社区组织和政府官员。在这一框架下，最佳的企业管理是通过管理各种利益相关方的利益而实现的。因此，有效的企业捐赠活动应该能够协助满足利益相关方的利益。与该模型相符的捐赠类型包括：

员工福利或志愿服务项目。

社区教育或环境项目。

协助企业产品或服务消费者的项目。

将利益相关方理论应用于小企业，其实也不需要多大的理念转变。无论在大企业还是小企业，管理层都需要与一系列利益相关方互动。筹款人将其主要工作聚焦在主要利益相关群体的判定以及项目方案的开发，从而能够清晰地说明非营利组织的宗旨，对公司利益相关方的兴趣具有吸引力。非营利组织的总体战略是要体现出企业捐赠项目如何能够促进社区利益相关方的发展。

上述模式提供了一种理论框架，以便理解企业参与慈善的工作，并可以用作不同捐赠手段有效性实证研究的基础。理解企业的运作模式，能够帮助非营利组织提供更具战略性的企业筹款项目。每个模式都试图对企业捐赠进行更细致的阐释。同时，应该认识到，以上所有或部分模式可以在任意时间在任意企业内运作。在当前这个充满全球性和经济性挑战的时代，政治活动更加复杂，利益相关方的种类也更加多样化。体 93
现企业捐赠如何影响双重底线（即社会回报和财务回报）方面的理论研究不断增多，也成为一种普遍趋势。

其他作者例如萨金特和杰伊（Sargeant and Jay，2004）提出了一种更简化的方式，只划分出利己性捐赠和慈善性捐赠两种类别，慈善性捐赠并没有使企业直接受益。企业慈善促进委员会（The Committee Encouraging Corporate Philanthropy，CECP）列出了企业捐赠的三类理由：

- 慈善性——预期很少或根本没有商业利益。
- 社区投资——支持企业长期战略目标、满足关键社区需求的捐赠。
- 商业性——使企业受益是主要动机（CECP，2008）。

该委员会还指出，企业捐赠分为三大类：一是企业社区事务（占捐赠总额的35%），二是企业基金会（占捐赠总额的37%），三是包括从营销、研究、人力资源和地区办事处领域获得支持的其他类别（占捐赠总额的28%）。读者可以访问该委员会网站，获取有关全球企业捐赠的最新报告（www. cecp. co）。

案例研究

下面要介绍的康明斯公司（Cummins Inc.）的案例，“企业慈善的遗产”，对很多国际化企业具有指导性意义，有助于其审视回报给社会的捐赠。

“企业社会责任”一词通常与企业责任、企业公民、社会企业、可持续性、可持续发展、三重底线、企业道德以及在某些情况下的公司治理互换使用。虽然措辞不同，但它们都指向同一个方向。在整个工业化世界和许多发展中国家，企业被预期发挥的社会作用急剧提升。企业面临着参与公私合作的新要求，并且面临越来越大的压力，不仅要对股东负责，还要对员工、消费者、供应商、当地社区、政策制定者和整个社会等利益相关方负责。以下是对一家公司制定和实施有效企业责任方案工作的分析。

94 康明斯公司是世界500强企业，设计、制造及分销发动机、过滤器和发电产品。康明斯公司总部位于美国印第安纳州哥伦布市，产品覆盖重型卡车、拖拉机、客车等各种车辆。

康明斯公司的捐赠以及员工参与的强大传统源于这样一种信念，即企业责任将长期直接促进公司的健康、增长、盈利和可持续发展。企业责任是理性利己主义的一种形式，正如该公司前首席执行官埃尔文·米勒（J. Irwin Miller）所言："虽然有些人仍然认为企业没有社会责任，但我们相信，从长远来看，企业的生存依赖于我们在社区和社会中负责任的公民身份，如同其依赖于负责任的技术、财务和生产绩效一样。"（Cummins，2009：10）康明斯公司希望以其慈善行为支持员工建设更强大的社区。然而，捐款并不是该公司企业责任计划的核心部分。2013年，康明斯公司投资1630多万美元用于企业责任方面的工作，支持67%的员工参与到"每个员工每个社区"（Every Employee Every Community）项目。公司总投资中，有740万美元来自康明斯基金会的资助（Cummins，2014：96）。

面对来自社区、国家和世界的多重挑战，康明斯公司领导层继续开展了评估，探讨如何维持社区影响力。康明斯基金会主要关注康明斯公司的相关设施所在的社区，并支持公司的三项全球重点事项：

> 环境——确保他们所做的一切都能带来更清洁、更健康、更安全的环境。
>
> 教育——提高教育系统的质量，确保今天的学生做好准备，成为明天的劳动力。
>
> 社会正义——确保因贫困和歧视而被边缘化的人获得经济和教育机会。

2013年，康明斯基金会大约48%的支出用于社会正义/机会平等活动，42%用于教育举措，10%用于环境事务（Cummins，2014：96）。可以通过以下网址查看相关报告：http：//www. cummins. com/global-impact/sustainability/past-reports。

领导层的参与是康明斯公司社区改善项目成功的关键因素，尤其是旨在对可持续目标产生重大影响的项目。领导层在鼓励员工参与、提供业务资源以支持这些工作，以及倡导与业务相关的关键战略项目方面，发挥着至关重要的作用。

员工是成功企业责任的关键要素。康明斯公司激励员工并让员工有 95
能力参与到社区改善的活动中。公司通过建设并支持社区参与团队，在康明斯公司所有办公地点实施这一举措，整合技能、流程及员工才能，为服务他们的社区提供帮助。康明斯公司也利用慈善事业来增强康明斯公司员工的能力。参与是社区责任的基础，全球员工都利用他们的技能，使社区成为更好的生活和工作场所。该公司的目标是，利用公司的全球足迹和员工技能的力量实现影响和结果。

康明斯公司的员工通过超过 200 个社区参与团队（Community Involvement Teams，CITs）组成的全球网络参与活动。社区参与团队是社区的联络员，是社区参与活动的主要现场协调员。社区参与团队利用社区需求评估等工具，决定如何使用员工的技能和才能来解决其所在社区所面临的最大难题。

“每个员工每个社区”项目旨在保证每一位员工都有机会至少贡献工作时间中的 4 个小时给其所在社区。很多员工，尤其是参与以技能为基础的项目的员工，每年贡献的时间要远远超出这一时长。

“社区影响六西格玛”（Community Impact Six Sigma，CISS）项目也体现出了员工的参与。该项目与全球伙伴合作，通过以技能为基础的志愿服务，提供六西格玛技能和培训，协助解决社区问题。该项目利用数据，通过使用商业工具和技能推动可持续发展。

企业责任是康明斯公司的六个核心价值之一。康明斯公司认为，企业责任不仅是做出负责任的商业决策，还应断然伸出援助之手帮助社区，并使其员工参与到解决社区需求的活动中，这一意义远远不止慈善。

总之，通过做“一名好的企业公民”，康明斯公司认为其提升了企业在吸引及留住投资者、客户和员工方面的竞争优势。其战略与核心商业战略精细地保持一致，直接有利于公司长远的健康、增长、盈利和可持续性。

营销、赞助和合作伙伴关系

来自企业急剧增长的收入成为许多非营利组织支持的主要来源，这
96 意味着企业发挥慈善或社会作用的方式也发生了变化。正如本章开篇所述，1982 年以来，企业慈善事业已经向旨在建立联盟和伙伴关系或完全商业关系的捐赠方向发生重大转变。与非营利组织的合作伙伴关系能够而且应该为双方提供战略性回报。除了经济收益外，更好的资金控制、

新的营销技巧甚至对产品和服务的新认识都可能是双方可能获得的回报。

值得注意的是，在对安德烈亚森定义的“跨部门联盟”相关术语措辞的使用中经常存在混淆，安德烈亚森将“跨部门联盟”定义为“营利和非营利组织之间，追求某种社会目标，且将为双方带来战略或战术利益的任意正式关系”（Andreasen，2009：157）。因此，这种联盟旨在拥有与传统企业捐赠相同的目标——积极的社会和经济影响。公益营销在传统上被定义为“企业在特定时间内，向非营利组织提供与消费者购买其产品或服务数量成一定比例的捐赠”（Burlingame，2003：185）。当这段时间延长到更长的时间范围时，它通常被称为“公益品牌”。

赞助并不与顾客购买行为直接挂钩，但它确实意味着企业对现金或实物的投资，作为回报而能够参加某个活动、事件或非营利组织所代表的公益事业。这类活动并不是慈善意义上真正的“捐赠”，而是企业在预期回报范围内的一种战略投资。

格拉斯基维奇和科尔曼（Galaskiewicz and Colman，2006）把企业参与公益事业的目的分为慈善性、战略性、商业性和政治性，提出了一种实用的框架，与上述伯林格姆和扬提出的企业捐赠模式非常不同。另一个范式是由顾维尔和兰根（Gourville and Rangan，2004）提出的，用以审视企业-非营利组织联盟的影响。在这一范式中，双方利益根据一次和二次获益而分配。非营利组织的一次获益是指为公益事业捐赠的现金、提供的志愿者服务或实物服务。企业的一次获益则是以销售形式存在。二次获益是指未来任何一方都可能获得的预期收益。赞助和公益营销活动都是这方面的实例。

机　遇

目前各种研究都有指出，参与跨部门活动的企业和非营利组织具有许多优势。在营利组织方面，公益营销或赞助可能提升企业对“善行”的认知或协助企业成为负责任的企业公民，从而影响消费者行为。由此可能提升员工士气，也可能建立起企业的潜在合作对象库。各类社会有 97
识投资者也可能对企业做出支持。圆锥通信（Cone Communications，www.conecomm.com）发现，对包括跨部门联盟在内的良好商业实践的接受率持续提高，10 个美国人中会有多达 8 人对支持非营利组织或其所关心的公益事业的企业有更积极的印象。此外，在其2013年的社会影响研究中发现，社会影响已经成为企业社会责任计划的重点（CSR）。

根据《独立评估机构关于赞助的报告》（IEG Sponsorship Report）（2009）和其他研究结果，非营利组织管理者及筹款人都指出，除了增加利润和直接商业收益外，企业还能够从其赞助和公益营销活动中获得以下二次收益：

- 独家分类
- 获得相关材料的权限
- 项目冠名
- 非营利组织活动入场券和接待
- 访问公益组织的数据库的权限

在非营利组织一方，跨部门活动可能会带来如下收益：

- 收入增加
- 新志愿者加入
- 公众对非营利组织宗旨关注有所提高
- 与企业的员工网络及其他联系人获得联系
- 收入渠道多样化
- 获得新受众和潜在捐赠人
- 增加营销知识及其他企业经验

很多案例已经被媒体报道过。安德烈亚森（2009）的相关成果包含了各种形式的跨部门营销合作的具体案例。筹款人也可以参考《企业慈善报告》（*Corporate Philanthropy Report*）、企业慈善促进委员会（CECP）和波士顿学院企业公民研究中心（Boston College Center for Corporate Citizenship）的网站（包括其《企业公民》年度出版物）等资源，这些都是非常好的当代慈善事业资源。

挑　战

非营利部门的管理层应仔细分析跨部门活动的潜在负面影响。首先且最重要的，应该是关注与营利组织的合作如何对捐赠活动产生影响。
这些活动的商业属性是否会降低人们对非营利组织宗旨的信任？捐赠人 98
或潜在捐赠人会由于他们已经通过公益营销活动向非营利组织捐赠了相
当的份额，而减少捐赠吗？如果一个企业热衷于与非营利组织的独家合
作，来自同行业其他企业的潜在捐赠会减少吗？如果联盟活动失败了，
是否意味着非营利组织浪费了资源？

赞助和公益营销活动可能只会产生暂时的效果，并不会建立捐赠人长期的忠诚度。与非营利组织的关联可能只是特别的活动，而不是组织的宗旨。由于关注的焦点集中于能够带来收入的活动，传统的筹款可能被忽略。此外，非营利组织是否拥有适应商业文化并在跨部门联盟中成为“平等”合作伙伴的能力也是一个问题。尤其是在选择商业伙伴的时候更是如此。联合推广活动有可能被视为非营利组织的“自我推销”。相比于非营利组织，私营部门的营销人员通常会更多地对这种关系进行宣传。需要特别留意许可协议方面的事宜，法律费用也是一个重要问题。

对于企业来说，与非营利组织的营销关系可能也会带来问题。消费者可能不会对非营利组织的宗旨产生兴趣；需要遵循更复杂的会计程序；企业人员贡献的时间和精力可能无法创造预期的财务回报。一些消费者甚至可能将企业对跨部门活动的支持视为一种剥削，尤其是当广告活动的开支超过实际捐赠给该公益事业的金额时。

这些关切可以让筹款人了解，在与企业建立伙伴关系时应该注意什么。制定方案和流程以预防管理层的错误，这应该是构建成功、双赢的跨部门合作的首要任务。赞助和公益品牌准则应由非营利组织的董事会批准。无论是否属于发展办公室的工作，都有必要和发展部门的员工进行有效协调和沟通。高级管理层还应该在建立商业伙伴关系并评估其效益方面发挥积极作用。

对营销联盟进行测评可能是当前最重要的举措。该领域的研究通常未能够使用严格的标准来测评营销联盟对一方或双方的影响。

结　语

企业与慈善组织的公益合作是有多面性的，在过去 100 多年中经历 99
了不同程度的反复变化。这种合作曾经是直接商业活动的一部分，曾经

更注重其公益目的，但如今又回归到更加注重商业目的。如今，筹款人希望展示企业的支持如何提升非营利组织的整体收入以及企业的捐赠，企业营销人员则希望体现出，他们与非营利组织的合作如何协助企业提升经济效益，同时产生社会效益。

自2008~2009年美国经济大衰退以来，一些研究报告已经表明，在经济衰退期间，企业首席执行官对企业公民身份依然持非常坚定的态度，但是在信念与实践之间还存在一些差距。帮助企业和非营利组织满足社会需求（经济上和社会上的），能够在企业捐赠专员与筹款人之间建立起具有挑战性和回报性的伙伴关系。

讨论问题

（1）“企业的本职就是做好生意”是一句经常被引用的话，为什么上市企业应该把慈善捐赠交给股东决定。你的观点是什么？

（2）康明斯公司代表的是企业社会责任模式中的哪种类型？为什么？

（3）为什么企业税前利润的增加不能转化为捐赠在企业税前利润中占比的增加？

（4）你如何评估所在非营利组织的潜在企业合作伙伴？

第九章　基金会筹款

萨拉·内森　伊丽莎白·莱瑟姆

慈善基金会这类组织在创始之初就拥有特定用途的基金，基金的收 101
入通常用于捐赠非营利组织，或是用于支持基金设立人实现其宗旨。有些基金会本身并没有捐赠资产。本章的研究重点是有捐赠资产的基金会。现代慈善基金会只有 100 年的历史，通常被认为是典型的美国慈善方式（Fleishman，2007）。资助型基金会和非营利组织之间的关系建立在提升公民或公益事业的共同愿望或利益的基础上。大多数基金会通过公共慈善团体这一机制来履行公共责任。根据可获得的最新数据，2012 年美国共有 86192 个基金会，资产达到 7150 亿美元（Foundation Center，2014）。由于基金会领域的多样性，本章将会：

- 总结基金会的类型、规模和范围。
- 分析基金会捐赠的趋势。
- 推荐基金会资助的基本方法。

基金会（或资助人）因拥有大量的资源和兴趣而成为一种资助来源，这对非营利组织来说通常很有吸引力。从非营利组织的角度来看，这样的资助能够为刚刚起步或正在发展中的项目或事业提供重要的资金
支持。然而，若要将基金会的兴趣与非营利组织的宗旨相匹配，则需要 102
研究、规划和建设持续的关系。因此，寻找资助和撰写方案是全面筹款开发运营项目中筹款部门需要做的事情。结合文化，鼓励与资助方建立合适的关系，同时适时投资基金会关系项目，这有利于树立基金会资源

系统性的且可衡量的目标。

规模和范围

基金会资产（通常称为捐赠资产）及其分配，继续影响着围绕全球议题开展的公众讨论。根据基金会中心（Foundation Center，2014）汇编的报告，很大一部分基金会的资产已超过 100 亿美元，在这种情况下，头部基金会有能力在地区、国家和全球层面分配基金，试图彻底改变社会效益或改善社区。基金会为非营利部门提供了大量支持，达到了 2014 年慈善捐赠总额的 15%（539.7 亿美元）（Giving USA，2015），仅次于私营部门。

除了基金会数量和资助资金总额，1995~1999 年，独立基金会和社区基金会资产增长之快前所未有，打破了之前所有时期的纪录。资产增长的背后有多种因素：美国股市可观的收益、不断增长的针对所有类型基金会的捐赠、美国西部崛起的大型基金会。正如很多非营利组织一样，基金会资产在经济大衰退时期遭到了重创。然而，随着基金会资产的不断复苏，基金会的捐赠也不断增长（Foundation Center，2014）。

大型基金会之前一般位于美国东部和中西部，通常是在工业时代由私人财产设立的。随着主要位于美国西部的信息科技的发展，慈善基金的地理结构也发生了变化。

企业基金会项目增长依然保持平稳，部分原因在于企业向基金会项目的资金和资产转移更加保守。

基金会的类型

由于基金会领域具有复杂性，理解四种类型基金会各自的特点尤其重要。基金会共包括四种基本模式：独立基金会、企业基金会、社区基金会和运营基金会。

103 **独立基金会**　根据美国国税局（IRS）的定义，独立基金会是指通过捐赠形式向免税机构提供支持或投入的私人基金会。独立基金会的资产通常来自个人或家庭的捐赠，并冠以资助者的姓名。根据法律要求，独立基金会每年必须将不少于其资产的 5%投入慈善事业。

在 20 世纪 90 年代末的财富积累过程中，“家族基金会”成为贡献较大、由家族直系或旁系亲属进行决策的独立基金会的代名词。2012 年，83%的基金会捐赠来自个人或家庭建立的独立基金会（Foundation Center，2014）。根据基金会中心的研究，“2014 年基金会捐赠的增长率将高出通货膨胀率几个百分点。独立的家族基金会的增长率将会更高”（Foundation Center，2014：2）。这些独立的家族基金会有较强的变革能力，因此有着更高的透明度和更强的可问责性。

大型且完善的独立基金会通常拥有全职员工，员工的数量与资产规模相匹配。小型基金会可能只有一名全职人员负责日常事务。家族基金会可能会根据具体需求吸纳家庭成员作为员工。独立基金会一般会确定所关注的具体领域进行资助，或是将资助限制在一定的地理范围内。美国绝大多数的基金会是独立基金会，包括比尔及梅琳达·盖茨基金会、凯洛格基金会和礼来基金会。

企业基金会　企业基金会是另一种类型的独立基金会。企业基金会的资产一般来自附属的营利公司或企业，同时也是企业的资助媒介。其宗旨和资助重点通常反映出企业的商业兴趣，基金会的工作也与企业的社区关系工作相辅相成。企业基金会一般拥有独立的董事会，包括雇员和与企业相关的人员。企业基金会是企业慈善的一部分，在第八章已有详细介绍。

大多数企业基金会的捐赠反映出企业的产品、服务以及当前和潜在
消费者的兴趣。员工参与以及对被资助的非营利组织的关注将直接影响
企业基金会的决策。企业基金会的管理各不相同。很多企业基金会有专职 104
员工负责方案和捐助的接收、处理和管理。另外一些基金会则将员工的职
责与基金会的职责相结合。沃尔玛基金会和美国电话电报公司基金会是典
型的企业基金会。在美国，企业基金会共有 2629 家（Foundation Center，
2014）。

社区基金会　比起 20 世纪 90 年代末期的迅猛扩张，社区基金会的发展如今已日趋缓慢。但是，社区基金会这一平台已经永久地改变了慈善事业的格局。社区基金会资产的增长有若干原因，包括个人捐赠人资产的增长、小额捐赠人建议基金的生根发芽等。共同承担成本、削减行政职责、提高资本回报、参与捐赠决定，这些特点将捐赠人吸引到了社区基金会中的建议基金。虽然社区基金会的数量只占全部基金会的 1%，

但它在 2012 年还是收到了 49 亿美元的捐赠（Foundation Center，2014）。

与其他基金会结构不同，社区基金会既接收捐赠，也通过美国国税局的特殊条款进行捐赠。作为公共慈善机构，社区基金会必须接收大量的捐赠人资产，也要不时资助社区以满足其广泛需求。大多数社区基金会将其关注点和捐赠限制在特定的地理区域内，并将支持社区项目作为其基本任务，还会为其设置自由基金。社区基金会并没有将最少投入 5%的资产作为捐赠的限制。

除了自由基金，社区基金会通常拥有若干基金池，包括自由基金、捐赠人建议基金和捐赠人指定基金。捐赠人建议基金中，捐赠人保留对社区基金会提供建议的权利，使 501（c）（3）条组织[①]或慈善事业能够接受资助。捐赠人指定基金允许捐赠人基于基金的收入，挑选特定的非营利组织或事业进行资助。这两种基金设立后，都将永久为社区基金会提供捐赠，并使捐赠人根据美国国税局的规定获得税额的立即减免。社区基金会一般会明确其捐赠将与其他基金会的投资相结合并共同管理。

典型的社区基金会包括克利夫兰基金会（Cleveland Foundation，是美国第一家社区基金会）、纽约社区信托（New York Community Trust）、哥伦布（俄亥俄州）社区基金会（Columbus Community Foundation）和硅谷社区基金会（Silicon Valley Community Foundation）。社区基金会在全美国均有分布，其中印第安纳州、密歇根州和俄亥俄州的数量最多。

105 **运营基金会** 运营基金会的数量只占美国全部基金会的 5%，但很少向其他非营利组织提供捐赠。运营基金会受到不愿通过公益慈善机构而希望直接参与慈善工作的捐赠人的青睐。这类基金会致力于开展研究、运营项目来支持组织主体的工作，美国国税局规定，这类基金会必须将至少 85%的收入用于支持其自身的项目。一般来说，运营基金会并不是非营利组织资金资助的来源，但是它们通常会资助非营利组织参与到相应的研究、工作和项目中。除此之外，运营基金会通常会集聚某一领域的专家，可以为社区的实践者和专家提供参与的机会。

典型的运营基金会包括格蒂信托和怀德基金会。位于印第安纳波利斯的古德里奇基金会运营着自身的教育项目，对自由学说开展研究。另

---

① 符合《美国国内税收法典》第 501（c）（3）条规定的组织。——译者注

外一类运营基金会则以礼来照护基金会为代表，这家基金会是礼来公司的慈善机构，向未参加医疗保险的贫困病人发放药品（Foundation Center，2014）。虽然礼来照护基金会没有任何资产，却在2013年发放了相当于697004928美元的药品（Foundation Center，2014）。

基金会支持的趋势

基金会对其关注点和对非营利组织的期望日益清晰。它们需要对资助项目和非营利组织进行更广泛的评估。基金会从过去的捐赠中不断吸取经验，从而在未来做出更恰当、更有效的捐赠。基金会之间的合作成为解决全球性问题的主要趋势，也是其向非营利组织捐赠的预期结果。基金会也越来越注重有效治理和组织管理，从而做出捐赠决定。与此同时，产生了一些新的趋势，指引了基金会支持新的发展方向。

评　估

对受赠方和基金会活动的评估依然是重点。关于非营利组织的研究表明，最初开展基金会评估是出于两个目的：检查对捐赠方的财务政策的问责情况、加快续约决定。基金会继续使用这些标准对捐助进行评估，但是评估的范围则有所扩大，包括帮助基金会分析项目领域的成功原因，106
并协助确定未来的捐助方向。在很多基金会中，评估将重点针对项目的某些部分，也会根据项目过去的成功和失败的经验提供有用的建议，这类学习的机会将会对未来的受赠方产生影响。在结项时，还会要求基金会受赠方邀请外部评估人员对项目进行更详尽的评估。客观评价资助项目的进展情况，目的是帮助组织更注重项目的结果和影响。

协　作

协作是两个或两个以上组织共同建立的互利共赢的完美关系。这种关系代表了对权威定义的认同、对成功的负责以及对资源和回报的共享。为避免服务和项目筹资的重复性，基金会及其受赠方都前所未有地参与到这种协作中来。基金会也希望协作性组织能够在其专家力量和客户的基础上开展更有力、更具包容性的项目。对于受赠方而言，如有更务实的财务支持，并且有规模更大的团队对需求展开研究，将会对社区问题产生更具实质性的影响。

强调多样性

根据美国人口调查局（US Census Bureau）的数据，到2025年，美国可能只有一半的人口为非西班牙裔白人。这种多样性也会反映在美国非营利机构的领导层中。

各基金会已开始逐渐要求非营利机构的董事会成员及员工的结构能够反映其所服务的社区和人口的多样性。一些基金会要求非营利组织积极进行多元化的招聘，还有些基金会要求董事会成员的结构能够反映这种多样性。同时，社区基金会和私人基金会的董事会也逐渐致力于多元化发展，开始回应多样性的趋势。

能力建设

坎波巴索（Campobasso）和戴维斯（Davis）在《能力建设思考》（*Reflections on Capacity-Building*，2001）中将能力建设定义为组织核心技
107 能和能力的开发，包括领导力、管理、财务和筹款、项目和评估等，从而使组织更加高效且具有可持续性。

在这一过程中，需要协助某一群体发现并解决问题，同时积累其解决问题所需要的视野、知识和经验，并实施改革。能力建设是通过提供技术支持活动开展的，包括指导、培训、运营协助以及资源的网络化。能力建设的定义依然很宽泛，其手段和应用也经历了几次变化。很多基金会项目已经开始关注建设内部和外部资源，支持非营利项目。例如戴维及露西·帕卡德基金会（The David and Lucile Packard Foundation）实施的组织影响项目就已经投入了重要的资源，将能力建设与开发作为兴趣领域。

捐赠人建议基金

非营利性金融服务企业的慈善基金也称作捐赠人建议基金，过去20年来，这类基金逐渐受到关注和支持。这类基金，例如富达慈善捐赠基金（Fidelity Charitable Gift Fund）和先锋慈善捐赠项目（Vanguard

Charitable Endowment Program)，它们发展的前提在于使捐赠人能够向基金投入，并对基金未来的分配和发展提出建议。对于捐赠人来说，这类基金的优势在于即时减税，在专业基金经理的帮助下，加之其对受赠方是匿名的，这些基金有机会不断增值。美国此类基金的资产预计达到450亿美元，但和独立基金会不同，这种类型的基金会并不需要每年支付5%的收入用于慈善（Neyfakh，2013）。

捐赠人建议基金对于那些并不想建立基金会，却又希望能够掌控资助的捐赠人来说越来越具有吸引力。在非营利社区中，主要的担忧集中在基金的收费结构以及金融服务人员的控制过多，而社区和非营利组织的专家并没有掌握基金。虽然捐赠人建议基金不能像其他独立基金会一样接触捐赠人，但这也是随着领域不断发展而体现出的趋势。

支持类型

基金会通常提供以下五种类型的支持：运营资助或自由资助、项目资助、巨额资助、启动资助、挑战性或匹配性资助。运营资助或自由资 108
助的目的在于支持非营利组织的运营，对资助的具体用途并无条件限制。自福特基金会在2015年6月作出重大声明后，运营资助或自由资助受到了新的关注（Callahan，2015）。项目资助则是支持一系列具体的活动和计划。巨额资助通常是为了支持建筑物修建资金、大型设备购买资金和捐赠基金的增长。启动资助是在特定的一段时间内，为非营利组织的新项目提供启动资金。挑战性或匹配性资助则是为了鼓励在某一特定环节的慈善捐赠。

作为潜在的资金来源，基金会有几个特点，其中包括要求独立基金会用其基金款最低比例的资金，资助符合501（c）（3）条件的组织。关于基金会目前的范围和规模，目前有很多不错的资料可供参考。基金会中心出版了《基金会指南》（*Foundation Directory*），并在其网站上提供了相关资料和出版物，囊括了从基金会的建立到基金会资助项目评估等一系列主题。

联系基金会之前的准备事项

基金会更乐于资助有着多种资金来源的非营利组织。重要的是，要将基金会的资助视作多元化筹款项目的组成部分。来自客户、朋友和社区成员的支持是非常重要的工具，体现出明确的宗旨、广泛的社区支持和组织聚焦解决方案的导向。

前期准备是提出基金申请的关键，第一步就是要对基金会进行调研，确定联系点和兴趣点。这一步的具体战略都是一般性的原则，根据非营利组织和基金会的文化，必要时可以做出适应调整。

基金会易联系的原因，在于基金会提供了清晰的指南和时间节点。但是基金会筹款和其他的筹款类似，最成功的伙伴关系都是基于长期以来建立的信任关系。

如果非营利组织的董事会和管理层明确了重点任务，相对于那些缺少明确的运营职责和战略规划的组织而言，这类组织在决定所要联系的基金会时，将容易得多。

申　请

和其他筹款一样，在紧密和全面准备之后，基金会将会进行书面申
109 请。基金会筹款中，申请书主要包括介绍申请机构的目标、确认的需求、基金会的兴趣点。筹款学院（The Fund Raising School，2009）建议使用LAI原则对候选基金会进行资格认证。根据这一原则，对每家候选基金会提出以下三个问题：

1. 该基金会之前是否和我所在的非营利组织有任何关系？在我所在的组织中，是否有朋友、员工或是任何组织成员与该基金会有联系，或对该基金会有影响？在联系该基金会之前，确定是否存在这种联系。

2. 基金会是否拥有项目所需的资产或资助规模？了解该基金会目前以及过去的资助信息，明确其一般捐赠规模。

3. 基金会是否有兴趣资助我所在的非营利组织所申请的项目类型？基金会是否曾在这一领域进行资助？了解基金会的指南和资助兴趣。

非营利组织可以利用一些工具查找基金会的信息。很多非营利和营

利企业会出版付费的年度基金会信息汇编，但是有些珍贵资料只需花费很少，甚至免费就可以获得。美国国税局负责基金会的管理，各基金会必须每年向公众提供990-PF表格。虽然一直以来这一表格都是公开的，但1998年以后，从美国国税局获取表格变得更加简单省时。大多数的基金会将990-PF表格放在官方网站上，供公众实时浏览。990-PF表格包括董事会成员、总资助额、资助接受方和奖励情况等信息。很多独立基金会、企业基金会和社区基金会都会出版线上年度报告，将类似的信息罗列其中，并提供更加详细的描述。

基金会指南在匹配基金会和项目方面提供了非常重要的参考信息。指南将提供基金会目前的兴趣点，一般通过项目类型或地理区域得以体现；提供资助申请书准备的具体流程；提供典型资助要求；明确资助申请的截止日期。在查看所选基金会的信息后，非营利组织应对照提交要求与格式，仔细检查申请书。

只有在完成初步调研后，非营利组织才可以与基金会开始初步的对话协商。第二步是与候选基金会通电话，讨论所申请的项目，以及在当前运营年份进行资助的可能性。非营利组织也可以了解特定基金会的运营情况和兴趣点等具体信息。与基金会代表进行的初步对话并不意味着 110
该申请会得到资助，但是其的确为提出申请的非营利组织提供了更多信息。

有些基金会并不接受未提前告知而打来的电话。在这种情况下，非营利组织就有必要准备一封问询信发给基金会，在信中介绍项目的基本情况以及项目将会如何使更大范围的群体受益。除非有特殊的要求，不需要在首次问询中提及任何的预算数目，而是要关注所申请的项目本身。近期也兴起了另一种方式，就是发送一封意向信，简单介绍该非营利组织将如何利用资助基金。

方　案

如果基金会接受了初步的问询信或电话，基金会代表希望能够继续进行相关的协商，提出申请的非营利组织就需要准备一系列的方案材料。材料的内容丰富多样，应根据基金会提供的书面指南进行准备。

一套完整的方案材料应包括以下内容：

1. 首页，包括正确的联系信息；
2. 摘要或总结；
3. 需求陈述；
4. 筹款声明陈述；
5. 提议解决方案；
6. 预期成果；
7. 评估工具；
8. 管理和人员；
9. 预算和预算说明；
10. 项目时间节点。

与精心讲述的故事类似，方案应该明确描述需求，提出非营利组织为解决问题而制定的解决方案。

整理好方案材料后，应在提交材料前，交由所在非营利组织的领导进行审核。组织领导则应提供基本情况陈述（或是上述材料中的“首页”），体现组织对这一方案的支持。

111 基金会审核

基金会收到方案后，一般会进入内部审核流程。基金会的相关文件通常会对这一流程有所说明。一般来说，方案会由中心处理部门接收并记录。之后，通过对方案的审核，确保该方案已包含所有必备材料且与基金会指南相符。在一些小型的基金会，这两项工作由同一名工作人员完成。大型基金会可能会将这些步骤分开处理。

项目员工将会审核方案，确认其与基金会的优先重点事项相符合。如果审核成功通过，工作人员会联系申请方，要求补充信息，或安排实地考察。需要牢记的是，现在您所沟通联系的资助专员已经成为您的宣传者或筹款人。实地考察或项目考察让基金会员工有机会制订项目计划和预估结果。同时，它也给了非营利组织一个机会，可以借此机会讲出想法、联系和影响，而这些在最开始的方案中都是无法体现的。虽然为实地考察做的筹备工作非常重要，非营利组织却不能试图左右项目员工、参与人员或项目成果。

资助决定

如果非营利组织从基金会成功地获得资助，扩展与基金会关系的机会就到来了，应及时并适时向基金会表达感谢。根据项目的时长，非营利组织可能会被要求提交中期报告，基金会也可能会多次联系非营利组织，要求提供项目进展信息。应与基金会继续保持联系。项目的成功对于基金会是非常重要的，基金会的工作人员将会在项目期间提供支持和指导。

非营利组织至少应在项目的结项期提供资助后评估报告。项目开始时所提交的评估报告的水平决定了项目后期联系和报告的水平。除此之外，由此建立起的关系将会为非营利组织的新项目提供更多的筹款机会。

若方案被拒，也不代表非营利组织终结了与基金会的关系。影响决定的因素有很多，包括时机、基金会当前的投资组合、未来承诺等。应感谢基金会考虑所提申请，同时接受拒绝信。在资助流程结束时，许多基金会将讨论拒绝资助的原因，也可以提出重新提交方案的建议。

非营利组织应牢记，向基金会提交方案的数量并不是基金会筹款绩 112
效的标准。紧密的联系和有重点的方案才是在基金会留下良好记录的关键。

结　语

对于很多非营利组织来说，与基金会的合作是令人兴奋且成功的经历。明确的研究项目和战略以及关系建设都有助于形成条理清晰、合情合理的资助方案，最终可能会吸引基金会支持非营利组织的运营和特别项目。如果非营利组织成功地得到了基金会的支持，一项资助带来的影响就能够为重要项目的实施提供急需的资金，或为非营利组织提供重要支持。成功的基金会筹款来自清晰、详尽的研究，对相似兴趣点的关注，以及基金会和非营利组织支持社区发展和所运营事业的决心。

讨论问题

（1）利用 LAI 原则，确定 1~2 家关注重点与你所在组织目标相匹配的基金会。

（2）联系基金会申请资金的具体步骤有哪些？

（3）你所在组织如何将寻找资助和撰写方案纳入筹款工作中？

第十章　性别与慈善

黛博拉·梅斯　安德里亚·帕克特

性别在慈善学中至关重要。相关的研究、人口统计以及女性在慈善事业中不断增多的身影都证明了女性日益扩大的影响和力量。然而,《慈善纪事》(*The Chronicle of Philanthropy*) 2014 年开展的调查显示,在拥有 2500 万美元以上资产的非营利组织中,有 40%的女性指出所在组织并不倾向于吸引女性捐赠人。过去 40 年间,女性在社会上的角色发生了翻天覆地的变化,女性在教育、就业和收入方面逐渐得到青睐,相关的研究也记录了女性在慈善捐赠中的力量和影响,同时存在来自女性自身的压力。是哪些原因阻碍了更多的机构吸收女性为慈善事业带来的资源呢?本章将探究与女性捐赠人一起工作的挑战和机会,希望女性捐赠人能够获得更多关注。本章主要包括以下内容: 113

- 非营利组织中的男性主导与变化的人口情况。
- 非营利组织文化发生改变,以及对女性捐赠人的认同。
- 了解典型的女性慈善家。
- 女性筹款。

背景情况

非营利组织对女性捐赠人不感兴趣的,部分原因在于没有认识到并适应当今的文化转变,而这种文化转变已经对社会中女性的地位产生了深远影响。非营利组织不接受女性作为捐赠人的原因可能有以下几个方 114

面：对女性的认识没有跟上时代的发展；缺少慈善事业中的性别意识；组织文化和领导；筹款战略最开始就是为男性而制定的。正如男女之间在生理结构、社会和文化方面都存在差异，其在慈善行为上也有差异。适用于男性的方式可能对女性并不起作用。

上述原因的背后，是微妙而难以捉摸的因素。社会科学家发现，社会行为并不总是有意识的。隐性偏见的概念正逐渐兴起，是指针对特定社会群体下意识的刻板印象或为某一特定群体赋予特点，也是引发年龄、性别和种族偏见的原因之一（Banaji and Greenwald，2013）。心理学和社会学领域的研究者通过实证研究证明，大多数人是存在隐性偏见的。在筹款这一新兴研究领域中也有大量实例表明，筹款人和机构领导者会制定男性化的慈善捐赠战略，由于刻板印象，他们下意识地将女性排除在潜在捐赠人之外。发现并克服这种隐性偏见，需要制定具有针对性且经过深思熟虑的长期战略。

当筹款人在会议上被问到非营利组织为何拒绝女性捐赠人时，他们通常很快地给出如下五个答案：（1）组织领导层多为男性主导；（2）活动是为男性而制定的；（3）数据显示男性为主要潜在捐赠人；（4）董事会的招聘重点通常为男性；（5）女性通常分散在辅助岗位或其他不重要的岗位。这些原因在何种程度上受到隐性偏见、企业拒绝改变、缺少对女性社会地位正在发生改变的意识或其他原因的影响，还有待进行实证探究。但是，显而易见，让女性全面参与其筹款战略的非营利组织能够筹集更多款项、发展更多忠诚而满意的捐赠人、为组织的目标创造更有利的宣传。因此有必要转变筹款范式，让男性和女性全面参与，这样才能确保非营利组织将筹款最大化，实现目标。

人口统计学数据

过去几十年间，整个世界和女性地位发生了巨大变化。人口统计学数据也显示，女性在教育、就业和收入方面都占据了优势。不断提高的
115 教育水平将会带来更高薪的工作。大学在校生和高等教育接受者中，女性超过了1/2。同时，很多女性选择不结婚，女性独居家庭是男性独居家庭的3倍之多（2011年的数据为1500万：500万）（Vespa，Lewis and Krieder，2013）。选择结婚的女性则倾向于晚婚，生育的子女数量也少于

过去。

从就业和收入的角度来看，传统的“男主外、女主内”的模式已经基本上不复存在。超过一半的已婚女性是职业女性。在 40% 的家庭中，女性主要负责维持家庭生计，比 1960 年增加了 29 个百分点（Wang，Parker and Taylor，2013）。根据皮尤研究中心的研究，“收入高于丈夫的已婚女性通常年纪较长、白人居多并接受过大学教育”。除此之外，“收入高于丈夫的已婚女性比例从 1960 年的 4%增长到 2011 年的 15%，几乎翻了两番”。女性在管理和专业岗位的比例达到了 51%（Wang，Parker and Taylor，2013）。

女性获得财富的机会不断增加。女性的平均寿命要比男性长 5 年，这使她们可以继承分别来自父母和丈夫的遗产。美国总资产超过 200 万美元的富豪中，女性占了 42%，她们所拥有的财富占总财富的 39%，约为 5.15 万亿美元（Internal Revenue，2007）。

虽然事实证明女性在慈善事业中拥有潜力和影响力，社会认知依然坚持这样的假设，即女性并没有男性那样的博爱慈善，她们在慈善决策中要听从丈夫的意见，不会做出大额捐赠。最新的研究则打破了这些认知。

女性并非不如男性博爱慈善，事实正相反。女性慈善研究院的《女性捐赠》（*Women Give*）丛书提供了实证数据，证明与同等条件的男性相比，女性进行慈善捐赠的可能性与男性相同，甚至高于男性。《女性捐赠 2010》（*Women Give* 2010）关注成年男性和女性独居家庭的捐赠情况，结果表明，各收入阶层和不同婚姻状态中的独居女性家庭的捐赠多于男性家庭（Mesch，2010）。不同年龄的对比情况也是如此。《女性捐赠 2012》（*Women Give* 2012）发现，在各级的捐赠活动中，婴儿潮时期甚至更年长的女性进行捐赠的可能性都与同年龄的男性相同，或者是赠予数额更多（Mesch，2012）。

女性不如男性博爱慈善的认知之所以大行其道，是因为女性会在更多的非营利组织中分散其捐赠，将小额的捐赠品赠给更多的组织（Andreoni，Brown and Rischall，2003）。筹款人可能只意识到对其所在非营利组织的捐赠，而不了解女性捐赠人进行捐赠的整体规模。这代表了女性与男性不同的捐赠方式，也体现出筹款人需要调整对话方式，更多 116
地了解捐赠人全部的捐赠规模和动机。

几项不同的研究一致地表明，女性在家庭慈善决策中有着很高的参与度。两项关于高净值家庭的研究发现，1/9 的家庭中，女性是唯一的决策人，或至少在慈善决策中与丈夫地位平等（Indiana University，2011）。在只需要配偶中的一方做出决定的情况下，妻子做决定的次数通常是丈夫做决定的 2 倍（Brown，2006）。尤其是在捐赠教育中，妻子做决定的次数是丈夫的 2 倍（Rooney，Brown and Mesch，2007）。

女性会做出大额捐赠。例如，由海伦·拉凯丽·亨特（Helen La Kelly Hunt）和斯旺尼·亨特（Swanee Hunt）共同发起的妇女行动基金会（Women Moving Millions），向女性捐赠人筹集了上百万美元的捐赠品，用于妇女和女童事业。除 2008~2009 年经济衰退时期外，这一运动在 3 年的时间里向 110 名妇女筹集善款 1.8 亿美元，超过预期目标 20%。“百万美元榜单”（Million Dollar List）提供了更多的数据，表明女性会做出大额捐赠。百万美元榜单数据库由印第安纳大学礼来家族慈善学院管理，可以公开搜索，囊括了成千上万的捐赠额超过 100 万美元的女性捐赠人名单。例如，2000~2013 年，女性个人向高等教育领域的捐赠额超过了 45 亿美元。

研究证实，男性和女性对慈善事业的看法各不相同，因此需要使用不同的策略吸引女性捐赠人的参与。正如一名主要负责男性捐赠的筹款人所说，并不是说两种战略孰优孰劣，而是在接触女性捐赠人时应使用不同的策略。若筹款人充分理解了相关研究，他们会重新审视捐赠人参与策略，根据女性青睐的慈善捐赠模式调整策略，使其更加符合女性需求。他们也会试图让这种注重整体性的方式融入整个组织的内部文化中。

组织文化和领导力

当非营利组织成功实现筹款目标时，可能就不会再有动力研究捐赠人数据、解决领导层的性别平等问题或调整策略，以确保同时适用于男性和女性。多数的非营利组织十分清楚，保留现有的捐赠人要比获得新捐赠人容易且划算得多。为什么非营利组织不希望调动起全部捐赠人，包括男性和女性的力量，来进行能力建设、确保可持续性呢？

117 在某些情况下，当组织文化是由男性领导或男性主导时，这类组织的筹款方式一般遵循传统的男性策略，这是因为他们更熟悉与男性捐赠人打交道。类似的战略包括开展传播活动、营造紧急感、同行的认可、截止日期，以及营造高压力、快节奏、紧张而充满竞争感的环境。例如，某个男性机构主导人任用了首位女性首席发展官，履职之初，男性受托人多次向她询问新的传播活动何时开始。这位首席发展官向其前任请教为什么这名受托人如此执着于传播活动。这位前任回答道：“因为宣传活动会展示出最好的我们。我们热爱这种竞争。”很多女性的确具有竞争力，但是当需要作出慈善决策时，她们通常会专注于决策的影响力，而不是淘汰同行对手。

女性担任非营利组织各层级的领导职务变得日益重要。很多女性捐赠人会考虑到董事会的多样性以及高级员工中女性的比例。董事会资源（BoardSource）2014 年开展的“领导意图”调查显示，董事会席位（女性 46%/男性 54%）和董事会组成人员（女性 48%/男性 52%）中的性别平等都有所提升（BoardSource，2014）。2012 年董事会资源给出了更加详细的分析，研究发现根据预算规模和首席执行官的性别不同，各组之间会发生性别的分化（BoardSource，2012b）。在预算规模超过 1000 万美元的非营利组织中，女性在董事会中的比例平均为 37%。在预算规模低于 100 万美元的非营利组织中，女性在董事会中的比例平均达到了 51%。研究一致发现，首席执行官的性别影响更大。由女性担任首席执行官的非营利组织中，女性在董事会中的平均比例为 50%。在男性担任首席执行官的 77% 的非营利组织中，董事会男性比例过半（BoardSource，2012b）。管理学和领导力领域发表的期刊有很多研究发现，董事会和决策层员工的组成越多样化，做出的决策就会更明智，受益也更多。

明智的机构不仅应该关注筹款模式，也应该关注相关的营销手段、沟通方法、特设活动和服务实践，确保它们对男性和女性有着同样的吸引力。总体来说，女性更注重多样化，除了数据分析外，更乐于听到捐赠品产生的影响如何，更希望了解她们所做的慈善能够产生怎样的结果。如果不采用能够引起所有捐赠人共鸣的语言和图景描绘，非营利组织将会失去获得更多捐赠的机会，失去与共享宗旨的新客户建立人脉的机会，也将承担将首要家庭慈善决策人排除在外的风险。

从数据中挖掘潜力

数据库通常会成为女性慈善事业发展和准确评估女性捐赠的障碍。大多数的数据库会将男性作为家庭中的主要筹款对象。但通过对非营利
118 组织性别相关的数据进行仔细分析，会得出非常具有说服力的结果，即越来越多的女性正深入参与到捐赠中。

从男性和女性捐赠人的数量上来看，更多的女性支持着非营利组织。不同捐赠人类别之间的比较也能得出这样的结论。杜克大学的筹款人分析了三个本科生校友群体——男性、女性和夫妻的平均终身捐赠情况。他们发现，自 1996 年以来，女性毕业生是唯一在捐赠方面有所提高的群体（Cam，2013）。

如何准确且恰当地认可女性捐赠人是一个棘手且持久的问题。相比于男性（52.1%），更多的高净值女性（60.4%）无论捐赠的额度多少都会期待非营利组织就捐赠一事发送感谢信（Indiana University，2011）。和发送感谢信同等重要甚至更为重要的是，非营利组织应确保正确地表达认同和感谢。当捐赠感谢信的对象误写为其另一半时，很多女性捐赠人会感到未被尊重。改正这一长期存在的问题，需要非营利组织在各个层面进行投入，但这种投入是物有所值的。

印第安纳大学女性慈善理事会和印第安纳大学基金会在学校的各个院系进行了调查，他们了解到，至少有七种不同的方式来称呼捐赠人，例如“约翰·史密斯先生和太太”是最为常用的方式，使用频率达到 43%。为了将流程标准化，确保女性捐赠人的捐赠获得认可，印第安纳大学校长夫人劳里·伯恩斯·麦克罗比（Laurie Burns McRobbie）和印第安纳大学基金会主席兼首席执行官丹·F. 史密斯（Dan F. Smith）撰写了一封说明函，指导各个单位在地址栏使用默认的称呼方式，例如“约翰·F. 史密斯先生和简·G. 史密斯女士”，抬头处则使用“亲爱的史密斯先生和史密斯女士、亲爱的史密斯先生和史密斯夫人或亲爱的约翰和简”（M. Boillotat，2015 年 1 月 15 日的个人通信内容）。对女性捐赠人的认同，体现出印第安纳大学全新的数据系统是经过深思熟虑和全面考量的。

当今的女性捐赠

歌手、演员芭芭拉·史翠珊（Barbra Streisand）是今日女性慈善家强有力的典范。她了解到，女性和男性在心脏病方面的症状表现并不相同，心脏病学研究的重点通常是男性的心脏病。尽管心脏病已经成为女性头号致命疾病，参与到与心脏有关的临床研究的女性还是远少于男性。于是，史翠珊尽其所能开展行动。2012 年，她捐赠了 1000 万美元，在洛杉矶雪松-西奈医疗中心（Cedars-Sinai Medical Center）建立了芭芭拉·史翠珊妇女心脏中心（Barbra Streisand Women's Heart Center）。该中心的 119
一名医生曾救治了史翠珊的好友，此后，她就和中心的医学主任建立了密切联系。她积极参与中心的筹款工作，为中心筹集了几百万美元的捐赠。同时，她也成为女性心脏健康的坚定宣传者，不但在 TEDx 系列谈话中进行宣传推广，还积极支持妇女心脏联盟（Women's Heart Alliance）组织的“与女性杀手作斗争”（Fight the Ladykiller）运动。这一运动旨在科普心脏疾病中的性别差异。史翠珊清楚，她的捐赠将会带来立竿见影和长期持续的影响，也会填补医学研究中的重要空白。

和史翠珊一样，当今的女性捐赠人在捐赠前更希望参与到组织或事业中，了解更多的信息。她们希望能够和组织中的员工、志愿者、董事会成员和其他的利益相关方建立起良好的关系，在这之后慷慨解囊。非营利组织为她们提供了提高女性参与度的机会，对其捐赠产生的影响定期进行评估，通过有效的讲述让女性和组织的目标产生联系。这些组织将会受益长远，获得忠实的捐赠人和不断增长的捐赠额。史翠珊曾利用她的关系网络为心脏中心筹集额外的资金，当今的女性捐赠人也在向她们的朋友、家庭、关系网络、社交网络宣传她们所热衷的事业。与女性捐赠人有效工作的关键在于参与、建设关系、分享捐赠影响力的实例和定期的服务。这些要比交易性的筹款耗时得多，但是所获得的投资回报是无可估量的。

《慈善纪事》（*Chronicle of Philanthropy*）（Berkshire，2014）刊登过一名服务于智力和发育障碍人群的美国非营利组织“The Arc”的女性捐赠人专访。文章也强调了传统意义上女性的一些特点。在谈到她支持“The Arc”的动机时，她提到了自身与这一事业的联系，并直接看到了这项工作带来的影响，同时也是为了支持组织的目标，“充分发挥潜力、实现目标”。她认为，与组织的互动是一种需要长期深化的关系。她也提到了协作对实现目标可能产生的影响。这些特点更容易在女性中得到共鸣。女性都很注意细节。这名捐赠人也提到她“最满意的捐赠认可就是受赠方不再提出新的捐赠申请”。

接触女性捐赠人

美国已经有机构开始让女性作为捐赠人参与筹款工作。这一工作最
120 初的对象包括机构、女性个体和女性群体。20 世纪 80 年代末和 90 年代，一些机构开始认识到女性日益增强的经济影响，探索如何让女性参与到慈善事业中。1988 年，威斯康星大学在男女合校的高等教育（这一模式很快在其他的机构推广，这些机构多为公立大学）中制定了全国首个女性慈善计划。21 世纪初，数不胜数的组织都制订了自上而下和自上而下的女性慈善计划。不同的捐赠群体让慈善事业不断扩大、民主化，从各类收入、种族、民族和年龄群体吸收新的慈善人。全球联合劝募会（United Way Worldwide）和美国红十字会（American Red Cross）等非营利组织制订了特别计划，吸引并培养女性捐赠人。虽然这些模式的特色各有不同，其共同的重点在于向女性提供与其价值观、热情和经济能力相符的慈善机会。

学术研究表明了女性在慈善事业中的力量和影响，各机构的重点也开始从设立单独的女性慈善项目向制订有指向性的计划转变，使女性全面参与到筹款战略中，包括年度基金、大额捐赠、巨额捐赠和遗产捐赠等。这类项目与该机构总体发展计划一致且融入其中。由于组织中各发展部门之间的兴趣点不同，加之业绩压力以及有限的资金和人力资源，单独的女性慈善项目尤其是高等教育中的项目难以为继。更具包容性的筹款战略能够使项目融入组织的文化之中，实现所有部门共享的所有权和责任。发展团队要做的，并不仅仅是设置一名女性筹款事务管理者，而且要确保所有的筹款计划注重了性别平衡，并面向女性开展了筹款工作。从长远角度来看，这些更具包容性的战略能够对组织文化产生积极影响，也会产生更多的收入，促进所有捐赠人的发展。

积聚力量，使捐赠文化向更具包容性的方向转变，这需要长期的努

力。三个基本步骤可以帮助实现这一转变。第一步是了解目前的捐赠人范围。哪些人是该机构的捐赠人？分性别的统计结果如何？在夫妻捐赠的情况下，从哪些细节中可以看出家庭中是哪一方在做慈善方面的决定？有多大比例的女性是持续的捐赠人，包括每年捐赠 25 美元的捐赠人？曾有一所女子学院收到了一位校友遗赠的 75 万美元，校方对此感到十分惊讶；这名捐赠人每年向学院捐赠 25 美元且持续了多年。但是，因为她每次捐赠的数目较为正常，这一捐赠人并未被视为潜在的大额捐赠人。很多机构也有类似的故事和数据，这体现出坚持每年持续捐赠的女性，在处理个人财产时，也会考虑接受捐赠的组织。

完成对捐赠库的分析后，接下来的重要步骤就是用长远的战略眼光 121
开展基金会建设，从而衡量其影响。应设置必要的基准线，来衡量女性捐赠人在完成非营利组织目标中所做出的贡献。如何找到合适的指标来衡量组织目标完成的情况，这一问题颇具挑战性。包括女性捐赠人数量的增加、资金数量的增长以及董事会女性的比例等在内的基本指标的确可以反映问题，但并不全面。与筹款计划和沟通工具等相关的指标才更有助于衡量向包容性文化的转变。对不同性别访问与游说的数量、活动出勤情况以及照片和报道分布情况进行追踪记录，有利于整个团队专注于希望实现的结果。

印第安纳大学校长夫人劳里·伯恩斯·麦克罗比（Lourie Burns McRobbie，2013）直接提出了这一挑战：

> 然而，我们即将面对的，或许是最重要的任务：制定能够判断我们财务成功性的可测量目标……我们应该如何衡量印第安纳大学女性捐赠人数量的变化，如何衡量捐赠品的总数，标准是什么？我们在动员捐赠行为和捐赠人时，所做的外联和公关工作的有效性又应该如何衡量？制定一套严密的标准，使其能够全面准确地反映女性在捐赠中扮演的角色，是非常困难的事情。

最后一步准备工作就是充分了解非营利组织的核心利益相关方。一些非营利组织会针对捐赠人做问卷调查，了解其捐赠的动机、沟通方式偏好和对慈善的态度。杜克大学在开展某女性慈善项目前，在女校友中进行了问卷调查，结果显示，排在前两位的动机是对所接受的教育心存感谢（73%）和支持大学实现其目标（64%）。排在最后几位的动机是同伴游说、加入董事会、与其他捐赠人竞争和得到认可，有4%或以下的调查对象分别做出如上回答（Cam，2013）。杜克大学的调查结果支撑了慈善学中性别差异的研究成果。

关于捐赠人的研究不断增多，带来的好处就是各机构可以对各自的结果进行测评，而不必像礼来家族慈善学院的高净值研究一样，利用随机样本做结果的测评。例如，2011年的研究发现，比起男性，女性更爱将非营利组织中的个人经历（89.1%：73%）和非营利组织宣传其影响
122 力的能力（46.4%：32%）作为影响其慈善决策的因素。同一研究显示，女性与男性产生的最大的分歧在于，组织是否邀请捐赠人亲自参与进来（15%：5.3%）。

有些非营利组织会专门成立女性捐赠人的核心小组，或者与部分女性捐赠人开展正式的访谈，了解她们希望如何参与。有时，女性捐赠人会联系非营利组织，希望能够建立女性支持者小组，从而进行社群建设、扩大网络，共同支持组织目标的实现。

通过对数据库、问卷调查、核心小组和访谈数据进行分析后，非营利组织能够明确捐赠人参与方面存在的不足和机会。

她的故事

在《她的视角》（*The She Spot*）一书中，作者之一丽莎·威特（Lisa Witter）指出，“女性并不是小众群体，她们就是我们针对的受众”（Witter and Chen，2008：xv）。威特曾经指出，当你联系女性时，也是在联系男性，强调女性在很多家庭中掌管着财务大权，也是慈善方面的主要决策者。

联系女性捐赠人并不意味着非营利组织必须重新制定筹款战略，而是需要认识到，男性和女性会对不同的暗示做出反应。因此，就需要制定明确、清晰、全面的计划，使相关的战略能够同时吸引男性和女性捐赠人。计划成功的基础在于，能够认识到建立、培育和发展与女性捐赠人的关系，将会实现大额的捐赠。基于女性捐赠模式的筹款并不是变革性的。事实上，已经进行过很多次类似的筹款实践，因为所有的捐赠人，

无论男性还是女性，都需要这样的筹款模式。这种模式要求筹款人更巧妙地开展工作，而不是蛮干。

与她见面　对于大多数女性来说，慈善是为了做出改变。可以告知女性捐赠人组织的目标、愿景和影响。向其展示组织将会如何利用其捐赠，带其实地考察正在建设的项目。要将重点放在捐赠人与非营利组织和组织目标的联系上。在保护客户隐私的前提下，可以让捐赠人与组织的服务对象进行高质量、有意义的互动。

请她参与　要认识到，很多女性在进行捐助之前，希望与非营利组织建立关系。上文提到的“The Arc”组织的捐赠人“将她支持的慈善事业想象为恋爱关系——希望能够慢慢来”。虽然这可能会造成一种假象，让人们认为女性不会或不愿成为捐赠人。但事实是因
为她们的捐赠方式不同。一旦参与其中，女性就会成为忠实的捐赠 123
人，会以更多的捐赠来支持她们积极参与的事业。

尊重她的意见　要倾听她的意见。面对情侣捐赠人，要确保女性的意见得到充分尊重。曾有一名丈夫在妻子离开房间时告诉筹款人，“不知道为什么你一直在和我说话，我们家都是由我妻子来做慈善方面的决定”。

男女在慈善行为和领导力方面的不同还体现在协作上。很多女性重视慈善事业中协作的力量。正如慈善组织“大印第安纳波利斯影响力100强”的宣传口号所表达的，“女性捐赠一体化的力量”。华盛顿妇女基金会将集体捐赠的力量描述为“共同捐赠、学习、领导”。集聚众人的力量解决问题，并利用集体捐赠的力量实现最大影响，这是这类慈善组织的强项。

向她筹款　向女性捐赠人筹款，意味着筹款人必须制订好拜访女性捐赠人的计划。一般来说，女性不进行捐赠的原因是没有人向她们提出要求。要认识到女性捐赠人可能处于人生不同的阶段，因此必须制订不同的筹款计划。和忠实的捐赠人探讨留下遗产的机会，还要向她们介绍如何在不对她们现有财务状况造成影响的基础上来做“有规划的捐赠”。有一名筹款人介绍，她曾经拜访了一位89岁的女性捐赠人，这名捐赠人拥有52个慈善剩余信托。她利用这些信托的收益投资

了更多的剩余信托。捐赠人利用这些延时捐赠工具在生前就可以享受收益，同时也保证了她的遗产。

不同世代的女性捐赠

目前关于千禧世代（出生于1980~2000年）捐赠的研究都将这一群体视为一代人，但是很少有研究会从不同性别的视角研究世代间的差异。2008年，礼来家族慈善学院的一项研究发现，不同世代出生的捐赠人动机不同，性别也会影响动机。研究发现，千禧世代的女性的动机多为建设更好的世界，而婴儿潮时期和之前的女性的动机则多出于帮助他人（Brown and Rooney，2008）。

一位35岁的女性捐赠人的慈善之路高度体现了千禧世代女性的捐赠特点。凯瑟琳（S. Katherine）讲述了她如何在首次参加学校女性联合会
124 组织的儿童医院考察中，就“爱上”了儿童医院的宗旨。大学期间，她在舞蹈马拉松比赛上为医院筹款，并成为教堂参议会的领导。舞蹈马拉松的经历影响了她的职业生涯选择，她作为捐赠人继续支持着这一组织。她的慈善之路符合千禧世代和女性捐赠人的特点。婚后，她对自己的慈善重点有了更清晰的认识。“我的丈夫拥有自己的非营利组织，我也有我的。儿童医院是我慈善事业的重点之一”。

《女性捐赠2014》（*Women Give* 2014）研究了女性、宗教与捐赠之间的关系，研究发现女性捐赠人存在巨大的世代差异。相对于有宗教信仰但很少参加宗教活动的女性而言，没有宗教信仰的年轻单身女性（45岁以下）对于慈善组织的捐赠数额是前者的2倍（Mesch and Osili，2014）。人们曾经认为，宗教与捐赠之间的关系和性别、年龄与捐赠之间的关系差不多，但研究表明，宗教与捐赠之间的关系要比想象中复杂得多。未来在性别、世代和捐赠方面的研究将会反映出更多细微的差异。

结　语

让男性和女性共同作为捐赠人参与慈善事业，这种范式的转变要求筹款人更巧妙地工作，而不是蛮干。虽然很难获得准确的数字，但女性将会掌控并且分配即将在接下来几十年继承的上万亿美元的代际财产。

男性通常会将金钱视为权力、成就和地位的象征，女性则认为金钱会带来个人保障，并且是实现目标的一种方式。若筹款人认识到男女对于金钱和财产的态度存在这种差异，他们就会理解，为什么女性会将大部分财产捐赠给慈善事业（Wilmington Trust/Campden Research Women and Wealth Survey，2009；Levinson，2001）。制定更具针对性、包容性的筹款战略，让女性参与进来，这种理念将会改变筹款文化，培养长期、忠诚的捐赠人，也会创造更多的资源，帮助组织实现其目标。

讨论问题

（1）在过去的50年里，美国女性的角色发生了怎样的变化？这些变化对她们参与慈善活动有怎样的影响？

（2）男性和女性在慈善捐赠行为方面有何差异？ 125

（3）人们通常认为数据为女性慈善事业的发展带来了障碍，还可能有哪些原因造成难以确认女性的捐赠？

（4）为什么分享女性捐赠人的故事可以促进女性慈善事业的发展？

（5）在大数据时代，指标是展示影响力的关键。还有哪些指标能够帮助非营利组织衡量创造更具包容性和参与性的组织文化方面的影响力？

第十一章　包容性慈善：LGBT 群体的捐赠

伊丽莎白·戴尔

127　21 世纪最著名的社会运动莫过于男同性恋、女同性恋、双性恋和跨性别（LGBT）群体为提高关注度进行的激进运动。LGBT 群体不仅推动了婚姻平等、性取向和性别认同方面反歧视法律的制定，也促使军队中废除“不许问，不许说”[①] 政策，积极参与建立非营利性政治倡导组织，涉及 LGBT 青年和老年群体社会服务组织、艾滋病毒携带者和感染者支持组织等，以解决一系列问题。LGBT 群体是美国各个群体中的一个重要的群体，也逐渐得到了认可，成为一支重要且具有多样性的捐赠人队伍。其捐赠的慈善事业多种多样，包括动物福利、人类服务、高等教育等。在慈善领域，对于捐赠人多样性的关注不断增加，但是关于 LGBT 群体的研究则刚刚起步。虽然在得出确定结论之前，还需要进行更多的研究，筹款人也应当了解 LGBT 人群独特的历史、关切、慈善动机与实践，从而成功建立起以捐赠人为核心的关系。

在大众话语中，LGBT 人群通常被作为一个整体来看待，这类人群有
128 着重要的文化和政治意义。LGBT 群体拥有“共同的经历，不遵循性取向、性别认同或表达方面的文化规范”（Institute of Medicine，2011）。认同自身女同性恋、男同性恋或双性恋身份的群体通常会表现出同性之间的爱慕和行为。跨性别群体则认为自己的性别与其生理性别不符。虽然 LGBT 群体通常会集聚成一个团体，但其中的每一类群体都有其不同的特

① 为回避美国军队中同性恋的敏感话题，1993 年，时任美国总统克林顿定下一条“不许问，不许说”规定，禁止军中谈论这一话题，更不许相关人员主动公开自己的身份。——译者注

点。虽然本章主要使用 LGBT 这个缩略语，但应该认识到这些群体之间所存在的差异，本章的发现也只适用于特定的 LGBT 群体。

LGBT 群体研究的挑战之一就是很难对 LGBT 群体进行准确的调查。根据加州大学洛杉矶分校法学院威廉姆斯性取向法律和公共政策研究院（以下简称威廉姆斯研究院）的研究，在美国，能公开认同女同性恋、男同性恋、双性恋或跨性别身份的成年人大概有 900 万，占美国总人口的 3.8%（Gates，2011）。调查发现，女性、青年人（18~29 岁）和有色人种要比男性、老年人和白种人更容易认同自己 LGBT 的身份，这与研究结果略有偏差（Gates and Newport，2012）。

美国同性伴侣所处的社会、经济、法律和政策环境已经并且一直在发生快速变化。2015 年 6 月，美国联邦最高法院以 5∶4 的投票判决奥贝尔格费尔控告霍奇斯案（Obergefell v. Hodges）上诉方胜诉，从而使同性婚姻在美国 50 个州和波多黎各全部合法。这一判决扩大了已婚同性伴侣的权益，包括联合申报州税和联邦税，接受抚恤金，在房产、捐赠和交易税方面享受已婚异性伴侣的待遇等。根据美国人口普查局的数据，2010 年，美国共有 131729 对已婚同性伴侣，514735 对未婚同性伴侣。根据威廉姆斯研究院的研究，实际数据可能要高于这一统计（O'Connell and Feliz，2011）。虽然目前的法律环境已经赋予同性伴侣结婚的权利，LGBT 群体依然面临着社会污名化、就业歧视、高贫困率、青年无家可归和养老服务需求持续增加等问题，造成了他们与异性伴侣的重要差异（Badgett，2001；Quintana Rosenthal and Krehely，2010；LGBT MAP and SAGE，2010）。

虽然 LGBT 群体在建立和参与非营利组织方面有着丰富的经历，但他们始终是被忽视的捐赠人群体，大多数的慈善学研究未能充分考虑到性取向和性别认同方面的差异（Garvey and Drezner，2013b）。少数群体和多数群体（例如白人、中产阶级、异性恋者和男性）在理解和进行捐赠活动的方式上存在差异，因此筹款人应该认识到不同捐赠人独特的动 129
机和原因。本章回顾了目前对 LGBT 群体捐赠的研究，为非营利组织和筹款人提供建议，希望为 LGBT 群体捐赠人创造一个友好、包容的环境。

LGBT 群体捐赠概览

虽然近年来 LGBT 平等问题的解决已经取得了进展，目前却没有从美国全国样本的角度对LGBT群体慈善捐赠进行真正全面的研究。大多数研究通过与LGBT非营利组织的关系对捐赠人开展调查。因此，调查结果通常反映更多的是LGBT群体中“出柜”和公开认同身份的部分，其中捐赠人和志愿者占比也较高。此外，目前研究大多关注大城市中的LGBT捐赠人，尤其是美国西海岸和旧金山湾区的捐赠人。最后，相当数量的LGBT捐赠研究主要集中在对LGBT非营利组织的捐赠上，而它只是LGBT群体的捐赠目标之一。这种研究角度虽然有助于理解LGBT慈善领域的扩大与发展，却忽略了LGBT捐赠人的整体性，也忽视了他们所支持的数量颇多的慈善事业。显而易见，目前还需要开展更多的研究。然而，尽管现有研究存在局限性，但它们依然体现了LGBT捐赠人相对统一的捐赠模式，可用以指导未来的筹款工作。

和其他捐赠人一样，LGBT群体的捐赠决定也是基于捐赠人的兴趣、能力和知识而作出的。研究表明，LGBT捐赠人的捐赠占其个人收入的平均比例与大众群体相同，或略高于后者。一项研究发现，LGBT捐赠人向慈善事业的捐赠占个人收入的2.5%（1194美元），而大众群体的这一比例为2.2%（1017美元）（Badgett and Cunningham，1998）。重要的是，除了LGBT群体面临的社会和政治问题之外，大部分LGBT群体的慈善目标并不指向LGBT事业，而是与LGBT群体无关的领域。调查预计，LGBT捐赠人群体中，有50%~75%的捐赠是投向非LGBT组织（Badgett and Cunningham，1998）。

与一般捐赠人一样，LGBT群体的捐赠对象包罗万象，但是也体现出一些与大众群体捐赠人不同的规律。首先，美国的LGBT捐赠人对游说
130 或公民权利方面的投入比普通人群更高（Badgett and Cunningham，1998；Horizons Foundation，2008；Rose，1998）。根据地平线基金会（Horizons Foundation，2008）的报告，超过86%的LGBT捐赠人会向游说或公民权利组织提供支持。另一项调查发现，LGBT捐赠人捐款总额的25%捐赠给LGBT游说组织，13%捐赠给非LGBT游说组织（Badgett and Cunningham，1998）。这与普遍的社会捐赠规律非常不同，在美国，向游说组织的捐赠只占慈善捐款总额的2%。其次，LGBT捐赠人向宗教组织的捐赠行为或捐款额较少，但有67%的美国家庭会向宗教组织进行慈善捐赠。宗教相关的分支机构接受的个人捐赠占比最高，但只有

一半的 LGBT 捐赠人愿意捐款支持宗教事业（Horizons Foundation，2008）。最后，与美国其他捐赠人相比，LGBT 捐赠人支持艺术领域和健康领域非营利组织的可能性分别是前者的 4 倍和 2 倍（Horizons Foundation，2008）。

还有一些调查关注 LGBT 捐赠人向 LGBT 组织的捐赠行为。但是，其捐赠的比例要比很多人期望的低。地平线基金会（2008）针对旧金山湾区捐赠人的研究预计，该区域只有 5%的 LGBT 人口曾经向地方或国家的 LGBT 组织捐赠。LGBT 捐赠人也通过资金捐赠和志愿服务支持各类艾滋病患者/艾滋病毒携带者相关的组织，很多人通过这几种捐赠方式支持 LGBT 社区。一项研究发现，14%的 LGBT 群体捐赠和 15%的志愿服务都是面向艾滋病毒携带者组织（Badgett and Cunningham，1998）。同样的，地平线基金会研究发现，LGBT 捐赠人捐助艾滋病毒携带者组织的可能性是捐助 LGBT 组织的 2 倍。

研究还表明，LGBT 群体志愿服务的频率高于美国普遍水平（Horizons Foundation，2008）。美国典型的志愿者的月服务时间为 18 个小时，一项研究发现，LGBT 群体志愿者的月服务时间为 29 个小时（Badgett and Cunningham，1998）。其中有一半时间是在 LGBT 组织开展服务。部分原因在于 LGBT 组织的规模较小，对于志愿服务高度依赖。与对其他的捐赠人研究的结果类似，志愿服务和捐赠是互补的而不是互相排斥的，LGBT 人群通常会同时做这两项工作。参与 LGBT 组织志愿服务的捐赠人的捐赠款要高于没有参与志愿服务的捐赠人，LGBT 组织捐赠人提供的志愿服务要多于非捐赠人（Badgett and Cunningham，1998）。这些统计数据有助于理 131
解 LGBT 慈善，与 LGBT 相关的捐赠事业正处在发展阶段，需要持续的研究来获得普遍适用的调查结果。

捐赠和 LGBT 运动

理解任何群体的慈善行为，都要考虑到其历史、文化和政治背景。虽然关于 LGBT 群体的社会平等问题从 20 世纪 90 年代起就成为美国主流政治文化讨论议题的一部分，但 LGBT 群体依然是个年轻的群体，对 LGBT 群体的积极认同更是最近才兴起的（Miller，2006）。直到今天，LGBT 的话题或组织依然很少能够得到企业、基金会和政府的资金支持，这些非营利组织的存在大部分依赖于个人捐赠和志愿者的支持。这些志愿者提供支持，促进这些为其发声的组织发展壮大。

美国 LGBT 运动的历程体现出这一群体的慈善活力，也体现出游说在早期慈善工作中发挥的中心作用。20 世纪五六十年代，马特蕊协会（Mattachine Society）和“碧丽缇丝的女儿”（Daughters of Bilitis）等非营利组织相继成立，协助男同性恋和女同性恋群体的发展。由于麦卡锡主义的盛行，且美国当时将自愿的同性恋行为入刑，这类组织都有意保持低调。然而，20 世纪 60 年代开创了一个社会和政治变革的新纪元，非裔美国人公民权利运动、越南战争抗议运动和迅猛发展的女权运动等都激发了更多的政治性和公开性的行动。

1969 年 6 月 28 日，星期五，警察对纽约克里斯托弗街的石墙酒吧进行突袭检查，酒吧中的 LGBT 顾客奋起反抗，发起了一场意义重大的运动。第一晚的突袭检查后，酒吧顾客和其他人群在酒吧外聚集，拒绝离开，将警察堵在酒吧内。酒吧在星期天晚上重新开张，正常营业，这场骚乱把 LGBT 群体凝聚了起来。石墙酒吧事件成为 LGBT 组织建立并不断扩大其政治运动的决定性事件。

LGBT 慈善活动在 20 世纪 70 年代开始发展，在 80 年代由于艾滋病的流行而得到了加强，并变得多样化。看到亲朋好友被艾滋病夺去了生
132 命，很多从来未参与过 LGBT 组织的男同性恋和女同性恋都被动员起来，呼吁将公共资源投入到抗争艾滋病之中。在小说家、编剧拉里·克莱默（Larry Kramer）的协助下，首个艾滋病服务组织“男同性恋健康危机组织”于 1981 年在纽约建立。建立的第一年，该组织就从某个群体筹集了 15 万美元，而这一群体之前拒绝公开资助同性恋机构（Miller，2006）。艾滋病危机巩固了很多男同性恋组织，也让女同性恋和男同性恋团结了起来。一系列新的社会组织和文娱组织都是出于对抗艾滋病而建立的，组织形式包括十二步康复小组、运动团体、男同性恋教堂和犹太教堂等。到 20 世纪 90 年代末，随着艾滋病患者/艾滋病毒携带者资助需求紧迫感的消退，艾滋病服务组织在资助方面也有所减少。虽然艾滋病毒和艾滋病依然是主要的健康威胁，但艾滋病危机使 LGBT 群体承担了更重要的角色，为生活各领域的平权而奋斗。

与很多社会运动类似，LGBT 群体在 20 世纪 90 年代和 21 世纪初面

临着挑战和抵制。尽管出现了禁止公开身份的男同性恋服兵役和 90 年代初美国通过《捍卫婚姻法案》① 这样曲折反复的过程，包括针对仇恨犯罪的立法、就业歧视、第二家长领养政策、房产保护、性别认同自由、青少年保护和同性婚姻等平权运动依然进行着，这些运动都取得了不同程度的成功。1999 年，佛蒙特州最高法院一致裁决，该州将给予同性伴侣与根据该州法律结成的异性夫妇同等的权益和保护。同时，从 2000 年开始，该州允许成立“公民联盟”（Civil Union）。四年后的 2004 年，马萨诸塞州成为美国首个认可同性婚姻的州。一部分州政府开始将同性婚姻合法化，另一部分州却在制定新的禁止条令。直到 2014 年，美国大多数州政府才开始保护或认可同性婚姻。2015 年，美国联邦最高法院裁决支持婚姻平等，在全国范围内准许了同性婚姻。

很多 LGBT 组织起初是由具有专业化背景的志愿者构成，随着时间的推移，它们不断发展壮大。虽然它们取得了一定的成就，但大多数 LGBT 组织依然保持着相对较小的规模，在很大程度上要依赖年度捐赠支持。2008 年的经济衰退对非营利部门产生了深远的影响，而 LGBT 组织受到的影响更大（Movement Advancement Project，2009）。很大一部分 LGBT 基金会，包括公立基金会和私立基金会，是根据群体的需要而建立的。例如 1977 年成立的阿斯特里亚全国女同性恋行动基金会（Astrea National Lesbian Action Foundation），它是美国成立最早的女同性恋基金会之一。再如 1990 年成立的“OUT”同性恋解放基金会（OUT Fund for Gay and Lesbian Liberation）、吉尔基金会（Gill Foundation）和地平线基金会等。这些基金会不仅开展广泛的筹款工作，也为 LGBT 组织和主流非营利组织的 LGBT 项目提供资金。 133

LGBT 捐赠人的特点

LGBT 人群存在于不同的地理、社会经济、文化、宗教、民族、种族、政治和任何为人所知的群体中。曾有一位政治学学者将 LGBT 人群

① 《捍卫婚姻法案》（Defense of Marriage Act，DOMA）是美国联邦的一项法律，规定只有异性之间的婚姻才受联邦认可，于 1996 年 9 月 6 日由总统比尔·克林顿签署通过。该法案第三章规定同性婚姻在联邦层面不受任何认可。2011 年，奥巴马政府认为《捍卫婚姻法案》第三章违宪。——译者注

形容为“出生于移民社群，在各社区中广泛分布，成长在生来就被灌输身份认同的家庭，这种身份认同包括性别、种族或民族，但不包括同性恋的身份认同”（Badgett and Cunningham，1998：13）。LGBT 群体后天发展的身份认同通常出现在青少年或成年初期，这种身份认同可能被其他身份所掩盖，也可能会成为其最重要的身份。因此，了解 LGBT 捐赠人各种各样的特征，如性别、种族和民族，以及年龄、收入水平、受教育水平、“出柜”状态、就业状态和宗教传统等是非常重要的。同样重要的是，要认识到代际的差异，比起他们的前辈，年轻的一代 LGBT 人群所处的社会有着更高的包容性。

在一项 LGBT 捐赠人捐助 LGBT 事业的调查中，研究人员发现，比起未向亲友和同事公开其性取向的 LGBT 人群，向全部或部分亲友和同事公开其性取向的 LGBT 人群从事志愿服务的时间更长（Badgett and Cunningham，1998）。同样的调查发现，捐赠额随着 LGBT 捐赠人的年龄增长而增加。低收入 LGBT 人群的志愿服务时间多于高收入 LGBT 人群，而高收入 LGBT 人群的捐赠额要高于低收入 LGBT 人群，但是低收入 LGBT 捐赠人的捐赠占其总收入的比例更高。不同种族和民族的人群之间也有细小的差异，LGBT 人群中的非裔、亚裔和拉丁裔美国人投入各项慈善事业的志愿服务时间要多于白人，但是白人的平均捐赠额更高（Badgett and Cunningham，1998）。

早期研究还发现，女同性恋和男同性恋的捐赠规律也有区别，这与针对男性和女性捐赠人的研究结果类似。若将有着类似特点的男性和女性做比较，男同性恋人均向 LGBT 组织的捐赠额比女同性恋高 245 美元，人均月志愿服务时间也多出 2 小时（Badgett and Cunningham，1998）。之前有研究表明，女性更倾向于捐赠，且捐赠额更高（Mesch，2010）。这与上述的发现相矛盾，其中的原因是多方面的。第一，很多女同性恋支持女性组织和 LGBT 组织，是因为这些慈善事业所获得的支持相对较少。
134 虽然女性组织与同性恋组织所服务的慈善事业看起来是存在竞争的，但研究发现，那些捐赠女性组织的女同性恋实际上会向 LGBT 组织投入更多的时间和金钱（Badgett and Cunningham，1998）。第二，与男同性恋相比，女同性恋养育子女的可能性更大。最新的数据显示，约 27%的女同性恋伴侣和 8%的男同性恋伴侣抚养着 18 岁以下的子女（Gates，2015）。

因此，资金和时间的限制会影响女性参与 LGBT 组织。第三，在同一个组织中，女同性恋比男同性恋更多地感觉到不自在。因此，女同性恋捐赠人希望在捐赠之前，能够确认该组织是支持女同性恋的。第四，女性主义慈善运动一直在教育女性向组织投入时间和金钱的重要性，鼓励女性从战略的角度来考虑她们的慈善参与（Kendell and Herring，2001）。

“同性恋富裕”尤其是男同性恋富裕的传闻是理解 LGBT 慈善的挑战之一。在 LGBT 群体和主流媒体的眼中，男同性恋通常被塑造成非常富有的形象，拥有高收入，没有子女，比普通人富裕得多，自然不需要额外的慈善支持（Cunningham，2005）。同时，目前很多的调查基于现有的、方便获得的捐赠人样本，而研究对象通常拥有高于平均水平的收入和受教育程度，从而掩盖了千百万 LGBT 群体的真正需求。数据展现了非常复杂的情况。美国人口普查局最新的数据显示，与异性伴侣相比，同性伴侣就业的机会更多，家庭收入更高，在家中养育 18 岁以下子女的可能性要比异性伴侣低 55%（Flandez，2013）。虽然肯定会有部分人群符合这样的调查结果，但是也应该认识到，他们并不能代表全部 LGBT 群体，因为这一群体中的很多人经济基础非常脆弱，也面临着多重压力。最新的数据显示，单身同性恋男性比异性恋男性的收入低 10%～32%，跨性别人群更容易遭遇就业歧视和失业风险（Badgett et al.，2007）。同性伴侣所养育的子女中，有 20%的子女生活贫困，而异性伴侣的子女中则有 14%的人生活贫困（Gates，2015）。同性伴侣也更乐于收养或培养子女。有学者指出，“‘同性恋富裕’的说法是没有依据的。实际上，LGBT 群体并不属于经济上的精英阶层，他们和美国其他边缘群体一样承受着压力。LGBT 群体中的有色人种和跨性别人群经济基础尤其脆弱，处于多重压力之中”（Cunningham，2005：11）。筹款人应当认识到，LGBT 群体存在于各种经济水平的人群中，他们捐赠的能力和限度是有差别的。

捐赠的动机 135

LGBT 捐赠人的动机以及面临的阻力与其他捐赠人并无不同。LGBT 捐赠人希望他们所支持的组织具有专业性、运营良好，他们的捐赠可以得到合理的运用。他们希望他们提供的支持能够得到及时、准确的认可，并期待与组织的工作产生联系（Horizons Foundation，2008）。然而，LGBT 捐赠人独特的社会经历也给他们的捐赠带来了特殊的动机和障碍。只有充分了解这些动机，才能够扩大 LGBT 组织和非 LGBT 组织的捐赠人和志愿者队伍。

很多 LGBT 人士进行捐赠的动机来自对社会变革的渴望——不仅是指针对 LGBT 群体的社会和政治变革，也包括针对其他少数群体的变革（Gallo，2001）。很多 LGBT 人士遭受过歧视，依然不能享有完全的社会和法律平等权利，大多数 LGBT 捐赠人认为游说和公民权利是捐赠行为中的重要活动。歧视事件和反同性恋的言论都会成为 LGBT 群体首次向 LGBT 组织捐赠或提供志愿服务的动机。这也同样适用于对少数群体的支持。一项研究表明，“（LGBT 捐赠人）因为他们的性取向受到过歧视、感受过傲慢，他们希望能够捐助那些支持反歧视事业（反恐同、反种族主义）的组织或主要为弱势群体服务的组织”（Rose，1998：75）。因此，反对歧视、倡导少数群体利益的组织将会产生更多的 LGBT 捐赠人。

很多 LGBT 捐赠人的动机来自建设和爱护所处群体的责任感，这通常被称为群体提升或群体支持。虽然这种动机在非裔美国人中已经得到了充分证实，但是人们对 LGBT 群体此类动机的理解刚刚起步（Garvey and Drezner，2013b）。例如，一些 LGBT 校友对母校提供资助，以建立对 LGBT 学生更加包容、友好的制度，正如戴维·古德翰（David Goodhand）和他的伴侣文森特·格里斯基（Vincent Griski）所为，他们向宾夕法尼亚大学 LGBT 中心捐赠了 200 万美元（Lewin，2000）。这种“责任感”可以推及所有的 LGBT 组织和非 LGBT 组织。曾有一名女性捐赠人这样解释：“如果连 LGBT 群体都不支持自己，更不要说其他人了。”（Horizons Foundation，2008）很多 LGBT 人士曾表示，他们之所以捐赠，是因为他们自己或认识的人曾经从相关的组织受益。很多人参与捐赠的另外一个原因在于，他们可以认识其他的 LGBT 人士（Badgett and Cunningham，1998）。大学机构中的筹款人会为 LGBT 校友创造宝贵的机
136 会，让他们互相认识，支持包容他们的价值观，并支持那些需要肯定、鼓励和经济援助的学生（Garvey and Drezner，2013a）。

另外一个特别的动机在于，LGBT 群体可能通过对非 LGBT 群体的捐

赠，提高其作为 LGBT 人群在主流社会中的关注度。一项研究发现，很多 LGBT 人士并不是有意识地用 LGBT 或非 LGBT 的方式来考虑他们的捐赠（Horizons Foundation，2008）。虽然个人的身份认同会产生向 LGBT 组织捐赠的倾向，但是，也要取决于捐赠行为与其他身份认同如何产生相互联系。一位捐赠人曾说："我并不是简单地捐钱。你必须要成为主流的一部分，成为其他（非 LGBT）组织的一部分才能够使我们的地位提升。"（Horizons Foundation，2008）

大多数 LGBT 人士并不会将税收方面的动机作为决定捐赠的因素，但是与已婚异性伴侣一样，已婚同性伴侣的确可以享受同样的税收优惠。这些优惠也适用于那些希望通过慈善捐赠减少税额的高收入人群。同样的道理，一些没有养育子女的 LGBT 捐赠人可能拥有更多的财力开展有规划的捐赠，但也要与日益增大的养老压力相平衡。很多 LGBT 人士开始通过遗嘱和信托文件，积极进行遗产规划。对于这种有规划的捐赠，体制健全的非营利组织有特别的吸引力，因为这些组织有能力处理更复杂的捐赠品。各种规模的非营利组织都能够开展有规划的捐赠项目，包括单纯的遗产项目。

以上的动机都说明，捐赠人和潜在捐赠人必须与组织目标产生联系。虽然可能同时存在多个捐赠动机，但是筹款人必须协助架起组织工作和捐赠人生活之间的桥梁。接下来的部分将讨论 LGBT 群体筹款的意识和敏感度。

LGBT 捐赠人服务中的意识和敏感度

从本质上来讲，LGBT 群体的筹款与其他群体的筹款并无不同（Fender，2011）。成功的筹款得益于互利的关系和面对面的沟通，无论对象是发展专业还是热心组织服务的普通人。很多 LGBT 捐赠人是因为收到了请求，所以才捐赠。很多时候，因为潜在捐赠人并没有收到请求 137
来支持相关组织，筹款的良机错失了。实际上，很大一部分 LGBT 人士表示，他们之所以不捐赠，是因为没有收到请求（Horizons Foundation，2008）。

潜在的 LGBT 捐赠人通常对非营利组织的整体多元化和包容性政策较为敏感。例如，LGBT 捐赠人可能想要确认，这个需要他们支持的组织推行不同性取向和性别认同的就业非歧视政策；他们想要确认，同性伴侣享有同样的医疗保健和其他福利；他们想要确认，该组织承诺在董事会和职工中提高多样性。这些期望有利于提升组织在包容度方面的声望。相反，当相关的组织在政策或实践中公开歧视 LGBT 群体时，捐赠人将拒绝捐赠。例如美国童子军曾禁止公开身份的同性恋任队长，这一禁令已于 2015 年解除，但那些由宗教组织支持的童子军例外，依然适用于这一禁令。

除了组织有此类承诺之外，筹款人也应当有意识地、自觉地培养 LGBT 捐赠人。筹款人应该有能力与 LGBT 捐赠人探讨性别关系和家庭问题，就像与其他捐赠人一样。专业筹款人协会国际会议曾给出了一条建议，“作为一名捐赠人，我自在地面对自己并谈论自己的性取向，并没有什么大不了”（Cohen and Red Wing，2009）。筹款人应当和捐赠人进行有意义的对话，了解他们的兴趣和优先事项。曾有筹款人这样说：“对于 LGBT 人群来说，有意义且真诚的对话方式非常重要，这样，他们才能够正视自己，并且为自己的身份感到高兴。”（Flandez，2013）

组织文化能力的重要阐释在于 LGBT 群体如何受到认可，尤其是那些同性伴侣。组织应当意识到称呼的重要性，在印刷的有关劝募材料中使用正确的措辞。“如果组织希望能事半功倍，必须要公开与捐赠人进行商谈，不管他们是同性恋还是异性恋，都要探讨他们希望如何被认可（或劝募，或沟通）。”（Fender，2011）对一些捐赠人来说，这种认可意味着，承认男同性恋的伴侣是其丈夫，将他们的名字共同留在捐赠人纪念墙上，或是在给一对女同性恋伴侣的信件中用“某某女士和某某女士”的称呼，或者不加称呼。尤其重要的是，要注意到捐赠人数据库中的类似偏好，因为发展专员随时可能更换，依靠手工的标记常常会造成错误。发展部门的员工应该在组织层面利用技术手段对类似数据进行收集。

138 最后一点，有很多大型机构，比如高等教育机构，已经建立起了 LGBT 社群，说明他们已经意识到了在内部建立相关社群的重要性。这些群体可以帮助 LGBT 群体获得更加愉快的大学体验，虽然他们在学生时代可能受到歧视并（或）被边缘化。通过建立 LGBT 社群，有助于在筹款人中建立起信任感和责任感（Garvey and Drezner，2013b）。除了筹集资金支持外，LGBT 群体也使高等教育机构在政策和实践方面有更新的发展。研究表明，LGBT 群体更倾向于志愿服务，此类社群所提供的社会交往经历有助于在 LGBT 捐赠人之间建立起联系，提高参与程度。除了建立此类社群之外，也可以与 LGBT 社群组织共同资助某些项目。

包容性筹款的建议

非营利组织和筹款人可以采取一系列步骤，增加 LGBT 群体对 LGBT 慈善事业和非 LGBT 慈善事业的资助支持，其中的很多步骤借鉴了筹款的成功经验。

- 认同 LGBT 群体的多重身份。对 LGBT 身份的认同，可能是个人身份认同中的重要部分。但是，我们每个人都有着多重的身份认同，这与各自的慈善兴趣息息相关。LGBT 身份认同虽然重要，但女同性恋者会支持女权事业，拉丁裔的男同性恋会支持当地拉丁裔社区，同性伴侣会支持他们的校友，这些身份对于他们来说同样重要。
- 将性取向和性别认同纳入组织的非歧视政策中。同样地，要确保人事和福利方面的政策都平等地适用于 LGBT 员工和非 LGBT 员工。
- 实现组织各层面的多样化。除了确保性别和种族/族裔多样性之外，聘用 LGBT 员工、受托人和咨询委员会成员。避免让一名“具有标志性”的成员来代表整个群体（绝不可以这样做），如果可能，最好能够成对聘用。
- 积极联系 LGBT 群体，并且让他们知道你的组织欢迎他们参与。这包括 LGBT 项目设计、成立社群、庆祝 6 月的同性恋骄傲日或让组织参与到 LGBT 平权运动中。同时，也要在新闻简报和其他的出版物中，突出强调 LGBT 捐赠人和志愿者所做的工作。
- 对促进社会公平的工作进行倡导。了解客户中 LGBT 群体的 139
情况以及所在组织如何将服务提供给脆弱人群和边缘人群，包括有色人种、低收入人群、青年人、老年人和跨性别人群。
- 了解潜在捐赠人并要求支持。全国女同性恋权利中心经验数据显示，如果组织希望增加捐赠人支持，就必须提出要求。这一中心建议，“先向你熟识的人提出要求，之后扩大熟人的圈子，时常用不同的方式提出要求，并且提出具体的需求，经常表示感谢，对你所服务的群体负责，明智地将捐赠款用于实现组织目标”（Kendell and Herring，2001：102）。研究表明，应该让潜在捐赠人意识到他们捐赠支持的重要性。

- 展示成果、有效性和机构稳定性。和其他捐赠人一样，LGBT 捐赠人希望了解到所支持的组织运营良好，捐赠品和捐赠款能够物尽其用。保持高质量的服务将会提升捐赠人的忠诚度，也有利于保证有规划的捐赠。这包括确保数据管理的准确性并在筹款沟通中强调 LGBT 捐赠人发挥的作用。

讨论问题

（1）你所在的组织希望扩大 LGBT 捐赠人的筹款，你会采取哪些步骤，通过各种方式（例如，直接邮寄、特设活动、大额捐赠）增加筹款？你认为是什么决定了所在组织的前景？

（2）LGBT 筹款人逐渐倾向于资助那些友好包容的倡导项目和组织，请对某非营利组织进行评估，思考 LGBT 捐赠人将如何看待这一组织。可以进行哪些改变/完善？

第十二章　宗教与捐赠

戴维·金

阅读本章后，你将能够： 141

1. 描述宗教捐赠在慈善部门的重要作用。

2. 列举对宗教捐赠进行界定的几种方式。

3. 区分不同宗教传统的基金会。

4. 解释有宗教信仰的捐赠人的多种动机。

5. 描述宗教捐赠中发生的转变，并阐释这一转变对发展捐赠人关系产生何种影响。

从慈善角度探讨宗教信仰与捐赠的关系是件复杂的事情。一方面，几百年来，宗教信仰都是慈善事业的有力支持，因为很多宗教传统的核心在于“人性的热爱”。犹太教和基督教的经文都训诫信徒要热爱自己的邻居，关心身边的穷苦人民和身心需要帮助的人们。另一方面，很多人将捐赠作为其宗教信仰的核心原则，他们认为这与慈善事业和专业筹款是两码事。

其他复杂难题逐渐出现在实践者和学者面前。对慈善捐赠进行统计和分类通常比较困难。如何衡量同情心或慈善心？什么才是宗教捐赠？我们将宗教信仰看成捐赠的动机之一，抑或认为宗教信仰只是与向宗教组织的捐赠有关？ 142

需要提到的是，宗教信仰和金钱都是禁忌话题。与政治、性等话题一样，一旦在慈善学中提及宗教信仰，就很难进行探讨。在宗教信仰与筹款工作之间建立联系，需要包容语言的多样性、多种期望以及个人经历和宗教经验。虽然如此，对于成功的筹款人来说，了解如何对宗教信仰与捐赠的关系进行管理非常重要。

了解宗教捐赠部门

对所有的宗教组织来说，广义上的筹款都是其组成部分之一。历史学家彼得·布朗（Peter Brown）曾写过一本关于早期西方基督教财富的著作，在对这本著作的书评中，鲍尔索科（G. W. Bowersock，2015）指出："信仰和金钱是所有宗教组织的核心。虽然信仰可以独立于金钱之外存在，宗教组织却不能。"在慈善捐赠方面最受认可的《捐赠美国》年度报告将宗教捐赠限制在狭义的宗教组织范围内，包括宗教集会、教派、传教会、宗教媒体和为礼拜福音专门设立的组织。因此，根据《捐赠美国》报告的标准，针对教堂、礼拜堂或宗教推广组织的捐赠可以算作宗教捐赠。对于天主教卫生保健或宗教高等教育事业的捐赠则不算（*Giving USA*，2015）。

一些数据 即使从狭义的角度来看，仅针对上文所定义的宗教组织的宗教捐赠持续超过其他领域。根据《捐赠美国》报告，宗教捐赠排名第一，占慈善捐赠总额的32%；排名第二的领域为教育捐赠，仅占15%。此外，宗教捐赠额不断增长。2012～2014年，宗教捐赠额增长了8.6%（根据通货膨胀调整后为5.4%），预计捐赠额达到了1149亿美元，持续处于前列（*Giving USA*，2015）。

虽然宗教捐赠持续发展，但其增长速度较过去几十年大幅度减缓。2014年，宗教捐赠增长了2.5%（增长非常平缓，根据通货膨胀调整后只有0.9%）。此外，宗教捐赠占捐赠总额的比例也大幅度下降。虽然宗教捐赠高于其他领域的捐赠，但其在1985年至1989年占慈善捐赠总额的57%降至过去5年间的33%。

143 **宗教集会** 根据《捐赠美国》的定义，地方宗教集会和礼拜堂是宗教捐赠的主要对象。美国大多数宗教集会规模较小——59%的宗教集会成员少于100人。然而，规模前10%的大型宗教集会就容纳了近一半的美国基督徒。大多数宗教集会规模较小，但是大部分信教的美国人属于较大规模宗教集会的成员。虽然大约1/3的宗教集会建立了基金，但

80%的宗教集会捐赠来自个人。一般来说，宗教组织对基金会、遗产捐赠、企业基金或政府基金都没有很强的依赖性（Chaves，2004）。因此，大多数的宗教捐赠以及相应的研究重点都是资助宗教集会的个体捐赠人。

了解宗教捐赠的转变　然而，我们大多数人所经历的宗教捐赠与今日的慈善捐赠并不相同。虽然宗教捐赠额依然缓慢增长，但是其占捐赠总额的比例大幅度下降。如果说大部分宗教捐赠的对象是宗教集会，那么可以推断，宗教集会参与人数的显著变化是影响宗教捐赠的主要因素。近年来，这些变化更加明显。

宗教集会规模、宗教活动参与度和宗教归属　首先，在任何组织中，都会有一定比例的经济学家所谓“搭便车”的成员，他们并不会支付该付的钱。例如，有 1/5 的美国基督徒不会向教堂或宗教组织捐赠一分钱（Smith，Emerson and Snell，2008）。社区内的社交网络依然是鼓励捐赠的最重要因素之一（Putnam and Campbell，2010）。一些学者假定，随着越来越多信教的美国人与大型宗教集会建立起联系，在组织中保持籍籍无名、很少参与、很少捐赠变得更加容易。虽然在一些情况下的确如此，但也有另外一些学者的研究表明，大型宗教集会对参与人员的重视程度并不比小型宗教集会低。成功的宗教集会通常注重社交网络的建设，也会明确地探讨捐赠的需求，并提供各种参与捐赠的机会。通过宗教集会的规模，只能够粗略推测信徒建立社交网络的能力。大型宗教集会获得的宗教捐赠更多，并不断发展壮大，而小型宗教集会的资金需求依然很难得到满足。

虽然信教的美国人逐渐汇聚到大型宗教集会中，但宗教活动的参与
人数却不断减少。宗教活动参与度一直是宗教捐赠最好的预测指标之一。 144
很多研究表明，每周（或每月 2~3 次）去教堂、清真寺或犹太教堂的信徒所做的慈善捐赠，要比那些少去或者根本不去的信徒高 2~4 倍。虽然各类研究结果可能有所不同，由皮尤研究中心开展的最新问卷调查表明，约有 37%的美国人每周做 1 次礼拜，33%的美国人每月或每年做 1 次礼拜。其他研究得出的每周做礼拜的人数比例更低。宗教活动参与度一直被作为衡量个人宗教虔诚程度的标准。较高的参与度以及定期参与为社交网络带来的好处，促进了捐赠额的增加。随着每月、每周宗教活动参

与度的降低，宗教组织必须重新考虑如何传递捐赠的需求，以及如何用其他方式在社区内建立社会关系（Lipka，2013）。

随着宗教集会规模和参与形式的变化，近年来，宗教信仰也发生了巨大变化。皮尤研究中心 2015 年发布的《变化中的美国宗教版图》（*America's Changing Religious Land Scape*）对宗教捐赠的缓慢增长进行了分析。2007~2014 年，美国的基督教人口占比从 78.4%降至 70.6%，无宗教信仰的人口占比增长至 22.8%（仅次于占总人口 25.4%的福音派信徒）。超过 1/5 的美国人选择不信仰任何宗教，30 岁以下的美国人有超过 1/3 不信仰任何宗教。随着“无信仰人群的增加”（指在问卷调查时，宗教信仰一项选择“无”的人群），皮尤研究中心的研究给我们提供了重要的视角，来审视宗教和宗教组织在美国社会中的影响。在社会中对组织归属兴趣的降低同样发生在宗教领域，甚至更加严重。那些名义上有宗教信仰的人也逐渐开始脱离宗教组织，而宗教对政治和社会问题产生的负面影响也让更多人选择了放弃宗教归属。

虽然宗教活动参与度和宗教归属是宗教捐赠的重要预测指标，但我们了解到，大多数没有宗教归属的人群并不是没有宗教信仰的。大多数人成长于某种宗教传统中，并持续参与宗教活动，寻求精神上的社群。很多人虽然没有皈依某种宗教，但他们认为自己有着精神信仰。《捐赠美国》和皮尤研究中心的研究并没有衡量这些无宗教归属人群的宗教或精神动机。宗教组织不能将这类人群“除名”，而应当创造性地思考如何将他们纳入组织工作中。

加剧的竞争　宗教捐赠通常界定在宗教集会、教派和传教会范围内，但是宗教市场正在发生变化，宗教集会也面临着不断加剧的竞争，这些
145 竞争来自虔诚的捐赠人的资助。尤其值得注意的是，跨教会机构，也称特殊目的的宗教团体数量大幅增长。跨教会机构属于 501（c）（3）组织，在宗教集会之外和各教派间开展工作。这类机构所承担的任务要比宗教集会更为具体。地方的宗教集会必须承担多种功能，如礼拜、教育、社会服务、教牧关怀等。跨教会机构通常关注单一的目标，如非洲儿童减贫、大学生宗教教育或宗教文学的出版，这使其拥有更清晰、更具有强制性的任务目标，可针对潜在捐赠人进行营销推广，相比之下，地方宗

教集会的需求则更为复杂。跨教会机构通常拥有专业的市场营销团队和筹款人，以获取支持。从小型的民间组织到捐赠资产达几百亿美元的大型组织，跨教会机构的数量在迅速扩张。1995~2007年，跨教会机构的数量增加了190%，是宗教集会增长速度的2倍，是非宗教性公益慈善组织增长速度的2倍还多（Scheitle，2010）。宗教活动参与度和宗教归属感可能会影响对宗教集会的捐赠，但这些变化不一定会阻碍出于宗教动机对其他宗教性非营利组织的捐赠。

拓宽宗教捐赠的定义

除地方宗教集会等宗教组织的扩张之外，这些组织在筹款方面取得的成绩也让我们重新考虑宗教捐赠的分类，以及其对专业筹款人的工作有何意义。从更广义的视角看待宗教捐赠，能够迫使我们更加注重组织的宗教性，关注捐赠人如何将信仰作为慈善捐赠的一部分。

如果我们要求捐赠人指出从他们的捐赠中受益的组织的宗教类别，可以看到，美国慈善捐赠总额的73%捐给了有宗教联系的组织（见图12.1）。宗教集会获得的捐赠占捐赠总额的41%；其余的32%则捐赠给了所谓“宗教认同组织”（RIO），这个概念由《建立联系，共同捐赠：宗教社区》（*Connected to Give*：*Faith Communities*）一书的作者在2013年提出的。虽然未被纳入《捐赠美国》宗教捐赠的统计数量中，这些有宗教联系的组织（如天主教慈善会、世界宣明会、犹太联合会、扎卡特基金会等）也将信仰或宗教认同作为它们目标任务的重要组成部分。然而，更为重要的或许在于，捐赠人非常清楚，他们之所以经常向这些组织捐赠，是因为他们认为这些组织是宗教性的（McKitrick，Landres，Ottoni-Wilhelm and Hayat，2013）。只有27%的慈善捐赠是投向捐赠人认定的非宗教认同组织（NRIOs）。

《建立联系，共同捐赠：宗教社区》一书的重要贡献在于，让个体 146
捐赠人对其捐赠的受益对象自主进行分类。在这一前提下，55%的美国人会向有宗教联系的组织（宗教集会或宗教认同组织）捐赠，33%会同时向宗教集会和宗教认同组织捐赠。53%向非宗教认同组织捐赠。应注意到，虽然显而易见，支持宗教集会的捐赠人会将其慈善捐赠的大部分（80%）投向有宗教联系的组织，但是他们也时常支持非宗教认同组织，

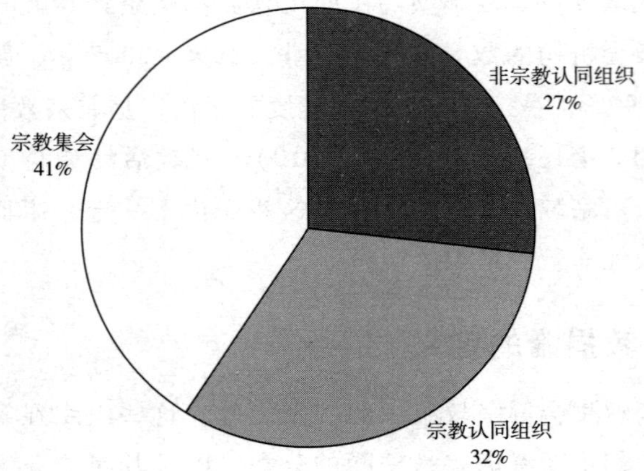

图 12.1　向宗教集会、宗教认同组织和非宗教认同组织捐赠的分布

资料来源：Melanie McKitrick J. Shawn Landres，Mark Ottoni-Wilheln and Amir Hayat，*Connected to Give*：*Faith Communities*，Los Angeles：Jumpstart，2013。

反之也是如此。出于非宗教目的的捐赠人也经常会将慈善捐赠投向有宗教联系的组织。

非营利组织的宗教认同与个体捐赠人动机之间的联系要比想象中复杂，因此，筹款人也有必要调查他们所服务的非营利组织是否将自身认同为宗教组织。

从组织到个人

正如上文所述，宗教（通过归属感、行为和信仰衡量）是所有领域捐赠的重要预测指标。与那些认为宗教并不重要的捐赠人相比，认为宗
147 教十分重要或比较重要的捐赠人，向宗教集会、宗教认同组织和非宗教认同组织捐赠更多。在宗教活动参与度和宗教归属（将自身的信仰定义为宗教信仰而并非简单的迷信）方面也是如此。个人的宗教活动参与度越高，同时向宗教认同组织和非宗教认同组织捐赠的概率也就越高，宗教集会和宗教认同组织获得的捐赠额会更多（McKitrick，Landres，Ottoni-Wilhelm and Hayat，2013）。

这些预测指标在所有宗教中都适用。《建立联系，共同捐赠：宗教社区》一书将美国人的宗教传统大体上分为五种，即黑人新教派、新教福音派、犹太教、主流新教和天主教，在宗教集会、宗教认同组织和非宗教认同组织的捐赠比例方面，这几类群体展现出惊人的一致（见图12.2）。唯一的特例就是犹太教徒对宗教集会的捐赠比例较低（McKitrick，Landres，Ottoni-Wilhelm and Hayat，2013）。

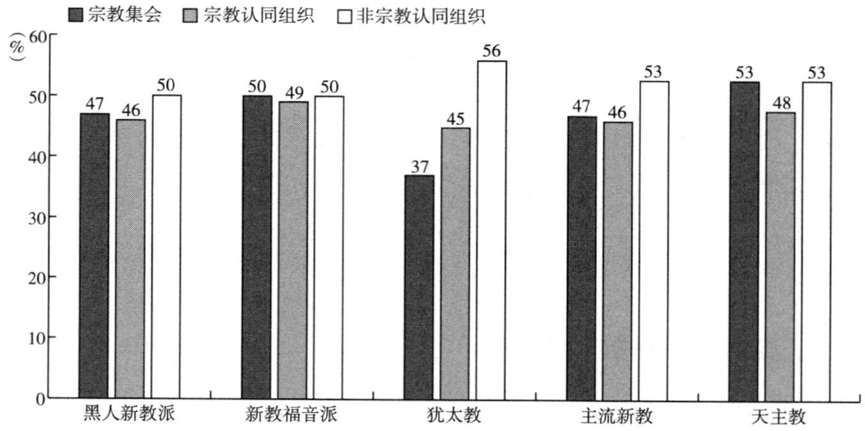

图 12.2　不同宗教传统的美国人向各类型组织捐赠比例

资料来源：Melanie McKitrick，J. Shawn Landres，Mark Ottoni-Wilhelm and Amir Hayat，*Connected to Give：Faith Communities*，Los Angeles：Jumpstart，2013。

在这些广泛定义的宗教类别中，某些宗教传统人群的捐赠比例较高，因为其收入高于其他宗教传统的人群。《建立联系，共同捐赠：宗教社区》同时聚焦了更具体的宗教分类对宗教集会的捐赠情况，其中，摩门教派（5.6%）远超其他宗教分类，其次是五旬节派（2.9%）、非宗派新教派（2.6%）和浸礼会教派（2.0%）。虽然不同教派之间的区别很重要，但更能说明问题的是，宗教信仰者实际捐赠的比例与从宗 148
教教义中所推断的情况产生的对比。犹太基督教传统中，经常将圣经中提出的“什一”税（十分之一）作为捐赠的标准，但是我们看到只有2.7%的美国家庭会将收入的10%捐赠给宗教认同组织，即使有着最高平均捐赠水平的摩门教派，其捐赠在收入中的占比也远远不及10%

(Rooney，2010)。

如此来看，有宗教信仰的美国人和其他美国人的捐赠水平相当。虽然数据并不对等，美国圣母大学社会学家克里斯蒂安·史密斯(Christian Smith)预测，在所有美国家庭中，有2.6%的家庭慈善捐赠额占其收入的10%或更多；3.1%的家庭慈善捐赠额占其收入的5%~10%；9%的家庭慈善捐赠额占其收入的2%~5%。史密斯由此得出结论，85%的美国家庭慈善捐赠额低于其收入的2%（Smith and Davidson，2014)。向宗教组织（包括狭义和广义的宗教组织）的捐赠构成了慈善捐赠的绝大部分。同样的，大多数的捐赠人是出于宗教动机进行捐赠，无论在何种宗教背景、性别、文化和阶级中都是如此。虽然对于捐赠人和接受者来说，宗教捐赠的环境一直在变化，但是宗教作为捐赠动机因素之一并没有失去它的重要性。了解捐赠人和非营利组织的宗教动机和具体背景，这是所有筹款人必须掌握的重要工具。

了解宗教捐赠动机

一直以来，捐赠都是大多数宗教传统的核心。这些宗教传统的教义依然是信徒们理解其捐赠方式和原因的基础。然而，这些宗教传统理解慈善的方式并不相同。不同宗教传统用其自身的语言来对捐赠进行规范，关注这些语言对于了解捐赠人和其宗教动机十分重要。

犹太教　在希伯来经文中，“tzedakah”一词反映出犹太人对于慈善捐赠的理解。“tzedakah”的词根意为“正义”，从这个含义来讲，这个词常指为帮助穷人并修正社会不平衡而进行的捐赠实践。比起出于同情慈悲而做出的慈善事业，这种行为更具有正义感。从经文中可以看出，这是犹太人应该遵循的一种德行（mitzvah)、戒律或义务。如今，很多犹太人也会使用“tikkun olam”这一短语来描述慈善捐赠。这个词语经常被翻译为“修复或修理世界”，很多宗教慈善事业和世俗的慈善事业
149 曾用这一短语来描述其为改善他人生活而贡献的时间、精力和资源。这一短语所产生的共鸣已远远超出了犹太社区本身。

大约有40%的美国犹太人会归属某一犹太教会堂，大多数的捐赠通过年费的形式实现。约23%的美国犹太人捐赠重点在于宗教集会，约

39%的捐赠对象为致力于促进文化认同的犹太非营利组织，它们提供社会服务、医疗、教育等。大多数的大型犹太社区由犹太联合会提供服务，其运营方式类似于伞形组织，它们负责接收并分配慈善捐赠。其余39%的犹太人捐赠重点在于非犹太组织。因为犹太教并不仅仅是宗教，也是一种文化认同，犹太教和其他的美国宗教一样多元化，其慈善事业的动机和接受者也是如此（Jacobs，2009）。

基督教　和犹太教一样，基督教也有着漫长而复杂的捐赠历史。直到今天，很多基督教的信徒依然遵循希伯来圣经（基督徒常称其为《旧约》）中“什一税”（将个人收入的1/10贡献给上帝）的规定。一些人认为这种捐赠应该是直接赠予教堂的，其他的供奉则应在这1/10之外。另一些人则认为其他的宗教性或世俗捐赠都属于这1/10。但是，正如上文所述，只有一小部分基督徒能够达到捐赠1/10的标准。在基督教《新约》中，耶稣曾谈到不仅要捐赠什一税，也鼓励信徒们赠予更多。例如，在基督教修道院中，可以看到众多基督徒放弃财产，全身心地投入他们的信仰。

其他用词在基督教社区内也有突出的影响。“管理”（Stewardship）经常用来形容对信徒财产的宗教性代管，由上帝将信徒的财产交给其他人来管理。由于企业和世俗的非营利组织也会使用“管理”这一措辞，一些宗教社区并不确定如何在宗教背景下更好地进行区分。将信徒的资源用于参与上帝在世间的工作，这是基督教神学内在统一的一个方面。“感谢上帝对人类的慷慨”，这也是筹款时常常使用的话语。一些人认为“什一税”是上帝所赋予的责任或命令，但大多数基督徒和基督教社区遵循自由供奉的方式。使用上文中所提到的用词来进行周度、月度、年度和特设活动筹款，已经成为标准化的流程，但是在具体手段和回应方面还是存在多样性。

伊斯兰教　“天课”（zakat，字面意思为涤净）是伊斯兰教的五大
支柱（功课）之一，是指穆斯林每年要捐赠个人财产的2.5%，这不是
简单的慈善选择，而是真主下达的命令和义务。天课通常被解读为财富 150
的返还，是穷人的权利，目的是赈济穷人。天课的接受对象共有八种，
在斋月期间，天课也要发放下去。

除了天课，伊斯兰教也有着很长的捐赠历史。“赛德盖”（sadaqah，与

犹太教中的 tzedakah 类似，意为正义）就是天课之外的一种捐赠方式，体现对邻居和他人的爱。“瓦克夫”（waqfs）则是由先知穆罕默德发起的基金型捐赠，用于建设学校、清真寺、神殿和其他设施（Mattson，2010）。

与其他的宗教传统一样，伊斯兰教也存在这样的争议，即应该将慈善捐赠局限在地方还是扩展到全球范围，局限在宗教社区内还是扩展到有需求的人群。穆斯林有较长的捐赠历史传统，非营利组织在吸引穆斯林捐赠人时，应认识到天课在穆斯林宗教实践中的重要性，也应意识到有必要证明捐赠人的捐赠符合天课的要求。

印度教和佛教 这两种东亚宗教有着独特而漫长的历史，但这两种宗教的慈善动机与上文探讨的三种宗教截然相反。这两种宗教用“布施”（dana）来指代慈善或捐赠的救济金，并且都将布施作为信仰的核心，但是与伊斯兰教或犹太教将其写入经文的强制性有所不同。印度教和佛教认为，通过赠予物质财产可以积累功德。捐赠人向穷人施舍，另外，施舍对象也包括故意选择贫苦生活的人（如放弃财产，选择终身研究印度教或佛教的婆罗门）。与其他宗教相反，印度教和佛教认为，信徒捐赠的目的以及接受者的资格非常重要。如果捐赠是出于错误的动机，则会损失功德。同时，捐赠必须是无条件的。对很多人来说，捐赠是为了将自己从物质财产中解放出来。如果非营利组织急于反馈成果或给捐赠人以认可，对佛教徒捐赠人来说可能就没有很大的吸引力，因为这类捐赠人会避免自身与捐赠产生联系（Ilchman，Queen and Katz，1998）。

以上几种宗教有漫长的历史，从对它们的词根、经文和具体实践的简单介绍中可以看出宗教捐赠所处的核心地位。然而，这些宗教都是鲜活的传统，对这几种宗教的理解会随着时间的推移而不断发生变化。每种宗教内部也广泛存在多种理解方式。这几种宗教的信徒捐赠动机也各不相同，虽然不能忽视这些宗教在个人慈善捐赠方面的影响，但是大多数人并没有明显的捐赠倾向。本书其他章节所探讨的包括性别、种族、文化和世代在内的其他因素也非常值得探讨。每个个体都是不同动机和环境的结合体。

宗教捐赠的其他动机

151 捐赠的原因有很多，但我们知道，捐赠是关系性的行为。很多宗教信仰者在捐赠动机方面的共同点在于与神、宗教领袖、宗教社区或世界建立起正确的关系。根据吉姆·赫德纳特·比勒（Jim Hudnut-Buemler, 2007）的研究，共有四种动机影响宗教捐赠：

1. 通过捐赠获得与神的互惠——一些神学宣称，通过捐赠神将会保佑捐赠人获得更多的钱财。但是有些神学则只是相信，通过捐赠可以获得与神更亲近、更私密的关系。

2. 通过捐赠获得与特定宗教群体的互惠——这类捐赠反映出捐赠人希望在某一社区中做出自己贡献的意愿，或是希望能够被认同或提升为组织的领导。

3. 将捐赠作为自我的延伸——这类捐赠反映出个人的热情。这类人群将某一事业作为自己的信仰或身份认同，希望能够对那些给自己带来福佑的组织表示敬意。

4. 将捐赠作为一种感恩或利他主义的行为——这类人群通过捐赠开展家庭或人生纪念、庆祝活动，或用以纪念亲友。

宗教捐赠的障碍

虽然宗教信仰是慈善捐赠的巨大财富来源，但是也存在一些障碍，限制了很多宗教捐赠人的慷慨度。第一个障碍是缺乏财产安全感。实际上，缺少捐赠所需要的资金来源往往是一种假设，而不是现实。很多宗教强调对个人财产的正确理解，以对抗物质主义和消费主义的力量，使信徒进行与宗教相关的捐赠。第二个障碍是缺乏捐赠方面的常识。很多有宗教信仰的人并不了解其宗教中关于慷慨的标准，或是对这种标准存在疑惑。第三个障碍在于“舒适的内疚感”。很多人只捐赠到能减缓自己心中“应该多捐赠一点”的愧疚感的程度，便满足于此（Snell and Vaidyanathan, 2011）。

结　语

很多基于宗教信仰的筹款将重点放在宗教组织而不是捐赠人身上。然而，显而易见的是，捐赠人的社交网络、动机、信仰和热情对宗教捐赠产

152 生的影响是巨大的。宗教慈善组织必须转移重点，不仅仅关注其自身的需求，而且要培养与捐赠人之间的关系。非宗教慈善组织也是如此。宗教信仰与捐赠的问题并不只是关乎金钱，而是关乎关系、视野、信任、信仰。筹款人要注重组织及其领导层的愿景和责任，也要认识到，宗教捐赠人会关心自己与筹款组织、宗教社群和神之间的关系。关注他们的信仰，不仅要培养其慈善能力，也要激发他们信仰方面的动机，这才是与认同筹款组织目标的捐赠人建立深入关系的长期重要战略。

为了走进捐赠人的世界，筹款人应该关注捐赠人的慈善经历。当捐赠人在考虑捐赠时，很多人会有以下的疑问：生命的意义和目标是什么？什么才是幸福生活？怎样才能让我为人所纪念？筹款人也会追问怎样的经历才能够影响捐赠人慷慨解囊、认同筹款组织目标的意愿。对很多人来说，宗教和神灵是回答这些问题的重要因素。在适当的时机，与捐赠人建立起长期关系的筹款人会发现他们已经参与到了这些基本对话当中。我们所做的工作不是回避这类捐赠人，而是要帮助他们找到捐赠的意义。虽然宗教组织、捐赠的形式和动机都可能发生改变，但宗教信仰依然是慈善事业中的重要因素，这是筹款人不可回避的关注点。

讨论问题

（1）你对宗教信仰与捐赠的关系如何界定？

（2）宗教是一种传承至今的传统，它如何影响你在筹款中对宗教信仰和慈善的立场？

（3）你所在的组织如何看待将宗教信仰作为其宗旨的一部分？作为筹款人，你如何将对宗教的理解融入发展工作中？

（4）解释宗教捐赠范式的变化。你还能预期到在未来将发生的哪些变化？

（5）就本章所提及的几种宗教的捐赠情况进行比较和对比。

第十三章　种族多样性与捐赠

尤娜·欧斯里　萨拉·金

美国日益增长的多样性将如何对非营利部门产生影响，筹款人和慈善家对这一议题有着很大的兴趣。有评论者已经注意到，为了满足代表日益多样化的族裔和种族背景、文化传统和实践经验的捐赠人的需要，有必要对战略和策略进行调整。一些研究者和实际工作者提出，社区内部多样性的增强，将扩大美国非营利部门的规模和范围。也有其他观点认为，日益增长的多样性可能会降低个人向集体项目捐赠的意愿。在本章，你将了解到： 153

- 多样性的定义和范畴。
- 种族多样性和慈善的相关研究。
- 移民和慈善的作用。
- 通过多样性进行筹款的路径。

种族多样性的增强或将影响美国社区当前和未来慈善事业的整体格局。本章将对美国当前族裔和种族多样性的增长以及未来趋势展开调查研究。最新数据显示，每年都有超过 2/3 的美国人参与捐赠活动（Indiana University Center on Philanthropy，2009b）。也有部分学者强调，对于拥有多元文化背景的美国人来说，慈善是美国人公民生活和经济生活的中心。约瑟夫（Joseph，1995）通过分析非裔美国人、印第安人、亚裔美国人和拉丁裔美国人的不同传统，强调慈善是美国种族少 154
数群体的一种核心价值。慈善活动的表现形式的确非常重要，但不同群体的传统和重点却有所不同。少数群体将很快在2044年成为多数群体，他们为美国慈善的界定方式做出了重要贡献，并且将继续塑造美国慈善的发展走向。

最近，“多样性”的定义已经超越了种族和族裔，涵盖了人类差异的方方面面。一些非营利组织试图通过项目设计和扩大捐赠人范围，以及内部员工和利益相关者来增强多样性，从而获得比过去更多的资源和工具。有关慈善的最新研究已日益寻求通过评估筹款活动而关注种族多样性群体（Bryan，2008）。如美国凯洛格基金会（W. K. Kellogg Foundation）和洛克菲勒基金会（Rockefeller Foundation）等组织，通过支持新措施提升私营部门多样性来活跃筹款活动。筹款中包含的多样性始于对包容性的制度承诺。领导层的参与非常关键，有助于最佳实践的持续执行（Chao，2008）。筹款人通过对筹款活动的传统路径进行重新评估，并根据捐赠人的利益和价值观调整路径，从而获得实现多样性和包容性目标的能力。

多样性的界定

在美国社会和经济快速变化的背景下，多样性的界定面临很大的挑战。一些图书和文章的标题常用语为“多样化社区中的筹款”，这与当前复杂的捐赠现状并不十分相关。鉴于筹款通常隐含着使不同群体受益的跨文化筹款，或许更为贴切的说法是强调在多样化社区“之间、之内、之中”或“为、和”多样化社区筹款。

美国基金会理事会（Council of Foundations）将多样性定义为“包含人类差异性的内涵和外延”（Rockefeller Philanthropy Advisors，2012：5）。多样性的概念最初只针对族裔或种族群体，现在已延伸到了“人类所有表达方式”（Bryan，2008；Rockefeller Philanthropy Advisors，2012：5）。例如，最近关于多样性的研究关注以下群体：同性恋、双性恋和跨性别群体社区以及“残疾人、经济来源弱势群体和农村社区”（Bryan，2008）。对专业筹款人来说，尤其是在高等学校的筹款人，他们对多样性
155 发声权的考虑也是筹款日益重要的一个方面。很多筹款人逐渐了解到，他们需要跨越不同的传统和经验，才能实现筹款活动目标，仅仅从自身的文化视角并不足以建立关系并募集款项（Rovner，2015）。

在探讨种族多样性群体和慈善时，另一个关注点是相关术语的使用。用“有色人种”、“少数群体”或“种族群体”来指代这类群体是否合适？非裔美国人或黑人、西班牙裔或拉丁裔美国人、亚裔美国人或亚洲人或太平洋岛民，这些术语是否合适？（U. S. Census Bureau，2013）鉴于术语的不断变化，筹款人和实践者应更加深入了解其所处不同社区的习惯偏好用法，以及这些习惯用法是如何随时间而演变的。

关于多样性问题的重要探讨之一，是当前移民在塑造筹款环境中发挥的作用。移民占美国人口的1/8，占美国就业人口的1/6（Immigration Policy Center，2014）。在有些情况下，种族多样性群体更倾向于被看成他们的实际来源国或祖籍所在国的人口。例如墨西哥人或墨西哥裔美国人会更希望被独立分类，而不只被归为某一群体（Taylor et al.，2012）。本章将遵循以下原则。

对于经常被称为“少数群体”或类似术语的人口群体，我们将使用“种族多样性群体”这一表达。鉴于命名法的差异，种族多样性群体对不同称呼的使用偏好存在巨大的差异，为了达到清晰易懂的目的，本章将使用如下术语，必要时可互换（基于现有文献中的术语）：

- 非裔美国人或黑人（African African or Black）
- 西班牙裔或拉丁裔美国人（Hispanic or Latin）
- 亚裔美国人或亚洲人/太平洋岛民（Asian American or Asian/Pacific Islander）
- 印第安人（Native American）

本章将重点关注以上四个主要种族多样性群体。然而，我们确实也要承认，大多数关于主流慈善的探讨已经将非裔美国人、亚裔美国人、西班牙裔美国人和印第安人分开来。如此，他们产生了独有的慈善架构和实践。这些架构和实践之间的差异与其和美国多数群体之间的差别相当，但不同的种族多样性群体之间也有相似之处。慈善是解决不同种族群体之间社会问题的重要手段。但是，各种族多样性群体慈善捐赠的重点和传统各有不同。

总的来说，专业筹款人可能需要加深他们对种族多样性群体的认知

156 和了解。针对族裔少数群体的筹款可能存在若干模式（Anft，2002）。与挑战并存的事实是：种族多样性群体一直被思维定式固化为慈善的接受者，而非给予者（Newman，2002）。接下来关于种族多样性群体慈善的探讨将有助于驱散迷雾，加深对慈善实践的理解。

美国种族多样性的普查数据

根据美国2010年的普查数据，有大约36.3%的人口属于某一族裔或种族少数群体。2010年，非西班牙裔白人是美国人口最多的群体，占总人口的63.7%（U.S. Census Bureau，2012a）。到2060年，非西班牙裔白人将会占总人口的44%（U.S. Census Bureau，2014）。2010年的普查数据也显示了不断变化的种族和族裔发展前景，当年西班牙裔美国人占总人口的16.3%，非裔美国人占12.6%，印第安人占0.9%。值得注意的是，多种族和其他人口群体占1.7%（U.S. Census Bureau，2012c）。普查数据同时预测，到2044年，美国将会成为一个“多数群体变成少数群体”的国家。从2012年到2060年，西班牙裔美国人和亚裔美国人总数将会翻一番还要多，非裔美国人口将从4120万逐步增长至6180万。多文化人口有望从2014年的800万人增长至2060年的2060万人，规模扩大1.6倍（U.S. Census Bureau，2014）。

除了总体数据外，筹款人和非营利组织领导层开始持续关注美国人口中不同族群的经济和社会特点。我们注意到，除了亚裔美国人外，族裔和种族群体的收入依然低于49445美元的美国人均收入（U.S. Census Bureau，2012c）。这种落后依然持续存在。1972年和2012年这两年，白种人的家庭收入是非裔美国人收入的1.7倍。白种人家庭和西班牙裔家庭收入的差距也从1972年的1.3倍扩大到2012年的1.5倍（Fry，2013）。

尽管族裔和种族间在收入和财富方面存在显著差异，但从1999-2000年度到2009-2010年度，不同种族群体的受教育程度都有不同程度的提升。例如，非裔美国人和西班牙裔美国人获得大学文凭的人数显著增加。非裔美国人和西班牙裔美国人获得学士学位的人数分别增长了53%和87%。从1999-2000年度到2009-2010年度，非裔美国人和西班牙裔美国人获得
157 硕士学位的人数翻了一番还多。西班牙裔美国人和非裔美国人获得博士

学位的人数分别增长了60%和47%。亚裔美国人和印第安人获得的不同等级学位的人数也不断增加（U. S. Department of Education，2012）。

我们也注意到种族和族裔之间在年龄与家庭结构方面的差异。根据2010年美国人口普查的数据，美国各族裔和种族人口的年龄中位数低于美国人的年龄中位数（37岁）。非西班牙裔白种人的年龄中位数比美国人年龄中位数高2岁，亚裔美国人的年龄中位数为35.1岁，比美国人年龄中位数约低2岁；非裔美国人的年龄中位数是32岁，印第安人和西班牙裔美国人的年龄中位数都低于30岁，分别为29岁和27岁；多种族人口的年龄中位数几乎是美国人年龄中位数的一半，为19.1岁。从2010年到2060年，不同种族和族裔群体的年龄中位数将会以不同的速度持续增长，并逐渐接近美国人年龄中位数（U. S. Census Bureau，2014）。表13.1为美国种族多样性的情况。

表13.1　2010年美国种族普查数据

种族	占美国总人口比例（%）	家庭年收入中位数（美元）	年龄中位数（岁）	贫困率（%）
白种人/非西班牙裔	63.7	54620	39.0	9.9
西班牙裔美国人	16.3	37759	27.0	26.6
非裔美国人	12.6	32068	32.0	27.4
亚裔美国人	4.8	64308	35.1	12.1
印第安人	0.9	35062	29.0	28.4
其他（单一或多种族）	1.7		19.1	

资料来源：根据2010年美国调查数据（U. S. Census Bureau，2011a）整理。

关于种族多样性与捐赠的研究

基于慈善专门研究小组（Philanthropy Panel Study，PPS）数据以及收入动态专门研究小组（Panel Study of Income Dynamics，PSID）模型开展的研究，让我们有机会重新审视不断多样化的捐赠人群体所带来的影响。本研究利用了宗谱样本，得出了美国最大规模的一次性慈善学研究数据成果，这个成果也给我们研究种族多样性对家庭层面的慈善捐赠产生的影响提供了独特的机会。

158 这一系列数据包含丰富的经济学和社会人口学变量，包括族裔和种族背景、移民和劳动力市场经验和家庭构成情况。除此之外，应注意到，慈善专门研究小组的数据包含了就业和财产方面的高质量数据，这在慈善行为方面既有的数据中很难获得，使我们能够控制家庭经济资源这一变量。

我们的分析包含了若干家庭特征，比如户主年龄、年龄的平方、婚姻状态、性别、受教育程度、族裔和种族、家庭规模、失业情况、移民情况和家庭收入。为了反映慈善捐赠的地区差异，我们根据其所在州的情况，将这些家庭分为六个地理区域。

我们也充分利用了收入和财产测评的多种方法，以得出家庭的经济水平。与暂时性收入来源相比，长期收入对于慈善行为有着更大的影响（Anten，Holger Sieg and Clotfelter，2002），因此我们也检验了家庭经济水平的若干测评方法。

初步研究显示，族裔和种族身份对慈善行为会产生较大的影响。具体来说，亚裔家庭进行慈善捐赠的比例最高（71.1%），也有着最高的平均捐赠额（2898 美元）；其次是非少数族裔的家庭，其比例为 66.5%，平均捐赠额为 2438 美元。非裔家庭（45.0%）和西班牙裔家庭（45.1%）的捐赠比例相对较低，这些家庭的平均捐赠额不到亚裔家庭捐赠额的一半。重要的是，这些原始数据还没有考虑收入、教育、财产和社会经济情况等因素。

虽然慈善专门研究小组的原始数据显示，与非少数族裔担任户主的家庭相比，非裔或西班牙裔担任户主的家庭进行捐赠的概率和捐赠额都相对较低，但是当我们考虑到教育、收入和财产等因素时，这些差异就不复存在。当将教育、收入、财产和其他人口变量等考虑在内，我们会发现，与其他族裔和种族家庭相比，非裔和西班牙裔家庭进行捐赠的概率和捐赠额并无显著不同。

慈善专门研究小组的数据显示，如果不考虑收入、财产和社会经济条件等差异，与非少数族裔家庭相比，少数族裔家庭会进行更多的非正式捐赠或非机构型捐赠。然而，当我们调整了收入、财产和人口变量时，我们并没有看到显著的差异。表 13.2～表 13.4 体现了慈善与种族之间的动态关系。

表 13.2　户主种族与家庭捐赠比例

户主种族	捐赠比例（%）	平均捐赠额（美元）
非少数族裔	66.5	2438
西班牙裔美国人	45.1	1141
非裔美国人	45.0	1316
亚裔美国人	71.1	2898
其他种族	60.0	2460

表 13.3　户主种族与家庭非正式捐赠比例

户主种族	非正式捐赠比例（%）
非少数族裔	11.8
西班牙裔美国人	12.6
非裔美国人	12.8
亚裔美国人	13.3
其他种族	15.1

表 13.4　户主种族和人口数据

户主种族	年龄（岁）	女性比例（%）	家庭总收入（美元）	总财产（美元）	未受高等教育比例（%）	受过一些高等教育比例（%）	获得学士学位比例（%）	获得高级别学位比例（%）
非少数族裔	53	29.20	76780	277510	40.30	23.90	20.10	12.50
西班牙裔美国人	46	26.70	53433	51949	64.70	16.70	6.80	6.40
非裔美国人	48	49.80	44328	28913	56.50	26.30	9.00	5.10
亚裔美国人	52	24.30	90589	334932	20.70	10.60	33.90	20.20
其他种族	52	19.60	70814	247570	37.90	21.30	23.90	12.00

相关研究 159

目前的研究表明，性别、收入、教育和职业状况可能影响捐赠和志愿服务。比如鲁尼等(Rooney et al.，2005)的研究在控制了其他变量的同时，分析了种族对慈善捐赠的影响。他们的研究方法基于“回应者的回忆”，研究发现，非少数族裔和少数族裔家庭在捐赠概率和捐赠额方面并无差别。问题设计中的提示会对参与者的回答产生影响，这表明种族群体在回应社会互动或慈善行为时存在不同的方式。

布莱克波特公司(Blackbaud)[①]的《捐赠中的多样性》(*Diversity in Giving*)(Rovner，2015)调查研究显示，在被调查的种族群体中，捐赠人的习惯和重点的确有着细微的不同。例如，45%的西班牙裔美国人和50%的非裔美国人捐赠的重点是礼拜场所，而亚裔美国人对礼拜场所的捐赠比例只有34%。回应捐赠的方式也有所不同。非裔美国人和西班牙裔美国人的捐赠方式更为随性和自发，而亚裔美国人则会在捐赠之前进
161 行研究和计划。价值观(例如捐赠的重要性)和捐赠的指标(例如信仰)都广泛体现在各个种族群体中。社交网络也会影响慈善捐赠决定。49%的亚裔美国人认为亲朋好友的需求比组织需求更重要。个人参与也是较为重要的因素，28%的非裔美国人和22%的西班牙裔美国人宣称他们曾向街上的推销人员进行捐赠，而在所有捐赠人中只有18%的人会这样做。通过直接回复式筹款渠道(例如信件)进行的捐赠则落后于总体的捐赠情况。该研究重点分析了非裔美国人和西班牙裔群体在捐赠人群体中所占比例不足的问题。然而亚裔美国人的参与程度与亚裔美国人的总体情况是一致的(Rovner，2015)。

种族多样性对慈善捐赠的影响

种族多样性给慈善事业的发展带来了挑战。在日益多元化的美国，我们必须考虑到人类捐赠的所有方式，以及如何为慈善事业提供机会。种族并不能决定捐赠人的捐赠喜好和捐赠额(Rooney et al.，2005)。但是，种族会影响捐赠人思考慈善事业的方式和其捐赠重点。慈善专门研究小组的数据表明，虽然社区内不断提升的种族多样性会对家庭向集体事业的捐赠产生负面影响，但是随着各种族建立起自身的慈善组织，非营利部门的规模不断扩大，种族多样性会提高捐赠的可能性和捐赠额。

---

① 布莱克波特公司是专门向非营利组织提供各种信息工具和解决方案的公司。——译者注

人们普遍认为，种族多样性与低捐赠率之间存在反比关系，原因有三个，一是就社区事务达成一致的难度，二是在特定种族群体中捐赠的倾向，三是不同群体间的高“交易成本”（例如花费在破除语言障碍和建立信任上的时间）。在吸引捐赠人的过程中，筹款人也一直面临着这些挑战，这就造成了非裔美国人和西班牙裔美国人在捐赠群体中所占比例不足的情况。例如，20%的非裔捐赠人和18%的拉丁裔捐赠人指出，如果受到更多的邀请，他们就会对更多的非营利组织进行支持（在全部捐赠人中，有9%赞同这一说法）。21%的拉丁裔捐赠人宣称若清楚了如何去捐赠，他们会为非营利组织提供更多支持（在全部捐赠人中，有10%赞同这一说法）（Rovner，2015）。为了应对这些挑战，筹款人和非营利部门领导者应尽力在社区中与这些群体产生认同，“塑造社区认同，包容并欢迎差异”。

以身份认同为基础的慈善事业被称为“通过在边缘化社区中积极推 162
进、组织慈善活动，不断推动慈善民主化的运动”。这类慈善事业是支持少数群体捐赠人的方式之一（W. K. Kellogg Foundation，2012）。这一运动将会缩小主流机构慈善捐赠中所占比例不足与所占比例过多群体之间的差距，并对种族群体表达慷慨的多种方式进行推广。以身份认同为基础的慈善事业通过多种筹款渠道利用资源，赋予边缘群体以“知识、激情、专业性、积极性和骄傲”（W. K. Kellogg Foundation，2012）。

非正式捐赠

对很多种族多样性群体来说，慈善事业在广义上被视为时间、才能和金钱的奉献，并且围绕着家庭、教堂和教育展开。领导人物，包括宗教、社区、慈善事业、社会和家庭中的领导人物会对捐赠行为产生巨大的影响。非正式捐赠一直以来都是慈善事业的重要部分，在种族社区中长期存在。这或许是由于对传统的非营利组织的不信任，或许是由于对家庭成员的直接支持非常重要。照护养育的责任通常被认为应由家庭成员来承担，而不是由政府、私营部门或非营利组织来承担。从帮助有需要的近邻，到捐款支持社区活动，通过这些非机构化的方式慷慨捐赠，是多元化社区群体参与慈善的重要方式。

移民的作用

理解美国目前和未来的种族多样性，关键是理解移民对美国慈善事业的影响。2010 年，12.9%的美国人口是在国外出生的。国外出生人口中 50%以上来自拉丁美洲和加勒比海地区，其中的 55%来自墨西哥；其次是在亚洲出生的人口，占国外出生人口的 28.2%；12.1%来自欧洲；4.0%来自非洲；2.6%来自其他地区。到 2050 年，移民人口预计达到 7800 万人（占美国总人口的 19%）（U. S. Census Bureau，2012b）。

非营利组织管理层和实践工作者应重点了解美国国外出生人口的地理差异。根据最新的普查数据，各州的人口情况各不相同。加利福尼亚州
163 （27%）、纽约州（22%）和新泽西州（21%）的国外出生人口占比最高，美国的移民人口中超过一半在这三个州生活。得克萨斯州、内华达州和佛罗里达州也超过了 12.9%的美国平均水平。除伊利诺伊州之外，中西部各州的国外出生人口占比都低于 8%（U. S. Census Bureau，2012b）。表 13.5 和表 13.6 为基于 2010 年人口普查所总结的美国移民来源的相关数据。

表 13.5　2010 年美国国外出生人口来源地

出生人口来源国家所在地区	占国外出生总人口的比例（%）
非洲	4.0
亚洲	28.2
欧洲	12.1
拉丁美洲和加勒比海地区	53.1
其他地区	2.6

资料来源：根据 2010 年美国调查数据（U. S. Census Bureau，2012b）整理。

表 13.6　户主出生地情况与家庭收入

户主出生地情况	家庭年收入中位数（美元）	贫困人口比例（%）
国内出生	50288	14.4
国外出生	43750	19.9
归化公民	52642	11.3
非公民	36401	26.7

资料来源：根据 2010 年美国调查数据（U. S. Census Bureau，2012b）整理。

移民与慈善事业

和早期的美国移民潮类似，近期的移民带来了他们的传统、宗教、文化，并且拥有捐助美国慈善组织的潜力(Jackson et al.，2012)。“政府税率、宗教的重要性、针对家庭和社会关系的‘非正式’捐赠是否广泛实施以及国家的财富”都可能影响到人们捐赠的方式(Osili and Du，2003)。来到美国的移民经常会受到来源国慈善方式的影响，不愿意接受“‘美国式’的机构化慈善模式”(Osili and Du，2003)。

在美国生活了10年及以下的国外出生人口进行志愿服务和正式慈善 164
捐赠的概率更低，这表明文化中的慈善传统、社交网络和居住隔离都会影响参与度(Osili and Du，2003)。在美国生活10年之后，这种影响就会减轻，移民也开始参与到美国式的慈善捐赠中(Osili and Du，2003)。来自拥有和美国类似的慈善传统的国家的移民要比来自非类似传统的国家的移民更快地入乡随俗(Jackson et al. ，2012)。在控制了家庭变量(如长期收入)的情况下，从通过正式和非正式手段开展的各种慈善活动方面来看，移民家庭和本土家庭在慈善捐赠方面并无很大的差别(Osili and Du，2003；Aldrich，2011)。

慈善捐赠传统在移民群体中也有所不同。针对亲朋好友和互助社团的非正式慈善活动是常见的方式。在社交网络和互惠条件的促使下，移民群体向家庭外的个人，尤其是其来源国的个人进行私人转账汇款的概率要比其他群体高10%。2014年，针对发展中国家的汇款额预计将达到5830亿美元，这些私人转账对发展中国家发挥了至关重要的作用。这一数字也只是最低的估计，并没有包括实物捐赠和其他形式的捐赠(Osili and Du，2003；The World Bank，2015)。社会关系也对价值观和捐赠重点产生了重要影响。奥尔德里希(Aldrich，2011)提出了使筹款人能够有效地邀请移民参与到慈善事业中的几种方式：

- 提供志愿服务机会。志愿服务是移民参与慈善活动的最基础方式。要确保你所在组织能够为移民提供他们乐于接受的志愿服务机会，要主动联系移民，让他们了解到有这些机会，让他们感到自己的参与是受到欢迎的。

• 找到移民感兴趣的慈善项目。和你的移民捐赠人共同创造双赢的机会，使他们通过你所在组织的项目实现其慈善预期目标。

• 利用社交网络建立信任和参与热情。利用关系、家庭成员和社会群体的重要性在你的移民捐赠人之间建立起集群效应。

• 邀请移民参与你所在组织的领导工作。向他们展示你所在组织如何重视这些移民客户，将他们纳入决策群体中，例如董事会、委员会、工作小组和其他工作人员。

165 • 请他们分享各自的慈善传统。开展关于慈善、捐赠和志愿服务的对话，让本地人和移民捐赠人对双方的慈善传统有更深入的理解，并从中受益。

• 邀请他们捐赠。让移民捐赠人了解到他们是你所在组织的重要成员，用和邀请其他捐赠人同样的方式邀请移民捐赠人。

在筹款中拥抱多样性

如今，非营利组织逐渐将多样性内化为宗旨和组织价值。这方面的研究不断增加，例如凯洛格基金会的“捐赠文化”（Cultures of Giving）计划等。在这些文献所提出的原则和实践的指导下，非营利组织开始推广以身份认同为基础的慈善，寻找利用资源、将支持的方式多元化、为种族多样性社区赋权从而加速社会变革等机会。2012 年，以身份认同为基础的基金每年将分配近 4 亿美元，这些基金中的大多数是由种族多样性群体建立的（W. K. Kellogg Foundation，2012）。这些组织一直在获取西班牙裔美国人、非裔美国人、亚裔美国人和其他种族多样性群体的经济增长和经济实力状况。例如，非营利组织通过举办论坛来加强内外部战略，而亲和团体在针对种族多样性群体开展工作时提升包容性（United Way，2013）。对很多组织来说，提升与种族多样性群体接触的能力，是建设和管理可靠且全面的筹款项目的关键。

同时，多样性也给筹款人带来了挑战。种族多样性群体通常具有可识别的、明显的且有重大意义的慈善特征。因此，筹款人发现，为了实现目标，必须按照捐赠人的习惯和敏感度来调整筹款诉求。在评价欢迎种族多样性群体捐赠人参与的新规定时，卡森（Carson）如此评价：“21

世纪的筹款需要根据捐赠人不同的兴趣、价值观和传统发展出各具特色的手段，而不是采用基于白种人的兴趣、价值观和传统而形成的统一手段。”(Rovner，2015：3)

纽曼(Newman，2002)指出，对那些从白种人捐赠人处筹得最多慈善捐赠的组织来说，传统的捐赠人金字塔模型十分管用，但是考虑到其等级制度的本质以及在捐赠人培养过程中花费的时间，这一模型并不适用于其他文化。纽曼提出了慈善连续体的概念，慈善连续体的开端是那些 166
关注生存和基本需求的家庭，逐渐过渡到主动帮助贫困人群的家庭，再到会通过对所在社区和组织投资来实现共同目标的家庭。这一连续体的坐标轴从左至右可以分别标记为“生存”、“帮助”和“投资”(Newman，2002)。

通过回顾种族多样性群体筹款方面的文献，可以看出，必须根据不断变化的捐赠人群体来调整传统的筹款原则。专业筹款人必须考虑到捐赠人采用的不同捐赠方式，如一对一的个人劝募、直接邮寄、互联网筹款和电话筹款等。通过研讨会等活动进行信息和知识的分享，有利于让潜在捐赠人和合作伙伴了解对社会问题产生影响的诸多模式(Jackson et al.，2012)。必须重新制定研究战略，收集与种族多样性群体捐赠人身份认同和培养相关的信息。同时要招募和培训代表不同种族群体的志愿人员。

然而，在改变或改善筹款战略与实践之前，筹款组织应当致力于服务多样性，无论是在组织内部还是在捐赠人之间都应如此。组织的任务和目标要做出改变，以反映致力于服务多样性的决心，同时为提高多样性意识提供必要的培训或项目。为了实现这一目标，相关组织必须得到管理层的支持，组织内部也应该是多样性的。必须草拟相关的需求声明，明确组织关于多样性的立场、包容多样性的意愿以及多样性如何融入组织的框架中。基于身份认同的群体也可以就多样性社区的对外扩展提出建议。通过学习和研究，可以总结出最佳经验，建立起转型性项目。对捐赠人网络进行分析，也可以帮助筹款人更好地理解慈善在种族多样性社区中的作用和潜力。目前已经有一些针对种族多样性群体员工和捐赠群体的成功策略，包括实习生和奖学金计划以及多样性基金(Chao，2008)。

结　语

非白种人和拉丁裔人口增长速度将远远超过主流白种人口，这已经成为事实，美国人逐渐开始普遍认同多样性社区的重要性（U. S. Census Bureau，2012a）。这给筹款组织带来了新的机会，就语言、价值观和文化方面的众多差异进行理解和沟通。

167 关于多样性的研究表明，筹款人需要开发多元化的战略，以满足捐赠人的独特兴趣和重要诉求。然而，接受这种多样性不仅限于在种族多样性群体中筹款，也体现在提升种族多样性群体在组织核心部门中的发言权。越来越多的研究表明，保证内部和外部利益相关者平等的代表权已经成为很多非营利组织的首要任务。随着更多资源和工具的出现，筹款人可以尝试融入多样化声音，从而对逐渐多样化的人口建立起更全面的了解。

讨论问题

（1）筹款人为什么要关心种族与慈善事业之间的关系？

（2）列出三种可能需要根据不同种族群体的诉求进行调整的传统筹款方式。

（3）移民如何影响筹款？

（4）针对不同的种族群体，典型的捐赠人金字塔模式可能会有哪些变化？

第十四章　捐赠中的世代差异

艾米·塞耶　德里克·费尔德曼

在关注捐赠和志愿服务的未来时，对筹款人来说，最重要的因素 169
莫过于要考虑世代差异如何影响慈善事业的整体布局。关于捐赠世代差异的研究表明，1964 年以前和以后出生的人群在偏好和身份认同方面存在显著差异。出于种种原因，这些差异的存在非常重要，非营利组织需要青年人参与其当下的活动，只有如此，随着年龄的增长，“X 世代”和千禧世代才能够转变为核心捐赠群体。未来十年，1964 年后出生的人群的捐赠和志愿服务模式对于慈善组织的重要性日益增长，参与筹款的人群需要考虑到诸多对于“X 世代”和千禧世代具有重要意义的因素。有待进一步探讨的问题包括：参与战略和捐赠类型的多样性、重新思考工作场所的作用以及描述捐赠影响力的新方式。

世代和捐赠模式

界定一个特定世代的起止时间并没有标准的指标。几乎每个世代研
究都表明，其所选的年份界限具有灵活性。为探讨最近四个世代的慈善 170
捐赠，本章对不同世代的名称、界定和具体描述陈述如下：

- 前婴儿潮世代/成熟世代：1945 年或以前出生。

前婴儿潮世代/成熟世代出生于大萧条时期，其成长过程中经历了电视、电话、家用电器和汽车的大量生产时期。家庭结构包括数

代同堂的大家庭，社会关系一般都通过学校、宗教社区和邻里组织建立。这个世代以他们的忠诚、勤劳、勤奋、尊重权威以及为实现共同利益做出努力而闻名。

• 婴儿潮世代：1946~1964 年出生。

二战后的生活富足，妇女、同性恋者和种族/族裔少数群体的民权运动，太空探索，“冷战”和越战，这一切因素决定了婴儿潮世代的与众不同。他们大多在核心家庭出生并长大成人，电视和同伴是婴儿潮世代文化和社会发展的重要元素。这一世代的特点是具有安全感，这种安全感使其能够探索创新思考，反抗不平等。除此之外，婴儿潮世代乐观向上，重视青春、物质财富和健康。

• X 世代：1965~1980 年出生(有些划分将 1976 年作为节点)。

X 世代经历了后民权运动、“水门事件”丑闻和越南战争，是第一次见证父母高离婚率的世代，这一世代的社会支持和社会互动大多来自同伴和大众媒体。X 世代理解生活中的平衡感，他们珍惜能够提供体面薪水的有意义的工作，但是也希望能够保证足够的自由时间享受生活。X 世代乐于应用个人电脑和互联网等新技术，并且将多元化和平等视为常规。

• 千禧世代：1980~2000 年出生(有些划分从 1977 年开始，到 20 世纪 90 年代结束)。

千禧世代是美国历史上受教育水平最高、经历了最先进的科技发展且种族/族裔最多元化的一个世代。这一群体通过高科技认识世界，比如微波炉、个人电脑、互联网等，使他们获得大量的全球信
171 息，促进了国际关系的培养。他们重视身体健康，对家庭和朋友十分忠诚坚定。千禧世代的特点是继承并放大了婴儿潮世代的工作理念，也继承了 X 世代对科技的敏锐度。

家庭收入与世代

婴儿潮世代占据了美国 2009 年家庭总数的最大份额(4400 万户)。在家庭年收入超过 75000 美元的家庭中，婴儿潮世代家庭的数量最多(1930 万户)。数量第二多的是 X 世代家庭，总数为 3430 万户，收入超

过 75000 美元的家庭达到 1150 万户。排在第三的是前婴儿潮世代家庭，总数为 2440 万户，收入超过 75000 美元的家庭数量为 590 万户。排名最后的是千禧世代家庭，也就是最年轻的一代人，总数为 1120 万户，收入超过 75000 美元的家庭只有 210 万户（Demographics Now，2010）。

X 世代和千禧世代收入超过 75000 美元的家庭数量共有 1360 万个，是同一收入水平的前婴儿潮世代家庭数量（590 万个）的 2 倍多，大约是同收入水平婴儿潮世代家庭的 2/3。除此之外，最新的研究预计，X 世代和千禧世代将在不远的将来继承约 40 万亿美元的遗产，这些都有可能被投入慈善捐赠中（21/64 and Dorothy A. Johnson Center for Philanthropy，2013）。慈善捐赠的未来建立在 X 世代和千禧世代的基础之上，他们很快将进入实现收入高峰的年纪，承担更多的领导职务，并掌控大规模资金，当然也包括慈善资金。

捐赠中的同辈效应和生命周期效应

筹款人关注世代捐赠差异的同时，应考虑到同辈效应和生命周期效应之间的不同。同辈效应是指某一群体一生中与其他群体不同的特点。例如，那些经历过大萧条时期物质稀缺年代的人，他们对金钱和慈善的态度会受到永久的影响，这就是同辈效应。生命周期效应会随着个体年龄增长而发生变化。举例说明，某个人到了 40 岁，可能要比其 20 岁时更加慷慨大方。这是因为随着年龄的增长，人们用于慈善事业的可支配收入有所增加，而人们的价值观和人生重点也随年龄增长而发生变化。这方面的后续研究将有助于回应生命周期和同辈效应对慈善捐赠和志愿 172
服务影响方面的问题。

虽然目前很多因素已被证实与捐赠行为相关（例如收入、家庭财产、受教育水平、婚姻状况、家庭子女数量和就业状况），但 X 世代、千禧世代、前婴儿潮世代和婴儿潮世代的捐赠行为之间依然存在差异。千禧世代和 X 世代比婴儿潮世代或前婴儿潮世代体现出更低的捐赠率和更低的捐赠金钱数量。由布莱特波特公司和前沿研究公司（Edge Research）发布的最新研究成果表明，千禧世代和 X 世代参与慈善捐赠的比例相当。然而，X 世代的捐赠款要少于婴儿潮世代和前婴儿潮世代，其捐赠的数额是千禧世代的 1.5 倍（Rovner，2013）。

千禧世代和前几个世代在捐赠方面的差异是否受到同辈效应或生命周期效应的影响，这一问题的答案还不得而知。与前婴儿潮世代和婴儿潮世代相比，X 世代的低捐赠率和千禧世代的低捐赠率、低捐赠额可能反映出，这两个世代对宗教组织活动的参与逐渐减少。2013 年，31%的慈善捐赠来自对宗教组织的捐赠，共计约 1055.3 亿美元，它是比例最大的捐赠类型(The Lilly Family School of Philanthropy，*Giving USA*，2014)。根据 Jumpstart 和印第安纳大学礼来家族慈善学院的研究《建立联系，共同捐赠：宗教社区》，超过一半(55%)的美国人指出宗教信仰是其慈善捐赠决定的重要影响因素，美国有近 3/4(73%)的慈善捐赠分配至与宗教相关的组织。同时，千禧世代(29%)和 X 世代(21%)不信仰任何宗教的比例要高于婴儿潮世代(16%)和前婴儿潮世代(9%)(Pew Research Center，2014)。

财务安全感也是影响慈善捐赠额的重要因素。因此，随着千禧世代开始接受高等教育、进入就业市场，用千禧世代所处的经济环境来解释慈善捐赠的世代差异，似乎也颇有道理。比起前三个世代群体在人生同样阶段所经历的状况，千禧世代面临着较低的收入水平和财产总额，较高的贫困率、失业率和教育贷款额，71%的千禧世代表示他们面临着比父辈年轻时更困难的经济环境(Pew Research Center，2014)。显而易见，经济基础对捐赠有着较强的影响，但每个世代不同的价值观、偏好和捐赠行为也是影响因素。

173 各世代的捐赠情况

本部分提供了每个世代捐赠的详细信息，包括捐赠人的数量和比例、年均捐赠额和接受捐赠的慈善机构数量。数据来自布莱特波特公司和前沿研究公司 2013 年的研究(Rovner，2013)。同时也包括了每个世代最为重视的事业、如何参与到所支持的主要慈善机构中，以及使用何种交易渠道。这些数据来自布莱特波特公司和前沿研究公司 2013 年的研究(Rovner，2013)以及康维尔公司(Convio)和前沿研究公司的研究(Bhagat，Loeb，and Rovner，2010)。每个研究都针对 1000~1500 名有代表性的慈善捐赠人样本进行了问卷调查。

各世代共有的捐赠行为特征

2013年，美国的个人捐赠总额约2406亿美元，占美国慈善捐赠总额的72%（*Giving USA*，2014）。表14.1表明了布莱特波特公司和前沿研究公司研究中每个世代捐赠的不同特征（Rovner，2013）。虽然每个世代的人群中，大多数人会参与捐赠活动，但是前婴儿潮世代参与慈善捐赠的人数所占比例最高。虽然千禧世代年均捐赠额最低，支持的慈善组织数量最少，但比起其他世代的捐赠人，他们更积极地计划提高慈善捐赠额，增加所支持的慈善组织数量。

表14.1 美国各世代的捐赠数据（2013）

世代	捐赠人总数	参与慈善捐赠的人数所占比例	年均捐赠额	未来提高慈善捐赠额的比例	支持的慈善组织数	未来支持其他慈善组织的比例	每年参与一次以上慈善捐赠的比例
前婴儿潮世代	2710万人	88%	1367美元	10%	6.2家	4%	45%
婴儿潮世代	5100万人	72%	1212美元	10%	4.5家	2%	47%
X世代	3950万人	59%	732美元	18%	3.9家	6%	50%
千禧世代	3280万人	60%	481美元	21%	3.3家	13%	41%

资料来源：The Next Generation of American Giving：The Charitable Giving Habits of Generations Y，X，Baby Boomers，and Matures，Blackbaud and Edge Research，authored by Mark Rovner。

慈善事业 布莱特波特公司和前沿研究公司开展了一项研究，请捐赠人从列表中选出自己重点支持的慈善事业。结果显示，各个世代捐赠人所重点支持的慈善事业大同小异，表14.2对调查结果做了归纳。在不同世代中，个人最乐意支持的前五项慈善事业分别为地方社会服务、礼拜场所、健康慈善、儿童慈善和教育。虽然每个世代对前四项慈善事业都感兴趣，但是由于关注重点不同，对于第五项慈善事业，各个世代的看法有所不同。

表14.2 美国各世代重点支持的慈善事业（2013）

世代	1	2	3	4	5
全部世代	地方社会服务（44%）	礼拜场所（41%）	健康慈善（39%）	儿童慈善（34%）	教育（29%）

续表

世代	1	2	3	4	5
前婴儿潮世代	礼拜场所（45%）	地方社会服务（37%）	健康慈善（23%）	军队/退伍军人（22%）	教育和儿童慈善（20%）
婴儿潮世代	礼拜场所（38%）	地方社会服务（36%）	儿童慈善（22%）	健康慈善（19%）	动物救助/保护（18%）
X 世代	礼拜场所（36%）	地方社会服务（29%）	儿童慈善（28%）	健康慈善（24%）	动物救助/保护（21%）
千禧世代	儿童慈善（29%）	礼拜场所（22%）	健康慈善（20%）	地方社会服务（19%）	教育（17%）

资料来源：The Next Generation of American Giving：The Charitable Giving Habits of Generations Y，X，Baby Boomers，and Matures，Blackbaud and Edge Research，authored by Mark Rovner。

参与方式 各世代参与慈善事业的主要方式都是直接货币捐赠，其次是捐赠物品（衣服、食品）、访问慈善机构网站和志愿服务（见表14.3）。然而，前两个世代认为货币捐赠会对慈善事业发挥最大的影响，而后两个世代则认为他们可以通过言论传播、慈善筹款和志愿服务为慈善事业做出贡献（Bhaget，Loe band Rovner，2010）。

表 14.3 美国各世代捐赠人参与慈善事业的主要方式

世代	直接货币捐赠	捐赠物品（衣服、食品）	访问慈善机构网站	志愿服务
全部世代	68%	28%	23%	13%
前婴儿潮世代	81%	23%	13%	7%
婴儿潮世代	76%	30%	20%	11%
X 世代	66%	30%	23%	17%
千禧世代	50%	26%	34%	14%

资料来源：The Next Generation of American Giving：A Study on the Hultichannel Preferences，and Charitable Habits of Generation Y. Generation X. Baby Boomers，and Matures，Convio and Edge Research，authored by Vinay Bhagat，Pam Loeb，and Mark Rovner。

交易/捐赠渠道 指个人向慈善机构捐助的方式。临时捐赠、购进收益和线上捐赠是各个世代捐赠人首选的三种捐赠方式。后三个世代都将
176 这三种方式作为首选，但是侧重点各有不同。只有前婴儿潮世代对于主要渠道的选择有所不同（Rovner，2013）。调查结果如表 14.4 所示。

表 14.4　美国各世代捐赠人的交易/捐赠渠道(2010)

世代	临时捐赠	购进收益	线上捐赠	承诺捐赠	荣誉/纪念性捐赠品	汇款/信用卡
全部世代	50%	40%	39%	35%	32%	32%
前婴儿潮世代	44%	36%	27%	38%	42%	52%
婴儿潮世代	53%	41%	42%	39%	42%	40%
X 世代	51%	42%	40%	39%	24%	22%
千禧世代	52%	39%	47%	22%	17%	10%

资料来源：The Next Generation of American Giving：The Charitable Giving Habits of Generations Y，X，Baby Boomers，and Matures，Blackbaud and Edge Research，authored by Mark Rovner。

支持慈善事业可能性方面的差异、不同世代群体参与慈善机构的方式，以及这些群体捐赠的渠道，都是筹款者应该考虑的因素，从而决定如何有效地让每个世代的人群都参与到捐赠中。接下来，我们将探索各个世代群体不同的捐赠特征、支持的慈善事业、参与方式和捐赠渠道。

前婴儿潮世代

1945 年之前出生的人群目前已经退休或正计划结束职业生涯。很多人依然从事兼职或咨询工作。通过志愿服务、董事会和委员会工作以及资金上的支持，前婴儿潮世代的人群已经为非营利组织做出了几十年的重要贡献。他们对过去所支持的慈善事业有着强烈的忠诚感。

捐赠特征　在所有的货币捐赠中，大约有 26%来自 2710 万前婴儿潮世代捐赠人(约占前婴儿潮世代人口总数的 88%)。前婴儿潮世代的年均捐赠额(1367 美元)最高，人均支持的慈善组织数(6.2 家)最多。前婴儿 177
潮世代的捐赠行为在未来将保持稳定，只有 10%的人可能会提高捐赠额，4%的人提出他们将会在未来支持其他的慈善组织(Rovner，2013)。

慈善事业　大约有一半(45%)的前婴儿潮世代将礼拜场所作为他们首选支持的慈善事业，其次是地方社会服务(37%)，与婴儿潮世代和 X 世代选择类似。此外，与千禧世代类似，有 1/4 左右(23%)的前婴儿潮世代将健康慈善选为第三支持的慈善事业。与其他世代不同的是，前婴儿潮世代将军队/退伍军人(22%)选为第四支持的慈善事业，可能也代表着一种同辈效应(Rovner，2013)。

参与方式 大多数前婴儿潮世代通过直接货币捐赠（81%）的方式参与他们重点支持的慈善事业，志愿服务（7%）则是选择人数占比最低的方式。虽然这些回应体现出的总体趋势和其他世代类似，但与其他世代相比，不同参与方式所占比例之间差异较大（Bhagat，Loeb and Rovner，2010）。同时，在选择可以做出最大贡献的慈善事业时，与婴儿潮世代（20%）相比，更多的前婴儿潮世代（24%）选择了志愿服务。比起其他世代，前婴儿潮世代选择言论传播（8%）作为参与慈善的方式所占比例最低。

交易/捐赠渠道 与其他世代不同，前婴儿潮世代（超过一半）选择通过汇款/信用卡（52%）进行捐赠的人数所占比例最高。前婴儿潮世代选择线上捐赠（27%）的人数所占比例最低。选择荣誉/纪念性捐赠品（42%）的前婴儿潮世代和婴儿潮世代的人数所占比例相同，但是婴儿潮世代中，选择这种方式的人数所占比例排名第二，与选择线上捐赠的人数所占比例相同，而前婴儿潮世代选择这种方式的人数所占比例排名第三（Rovner，2013）。

婴儿潮世代

婴儿潮世代可能是被研究得最多的群体，无论是在美国还是在国际上，他们一直以来都是市场的重点，是主要的经济力量。

捐赠特征 在所有的货币捐赠中，40%来自5100万婴儿潮世代（约占婴儿潮世代总人口的72%）。婴儿潮世代贡献了第二高的年均捐赠额（1212美元），支持的慈善组织数（4.5家）也在各世代中排名第二。和其后的世代一样，婴儿潮世代的捐赠将在未来保持稳定，10%的人可能会增加捐赠额，只有2%的人可能会转而支持其他的慈善组织（Rovner，2013）。

慈善事业 与其前后的世代类似，婴儿潮世代将礼拜场所（38%）作为首选支持的慈善事业，地方社会服务（36%）紧随其后。婴儿潮世代重点支持的其余三项慈善事业与X世代排序相同：儿童慈善（22%）、健康慈善（19%）、动物救助/保护（18%）。实际上，婴儿潮世代重点支持的前五项慈善事业与X世代排序完全相同。

参与方式 超过3/4的婴儿潮世代（76%）通过直接货币捐赠的方式参与排名靠前的慈善事业。和X世代类似，30%的婴儿潮世代通过向机构捐赠物品(衣服、食品)的方式来参与慈善事业，这一比例高于前婴儿潮世代(23%)或千禧世代(26%)(Bhagat, Loeb and Rovner, 2010)。最后，婴儿潮世代将通过参与筹款活动(7%)的方式来为慈善事业做出最大贡献的人数所占比例高于其他世代。婴儿潮世代(0%)没有选择通过言论传播的方式来为慈善事业做出最大贡献，其所占比例低于其他世代(Rovner, 2013)。

交易/捐赠渠道　与X世代和千禧世代类似，婴儿潮世代中选择临时捐赠(53%)的人数所占比例最高。选择线上捐赠(42%)与提供荣誉/纪念性捐赠品(42%)的人数所占比例相同。婴儿潮世代与X世代选择通过承诺进行捐赠的人数所占比例(39%)相同，稍高于前婴儿潮世代(38%)，明显高于千禧世代(22%)(Rovner, 2013)。

X世代

尽管人口数量少于婴儿潮世代和千禧世代，但X世代成为近几十年来最具有创造力的经济力量。X世代对社会创业等非传统的捐赠方式有着特别的兴趣，这使他们与其他世代大不一样。

捐赠特征　在所有的货币捐赠中，约有20%来自3950万(59%)的X世代捐赠人。X世代的年均捐赠额和支持的慈善组织数都少于前婴儿潮世代和婴儿潮世代，但高于千禧世代，其年均捐赠额为732美元，支持的慈善组织数为3.9家。然而，只有18%的X世代认为他们将会在未来增加捐赠额，6%的人认为他们将会支持其他慈善组织，这两个比例都低于千禧世代(Rovner, 2013)。 179

慈善事业　X世代在很多方面与千禧世代很相似，在选择所重点支持的五项慈善事业时，X世代也展现出与婴儿潮世代的相似性。X世代将礼拜场所(36%)和地方社会服务(29%)分别作为第一支持和第二支持的慈善事业，虽然二者在比例上都低于婴儿潮世代。其后的三项慈善事业选择比例也与婴儿潮世代的选择比例接近：儿童慈善(28%)、健康慈善(24%)、动物救助/保护(21%)。这三个比例都分别高于婴儿潮世代。

参与方式　2/3(66%)的X世代通过直接货币捐赠的方式参与慈善事业，少于1/3(30%)的X世纪选择捐赠物品(衣服、食品)的方式。出人意料的是，不到1/4(23%)的X世代通过访问慈善机构网站的方式参与慈善事业，有23%的X世代选择这一方式(Bhagat, Loeb, and Rovner,

2010）。虽然X世代在参与慈善事业方面呈现出与其他世代明显不同的特点，但在选择为慈善事业做出最大贡献的方式时，选择捐款（36%）和志愿服务（31%）的人数所占比例接近（Rovner，2013）。

交易/捐赠渠道 在选择捐赠方式时，X世代和千禧世代的选择类似，X世代最喜欢临时捐赠（51%），最不倾向选择汇款/信用卡捐赠（22%）。X世代将线上捐赠（40%）选为第三可能使用的捐赠方式，而千禧世代则将其作为第二可能使用的方式，有近一半（47%）的千禧世代选择了线上捐赠。同时，虽然这两个世代都将承诺捐赠作为第四可能选择的方式，但X世代的人数所占比例（39%）要高于千禧世代（22%）（Rovner，2013）。

千禧世代

据预测，2015年美国千禧世代人口数量已达到8000万，个别的预测
180 结果显示的数字甚至更高。然而，应该注意到这一群体包括2000年出生的人口，他们还没有成年。2015年，年龄最大的千禧世代为35岁。

捐赠特征 在所有的货币捐赠中，近11%来自3280万千禧世代捐赠人。这一群体年均捐赠额最低（481美元），支持的慈善组织数最少（3.3家）。然而，超过1/5（21%）的人会在未来提高捐赠额，13%的人会在未来支持其他慈善组织，明显高于其他世代（Rovner，2013）。因为没有数据以体现其他世代在青年时期的捐赠模式，所以很难断定这种较低的捐赠数额是否归因于同辈效应或生命周期效应。

慈善事业 和其他世代不同，千禧世代并没有将礼拜场所作为首选支持的慈善事业，而是将儿童慈善（29%）列为首选。其次是礼拜场所（22%）和健康慈善（20%）。地方社会服务（19%）排在第四，而其他世代都将它列为第二支持的慈善事业（Rovner，2013）。这些发现支持了其他的研究结果，即千禧世代更乐意支持能够对个人而不是对机构有所帮助的慈善事业（Millennial Impact Report，2013）。

参与方式 虽然和其他世代类似，千禧世代最常使用的参与方式为直接货币捐赠（50%）。通过访问慈善机构网站的方式参与慈善事业的千禧世代的人数所占比例（34%）远远高于X世代（23%）、婴儿潮世代（20%）或前婴儿潮世代（13%）（Bhagat，Loeb and Rovner，2010）。在选择为慈善事业

做出最大贡献的方式时，千禧世代更多地选择志愿服务(30%)而不是捐款(25%)。选择志愿服务的X世代的人数所占比例(31%)与千禧世代几乎相同，但志愿服务并不是X世代的首选(Rovner，2013)。

交易/捐赠渠道　与婴儿潮世代和X世代类似，选择临时捐赠的千禧世代的人数所占比例(52%)最高。然而，比起其他世代，千禧世代更愿意通过线上捐赠(47%)的方式进行捐赠，选择通过承诺捐赠(22%)、荣誉/纪念性捐赠品(17%)或汇款/信用卡(10%)的方式捐助的人数所占比例更低(Rovner，2013)。这些发现表明，千禧世代的捐赠更为直接，使用的捐赠 181
渠道更具有技术含量。

吸引新世代捐赠人

数据表明，千禧世代已经开始支持慈善事业，虽然还未达到前几个世代同样的程度。历史上，每个世代都会在教育和经历的基础上，在某些特定的慈善事业中投入财富和兴趣。需要讨论的问题在于，考虑到新世代捐赠人的志愿服务和捐赠方式，如何实现其财富和兴趣在特定事业领域的投入。在《千禧年影响报告》的基础上，我们对3万余名千禧世代捐赠人进行了全面分析，筹款人有必要考虑新手段，了解新动机、新兴趣点和随之而来的新趋势(Millennial Impact Report，2014)。

慈善活动：第一次筹款经历

千禧世代的首次慈善经历是活动式筹款。这种筹款手段已经成为千禧世代主要的慈善入门方式，63%的千禧世代通过活动进行筹款，50%的千禧世代会支持他们的筹款活动人朋友(Millennial Impact Report，2013)。大多数千禧世代捐赠人在学校都经历过筹款活动，在大学期间也参与过为俱乐部或组织进行筹款的活动。因此，这些以活动为基础的模式和筹款工作已经成为他们非营利部门经验的一部分。筹款人需要考虑到这种趋势，并且组织千禧世代有兴趣参与的活动。

千禧世代参与慈善事业的目的在于帮助他人而不是组织

朋友和同伴能够激发千禧世代对于某一慈善事业的热爱，而不一定是慈善组织。该层面的慈善参与取决于千禧世代如何实现或帮助改善他人(受赠人)的生活。他们的最终目的是希望支持慈善事业、帮助他人并融入同样期待改变的社区(虚拟或现实)。这种对以慈善事业为基础的筹款的兴趣是千禧世代捐赠的动机。当某一非营利组织能够通过同伴和数
182 字推广激发千禧世代的兴趣时，他们也会乐于捐助这类非营利组织(Millennial Impact Report，2010)。筹款人一直以来都关注所在慈善机构的品牌打造，而面对千禧世代，筹款方法则需要改变，因为这类人群更容易被所支持的慈善事业所吸引，而不是慈善组织本身。筹款人应重点改变劝募所传递的信息，通过图像、视频和筹款声明，在捐赠人和受助人之间建立起关系。

千禧世代在全心投入某一慈善事业前会采取小行动

除了慈善活动，大多数千禧世代捐赠人在投入某一慈善事业前会完成很多的小行动，而不是作出长期承诺。千禧世代在更深入参与筹款事业之前，更乐于为脸谱网页“点赞”、分享视频或参加活动。然而，他们与慈善机构的关系越紧密，就越容易做出长期的大型捐助。千禧世代与非营利组织的互动更加冲动、即兴，一旦受到激励，只要眼前有机会并且道路畅通无阻，就会很快开展行动，包括从小额捐赠到短期志愿服务的各类行动。如此，就会形成针对多个慈善组织的小额捐赠，而不仅仅是关注一小群受赠人。筹款人必须做好通知工作，并且清晰地表述所呼吁的行动，从而协助千禧世代表达他们对非营利组织关注问题的支持。基于这些小行动的持续参与实现的劝募，有助于将捐赠人从被动感兴趣转化为对慈善事业的支持。

千禧世代认为他们的时间、金钱和资产有着同等的价值

千禧世代认为资产与时间、金钱、技术等息息相关，在进行捐赠时，这些要素具有同等价值。有意思的是，研究表明，千禧世代一直认为人脉和个人意见也是两种可以提供给非营利组织的资产类型。在技术的协助下，捐赠出个人意见的人们也可以捐赠技术、时间和金钱，并超越这些行动进行宣传呼吁。捐赠某人的社交网络是指将专业和个人关系资本化，让他人了解相关的慈善事业。筹款人应针对千禧世代对资产的定义，单独设计筹款活动，加强捐赠人和慈善机构之间的联系(Millennial Impact

Report，2013）。在劝募前利用这些活动，提高人们对支持相关慈善事业的意识和兴趣，从而实现更多回应。

工作场所具有影响力

对千禧世代来说，工作场所已经成为充满灵感和激情的场地。千禧世代正逐渐将个人和专业利益合二为一，随时都可以代表非营利组织开展与慈善事业相关的工作，包括慈善捐赠、志愿服务等。因此，千禧世 183
代在工作场所积极参与与慈善事业相关的活动不足为奇。

千禧世代在择业时，十分重视企业的社会责任、志愿精神和所在机构的捐赠项目。但是只有39%的千禧世代称，在面试的过程中企业曾讨论与慈善事业相关的问题，这种讨论的确会影响作为求职者的千禧世代。实际上，在面试中了解到企业慈善事业的千禧世代中，有55%称企业对慈善事业的参与说服了他们接受这份工作。女性员工尤其容易在面试中受到企业慈善事业的影响（占女性员工总数的比例为63%），受到影响的男性员工的比例为45%（Millennial Impact Report，2014）。

已经为非营利组织进行志愿服务并且进行捐赠的千禧世代更乐于关心、探索企业参与慈善事业的情况，这是意料之中的事情。例如，52%的员工开展过4~10个小时的志愿活动。过去一个月曾提供10~20个小时志愿服务的员工中，有55%的员工在求职阶段就对企业的慈善工作产生了兴趣。在过去一个月内未提供过志愿服务的员工中，只有26%的员工在求职阶段对企业慈善工作产生兴趣。同样的，46%的员工在2013年的捐赠额超过了1000美元。在捐赠50~100美元的员工中，有37%在求职阶段对企业慈善工作感兴趣。相比之下，在没有捐赠经历的员工中，只有27%在求职阶段对企业慈善工作感兴趣（Millennial Impact Report，2014）。

筹款人应关注那些鼓励员工在工作场所积极参与慈善事业的企业。根据研究结果，利用工作时间表达对慈善事业的兴趣，这样的做法将会越来越多。因此，筹款人应当与这些员工建立起伙伴关系，让其在工作场所开展倡导、自己组织、创设同伴筹款活动等。一旦建立起这样的伙伴关系，筹款人就需要提供资源、传播和劝募工具，让这些员工获得成功，并在慈善组织的慈善事业中积累兴趣。

结　语

吸引各个世代尤其是X世代和千禧世代参与慈善事业，意味着要找到共享兴奋点和慈善事业目标的方式，也意味着提供多种方式，让人们
184 参与到那些支持其感兴趣的慈善事业且乐于应用新手段、新理念的非营利组织中，从而促进筹款事业的发展，建立起支持者群体。

讨论问题

(1)你认为不同世代参与慈善事业和慈善捐赠方式之间的差异是同辈效应或生命周期效应造成的吗？为什么？

(2)筹款人可以通过何种方式使各个世代充分发挥潜能，通过慈善事业实现持久的发展变革？

(3)基于其参与慈善事业的独特方式，X世代和千禧世代如何有效地将利他行为的社会价值观传递给他们的子女？

(4)鉴于X世代和千禧世代将会继承大量的财产，非营利组织应立刻采取哪些步骤(及哪些方式)，从而与这些未来强大的慈善捐赠人建立持续且真实的关系？

第十五章　了解高净值捐赠人

帕特里克·鲁尼　尤娜·欧斯里

知名度较高的捐赠人以及比尔及梅琳达·盖茨(Bill & Melinda 185
Gates)、欧普拉·温弗瑞(Oprah Winfrey)、马克·扎克伯格(Mark Zuckerburg)、沃伦·巴菲特(Warren Buffett)、乔治·索罗斯(George Soros)和特德·特纳(Ted Turner)等慈善家的努力重新激发了人们为慈善事业捐赠出大量身家的兴趣。从安德鲁·卡内基(Andrew Carnegie)开始，这些慈善家的财富慷慨地贡献给不同的慈善事业。本章重点回顾了高净值捐赠人群的相关文献，为筹款人、从业人员和非营利组织领导提供启发。主要回答以下问题：

捐赠人是谁？(高净值人士向慈善事业捐赠的比例如何?)

捐赠数量如何？(收入和财富等因素如何影响高净值家庭向慈善事业捐赠的数额?)

捐赠的目的是什么？(哪些领域从高净值捐赠人处受益最多?)

高净值捐赠的地区差异有哪些?

“巨额捐赠”(高于5000万美元)和其他高净值捐赠的区别是什么?

其他问题包括公共政策以及慈善方面的法律和房产税如何影响高净值人士的捐赠决定。这些问题都具有重要的意义，便于我们了解那些富有的捐赠人进行捐赠的影响因素。

捐赠模式

186 大多数关于高净值人士捐赠行为的研究发现，富人非常乐于捐赠，95%以上的富人表示他们曾经向慈善事业捐赠（Bankers Trust Private Banking，2000；U. S. Trust，2002；Spectrem Group，2002；Indiana University，2010）。相比之下，根据慈善专门研究小组——由密歇根大学开展的收入动态专门研究小组（PSID）的研究，结果显示，2007 年大约 65%的美国普通民众曾向慈善事业捐赠，如图 15.1 所示。

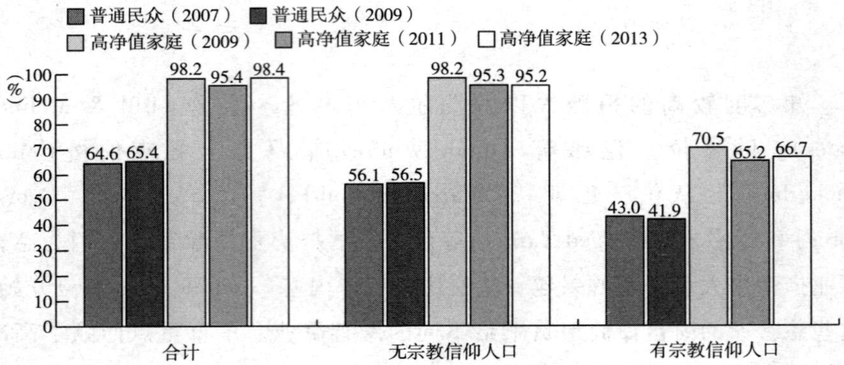

图 15.1　2009 年、2011 年和 2013 年高净值家庭及美国普通民众慈善捐赠比例比较

注：美国普通民众和高净值家庭之间的差异具有统计显著性。

资料来源：美国普通民众的数据来自 2007 年、2009 年的收入动态专门研究小组，为目前可获得的最新数据。高净值家庭的数据来自 2009 年、2011 年和 2013 年美银美林（BAML）高净值慈善研究。

大多数研究表明，富人的捐赠数额远远高于普通民众的水平。高净值捐赠人的捐赠数额在慈善捐赠总额中的不均衡分配十分明显。研究表明，较大部分的慈善捐赠是由很少一部分人完成的。例如，2000 年，美国全部家庭中只有 0.4%的家庭的年收入超过了 100 万美元，然而他们贡献了慈善捐赠总额的 16%（Schervish and Havens，2003）。

187

与高净值慈善相关的最大难题在于，收入和财富中的变化如何影响捐赠。斯图尔勒（Steuerle，1987）发现，对于中等收入以上的人群，慈善捐赠额会随收入增加。研究还界定了财富净值 50 万美元的门槛，在这一门槛之上，慈善捐赠额开始随着财富的积累而不断增加。但是研究也得出结论，财富本身并不代表终身慈善。哈文斯、奥赫里奇和谢尔维斯（Havens，O'Herlihy and Schervish，2006）注意到，在98%的家庭即财富低于30万美元的家庭中，慈善捐赠的比例一般为收入的2.3%。而财富高于30万美元的家庭中，慈善捐赠的比例则平均达到收入的4.4%。虽然不同研究对于财富和收入的衡量标准不同，这增大了不同研究间对比的难度，但是在一般捐赠人和富有捐赠人的捐赠模式之间，的确存在一些差异。

一些调查研究了捐款占收入之比的情况，结果一致表明，无论收入水平如何，大部分捐赠人的捐款额低于收入的5%（Independent Sector，2001；U. S. Trust，2002）。然而，另一项调查要求客户在他们的简历中注明其慈善捐赠情况，结果显示，2006年，高净值人士的捐赠额达到其财富的7.6%，而超高净值人士（总资产超过3000万美元）的捐赠额则达到其财富的10%（Merrill Lynch and Capgemini，2007）。与此相似，2014年美国信托对于高净值慈善的研究发现，2013年，高净值家庭的捐赠额达到了其收入的8%（Indiana University，2014）。

有研究还表明，捐赠人的财富来源会对捐赠额产生影响。《美银美林（BAML）和美国信托高净值慈善研究》（以下简称《高净值慈善研究》）（Indiana University，2010，2012，2014）表明，财产来源于家庭或创业企业的捐赠人通常非常慷慨，虽然其2007～2009年的捐赠额有所下降，但2009年的平均捐赠额达到了11万美元。比起2007年27万美元的平均捐赠额，这一数字有所下降。但与此同时，不同财产来源的捐赠额之间的差距也在缩小。事实上，财产主要来源于投资和资产增值的人群已经迎头赶上，其捐赠额与财产来源于家庭或创业企业的捐赠人几乎持平。2009年，财产主要来源于房产和专业成就的捐赠人平均捐赠额最低。
2014年的调查对捐赠人财产的衡量方法进行了修正，调查结果表明，高 188
净值捐赠人的慈善基金通常来自遗产或家庭财产。

高净值人士提供的志愿服务

除了捐赠钱款，参加调查的高净值人士中有75%在2013年进行了志愿服务，平均服务时长达到195个小时。若每个志愿服务小时价值23.07

美元(Independent Sector，2014)，195 个小时就约等于 4500 美元。2013 年，高净值人士中，在慈善组织董事会提供志愿服务的比例最高，大概有 45.7%的受访者在这类组织中提供志愿服务。接下来依次是为社会/社区服务组织提供服务、活动策划和筹款的人员，比例分别为 45.4%、38.6%和 38.5%。研究也发现，志愿服务时间和捐赠额具有高度相关性(Indiana University，2014)。

高净值人士通常拥有特殊的技能和特质以给组织带来价值，例如具有企业管理或领导经验的人士，可以为董事会和咨询委员会提供志愿服务。这类人群已经达到了收入的顶峰期，也拥有一定的经验，可以在慈善组织内部承担重要角色。与单纯捐赠钱款或资产的人群，或在一般领域进行志愿服务的人员相比，那些在专业领域进行服务的志愿者，包括董事会成员、专业咨询师等人员，捐赠额更多(Indiana University，2008a，2010，2014)。

捐赠方式

斯图尔勒(Steuerle，1987)和尤尔法安(Joulfaian，2000)关于减税的研究以及美银美林针对高净值慈善的研究重点都在于高净值人士捐赠的战略和方式。研究发现，一般来说，高净值人士倾向于捐赠更多的遗产而不是生前的收入。在捐赠的资源中，高净值捐赠人更倾向于使用不同的捐赠方式，而不仅仅是直接向个人或组织捐款。奥腾、克洛特费尔特和施迈尔贝克(Auten，Clotfelter and Schmalbeck，2000)对包括私人基金会和分利信托(Split-interest trust)的各种方式进行了全面的回顾，研究分析了每种方式缴税的情况。在很多情况下，高净值人士可以使用慈善剩余信托或其他的捐赠方式，这样会比单纯出售资产获得更好的税收待遇，尤其是当捐赠额超过了减税限制时，更是如此。

189 斯图尔勒(Steuerle，1987)的研究给出了强有力的证据，证明高净值人士通过遗产捐赠方式捐赠的款额要多于每年的慈善捐赠额。他在研究中指出，捐赠人生前可能更乐意从流动资产中拨款捐赠，而不会选择捐赠股票和房产等资产。尤尔法安(Joulfaian，2000)近期的研究发现，最大的捐赠额都来自遗产。在离世前 10 年进行捐赠的富豪平均捐赠额为 310 万美元，而那些选择捐赠遗产的富豪的平均捐赠额达到了 810 万美元。

对于资产超过 1 亿美元的群体来说，遗产捐赠占其总捐赠额的 78%。这些数据证实了斯图尔勒早期的发现，也就是高净值人士更倾向于利用他们的资产而不是年收入来进行捐赠。

图 15.2 使用了美国财政部的数据，其中包含了对各个非营利子部门组织的遗赠规定。除了通过基金会进行的捐赠（标签为“慈善事业/志愿服务”）外，接受遗产捐赠额占比最高（14%）的是教育组织。这也与其他相关的研究结果相符，即相比一般捐赠人，高净值人士更倾向于向教育组织捐赠，这一结论也得到了高净值捐赠接收组织相关研究的证实，将在后文进行探讨。 190

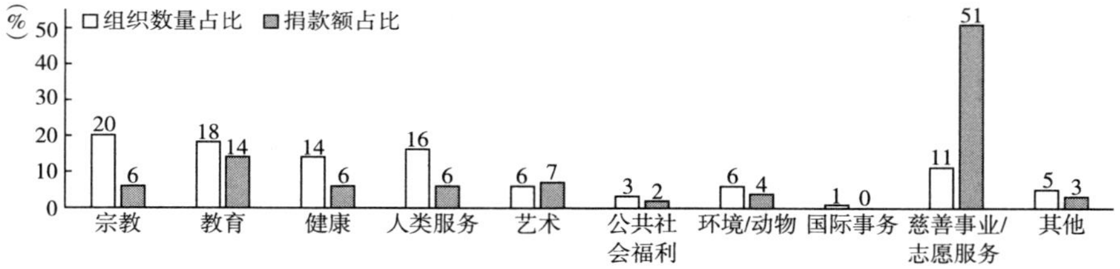

图 15.2　不同类型的遗产捐赠接收组织所占比例

资料来源：《捐赠美国 2009》，分析来自美国财政部 2009 年的数据。

2014 年美国信托进行的《高净值慈善研究》发现，2013 年，调查对象通过私人基金会、基金或信托进行的平均捐赠额达到 130697 美元。除此之外，超过 15.6%的调查对象曾在慈善组织设立基金，14.5%的调查对象曾通过捐赠人建议基金向社区基金会捐赠。近一半（46%）的调查对象曾在遗嘱中写明与慈善相关的条款。一些调查对象认为应该建立一种特别的捐赠方式，即“最大化慈善减税”，而这一原因成为设立以上五种捐赠方式的前三大原因之一。避免资本所得税、房产税或赠与税也是设立这五种捐赠方式的原因。谢尔维斯和哈文斯（Schervish and Havens，2001）也发现，在高净值捐赠人中，也存在利用不同的捐赠方式而不是直接进行捐赠的倾向。大部分的慈善捐赠（63%）流向了信托、基金和基金会，而不是直接捐赠给慈善组织。因此，分析出现此类倾向的原因成为一个饶有趣味而有待研究的领域，研究的问题包括信托保密义务、税务考虑以及非营利组织的筹款目标控制等。

高净值捐赠人的捐赠领域

在慈善捐赠的具体领域方面，高净值人士与一般捐赠人有所不同。一些学术研究和随机抽样调查研究发现，与一般捐赠人相比，高净值捐赠人更倾向于捐赠教育领域。税收方面的优惠的确会影响捐赠决定，因此具体的慈善事业或组织则是更为重要的因素。捐赠人的财富来源也会对捐赠的流向产生影响。一些研究发现，高净值捐赠人非常重视与某一慈善事业或组织的个人联系和关系。有报告表明，如果能够将慈善组织和捐赠人的目标和价值观有效地联系起来，那么慈善组织将有机会从高净值捐赠人处获得大量的资源。图 15.3 表明了高净值捐赠在不同领域间的分布情况，数据来源于 2014 年和 2012 年的《高净值慈善研究》(Indiana University，2012，2014)。

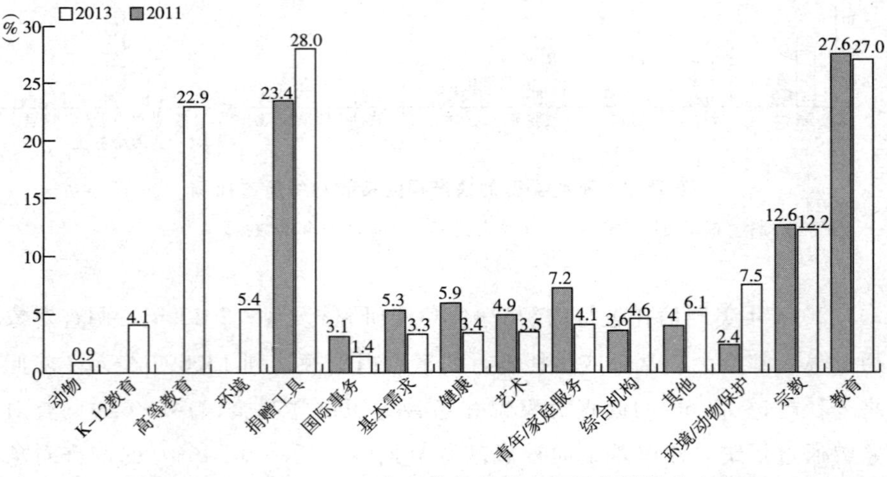

图 15.3　2011 年、2013 年高净值捐赠在不同领域的分布情况

注：综合机构包括联合劝募协会、犹太联合劝募协会和天主教慈善会等。捐赠工具包括向私人基金会、慈善信托或捐赠人建议基金的捐赠。

192 一些研究表明，比起全美国家庭，富有的美国家庭对教育、艺术和政治/支持机构的捐赠额更多(HNW Inc.，2000；U.S. Trust，2002)。哈文斯、奥赫里奇和谢尔维斯(Havens，O'Herlihy，Schervish，2006)发现，在高净值捐赠人慈善捐赠总额中，捐赠给教育领域的比例最高，其次是宗教和服务领域。这与一般捐赠人不同，一般捐赠人向宗教组织的捐赠比例最高。表 15.4 呈现了 2007 年、2009 年、2011 年和 2013 年高净值家庭在不同领域的捐赠比例情况。

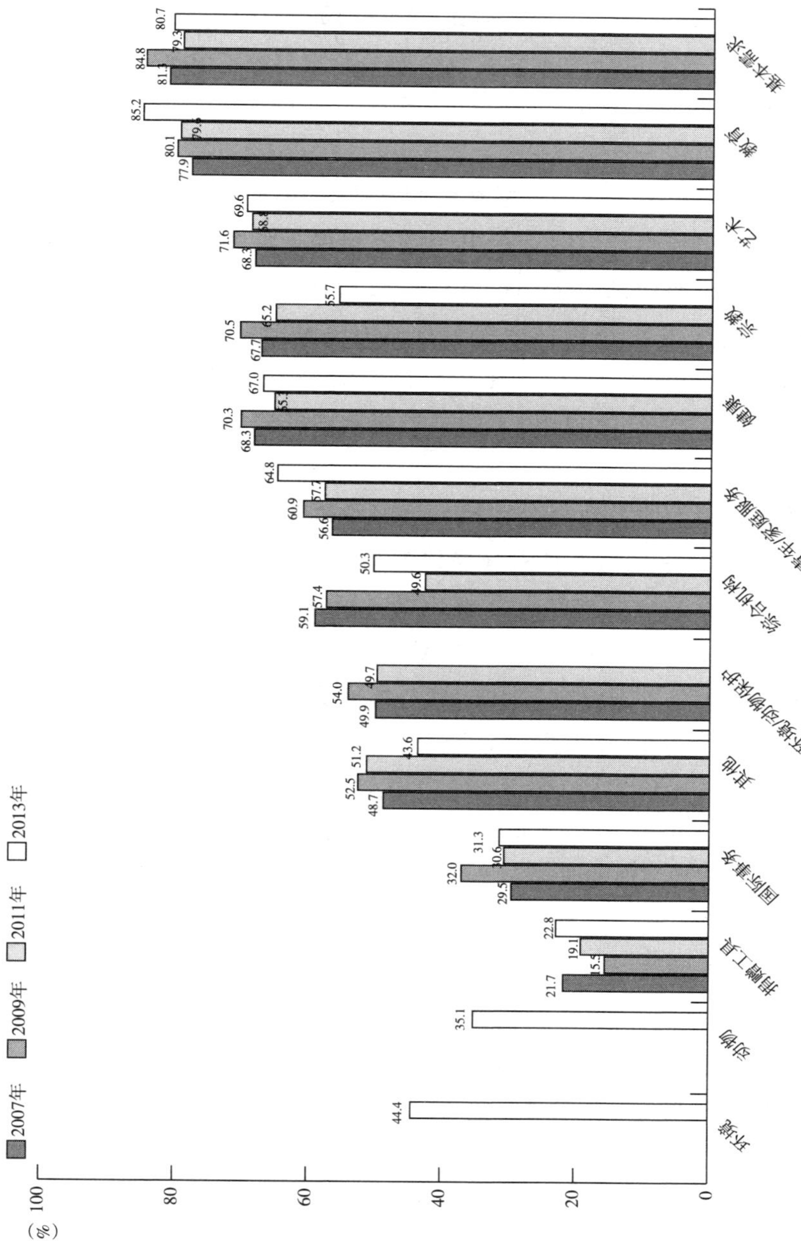

图15.4　2007年、2009年、2011年和2013年高净值家庭向不同慈善领域捐赠比例情况

资料来源：印第安纳大学礼来家族慈善学院研究并撰写的《2014年高净值慈善研究》。

捐赠人的动机和局限

各种研究一致发现，高净值捐赠人希望能够“回报”社区。其他动机包括改变世界、支持某一慈善事业或组织、获得财务安全感，获得税收优惠（HNW Inc.，2000；Citigroup，2002；Schervish，2007；Indiana University，2014）。

宗教信仰是很多高净值家庭捐赠的动机。2014 年，有 2/3 的捐赠人曾向宗教组织捐赠，虽然只有 40.1%的捐赠人认为宗教信仰是其做出捐赠决定的重要动机（Indiana University，2014）。其他研究表明，有宗教信仰的捐赠人在其慈善活动中更具有一致性。赫尔姆斯和桑顿（Helms and Thornton，2008）发现，各个收入层次的捐赠人中，与有宗教信仰的捐赠人相比，向世俗事业进行捐赠的非宗教捐赠人更加在意税率和收入。

高净值捐赠人的另外一个比较复杂的动机是将慈善价值观向年青一代传承。2014 年美银美林对高净值慈善的研究发现，58.7%的高净值捐赠人会拥有至少一项家庭慈善传统，54.7%的高净值捐赠人曾利用个人或者家庭对慈善做出的贡献对子女进行慈善教育。谢尔维斯（Schervish，2007）发现，高净值捐赠人将价值观的传承作为捐赠的动机因素之一。研究人员也发现，同伴的影响也是捐赠人的重要动机因素。

奥斯特维尔（Ostrower，1995）注意到，一些捐赠人会利用慈善作为获取较高社会地位的门槛或者象征。高净值捐赠人更倾向于捐赠教育和文化领域的原因之一在于这是两个被视为有更多精英的领域。在某些情况下，希望让自己的名字或者身份永世流传的想法也是捐赠遗产的动机。虽然奥斯特维尔的研究发现，超过一半的受访人希望在生前完成大部分
194 捐赠，而在那些计划进行遗产捐赠的捐赠人中，重要的动机就是希望与其热衷的慈善组织建立起联系。萨金特、福特和韦斯特支持这一结论，在研究中指出“当捐赠使捐赠人感觉良好，或者捐赠人的家庭与某一慈善事业具有联系时，在这种情况下，个人与组织的联系就得以加强”（Sargeant，Ford and West，2005：5）。

萨金特、福特和韦斯特（Sargeant，Ford and West，2005）还发现，捐

赠人对慈善组织的信任以及对其所选择的慈善事业产生影响的能力，都是捐赠决定的重要动机。他们注意到“信任会受到慈善组织运营情况和与其沟通情况的重要影响”。除此之外，“当捐赠人认为非营利组织可以通过与捐赠人的恰当沟通对慈善事业产生影响时，信任就得以建立”(Sargeant，Ford and West，2005)。与非营利组织之间建立联系，加之信任该组织的影响力，会对捐赠行为产生巨大影响。高净值人士对非营利组织的信任度较高。《2014 年高净值慈善研究》(Indiana University，2014)发现，91.6%的受访者对非营利组织以及它们解决社会问题和全球性问题的能力“比较有信心”或“很有信心”，这一结果高于受访者对企业和各级政府的信心。

卡尔兰和利斯特(Karlan and List，2007)考察了匹配捐赠的影响，研究发现，当存在匹配资金时，每次劝募的收入会提高 19%，个人进行捐赠的可能性会提高 22%。但只有在匹配率为 1∶1 时才会出现这种增长，而当匹配率为 2∶1 或 3∶1 时，对捐赠人就失去了额外的影响力。这些研究也支持了这一论点，即潜在捐赠人在受到额外激励时，更乐于进行捐赠。但以上研究只考察了一般捐赠人，并没有研究类似的激励是否会对高净值捐赠人或大额捐赠产生影响。

捐赠人的局限

有一些因素会对高净值捐赠人的捐赠产生不利的影响。高净值捐赠人会对其捐赠的组织产生期望，包括组织对待潜在捐赠人的态度以及组织的运营状况。在一项研究中(Indiana University，2006)，受访者提出了吸引他们进行更多捐赠的四种情况：第一，不断完善的运营，尤其是运营效率提高，最常见的就是“行政费用减少”；第二，更好的个人财务能力；第三，对非营利组织和捐赠机会等信息有更多的了解；第四，个人对时间分配和信息共享方式的偏好。《2014 年高净值慈善研究》(Indiana 195
University，2014)发现，大约有 80%的受访者指出，如果他们知道某一组织的运营情况良好，他们将会进行捐赠。一些捐赠人认为，如果他们经常被要求捐赠，或要求捐赠的数额不合理，他们将会停止对某一组织的支持(Indiana University，2014；Hope Consulting，2010)。

政策问题

税收政策对捐赠情况的影响是筹款人和非营利组织非常关注的问题。菲勒委员会注意到，美国的税收政策一直以来都通过减免捐赠人的缴税责任鼓励慈善捐赠。

一些研究发现，在高净值捐赠人中，税收优惠的确会对捐赠决定产生影响，但是远不如其他因素重要（Citigroup，2002；U. S. Trust，2002）。另一项研究表明，富有的捐赠人（34%）要比一般捐赠人（11%）更重视税收优惠的作用（HNW Inc.，2000）。

实证研究表明，税收政策对高净值捐赠人这类捐赠比例较高的群体产生着巨大的影响。《2014 年高净值慈善研究》的数据引发了讨论，探讨税收政策对高净值人士捐赠可能性的影响。当被问及，如果没有捐赠减税政策，其捐赠额是否会发生改变时，2013 年 50. 4%的受访者认为他们会不同程度地减少捐赠额。这和 2005 年的调查结果形成了对比，当时只有 46. 6%的受访者认为他们会减少捐赠额。研究还发现，2013 年，不到一半的受访者（47. 5%）认为在遗产税永久废除的情况下，还会继续捐赠同样的数额，48. 7%的受访者表示将会增加捐赠额。图 15. 5 和图 15. 6 表明了税收政策的变化对高净值慈善产生的影响，数据来源于 2006 年、2010 年和 2014 年的《高净值慈善研究》。这些数字体现出，虽然和一般捐赠人不同，虽然高净值捐赠人并没有将税收政策列为捐赠决定的重要动机，但是慈善捐赠税收优惠程度的变化依然会对高净值捐赠人的捐赠额产生潜在的重要影响。

奥腾等（Auten et al.，2002）通过经济模式和对 1989 年所得税申报的分析，考察了 20 世纪 80 年代税收政策变化的影响。他注意到，两项重要的
196 税收法案（1981 年和 1986 年）大幅度降低边际税率，提高了利用分享抵扣减税的纳税人慈善捐赠的成本。他发现，与经济学模型的预测相同，较为富有的纳税人的慈善捐赠额会随着税收政策的变化而有所降低。奥腾指出，这些模型并不能（也不可能）完美地预测这些行为，因为这些行为主要还是受到非经济学因素的影响。但是，他的分析表明，税收政策的变化，尤其是当最高级别的税率有所降低时，会显著影响富人的慈善捐赠，继而影响到依赖此类捐赠的组织（Clotfelter，1990）。

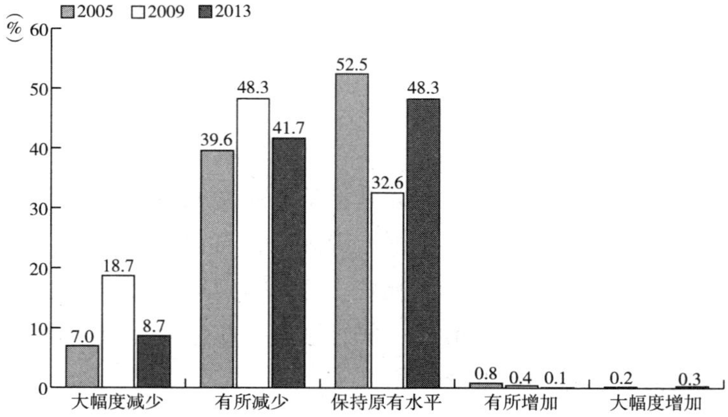

图 15.5　2005 年、2009 年、2013 年取消捐赠所得税减免情况下捐赠行为的变化

资料来源：印第安纳大学 2006 年、2010 年和 2014 年的《高净值慈善研究》。

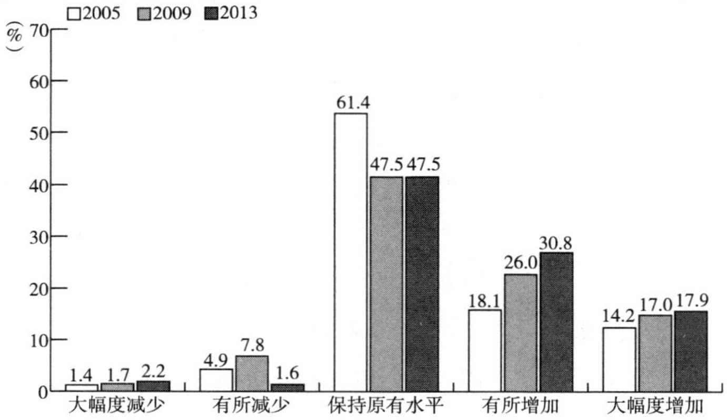

图 15.6　2005 年、2009 年、2013 年在遗产税永久废除情况下遗产计划的变化

资料来源：印第安纳大学 2006 年、2010 年和 2014 年的《高净值慈善研究》。

对筹款人的启示

随着收入和财富的增加，高净值家庭的捐赠额呈指数式增长。由于收入和财富不断翻番，捐赠额的增长也愈发迅速。同时，财富来源和收入似乎也很重要。从目前和过去的情况来看，通过创业活动创造大部分财富的群体要比其他高净值家庭捐赠的更多。而以继承方式获得大部分 197
财产的群体的捐赠额则排名第二。这或许是由于这两类群体“回报”社会的动机最为显著。

较少的一部分捐赠用于创建或增强家族基金会的资产基础，虽然数量少，但到目前为止是额度最大的。个人慈善可能更乐于直接接受捐赠，因为这类捐赠的确会带来对慈善的长期承诺，在一段时间内会占据总资产基数的5%以上（视资产结构而定）。教育领域接受捐赠的组织数量占比排名第二（位居宗教之后），同时其接受的捐款额占比排名第二。显而易见，高净值家庭会对他们的母校充满感激，当他们变得富有时，就会慷慨地进行回馈。从捐赠的数额上看，艺术、健康、人类服务和宗教领域的占比基本上相同，排名第三。虽然很大一部分高净值捐赠都用以帮助有需求的人，但捐赠额很少。

研究的另一个启示在于，高净值家庭并不会因为减税政策的变化而
198 停止捐赠，但可能会根据政策调整捐赠的额度、时机和方式。大多数高净值家庭指出，如果减税政策完全废除，他们也不会改变年度的捐赠计划，其余家庭则会选择“在某种程度上”减少捐赠额。同样地，如果遗产税被永久废除，大多数高净值家庭将保持遗产捐赠额。但是，大多数其余家庭则提出如果废除遗产税，他们将会“在某种程度上”增加遗产捐赠额。这说明，如果没有遗产税，他们将会增加对继承人和慈善事业的捐赠。自2009年起，遗产税暂时取消，虽然遗产捐赠额在2010年有所增长，但依然显著低于几年前的情况。戴维·尤尔法安（David Joulfaian，2000）的研究表明，遗产税的取消将会造成遗产捐赠额的大幅度下降。

捐赠所带来的影响以及捐赠能带来的变化，是激励高净值捐赠人的主要动机。慈善组织需要传播其成功和影响力的数据与案例（故事）。同样的，志愿服务也是慈善事业的重要部分。我们发现，提供志愿服务的高净值家庭的平均捐赠额要高于不提供志愿服务的家庭，捐赠的水平也会随着志愿服务的增加而提高。慈善组织应该有效地吸引参与志愿服务的捐赠人，也就是要加大对志愿协调人的投资，并听取捐赠人和志愿者的需求，了解他们更希望怎样作为志愿者来帮助你的慈善事业发展。

从现有的研究中，并不能完全获知如何去了解个体捐赠人的需求。例如，“典型高净值家庭”和“典型超高净值家庭”之间的相同点和区别是什么（比如净资产达到5000万美元以上，且不包括主要住宅）？当收入和财产规模达到何种程度时，家庭开始通过基金会大量永久投入慈善事业？高净值家庭在何时开始对慈善事业进行“大额”捐赠？他们的捐赠额是何

时从 1000 美元增加到 10000 美元再到 100 万美元或更多？毫无疑问，筹款人希望了解捐赠人在考虑进行大额捐赠或遗产捐赠时，如何、何时以及为什么会根据税收结果、时机和风险收益的权衡来为自己和潜在的捐赠接受机构作出决定。

讨论问题

(1)选择一个领域(教育、宗教等)并探讨目前该领域富人捐赠模式的启示。

(2)讨论富有的捐赠人和一般捐赠人之间的差异。 199

(3)为什么对潜在捐赠人使用类似本章中的数据时要十分谨慎?

(4)探讨富人进行捐赠的四种动机，以及这些动机将如何有助于筹款。

(5)信托对于富有的捐赠人有何重要性?

第十六章　全球和跨文化筹款

莉莉娅·瓦格纳

201 阅读本章后，你将能够：

1. 了解世界各地筹款事业的发展水平以及在全球进行筹款的原因。

2. 了解不同人群对捐赠行为理解上的差异，并了解传统和文化如何影响这些群体的看法。

3. 在制订捐赠邀请计划时，应用文化差异的相关信息，放弃慈善事业中“一刀切”的想法。

4. 尊重将会丰富事业和组织的人脉，尊重慈善发展的多样性。

5. 提供在多样性和慈善领域进一步开展研究的相关信息。

俗话说，“太阳之下无新事”，在讨论全球慈善或筹款的国际视角时，这句话的含义再恰当不过，因为慷慨解囊和资源共享自古以来就存在。然而，美国的很多专业筹款人士和团队过于专注在这个前提下开展工作，当他们承认存在文化差异时，却依然以一种“习以为常”的理念和实践做筹款工作。

202 本章将探讨基于不同的文化、宗教和社会传统、差异和行为，如何在全球开展慈善和筹款事业。过去几十年间，美国的筹款模式被广泛应用在各国的传统实践中。虽然美国的筹款模式非常有效，其中的一些原则却需要根据不同的文化背景进行修正和调整。

因此也要考虑到美国的文化多样性，以及文化多样性与慈善和筹款事业之间的联系。美国专业筹款人必须有意识地了解捐赠人出生国的影响，从而决定捐赠和筹款的方式，并且将其运用到筹款实践中。具有多文化领域经验的熟练专业人员都十分了解自身和企业的文化意识所带来的益处，其不断积累的知识，加之跨文化慈善筹款的经验，将成就筹款的实现。

慈善和筹款事业的全球视角

慈善事业与人类历史一样古老。从全球范围来看，几乎所有国家和文化都有捐赠的传统。《全球传统中的慈善事业》（*Philanthropy in the World's Traditions*）（1998：X）一书指出，“慈善并不是脱离了它所属的复杂社会因素而随机发生的活动，而是被特定文化的特殊性所影响甚至被构建”。作为备受认同的实践，慈善事业被古希腊人和罗马人记录在史书中，很多宗教经典如《圣经》和《古兰经》也特别提到过慈善事业。财富共享、捐赠给他人和筹集善款的概念曾流行于很多的文化和社会中。早期的基督教对慷慨的行为进行过讨论并开展实践。慷慨解囊也曾是阿拉伯或伊斯兰教信仰的一部分，甚至存在于异教徒的时代和文化中。广义上的慈善行为并不是植根于或者限制于特定的文化、地理区域或宗教中，但在世界不同的文化和地理区域中，慈善实践开展的方式却是显著不同的，也通常受到宗教的影响。

作为一种正式的、受到认同的实践，慈善和筹款行为的根源在美国却是不同的。从专业的角度来讲，正式筹款基本上是在美国得到了发展，同时受到了来自世界各地的不同移民文化的影响，就本章的内容来说，理解这一点就已经足够了。本书其他章节也将讨论专业筹款在美国的发展，也是对本章内容的补充。

非常有必要将慈善行为理解为一种全球性的实践。首先，由于社会 203
转型和政治发展，在美国之外，市民社会组织或非政府组织等非营利组织在各国市民社会的构建中起到了关键作用，这种进步通常是通过慈善行为获得支持而实现的。过去 25 年间，尤其是在苏联解体后，许多发展中国家的民主实践，让公民开始推动自我表达和言论自由的发展，目的是为共同的愿景和目标集聚到一起，或是为社会中的贫困人口伸出援手。市民社会提供了非常有力的方式，动员公民参与。因而，国家的界限变得不如国际合作和协作那样重要，同时也凸显了国家间理解与合作的重要性。

20世纪最后几十年，美国的筹款模式被世界各国学习。这些年里，世界各国政治和社会发展发生了巨大变化，也为公民创造了机会与需求，他们更加积极地参与到社区、国家和世界的政治与社会生活中。市民社会组织的发展为动员公民参与提供了强有力的工具。从20世纪90年代起，由于新文化的出现、通信科技的进步，加之很多政府无力向民众提供所需的基本服务，政府的作用被大幅度削减。因此，非政府组织开始迅速发展，它们在作为服务提供者的同时，也扮演着改革推动者的角色。市民社会组织的出现引发了人们对慈善的关注，有人将慈善看作一种重新兴起的概念，也有人认为慈善是基于相关传统的新事业。这些事件与环境共同带来的结果就是全球范围内筹款实践的大规模发展。

基金会全球化和慈善捐赠的领军专家（Anheier and Daly，2005：174）作出了如下解释，“全球慈善已经扩展并成为世界很多地区市民社会组织的支持者”。的确，“跨国慈善已经成为并将继续成为推动全世界亿万人口生活发展的主要动力，尤其是在经济不发达和政治动荡的地区”（Anheier and Daly，2005：174）。最近几年，世界很多地区的慈善家面临着美国富豪捐赠的竞争。《新闻周刊》的一篇专访（Carmichael，2007：51）曾指出：“充满激情的个人可以承担并解决世界上最大的难题。”加之
204 世界其他地区的捐赠，可以看到，慈善事业已经真真切切开展了行动，而不仅仅是口头宣讲或传统，我们有理由相信，全球的慈善事业正在持续行动并发展。

由英国慈善救助基金会编制的《2010世界捐赠指数》（*World Giving Index 2010*）对全球的慈善事业进行了解释和总结：“全球各地的慈善行为差异巨大。某一个国家认同的慈善行为在其他国家可能只是普通的日常活动”（第31页）。该报告清晰地展示了各国的慈善强项和弱项，以及一些国家的市民社会的发展如何受到战争、饥荒和其他外部因素的影响，导致慈善事业变得非常困难。该报告非常详细地解释了影响慈善事业和志愿服务的因素，虽然承认某些文化比其他文化更善于慈善行动，但并没有在数据的分析中，对那些得分较低的国家加以评判。

简而言之，世界上大多数地区慈善事业的发展很顺利，经验和建议跨越了资助者(个人、企业、基金会甚至是政府)的边界，目的都在于确保他们的捐赠是有效的。通过慈善集聚人心并提升市民社会这一理念，在世界各地，无论是在斯洛伐克还是在巴西，都具有吸引力。

筹款的全球发展

慈善事业在全球发展的部分原因在于民主观念和资本主义的传播，但是也受到各方面激励因素的影响，包括促进全球性和跨国了解的科技进步、不断增长的财富和积极的同伴压力、引起对捐赠福利和成果关注的灾害和灾难性事件，以及不断增加的非营利组织(NPO)和非政府组织(NGO)。跨国政府援助也可以看作慷慨的积极结果，虽然在一些国家并不一定如此，因为只有少部分人会受益。然而，慈善还是在世界很多国家变得普遍起来。

当我们意识到世界各种文化中都存在某种形式的慈善事业，并且许多国家已经建立了有组织的筹款机制时，专业筹款人可以在全球范围内共同成长。有些人与美国的筹款资源进行联系，目的在于将筹款纳入非营利组织的行政架构中，从而在某个文化或国家建立起对慈善传统的认同和尊重，建立起整体的发展项目，包括大额捐赠、志愿服务和个人筹 205
款等实践方式。因而，随着筹款在国家和文化之间的传播和调整，随着文化意识的提升、对差异敏感度的增强以及对国际专业筹款人工作和成就的认可，筹款工作的内涵得以丰富。

然而，国际筹款事业也是复杂的，因为其他国家的慈善组织与美国有所不同。在脆弱、新型的市民社会中更是如此。因此，当采用美国的筹款模式时，也要充分考虑到文化差异、法治和政治环境。其他国家的慈善事业常常是向美国看齐的，因为美国有着从私营部门筹款的长期传统。佩妮洛普·卡格尼(Penelope Cagney，2013)很好地阐释了这种关系："我们有机会主动参与到这一职业的全球性发展中，同时塑造这样一个未来，所有的筹款人都能够拥有所需要的支持，从而有效地开展工作，实现他们所肩负的重要宗旨，我们的职业在任何地方都可以得到理解和尊重。"

由于很多国家曾考虑采用美国的筹款模式，这说明很多的慈善筹款原则是普适性的，但也必须适应不同的文化和环境。虽然存在普适性原则和筹款的一般性特点，但是也要注意到美国和其他国家筹款的不同之处。筹款实践者应该了解，哪些原则和概念是普适性的而且是可以被调整的。其中包括以下几点：

- 各地都认同这一理念：制定强有力筹款计划的需求和艺术，用差异化的方式将这一筹款计划推广到不同的市场。
- 当在培训和实践中讨论到捐赠人的动机时，会发现动机具有惊人的普适性。差异的确存在，但是帮助他人通常是能够被激发或被采用的一个动机。
- 国际筹款人也认同需要进行研究以了解潜在市场、运用互动关系判断捐赠人是否可能捐赠，以及筹款资源的多样性。

另外，筹款原则和实践中的差异，是国际筹款人必须面对的，也是美国专业筹款人应该尊重的。美国筹款人在国内使用的技巧在国外不一定适用。

206 • 职业薪酬问题也可能产生挑战。例如，在一些文化中，为了佣金而工作可能面临着道德上的两难选择，但在其他一些文化中这是可以接受的。

- 在一些国家，由于缺少研究资源和对隐私的态度，对潜在捐赠人的研究是很困难的事情。比如德国人对于建立潜在捐赠人档案，心中依然存有恐惧。再比如苏联人在近50年间都受到苏联克格勃活动的影响。
- 在很多国家，董事会的责任是不均衡的，董事会成员寻求资助的理念经常不被接受或者不受欢迎。
- 很多国家不存在税收减免或者有规划的捐赠的概念。

了解国际非政府组织和筹款有利于全面理解美国国内文化多样性条件下事物的发展情况。理解文化差异对全球范围内捐赠的影响，有助于了解地方社区内部事物的发展情况。除此之外，正如之前所讨论的，慈善事业和筹款助人是古老的实践，美国只是这一丰富历史的一部分，这一点怎样强调都不为过。虽然美国已经完善了筹款技术，并且能够分享更多的专业经验，但依然有很多需要学习。国际视野丰富了筹款实践者的国际性，我们都是全球体系的一部分。

文化影响与美国的筹款

《哈佛商业评论》（*Harvard Business Review*）中的一篇文章指出：“一个人出生地的文化——原生文化——在其身份认同形成过程中意义重大。无论最后在哪里定居，他们都会保留个人身份的认同感……尽管他们希望忘记自己的祖先，但他们迁移到的社会——当地文化会让这种希望难以实现，因为当地文化将他们视为与众不同的后来者，甚至是冒牌货。”（Kumar and Steenkamp，2013）因此，移民面临着两个挑战，当然，这两种挑战会随着移民的时间延长而逐渐得以缓和。一是生活在陌生社会的同时，保留文化的独特性。二是让自己融入当地文化，逐渐被同化。另外一位学者解释了接收国公民与移民互动时，尤其是面对第二代和第三代移民时遇到的挑战：“依靠陈词滥调，仅仅在一两个维度上刻板固化来自不同文化背景的人，这种情况太常见了……这可能会造成过度简化和错误假设。”（Meyer，2014）

《经济学人》（*The Economist*，2013）杂志的一篇文章为企业提供了“克 207
服困难”的建议，这篇文章的作者写道：“处理文化差异正在成为一项有价值的技能。全球化的发展……意味着企业必须处理好与来自不同文化背景的企业和消费者的关系。”这篇文章对如何处理跨文化关系方面的挑战以及取得成功的实践做了分析。文章指出，企业时常会对一些有利于企业或客户的文化差异进行包容，但有时也会变得更加具有种族优越感。

《情境智慧》（*Contextual Intelligence*）（Khanna，2014）综合来自相关部门的观点和注意事项，指出管理实践（我们可以为筹款实践推断出相同的结论）并不总是能够跨越国界，因为经济、发展、教育、语言和文化因地而异。该书作者塔伦·卡纳（Tarun Khanna）指出，无论是企业还是非营利组织的专业人员，都必须发展适应环境的智慧，能够意识到我们需要了解和未曾了解的知识，并且根据不同的条件、环境和人群进行调整。

对于专业筹款人来说，《新闻周刊》（*Newsweek*）中的一篇文章《如何隐形》(“How to be Invisible”)很好地总结了以上的观点。在这篇文章中，旅行作家赛斯·史蒂文森(Seth Stevenson，2010)写道：“旅行的喜悦，是让不同的文化融入你的身份认同中。并不是将你自己的文化强加于移民接收国的人们。”或许这对于那些希望让自己的捐赠人范围不断多样化并扩展到美国甚至全球的各种文化之中的筹款人来说，这或许是最好的建议。这种扩展不仅丰富了我们的慈善组织，也丰富了我们自身。

跨文化筹款原则的应用

《慈善纪事》(*Chronicle Philanthropy*)(Hall，2010)在几年前曾登出这样的声明：“招聘启事：招募满足以下条件的筹款人，拥有企业家精神、跨文化知识和分析能力以及相应的与捐赠人建立紧密联系的能力。”如今，非营利组织和非政府组织对筹款人的这种需求依旧很旺盛。亨利·拉莫斯(Henry Ramos)在《要掌控捐赠人未开发的多种潜力》这篇文章中总结道：“非营利组织的专业筹款人必须更好地理解并践行即将发生在社会和慈善蓝图中的意义和动态。如果未能做到这一点，那么非营利组织将会有很大的风险，被其服务的相关社区所抛弃。”

当对所在社区的捐赠人进行调查后，面对文化的复杂性和其对筹款的影响，筹款人可能会被巨大的任务量所震惊，有所畏惧。不得不承认，
208 考虑文化的多样性，比如某一个群体的传统、行为和宗教，似乎是一件很困难的事情。然而实际上并不一定是这样。如何将多文化群体筹款的意识转化为专业行动，以下有关企业的例子可以帮助说明。《哈佛商业评论》将那些有能力帮助其所在组织建立全球视野的人为全球领导者。这些全球领导者获得全球视野一般要经历以下几个步骤(Unruh and Cabrera，2013)：

1. 在思考中学习。通过全球化的思维方式，开发出更宽阔的视野，跳出原有的思维定式，开拓不熟悉的领域。

2. 观察、提问，并假设不知晓答案。

3. 通过正式教育和阅读文献、网页、线上研讨、观看外国影片和其他各种方式进行学习。

4. 保持开放的心态。理解差异并不是价值陈述，只是差异而

己。迎接新体验，发展共情。

5. 在实践中学习、建立关系、参加活动。

6. 入乡随俗并与他人协作。寻求与来自其他文化的人群融合、相处、协作的机会。

7. 走向国际，通过参与由其他文化而非自身文化举办的俱乐部活动或教堂服务而进行探索。

8. 总而言之，“成功的全球领导者会不惧将自身置于陌生环境中，挑战他们的思维模式”。

以上述步骤作为模式和指导，在扩展非营利组织非传统捐赠人的范围时，下述几个步骤会对专业筹款人有所帮助。

跨文化筹款的第一步是了解特定文化。与社区领导者进行探讨，建立咨询小组或理事会，体现出真诚的兴趣，阅读相关的背景材料，学会在倾听中学习。

第二步，让来自选定的某个文化群体的关键人员参与组织的活动。邀请人们参加活动或特别的旅行。关于种族多样性群体捐赠数量和习惯、偏好和实践等方面的研究信息尽量收集，并研究这些信息。目前，有关种族多样性群体捐赠习惯的信息都很容易获得。

第三步，用某种方式在你已经邀请的某些关键人物身上验证你的筹款策略。不要在对他们的偏好和行为没有验证的情况下进行假设。在对 209
测试结果进行评估后，适时调整策略。

第四步，在构建知识基础和专业之后，更多地拓展范围并了解多元文化群体的多样性。例如，可以从考虑西班牙裔群体的慈善捐赠共同特点入手，了解墨西哥裔和秘鲁裔各自的特点。接下来不断地深入多样性群体社区，并鼓励志愿者进行跨文化服务。

第五步，逐步将多样化战略整合到全部的筹款项目中，确保其尽可能适合所有人口群体。这可能包括女性捐赠以及多元文化背景下女性如何开始捐赠、不同世代人群的捐赠行为、捐赠人在美国的居住时间、不同国家或地理区域人群的差异等。

限于篇幅，本章不可能对美国所有文化群体的文化特征一一描绘，因此只能对一些筹款人所关注的文化特点进行概括，奠定文化意识的基础。文化智慧领域的知名专家（Peterson，2004）曾写道："与刻板印象不同，概括……（更加可靠）。我们观察了大量的人群，通过概括，得出了特定的结论……每个规律都有特例，但是概括来自研究，来自国际知名文化专家和专业人士的见地，这使我们能够较为准确地描绘出特定国家人群可能拥有（并不是完全确定）的行为特点。"

1. 大多数人口群体的捐赠都分为三个阶段。第一阶段是生存，在种族群体内部，与社会和经济同伴共同分享，在美国建立起新家庭、新社区。第二阶段是助人，当达到财务稳定状态后，向穷人捐赠。第三阶段是投资，超越简单的回馈，朝着帮助社区的长期愿景发展。

2. 慈善事业经常从核心家庭开始，他们代表了形成慈善习惯和实践的基础。之后会扩展到数代同堂的家庭和虚拟亲属家庭。最后，捐赠可能会扩展到更广泛的社区群体。

3. 在培养捐赠的习惯、引导筹款的期望和承诺捐赠带来的好处方面，宗教往往发挥着重要作用。虽然侧重点不同，但几乎所有的宗教都会提倡或教授慈善价值观。

4. 特设活动经常是捐赠和志愿服务的平台。

5. "不要捐赠给陌生人"这种理念十分普遍。

210 6. 人们经常不向传统的、主流的非营利组织进行捐赠，并且由于之前不太积极的经历，有时会对这些非营利组织产生一些不信任。

7. 慈善事业可以广泛开展，但并非总是以非营利组织和美国国税局认可的方式进行。

8. 对于许多文化而言，慈善事业在最广泛的意义上被视为围绕家庭、教会和教育进行的时间、才能和财富的捐赠。

9. 需要的紧急程度很重要。如有规划的捐赠等长期支持，往往不是优先事项。

10. 大多数文化群体都受到社区、宗教、专业、社会和家庭等方面的领导者的影响。

11. 很多捐赠仅聚焦于美国之外的地区，不考虑任何税收优惠。

12. 互相帮助是一个共识。人们常常被要求"在请求之前就提供服务”。同时，以自身被帮助的方式来帮助别人，是文化群体进行慈善活动的动机。

以上是最为普遍的一些概括，为获得特定文化群体的更多信息奠定了基础。同时，我们也有一些附加说明作为建议。这些建议包括提醒筹款人，将所有亚文化与同一文化（例如亚裔美国人）混为一谈，可能会偏离初衷，但这样的做法为了解不同文化提供了一个出发点。语言的使用非常重要。强烈建议筹款人了解各种文化（例如西班牙裔或拉丁裔）希望如何被定义。

获得某种文化精通能力是一种荣耀、一种责任、一种喜悦。这并不需要一气呵成，而是可以逐步地取得进展，文化研究领军专家迈克尔·温克尔曼（Michael Winkelman，2005）曾建议如下的进展阶段：

- 民族中心（Ethnocentric）——忽视或厌恶其他群体
- 接触（Contact）——开始学习从而发展或放弃
- 意识（Awareness）——认同文化差异的重要性
- 接受（Acceptance）——接纳差异
- 敏感（Sensitivity）——能够开展合适的文化行为
- 能力（Competence）——与其他文化的人群有效地工作
- 精通（Proficiency）——有能力向他人教授文化

温克尔曼（Winkelman，2005）对获得文化能力的四个方面做了进一步界定。

- 个人，包括文化自我意识、个人管理和跨文化适应技巧。
- 认知，包括了解文化体系、文化信仰及其对行为的影响。 211
- 人际关系，尤其是了解跨文化过程动态和跨文化技能。
- 与特定活动相关的跨文化关系的专业技能。

精通某种文化的专业筹款人承担起了认识、尊重并联通不同文化的责任。如今美国的人口情况正在发生着剧烈而迅速的变化。睿智的专业筹款人应意识到扩展慈善定义的需求，包括接纳有不同的传统、喜好以及多样性群体的捐赠方式。而不是留在“一刀切”理念的舒适区。忽视或未能意识到北美地区人口群体丰富多样的捐赠传统，这不仅是不明智的行为，而且会造成筹款实践完整性、均衡性的缺失。

结　语

毫无疑问，文化和亚文化塑造了人们与慈善事业之间的关系。当他们的喜好被尊重和理解时，特定文化群体就会参与到慈善事业中。北美和全球的慈善事业目前都发生了巨大而丰富的变化。的确，对不同文化的抗拒会周期性地出现，然而挑战在于，如何有智慧地接纳这些变化，从而最终为我们自身和所在组织带来利益。成为精通某种文化的筹款人意味着我们能够对捐赠人多一些理解，参与到更好的实践中。

讨论问题

(1)捐赠和索取都是人类历史的一部分，为什么美国的筹款模式是其他国家开展成功筹款的首选方式？

(2)在应用美国的筹款模式时存在哪些陷阱？应用这一模式有哪些益处？

212 (3)即使在今天，也有筹款人希望通过“一刀切”的战略进行筹款。为什么这种理念不利于筹款？筹款人应如何避免这种理念的产生？

(4)描述你自身如何从意识到某种文化及其慈善传统和行为，发展到能够熟练地与该文化及其捐赠人进行互动？

第三部分

筹款结构

第十七章　基于年度捐赠项目的总体发展规划

蒂莫西·塞勒尔

阅读本章后，你将能够： 215

1. 明确一项完整的总体发展规划的基本要素。
2. 解释总体发展规划中每一项筹款内容的基本目标。
3. 从各要素中确定核心的年度捐赠项目。
4. 列举年度捐赠项目的几种关键作用。

当发展和筹款逐渐变得更加正式而专业化时，实践工作者和志愿者也更加意识到，有效筹款应该遵循规范而系统的流程。捐赠人和潜在捐赠人也逐渐意识到非营利组织正在有意识地开展更多活动，让他们更全面、近距离地参与到非营利部门的活动中。

非营利组织、筹款人和志愿者逐渐认识到筹款的重要性，这具体体现在以下两个方面：高校中继续教育和职业发展项目数量的增加，以及非营利组织管理和学术项目的增加。例如，1987 年筹款学院从加利福尼亚州搬迁至印第安纳州，并入印第安纳大学。当时美国各地每年有 600 余名学员学习 10 余门相关的课程。如今，每年有 4500~5000 名学员在美 216
国和世界各地学习，包括线上学习。高校中非营利学术项目的数量在此期间也大量增长。2012 年，印第安纳大学成立了世界第一所慈善学院。很快，中国的一所大学也成立了自己的慈善学院。

这种发展反映出非营利组织的成熟，以及大众对规范性筹款项目建立和维系的复杂性的理解。非营利组织的董事会和员工更清醒地意识到，仅仅依靠筹款活动和信件或社交媒体，不足以使其获得必要的资金来维系项目的发展，导致潜力无法完全发挥。全世界的非营利组织和非政府组织逐渐意识到，要持续实现成功筹款，需要制定完整全面的规划，从而在多方参与的基础上，开发并培养出多样性的筹款基础。

总体发展规划：计划、传播和筹款

本章回顾了整体发展规划或总体发展规划的组成部分，提出了建立并维系有效筹款、实现卓越筹款的模型。

作为一项组织流程，发展涉及筹款，但远不止筹款。发展是组织宗旨的延续，包括计划、传播和筹款。

规划需要拥有视野和领导力。它也意味着通过回答以下问题，确定未来发展方向（本书第四章也讨论过相关问题）：

我们是谁？
我们和竞争者有何区别？
我们希望实现什么？
我们如何实现目标？
我们如何让自己能够负责任？

这些问题的答案与宗旨、目标、目的、项目、评估和管理相关。回答这些问题为传播奠定了核心基调。有效的传播项目不仅包括信息的传
217 播，也包括一系列与支持群体成员的互动。良好的传播项目旨在让支持群体成员参与进来，广泛交换意见，为他们提供交流的平台，以体现他们参与非营利组织的兴趣和热情。在最有效的发展规划中最佳的传播项目是和支持群体成员培养深入的关系。为支持群体成员提供了解非营利组织的筹款声明、赞同筹款声明并参与到筹款声明的阐释的机会。

有效的传播计划会让支持群体成员参与进来，让他们分享自己的梦想和构思，并提出如何参与以实现非营利部门的宗旨。传播计划有助于培养潜在捐赠人和非营利组织之间的良好关系，为他们参与非营利组织的活动提供了渠道。

筹款是发展规划的关键组成部分，也是整个规划的最终目标。但是筹

款并不仅仅是张口要钱。有效的筹款包括明确最符合条件的潜在捐赠人，关注他们与非营利组织的关系、他们对相关事业的兴趣以及他们的捐赠能力。筹款还包括建立潜在捐赠人和非营利组织之间的关系，这种关系是通过共同的价值观和兴趣培养的。非营利组织撰写筹款声明，潜在捐赠人认识到通过非营利组织的工作自身的兴趣得到了满足，这时，筹款就不仅实现了捐赠人的需求，也实现了非营利组织的需求。

筹款项目

从历史上来说，非营利组织的财务需求主要包括以下几类：实施中的项目支持、特殊目的需求、巨额筹款需求和捐赠需求。为了筹集所需资金而进行的筹款项目包括年度捐赠项目（有时也称年度基金）、特殊捐赠、巨额筹款活动和有规划的捐赠。后三者在本书的其他章节会做介绍。这种模式在当今依然十分重要，虽然特殊捐赠项目在很多情况下已经改名为大额捐赠项目，尤其是高校、医院和医疗中心、大型主流文化组织（如都市歌剧院、艺术博物馆和城市剧院等）的特殊筹款项目都已改名。然而，中小型机构也认可具有针对性的大额捐赠的价值。大额捐赠项目通常是一些成功的巨额筹款活动的自然结果，也是延续巨额筹款活动中更高水平捐 218
赠的方式。如图 17.1，可以将总体筹款项目比作一张有四条腿的板凳。

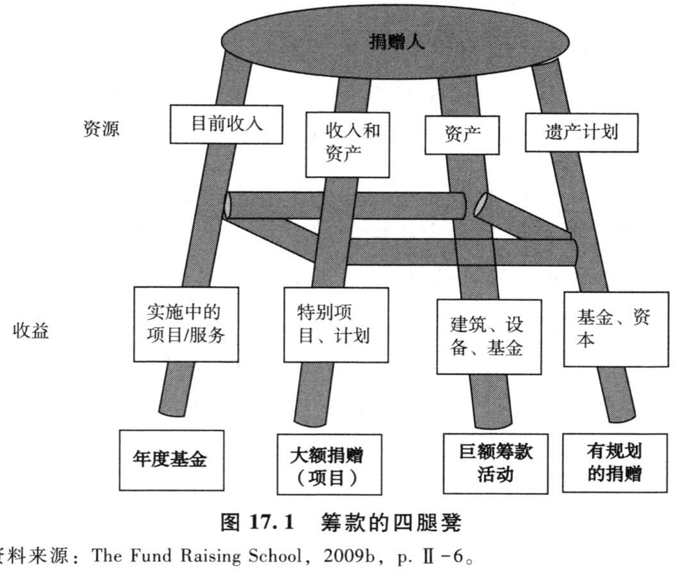

图 17.1　筹款的四腿凳

资料来源：The Fund Raising School，2009b，p. Ⅱ-6。

年度基金，或固定的年度筹款工作依然是所有成功筹款的基础。捐赠人通过年度筹款工作进行捐赠，从而支持目前正在实施的项目，实现非营利组织的宗旨。正在实施的项目是非营利组织满足社区大量需求的一种方式。项目给捐赠人和非营利组织共同关心的问题提供了解决方案。

年度筹款项目还能够通过循环重复的捐赠在大量捐赠人与非营利组织之间建立起桥梁。随着捐赠人持续进行捐赠，他们也对非营利组织的成就更加感兴趣、更乐意参与其中。这群固定的捐赠人将会成为其他筹款项目例如大额捐赠、巨额捐赠和有规划的捐赠的核心捐赠群体。

特殊捐赠是为了回应特殊的需求或机会，但也是总体发展项目的一
219 部分。这种项目/捐赠越正规，就越容易发展成为大额捐赠。大额捐赠是所有年度基金、巨额筹款活动和捐赠活动的一部分，同时也是一个项目。在年度基金之内或之外进行大额捐赠，已经成为相关非营利组织的普遍模式。大额捐赠的额度高于典型的年度捐赠额，提升了捐赠人的眼界，让捐赠人和非营利组织更紧密地联系在一起。通常来说，大额捐赠人也是从少量而固定的年度捐赠开始的。

巨额筹款活动满足了非营利组织资产增长的需求，这里资产通常指有形资产，包括翻新设施、建造新设施或购买土地用于扩建。巨额筹款活动常用来支持项目发展和扩大，也逐步开始支持捐赠基金。全面的巨额筹款活动包括整体筹款规划的各个组成要素：不断增加的年度支持、巨额筹款需求(包括建筑物和项目)和捐赠基金。

由于巨额筹款活动的目标是数额很大的捐赠，捐赠人通常是基于自身的资产进行捐赠。这些捐赠一般要通过几年的时间来实现，持续的时间就是巨额筹款活动的周期。

在今天的大型筹款活动中，巨额筹款活动会持续 5~7 年的时间，甚至有些持续了 10 年。但一些专业的协会指南建议将时间限制在 7 年之内。在这些巨额筹款活动中，捐赠人通常不会进行多次捐赠或延长捐赠。

最近几年，有规划的捐赠已经成为筹款事业发展最快的领域。有规划的捐赠，顾名思义，是指在当下进行的捐赠，但是其对组织的价值通常会在一段时间之后才发生，通常是在捐赠人或受益者离世后。最常见的有规划的捐赠形式就是慈善遗产、慈善捐赠年金和慈善信托。其他形式包括终身财产、保险和义卖。在过去几十年，随着员工养老金计划不断升值，

很多捐赠人也将符合资格的养老金计划作为有规划的捐赠的一个选择。

一些有规划的捐赠形式已经高度成熟，技术性很强，可能超出了小型非营利组织的能力范围，但是慈善遗产是有规划的捐赠中最简单的形式。希望建立总体发展规划的非营利组织应该至少通过遗嘱和遗产参与到有规划的捐赠中。

捐赠人金字塔是传统的筹款模式之一，体现了非营利组织管理筹款的典型流程，包括年度捐赠、特殊捐赠/大额捐赠、巨额捐赠和有规划的捐赠项目（见图 17.2）。这一金字塔体现了组织如何逐步应用不同的筹款策略，让捐赠人参与进来并建立关系。在流程的初始，即针对入门级的捐赠一般会使用非个性化的筹款策略。之后会向上移动到更针对个人的 220
策略，更加强调个体参与。非个性化的筹款策略奠定了广泛的捐赠人基础，随着捐赠人参与度的加深，他们就会进行更大额的捐赠。随着金字塔自下而上越来越窄，进行大额捐赠的个体也越来越少。可能偶尔会有例外，某个捐赠人的第一笔捐赠就可能是巨额捐赠。虽然如此，这一金字塔模型依旧是有效的。它最重要的价值在于展示了总体发展规划各部分之间的互相联系。有效的筹款能够认识到金字塔的各部分如何互相依存，同时促进互相影响的各部分共同发展。

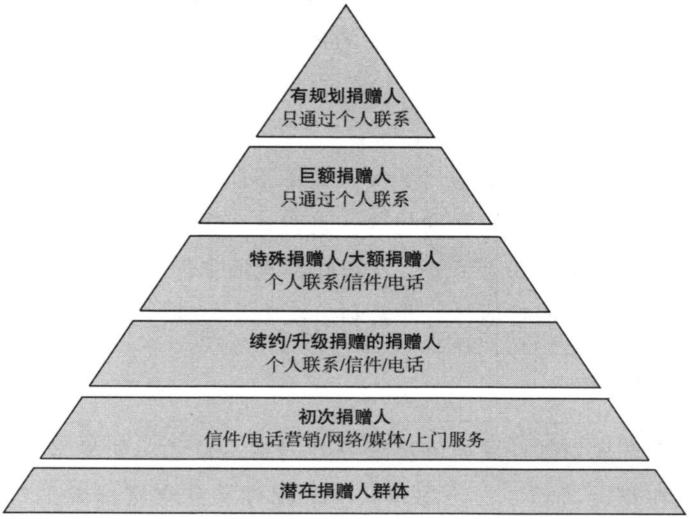

图 17.2　筹款战略的捐赠人金字塔

资料来源：The Fund Raising School，2009b，p. Ⅳ-8。

介绍过四腿凳和捐赠人金字塔等模型后，本章将继续拓展年度捐赠项目(年度基金)的概念，因为这是其他部分得以建立的基础。

221 **第一条腿：年度捐赠项目**

年度捐赠项目是非营利组织捐赠收入的生命线，目的是获取持续循环(至少一年)的捐赠，来资助正在实施的项目，实现非营利组织的服务需求。在一些大型组织，年度捐赠项目为一些特别计划提供了额外的自由支配资金。无论是为了支持实施中的项目还是特殊需求/机会，年度捐赠项目通常是无限制的，可以由非营利组织领导层自行支配。如同前文所述，年度基金的捐赠来源很广泛，包括个人、企业、基金会、协会和市民社团[比如狮子会(Lions)、基瓦尼俱乐部(Kiwanis)、扶轮国际(Rotary)等]。

除了资助项目和服务，年度捐赠项目在建立并扩展捐赠人基础方面发挥着核心作用。关键的策略在于加强捐赠人和非营利组织之间的联系，可以通过邀请继续捐赠或增加捐赠额的方式来进行。这种深度参与将会加强互动，给包括大额捐赠、巨额捐赠和有规划的捐赠在内的未来筹款和捐赠奠定基础。

年度捐赠项目的另一个关键作用在于让社区持续认识到并认同非营利组织的价值及其项目和服务的质量。年度捐赠项目是对非营利组织的年度“试用”，使非营利组织的宗旨、目标、目的不断被验证，也对组织的管理与问责进行了检验(见第三十一章“管理与问责”)。

年度捐赠项目或年度基金不仅仅关乎筹款工作，它还是对非营利组织筹款项目相关性和有效性的检验，也验证了非营利组织的项目和特殊需求，同时也让更多的人了解、认识并参与到非营利组织的工作中。

强有力的年度捐赠项目对非营利组织十分关键。

结　语

总体发展规划已经成为可持续筹款的基本范式。如果将非营利组织自身限制在特设活动、直接邮寄、电子邮件和社交媒体等低端活动中，就等于剥夺了自己获得有重要影响力的大额捐赠(霍奇所说的有重大意义的捐赠，见第十八章)以及巨额捐赠或有规划的捐赠的机会。如果筹款人在筹款过程中充满对组织宗旨的自豪感，并大胆地进行大额筹款，通过总体发展规划将会筹集更多的款项，远远好过只能维持筹款的开放或仅 222
够“支持预算”的一锤子买卖的筹款方式。

总体发展项目认可大部分捐赠人的捐赠模式。年度基金奠定了大量忠实的捐赠人基础，他们会进行年复一年的捐赠。这种深度承诺使他们看似成了特殊捐赠人。总体发展项目正是基于年度基金和特殊捐赠/大额捐赠项目，偶尔包括巨额筹款活动，后者拓展了非营利组织本身的资产基础。在总体发展项目各部分之间的精巧协作与配合之后，筹款人可能会发现，通过有规划的捐赠做出的捐赠，正来自参与了项目早期阶段的捐赠人。这种筹款的智慧也体现在保罗·谢尔维斯(Paul Schervish)的研究中，他的研究发现，大额捐赠人会通过“参与者社区”实现与非营利组织的慈善认同(Schervish，1997)。这也正是总体发展项目希望能够实现的架构。

本书关于大额捐赠(第十八章)、巨额筹款活动(第十九章)和有规划的捐赠(第二十章)的其他章节也强调了各类筹款项目的优势。筹款板凳的每一条腿都在非营利组织筹款生命周期中发挥着战略性作用。当总体发展项目得到充分整合和认真的协调管理，它将会让非营利组织能够最有效地开展筹款、管理筹款。

总体发展规划的力量和效能来自成就长期筹款的关键要素：市场导向项目和服务；有能力和意愿实现组织宗旨且了解情况的委托人；明确可行且可监控、可评估、可调整的规划；乐于奉献的领导层以及乐于工作、给予捐赠并邀请他人捐赠的员工、董事会成员和志愿者；高度负责且谨慎的管理层。

如果能够妥善管理好这些要素，并专注筹款的需求，非营利组织的效率就会提升至一个新高度。总体发展规划将会筹集必要的款项，为项目提供支持，满足特殊需求、巨额筹款需求和长期的捐赠需求。总体发展规划需要努力工作的决心，也需要投入时间、精力和财力，回报也十分丰厚。

讨论问题

(1)你所在的非营利组织如何让支持群体参与到总体发展规划的各

个阶段？

223 (2)你所在的非营利组织在总体发展规划哪个部分的工作最为有效？有哪些需要改进的方面？

(3)你所在的非营利组织的年度筹款工作有效性如何？如何扩展年度筹款工作使其更有效？

(4)请对你所在的非营利组织在总体发展项目的不同阶段与支持群体如何进行沟通做介绍。

第十八章　大额捐赠

詹姆斯·霍奇

非营利组织无论规模大小，主要依靠大额捐赠实现年度基金目标，225
也主要依靠大额捐赠以确保巨额筹款活动的成功。汉克·罗索的总体发展规划模型主要依靠对大额捐赠的个人劝募来完成捐赠人金字塔。各个组织对大额捐赠的定义正如组织之间的不同，存在巨大的差异。但确定的是，大额捐赠对于发展项目和组织有着重要的作用，具有激励性。大额捐赠使开展新项目、更新设备、为非营利组织的重要部门注资成为可能。单纯凭借捐赠的规模并不足以定义大额捐赠，也无法反映大额捐赠在组织里发挥的重要作用。某些组织对大额捐赠的定义可能是 1000 美元，另一些组织可能定义为 100000 美元。通常来讲，大额捐赠指占年度基金运营目标 1%～5%（或更多）的捐赠，或者是占巨额筹款活动总额 50%～75%的捐赠。曾有这样的说法，80%的捐赠来自 20%的捐赠人，但是近年来这种情况发生了变化。在有些组织，95%的捐赠来自 5%的捐赠人。这种对大额捐赠重要性的认识已经形成了趋势，并将继续保持。最新的研究也表明，美国越来越多的财富集中在越来越少的个人手中。

在本章你将学习到：226

- 大额捐赠的不同定义。
- 发展专员应如何成为变革的推动者。
- 劝募大额捐赠的各个阶段。
- 在获取有重大意义的捐赠时一些有效和无效的手段。
- 基于价值的问询。

• 邀约的艺术。

大额捐赠的定义

大额捐赠的形式有很多，可能是大量现金捐赠、可升值债券，也可能是非现金捐赠，如高价值艺术品或个人物品。大额捐赠通常通过有规划的捐赠的方式获得，例如慈善遗赠、慈善信托或慈善捐赠年金。无论以何种形式存在，大额捐赠通常来自那些在一段时间内多次进行“常规捐赠”或忠诚捐赠的捐赠人。捐赠人所进行的常规慈善捐赠通常额度较小，主要是为了加强对非营利组织的理解，并对非营利组织的效率和有效性进行检验。越来越多的大额捐赠混合了多种形式，包括进行年度捐赠、为非营利组织筹措运营资金，同时承诺捐赠高达年度捐赠额 20 倍的遗产，用以永续资助并维持这种年度捐赠。汉克·罗索认为，捐赠额无论大小，每个捐赠人都是大额捐赠的潜在捐赠人。

筹款领域的领导人物曾设计过捐赠的模型，以实现大额或超大额捐赠。最有名的一个例子就是戴维·邓禄普（David Dunlop，2000）提出的模型。邓禄普将捐赠分为“年度捐赠”、“特殊捐赠/巨额捐赠”和“超大额捐赠”三类。他对捐赠的规模、频率、类型和特点做了详细划分。在这一模型中，大额捐赠比年度捐赠高出 10~25 倍。大额捐赠的频率并不是很高，因为捐赠人在做出承诺之前要深思熟虑。这些模型以及邓禄普所提出的类似模型为大额捐赠发展专员提供了框架和背景。

大多数大额捐赠模型关注捐赠的规模、类型和目的，而今在慈善研究和发展实践中，却出现了一种新型或升级的大额捐赠范式。这些
227 模型更强调发展专员和捐赠人之间、捐赠人价值观和非营利组织宗旨之间不断深入的关系。这些模型考虑到捐赠人的价值体系与非营利组织核心价值观和宗旨的重合点，体现了转型中的慈善事业的模式和阶段（见例表 18.1）。这些模型背后的理论基于“捐赠的原因”，而不仅仅是“捐赠的方式”。这体现了从交易型筹款到强调关系、以捐赠人为中心的筹款。只有赢得了捐赠人信任和信心的组织才能够获得大额捐赠。正如埃里克·乌斯兰德（Eric Uslander）所说：“在那些最能够体现对所在社区承诺的活动中，信任是最重要的：包括捐赠金钱和时间。”

（2002：133）柯维（Covey）强调，“信任是性格和能力共同作用而产生的。性格包括一个人的正直、动机和目的。能力则包括一个人的才能、技能、成果和捐赠记录。二者都至关重要”（2006：30）。真诚而道德水准较高的专业筹款人员在高效的组织中开展工作，能够让有慈善心的人们进行投资、合作，为有价值的组织作出有意义的捐赠。从这个角度来看，信任是社会和商业的润滑剂。高信任度的企业会有更高的投资回报率，高信任度的非营利组织则会筹集到更多的款项。

例表 18.1　转型中的慈善事业发展阶段

交易阶段：捐赠	过渡阶段：指定	转型阶段：变革
筹款和捐赠	捐赠并命名	寻求合作伙伴和促进变革
小额捐赠	大额捐赠	有重大意义的捐赠
频繁	不频繁	罕见
熟人	朋友	灵魂伴侣

基于关系的慈善模型要求发展专员能够成为谢尔顿·嘉柏（Sheldon Garber，1993）在一篇文章中所称的“变革推动者”。作为变革的推动者或“内部创业者”，发展专员应通过基于价值观的探寻，传播组织的宗旨、找到最有感染力的信息传递方式并明确潜在大额捐赠人的核心价值观，同时培养他们对慈善的作用和意义更深的认同感。

无论是哪种慈善模型，大额捐赠筹款人的工作都包括以下几个要素。发展专员与志愿者共同合作，探索捐赠人的慈善动机和财务能力，以及捐赠人向组织捐赠的倾向。发展专员需要从公共记录中获得一些指标，以确定捐赠人的能力，同时要了解捐赠人向其他非营利组织的捐赠情况或者从了解捐赠人的志愿者处获得信息，并通过与捐赠人的互动最后得 228
出结论。大型发展办公室有负责搜集数据和其他财富记录的全职员工，由他们来确定潜在捐赠人的财务能力（本书第七章全面介绍了在筹款过程中如何使用这些信息）。无论有没有这类专业调研人员，发展专员在研究制定捐赠邀约之前，都必须尽可能获得关于潜在捐赠人的全部信息。幸好在这个信息时代，我们有谷歌等强大的搜索工具，从而可以更容易地实现调研。

亚瑟·弗朗茨莱博（Arthur Frantzreb）在描述捐赠人研究的时候，曾指出有必要理解潜在大额捐赠人的"兴趣、关切、爱好和怪癖；教育背景；家庭历史、配偶和子女；在非营利领域的经历；居住地；公民、社会和亲密关系；以及宗教信仰"（1991：120）。这些信息是评估捐赠人财务能力和大额捐赠倾向的基础。保罗·谢尔维斯（Paul Schervish）在关于财富的研究中指出，真正富有的人有能力满足生命中的所有需求，他们不需要再花费精力去积累财富。真正富有的人不再关注资产积累的需求，而是开始探寻如何使他们的财富发挥有意义的影响（Schervish，O'Herlihy and Havens，2001：3-4）。这些人有能力自主选择某一非营利组织、社区或事业，对其产生影响。这类捐赠人可以为世界带来改变，也的确通过慈善捐赠给世界带来了富有同情心而有深远影响的变化。从某种意义上来说，这种方式将金钱转化为慈善家的生命意义。为了激励大额捐赠，筹款人必须与那些希望改变世界的人建立联系，他们可能会捐赠重要的资源。财务能力指标并不足以确保大额捐赠的发生。大额捐赠需要改变世界的决心和对非营利组织坚定的热爱。发展专员和志愿者不能只追逐金钱，而是应该意识到财富的象征，对拥有慈善心和事业热情的个体给予同样的重视。

非营利组织的天然伙伴从哪里来？首先就是目前正在进行捐赠的人们。大额捐赠通常来自已经接受非营利组织宗旨和所支持事业的捐赠人。其他潜在的大额捐赠人就是那些坚定的志愿者，他们正在对董事会或委
229 员会成员、非营利组织的成员（校友、从前的队友）和拥有慈善理念的个人进行管理。《2014年高净值慈善研究》（Indiana University，2014）表明，参加志愿服务人员的捐赠额要比不参加志愿服务人员的捐赠额高75%。早期的研究发现，一直信仰宗教的人们更倾向于用慈善来表达他们的价值观，找到生命的意义（Independent Sector，2002b）。大额捐赠项目必须将更多的时间和精力用于已作出承诺的捐赠人群体，他们信任非营利组织，希望能够让非营利组织的服务、效能和有效性提升到新高度。

通过使用捐赠人财富调研、筛选工具以及来自董事会成员、志愿者和大额捐赠人的推荐，发展专员能够列出有能力给非营利组织带来改变

的人员名单。接下来，发展专员的职责就是制定战略，鼓励人们参与到非营利组织的活动中。只有真正参与到非营利组织中，通过非营利组织对其服务对象产生的影响，个人和非营利组织之间的公平性才能够提升，如此才能鼓励大额慈善捐赠的产生。

一直以来有很多关于大额捐赠筹款各个阶段的模型。筹款学院（The Fund Raising School，2009）使用了一种有八个步骤的模型（见例表18.2）。捐赠人深入参与到非营利组织的活动中，从而培养出对非营利组织所做善行的“主人翁”立场。随着捐赠人在非营利组织中“社会权益股份”的增加，并且看到个人的价值观和非营利组织宗旨的契合，这样才会产生越来越多的大额捐赠。捐赠人不再接受仅仅作为“财力雄厚的资助者”，而是希望能够在其支持的非营利组织中有更多的亲身经历。正如专家指出的，“人们认为真实的事情，是那些体现人类关怀的人们所独立做出的卓越事迹，而不是虚假冷漠的行为”（Gilmore and Pine，2007：49）。

例表 18.2　大额捐赠：八步筹款流程

1. 明确对象
2. 认定资格
3. 战略发展
4. 培养
5. 劝募和协商
6. 致谢
7. 管理
8. 续约

资料来源：The Fund Raising School，2009。

发展专员如何让潜在捐赠人参与到非营利组织的宗旨中？一旦确定 230
了合作伙伴，通过建立真实的关系，发展专员就可以推进大额捐赠。邀请捐赠人进入重要的委员会开展志愿服务、协助筹款、分享专业知识，并参与董事会工作，这些都是建立主人翁意识的最普遍做法。慈善组织经常缺乏潜在的大额捐赠人，对于志愿者也有着巨大的需求，能够推动组织大额捐赠发展的万全之法就在于真诚地询问捐赠人的想法，同样重要的是，要认真地考虑他们的想法，因为可能会对非营利组织的宗旨和重要价值观产生影响。

了解筹款人失败的原因以及捐赠人拒绝进行大额捐赠的原因也十分具有指导意义。斯特蒂文特（Sturtevant，1997）指出了大额捐赠无法实现的最普遍原因：非营利组织领导者和发展专员忽视了非营利组织宗旨、愿景和服务之间的信任建设；非营利组织领导者不能够协助捐赠人与组织建立联系，无法服务于捐赠人的兴趣和需求；筹款人对于筹款需求缺乏紧急感。大额捐赠人放弃捐赠的原因也有很多，可能是与非营利组织的兴趣并不匹配，或是筹款要求并不成熟，或是未能明确捐赠的额度，或是被组织或竞争组织询问次数过多，抑或是筹款人与捐赠人之间缺乏联系。有些大额捐赠人曾有过与虚情假意的非营利组织打交道的经历，他们很少会选择与只向钱看的非营利组织建立关系。2011 年一项加拿大的研究发现了人们不愿进行捐赠的三个主要原因。一是筹款人说话语气令人不愉快，二是筹款要求的频率过高，三是同一组织多次提出捐赠要求（Redbird，2011）。同样的，2014 年美国信托《高净值慈善研究》也发现大额捐赠人停止捐赠的原因是被要求的次数过多，以及非营利组织工作的低效。

富人和普通人一样，都不希望被强迫捐赠。正确的做法是不要强迫，而是要激励；不是迫使人们做出“基于交易的”捐赠，而是增强其宗旨和工作的真实性和重要性，促使或“拉动”捐赠人进行捐赠。正如汤姆·莫里斯（Tom Morris）在他的著作《如果让亚里士多德来管理通用公司》（*If Aristotle Ran General Motors*）中所说：“诱人的目标或对物质的强烈欲望都是对人的吸引拉动，包括柏拉图、亚里士多德在内的很多伟大思想家都认同这一点……这体现了一种有价值的理想。它吸引和召唤我们用尽全力。这一理想越宏伟，在我们生命中产生的力量就越伟大。”（1997：63）专业筹款人必须经常自问的一个关键问题就是：在与慈善家协商的过程中，我们是否进行
231 了推销、说教或是强迫？当面对 X 世代或千禧世代时，这一问题尤其重要，因为他们并不希望接受说教或推销。

大额捐赠筹款中的有效手段

在过去几年，慈善领域的实践者和高校的学者对人们是否进行大额

捐赠的原因展开了深入的研究。这种以捐赠人为中心的研究非常受欢迎，也具有指导意义。《慈善的七个方面》(*The Seven Faces of Philanthropy*, Prince and File, 1994)这本著作将富有的捐赠人根据动机归为七类。这本重要的著作从慈善作用的角度，强调了对富有的捐赠人的兴趣、关切、需求和动机的理解。通过培养对捐赠人动机的理解，发展专业人员可以策划如何有效地让潜在捐赠人参与到非营利组织的工作中。普林斯和斐乐(Prince and File)进行了聚类分析，分析结果显示了四种重要的捐赠人群体："附属者"，指希望能够通过非营利组织活动建立起社会和商务联系的群体；"实用主义者"，指通过对非营利组织的支持看到自身的财务优势的群体；"继承者"，指继承了丰厚家产并有慈善传统的群体；"报答者"，指希望能够回报其自身或亲友曾从非营利组织获得的帮助。

一些捐赠人是出于对非营利组织、社区或世界的义务感而进行大额捐赠的。然而，大额捐赠应该是出于捐赠人真正的兴趣、价值观和热情(见图 18.1)。无论捐赠的动机是什么，大额捐赠发展专员的任务就是让捐赠 232
人参与到非营利组织的重要工作中，加深捐赠人与非营利组织宗旨和价值体系的联系。

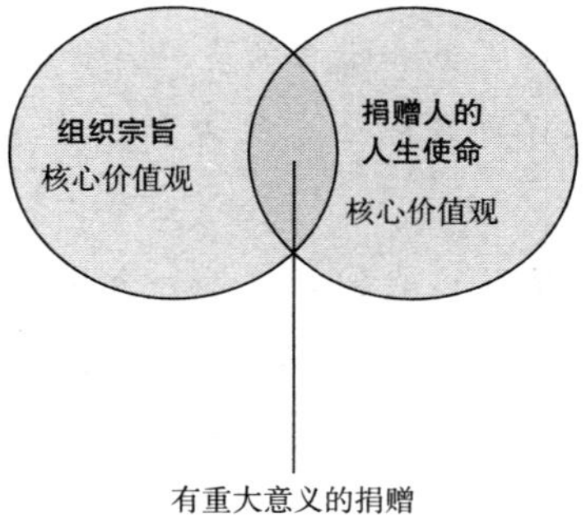

图 18.1　价值观契合

问询与激励

发展专业人员已经积累了大量研究，社会科学学者也有很多最新研究，借助这些研究成果，我们能够更好地理解大额捐赠人的动机。非营利组织面临的下一个问题就是如何在大额捐赠领域明确所在组织、明确潜在捐赠人。汉克·罗索（Rosso，1991）曾指出：“筹款是教导人们体验捐赠的喜悦的微妙艺术。”他一直以来都理解并践行着“变革型慈善”的理念。他十分了解，大额捐赠工作是建立关系的结果，和谢尔顿·嘉柏一样，他明白发展专员有必要成为非营利组织和捐赠人生活中的变革推动者。

那么，如果想要在大额捐赠领域取得成功，发展专业人员需要具备哪些技能呢？显而易见，他们需要卓越的沟通技能，理解潜在的大额捐赠人的价值观和动机，从而传播非营利组织的宗旨。他们也必须有创意、有激情，激励捐赠人开展行动。要成为成功的大额捐赠发展专员和志愿筹款人，并不需要了解潜在捐赠人的一切，但是需要了解如何向非营利组织本身和捐赠人询问正确的问题。

以下是大额捐赠发展专员必须对组织提出的一些关键问题：

- 我们组织的宗旨是否是有价值的、重要而且有效的，并得到了清晰的阐释？
- 我们能否使用成果衡量指标来判断组织宗旨是否得到持续推进？能否衡量大额捐赠产生的影响？
- 我们为捐赠人服务和报告的责任是什么？
- 我们应该怎样更好地让志愿者和捐赠人参与到组织的慈善活动中？
- 谁能够最好地传达我们的宗旨和未来的愿景？
- 谁有可能是我们天然的合作伙伴、特别的捐赠人？
- 谁来负责培养和深化与具体捐赠人的关系？

每个非营利组织必须明确一位“愿景掌控者”，即能够推动组织宗旨实现的领导者，同时还要让捐赠人能够看到这一点。同样重要的是，每
233 个组织必须对那些能够将愿景转变为行动的员工确认下来，他们能够推动工作的进展，通过切实的计划和行动来推动组织宗旨的实现。大额捐赠发展专员必须负责推动潜在捐赠人和非营利组织之间关系的发展。捐赠人和非营利组织的价值观在这里找到契合点，共同配合演出“慈善之

舞”。一些非营利组织发现，愿景掌控者一般是非营利组织的领导者或董事会主席。在一些非营利组织中，可能会有很多人来管理大额捐赠工作。在非营利组织和捐赠人之间建立多重联系是非常明智的行为，这就避免了依赖少数人来筹集大额捐赠。如果大额捐赠人放弃了向非营利组织捐赠，结果不堪设想。马尔科姆·格拉德威尔(Malcolm Gladwell)在他的著作《临界点》(*The Tipping Point*，2000)中提到了同时需要“富有吸引力”的倡导信息和“具有感染力”的传播者。“富有吸引力”的倡导信息是非营利组织传播其基本宗旨或事业的最有力工具。为了吸引新来的更加投入活动的慈善家，发展专员有责任从非营利组织内部发掘具有感染力的筹款人，将非营利组织的宗旨和影响力生动地呈现在捐赠人面前。

大额捐赠发展专员也必须问自己几个问题。罗伯特·佩顿(Robert Payton，1988：74)曾提出了最为尖锐的问题：作为发展专业人员，我们是为慈善事业服务还是在推销慈善事业？我们为什么从事这样一项重要的工作？大额捐赠筹款工作不像是一项职业，更像是一种召唤。发展专业人员并不是销售产品的，他们是为了推进人类更好地发展的愿景可能性。这是一项严肃的工作，必须由发展专业人员投身其中。发展专业人员与捐赠人之间并不是买家与卖家的关系，而是真诚的伙伴关系。奥尼尔(O'Neill，1993)将发展专业人员视为道德培训师。大额捐赠发展专员的确是道德培训师，因为他们的工作关乎道德激励(罗索所说的“教导人们体验捐赠的喜悦”)。因此，我们必须提出这样的问题：我们是否能够成为慈善事业的楷模？我们自身是否做出了重要的慈善捐赠？我们是否能够成为他人的“灵魂楷模”？最终的问题在于：我们是否致力于帮助他人通过慈善行为找到生命的意义？很多潜在的大额捐赠人知道如何积累“方法”却不知如何积累生命的“意义”。可以将大额捐赠筹款工作看成这样一个过程，发展专员、志愿者和捐赠人共同走过漫长的道路，寻找生命的意义。这一意义可以通过慈善而探寻。

通过职业的内省以及探寻非营利组织的宗旨和价值观，筹款人可以成为变革的推动者。通过在信任的氛围中探索捐赠人的价值观，伟大的发展工作才能够得以实现。大额捐赠发展专员可以利用邓禄普(Dunlop，2000)所提出的“培育式问询”向捐赠人提出价值观方面的问题。库伯勒-

234 罗斯(Kubler-Ross，1969)关于死亡的经典著作教导我们，在生命的尽头，人们通常不会通过他们的资产或财富积累来衡量生命的价值，而是用真实的自我来衡量生命的意义，比如是否为世界做出了改变，是否留下了永恒的遗产。显而易见，通过慈善事业，发展专员和志愿者可以帮助捐赠人为这些问题找到有意义的答案。大额捐赠筹款工作的核心就在于"帮助人们提前到达彼岸"。这需要我们鼓励捐赠人从商业中的楷模转变为慈善事业中的心灵楷模。通过这些重要的问题，我们将捐赠人的动机从内在的转变为外在的，从以自我为中心的转变为以他人为中心的，从独立的转变为互相依存的。大额捐赠筹款工作的转型就是从"自我中心性"转变为"群体中心性"。

关于价值观的问题　在阐明关键的价值观问题之前，有必要了解价值观问询方面的指导原则。在向对方提出价值观方面的问题时，应首先营造信任的氛围。信任的两个要素是许可和保护，它们为捐赠人提供了保障。在我们探寻核心价值观之前，要先征求对方的许可，从而建立更深入的关系。贝耶尔(Beyel，1997：52)称之为"慈善的知情同意"。这是一个探索的过程，发展专员和捐赠人都参与到道德和美德的对话中。这可能是一个简单的过程，获得对方许可后，对价值观进行询问。但这通常是一个直觉性的过程，就像我们十分了解何时可以向亲密的朋友提问一样。另外一个建立信任的方式就是确保涉及的信息的私密性。这也意味着发展专员必须对这些信息保密，不去与朋友、同事或捐赠人的家人分享。对访谈报告中的内容一定要多加注意。

询问捐赠人的关键问题包括：你认为最珍贵的价值观是什么？谁曾经启迪了你的生活和工作？一个人如何给世界带来改变？你给这个世界和未来的世界能留下什么样的遗产？谁是你要感谢的人？凭借个人能否完成遗产？应留给继承人多少财产？留给继承人的财产会不会有过多的时候？最令你满意的慈善捐赠是什么，原因是什么？你所支持的非营利组织中，在参与组织宗旨方面，哪一个组织做得最好？大额捐赠的管理方面，你希望能得到怎样的报告？你希望以何种方式被邀请进行慈善捐赠？这些只是大额捐赠发展专员在与捐赠人建立关系时需要问询的一部分关键问题，必须在关系进展到恰当时间进行提问。
235 虽然这些问题都是需要询问的，但是如果太早提出，可能会显得莽撞而武断。

建立主人翁立场　大额捐赠发展专员最重要的任务就是在捐赠人和非营利组织、志愿者之间建立起亲密的关系。关系建立的一个重要手段就是讲故事，通过讲述他人通过慈善促进非营利组织发展的伟大事迹，以激励启发捐赠人。发展专员能够通过讲故事，为捐赠人量身定制个人捐赠的路线图。如本章前文所述，邀请捐赠人对非营利组织进行捐赠或者进行阶段性捐赠也是关系建立和培养过程的一部分。小额捐赠非常重要，为捐赠人打开了通往非营利组织的窗口，也给非营利组织提供了机会，通过有价值的服务和适时的认可，进一步吸引捐赠人的参与。早期捐赠的邀请能够使发展专员确定相关提案是否与捐赠人的核心价值观相符。然而，与仅仅要求进行“初始捐赠”相比，更重要的是考虑何种捐赠能够使捐赠人进一步参与到非营利组织的工作中，并自然地产生更大额捐赠的承诺。大额捐赠发展专员应该问这个问题：“这个提案是否能使捐赠人做出有价值而有影响力的捐赠?”捐赠人用于半额奖学金的年度阶段捐赠可能会发展成为全额奖学金，进一步升级为永久奖学金，可能还会通过遗产捐赠为奖学金所在的学术机构冠名。

虽然阶段性捐赠是鼓励大额捐赠的普遍方式，但也有第一笔捐赠就是大额捐赠的情况。发展专员和志愿者必须关注那些捐赠人，后者可以快速抓住非营利组织的发展方向且首次就向非营利组织进行大额捐赠。在年轻一代的企业家中，这种情况尤其常见，比如谷歌创始人和脸谱创始人最近进行的 10 亿美元级捐赠。信息时代和不断发展的科技让很多人在 30 岁就成了亿万富翁，这些企业家也越来越早地开始探索自身财富的社会责任。很多捐赠是通过硅谷精神领袖发起的“捐款誓言”运动和其他有意义的对话而做出的，他们受到包括比尔·盖茨夫妇和巴菲特在内的老一辈精神导师的启发。预料到企业可能被收购或是上市，这些企业家也会选择将企业股份捐赠给那些让他们受到启发的非营利组织。

邀约　战略性筹款工作的大部分是在写出提案和发出捐赠邀约之前完成的，也就是要充分探索捐赠人的价值观、考虑合适的捐赠规模，以
及捐赠可能产生的影响。在此之后，提案团队就要认真选择并熟悉筹款 236

细节。大额捐赠发展专员必须提出以下几个问题：我们是否充分了解了捐赠人？捐赠人是否切实参与到我们组织的工作中？发出这份邀约的时机是否合适？我们要求的额度是否得当，是否考虑到了对于捐赠人来说最合适的捐赠手段和形式？捐赠人是否认同这一项目或捐赠的目的？由这支筹款团队设定目标和邀约是否恰当？

在组织召开特别会议讨论提案之前，潜在捐赠人应该了解，会议的目的是希望他们对重要的组织项目进行慈善支持。这就避免了突然袭击式的筹款，也体现了对捐赠人的尊重。在一些情况下，类似于“我们很高兴能够和大家分享一个伟大的构想和理念，相信一定会对大家有所启发”的说法就足以让潜在捐赠人了解到，自己就是筹款的对象。类似于“大家是否愿意听一下我们的想法？我们相信它一定会对我们的社区产生深入而积极的影响”的问题也是一种有力的邀约方式。

大额捐赠发展专员和捐赠筹款的参与人也应该统筹考虑其他的重要问题。大额捐赠邀约在哪个地方提出比较好？地点的选择应该考虑到捐赠人的需求和舒适的氛围。通常会选择在捐赠人的家中或办公室。有时也会选在非营利组织办公室，方便带领捐赠人进行参观，展示其捐赠将对非营利组织产生怎样的影响。餐厅等公共场所十分不利于大额捐赠筹款，因为这种场所无法确保隐私和对捐赠人的保护。服务生可能在马上达成共识时打断对话，破坏了气氛和礼节。最好是能够询问捐赠人本人，他们希望在哪里会面。

除了会面地点，大额捐赠发展专员还要考虑以下问题：捐赠人一方都有哪些人员参加？是不是所有的决策者都参与了会面，还是说只与潜在捐赠人进行洽谈？一般来说，非营利组织的相关领导、捐赠人及其配偶和家人、法律顾问和财务顾问等都可能参与会面。筹款提案要写明捐赠的额度、项目目标、成果评估方式、捐赠的认可形式以及捐赠后的汇报或服务计划。如果在会见前对提案进行演练，将会确保在正确的时机与正确的人完成正确的筹款邀约。在大额捐赠邀约前的演练中，尽可能多地准备捐赠人可能会提出的问题并准备好答案，同时指定回答问题的负责人员，这是一种比较好的方式。最坏
237 的情况就是潜在捐赠人提出了重要的或意料之外的问题，回答问题的人员却未能干脆地作答。志愿者通常会想要讲述体现他们对于事业热

情的故事，并且描述项目，但是如果非营利组织的成员能够提出确切额度的筹款需求，可能会使人感到更自在。“我们希望你能够考虑捐赠（具体数额），这将有力地促进项目的实现。”这是一种可靠而真实的筹款方式。

捐赠的额度越大，就越要为捐赠人及其顾问团队提供一份精心设计的提案。很多慈善家尤其是企业家，是视觉学习者。表格、图表、彩色图示，简短的视频（两分钟以内）能够吸引他们并保持注意力。描绘捐赠将给他人生活带来的影响，同时使用比喻和具体的实例，这些都是对提案中包含的复杂概念的具体阐释。视觉上吸引人的提案可以成为捐赠人在会面商谈时的“路线图”或“蓝图”。发展专业人员、提案起草人和设计人都应该问自己，能否使提案以有创意的方式包含在一张幻灯片或一张图示中。

管理和认可 一旦完成了捐赠承诺，就开始了管理的流程（见第三十一章）。为了确保不出现营利领域所谓“捐赠人反悔”的现象，非营利组织必须立即对捐赠人表示感谢，并制定既有战略性又有意义的管理计划，让捐赠人感受到捐赠带来的影响力。奖学金获得者的感谢信、财务报告、实验室参观、照片、建筑工程的现场视频和网站以及亲自审阅进展报告，这些都是加强捐赠人和非营利组织之间关系的最佳方式。这种管理活动是为了对受赠人进行道德追踪，是十分有必要的。同时也要继续鼓励捐赠人在未来进行捐赠。如果不能向大额捐赠人及时展示捐赠的影响，他们将逐渐远离。

对捐赠人的认可是联结捐赠人和非营利组织的另一种方式。“你和你的家庭希望我们如何感谢并认可你的捐赠？”，这是一种很得体的问询。认可应该尽可能地个人化，反映出非营利组织和捐赠的独特性，同时也要反映捐赠的规模和重要性。大多数的大额捐赠人并不需要一般意义上的奖牌、摆件或装饰品，而是更欣赏有意义的“认可”，这种认可应该是独特的、有个性的，并能够使他们与非营利组织建立起情感上的联系，同时也强调了捐赠的重要性。其他潜在的大额捐赠人也会关注非营利组织如何以恰当的方式认可并管理大额捐赠。

238

管理大额捐赠流程

无论大额捐赠发展专员是单兵作战还是有大型而复杂的大额捐赠团队，大额捐赠成功的关键在于建立一个有序的体系，来明确潜在的大额捐赠人，并使他们参与进来，向他们筹款。很多研究给出了如何管理大额捐赠流程的实例。通过简单的索引卡或成熟的软件，都能够实现成功的项目管理。例表 18.3 提供了管理大额捐赠流程的指南。无论形式如何，每个非营利组织必须明确组织前 25～100 名或 5%～10%的捐赠人，他们作为潜在的大额捐赠人，其慈善行为可能对组织产生重要的影响。

一旦明确了人选，就应该为每个捐赠人建立档案。这些档案应该体现出对捐赠人的尊重，并且只包括与双方关系和大额捐赠有关的内容。这些信息将会被用来决定非营利组织中何种类型的项目能够与捐赠人的价值体系产生共鸣。在档案中不要出现捐赠人的隐私或者不方便透露的信息。这里有一个好建议，即在记录与捐赠人会面时所了解的信息、备注和建议时，只保留那些捐赠人自身读来不会感到尴尬的信息。档案也应该包括对捐赠人产生过重要影响的天然人脉。重要的信息还包括，非营利组织领导人与捐赠人定期会面的讨论内容、捐赠人对非营利组织不断加深的参与、切合实际的捐赠额，以及捐赠人非常感兴趣的项目细节。与捐赠人的所有会面、交流和经历都应该被恰当地记录下来，因为这些关系不仅仅属于维护关系的发展专员，也是非营利组织和捐赠人共事的成果。

与此同时，应该把提升捐赠人参与度和兴趣的具体方式记录下来。管理流程的关键在于任命关系管理人，也就是负责记录和深化关系进展的人员。很多管理计划建立了模型，模型中包括与捐赠人见面的具体次数、呈交提案的数量以及每年筹集的款项总额。然而，重要的不是会面的频率，而是发展专员、非营利组织领导人和志愿者对捐赠人的归属感能产生多大的影响。有目标、有意义的会面能够增加捐赠人在非营利组织中的“权益股”，这种会面的重要性远高于会面的次数。要在深入的关系以及捐赠人总数的基础上对模型进行细化。

例表 18.3　为大额捐赠流程制定战略

捐赠人的个人信息

- 姓名、地址、电话
- 家庭信息、婚姻状况、子女
- 学历、兴趣爱好
- 是否为董事会或委员会成员
- 大额捐赠的兴趣领域
- 其他相关且公开的信息

财务信息

潜在捐赠人已知的财务信息有哪些，其进行大额捐赠的能力如何？

- 公开的股票和房产信息
- 之前向非营利组织和慈善组织做出的捐赠
- 其他相关且公开的财务信息

联系

- 与潜在捐赠人最亲近的个人、员工和志愿者有哪些？
- 捐赠人的天然人脉有哪些？

战略

- 应该让哪些人员参与到关系建设、提案撰写和邀约中？
- 捐赠的具体目标是什么？
- 目标捐赠额是多少？
- 由谁进行提案演示？
- 何时进行提案演示？
- 在呈交提案前，需要完成哪些特别的步骤或行动？由谁来完成？何时完成？
- 提案是否面临阻碍？如果面临阻碍，将由谁来清除阻碍？
- 需要完成哪些必要的指导、演练或战略规划？

下一步安排

- 建立起人工或电脑提醒机制，在恰当的时间监测下一步的安排，并对战略进行调整修订。
- 确定应该采取的行动，以及行动的执行人和执行时间。

未来的慈善道路

自《实现卓越筹款》(第三版)出版以来，慈善世界已经展示在世人面 239
前。由印第安纳大学礼来家族慈善学院牵头进行的研究已经给出了重要证据，证明谁是世界上最慷慨之人。《慈善资本主义》(*Philanthro-*
capitalism)一书曾引用格雷格·迪斯(Greg Dees)的话："当动员和部署包 240
括金钱、实践、社会资本和专业知识等私人资源来改善我们所生活的世界时，慈善当前最好的定义也远远超越了捐赠金钱。"(Bishop and Green, 2008：49)

大额捐赠工作中需要学习的第一课，就是要通过所在组织的数据库搜索身边的企业家。慈善事业中的模范领袖通过言行对世界产生了积极影响，他们也推崇这一做法。比尔·盖茨、沃伦·巴菲特、波诺（Bono）、穆罕默德·尤努斯（Muhammad Yunus）、史蒂夫·凯斯（Steve Case）和许许多多慈善人对盛行几十年的“捐赠、留名、离开”的慈善模式产生了质疑。毕夏普和格林指出：“慈善资本主义的关键因素之一就是执迷于确保捐款被用来支持善行。”（Bishop and Green，2008：69）他们还提出，“风险慈善事业合作伙伴”（Venture Philanthropy Partners，VPP）的建立者马里奥·莫里诺（Mario Morino）“认为作为一名慈善家，他是如同生意人一样干练务实的，也喜欢这种方式，但这并不等同于将慈善当作生意来看待。他指出，据他所知，社会更依赖于关系而不是体系”（Bishop and Green，2008：91）。因为我们的非营利领域是基于社会规范，而社会规范与商业规范息息相关。然而，这些新“慈善家”期望非营利组织可以向商业世界学习借鉴，提高效率、学习制定新项目、复制模型，并扩大规模。这些狂热的、充满激情的并以结果为导向的慈善企业家不能容忍惯常的慈善“事业”。他们希望在赚钱的同时，能够利用他们的捐赠努力做好事。他们有充满创意的头脑、强烈的好奇心、丰富的经验和人脉。他们也被社会慈善的新方式所吸引，乐于参与到公益创投之中，改变我们服务世界的方式，乐于尝试新模式、改善服务供给体系，并能迅速地对成功事业进行再次投资。他们也明白其捐赠产生的价值，对筹款人员有很高的期待。

过去十几年，一种新的慈善发展模式在全球迅速传播。我把它称为“慈善商业光谱”，如图 18.2 所示。这种新的慈善商业手段也回答了关于组织接受捐赠作为基金的质疑。当慈善家捐赠了其资产的 10%、20%、30%甚至更多时，捐赠基金所产生的 4%～6%的收益并不吸引人。除此之外，一些慈善企业家将基金看作延续组织过去发展的资金，而不是用以资助组织未来发展的新模式。

作为道德培训师、关系管理者、变革推动者和传播者，专业筹款人完全有能力从道德上激励这些能够改变游戏规则的慈善家。专业筹款人习惯于与有商业头脑的人们共事，知道如何激发他们的积极性。专业筹
241 款人在组织内部开展对话，探讨如何指引这些捐赠人的方向。正如《善的

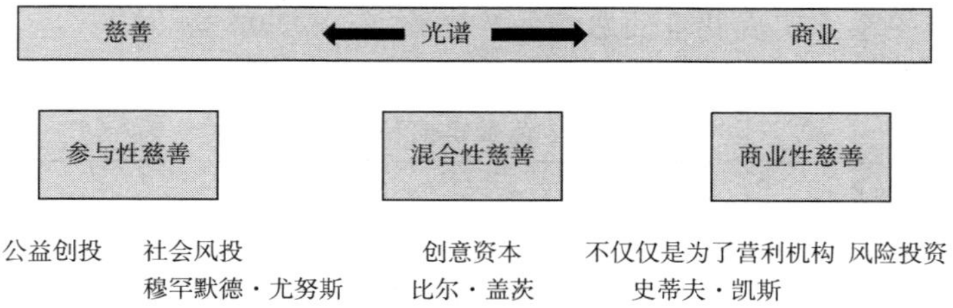

图 18.2　慈善商业光谱

力量》(*Forces for Good*，Crutchfield and Grant，2008)一书中所描绘的，我们事业的未来是协作而不是竞争。下一步，我们需要寻求国家、企业、非营利组织和慈善家之间的协作。各个领域都在变革、融合，需要我们和最佳的伙伴、慈善家共同创造未来。

结　语

本章探讨了大额捐赠筹款工作的具体技巧，同时介绍了管理大额捐赠流程的一些工具。但是，虽然准备好了一切，决定大额捐赠成功与否的，还是背后的精神。作为大额捐赠发展专员，我们如果还以“迫使”或“苛责”的发展模式(Schervish，2000b：2-3)进行运作，将不会获得长期的成功，也无法获得事业的满足(见例表 18.4)。只有通过谢尔维斯的“赏识模式”，我们才能够在筹款过程中尊重捐赠人的意愿。如果一味地为了有限的慈善捐赠而和其他非营利组织竞争，我们就会像是贪得无厌的子女觊觎父母的遗产。我们应该以一种“供给侧”的手段而不是“稀缺模式”来开展慈善事业，好的慈善事业就像是潮水，托起所有的船只和精神。谢尔维斯(Schervish，2000b)让我们了解并遵循他“供给侧慈善”的理念。这一优雅的理论告诉我们，不应该通过对幻想中有限的“慈善之饼”一味地竞争，而是应该通过激励人们进行大额捐赠实现慈善的真正发展。这一理论表明，在慈善事业中，唯一限制我们的，是强加给自己和组织
的错误理念，变革中的慈善可以给捐赠人的生活带来重要的影响。《2014 242
年高净值慈善研究》很好地阐释了这一理念，该书总结道：“如果非营利组织能够理解捐赠人重视和尊重的东西，对捐赠进行认真的管理，合理透明地使用资源并做出有价值的改变，那么它们将会与捐赠人建立起持

久的伙伴关系，实现共享的愿景。”

例表 18.4　苛责模式和赏识模式

苛责模式	赏识模式
你的捐赠 • 不足 • 没有针对正确的事业 • 不在恰当的时间 • 方式不对	是否有 • 你希望能用你的财富做出贡献的事业 • 哪些事情可以满足他人的需求 • 哪些事情你可以做得比政府或企业更高效、更有效 • 哪些事情能够表达你的感谢、为你带来满足、实现你对他人命运的认同

资料来源：Paul G. Schervish，“The Spiritual Horizons of Philanthropy,” in E. R. Tempel and D. F. Burlingame（eds.），*Understanding the Needs of Donors*：*New Directions for Philanthropic Fundraising*，No. 29. Copyright © 2000 John Wiley & Sons，Inc. This material is used by permission of John Wiley & Sons. Inc.。

讨论问题

(1)非营利组织通常如何定义大额捐赠？大额捐赠对年度基金或巨额筹款活动的成功可能产生怎样的影响？

(2)给出大额捐赠筹款中“能力和倾向”的定义。

(3)解释“交易型”和“关系型”筹款之间的不同，为什么后者在大额筹款中更为有效？

(4)列出大额捐赠人进行捐赠的三个原因，以及停止捐赠的三个原因。

(5)作者所说的大额捐赠中“富有吸引力的倡导信息和具有感染力的传播者”有什么含义？

(6)在呈交大额捐赠提案之前，筹款人应该问的 3~4 个问题是什么？

第十九章　巨额筹款活动

亚伦·康利

在《实现卓越筹款》(第一版)中，亨利·罗索(Rosso，1991)亲自写作了《通过巨额筹款活动实现资产积累》一章。这章的内容对成功的筹款活动的基本要素进行了深入的研究。罗索提出的基本原则在今天依然适用。尤其是他提出的12步准备程度测试，依然是非常有价值的工具，在开展筹款活动之前，尤其是首次进行类似的活动前，慈善组织必须进行这个测试。 243

在过去的20年间，筹款活动对非营利组织来说越来越重要。随着主要的大学都对筹款活动的目标给予极大的关注，这些目标可高达数十亿美元，筹款活动也成为非营利组织的常用手段。提供基本人类服务的机构、艺术和文化组织、教堂，甚至至K-12公立学校也已经频繁开展筹款活动。本章包括：

- 不同类型筹款活动的历史和定义。
- 筹款活动规划和推广的必要步骤。
- 如何启动并总结筹款活动。
- 判断筹款活动的影响力，阐明管理在筹款活动中的重要作用。
- 通过案例研究了解成功的筹款活动。

当代筹款活动 244

现代筹款活动要追溯到1905年，当时芝加哥的查理斯·萨姆纳·瓦尔德(Charles Sumner Ward)接受委托，协助位于华盛顿特区的基督教青年会筹集资金建新楼(Cutlip，1965)。不久，匹兹堡大学也委托他使用后来被称为“瓦尔德法”(Ward method)的方法协助开展一场价值300万美元的筹款活动。瓦尔德所提出的基本原则包括公开宣布的筹款目标和明确的筹款时间段。这些基本原则沿用了一个世纪，直到今天依然适用。

筹款活动在非营利部门已经越来越普遍，也有很多关于成功筹款机制的研究成果。《实现卓越筹款》的第二版和第三版包括了由罗伯特·皮尔彭特(Robert Pierpont)撰写的关于筹款活动的章节(Tempel，2003；Tempel，Seiler and Aldrich，2011)。肯特·多夫(Kent Dove)的《开展成功的巨额筹款活动》(*Conducting a Successful Capital Campaign*，2000)第二版已经成为行业标准，高等院校也从《引领筹款活动：促进大学的发展》(*Leading the Campaign：Advancing Colleges and Universities*)(Worth，2010)一书的出版中获益良多。

本章讨论了这些著作中提到的筹款活动的基本结构。然而，最重要的是注意到“巨额筹款活动”的概念已经融入当今的词语中，其所表达的含义已经不同于它所产生的历史环境。多年期的筹款活动是为了实现组织的巨额筹款目标，不仅仅是兴建楼房，也包括支持组织项目的基金，这一概念已经成为巨额筹款活动的标签。

如今的筹款活动经历了持续发展，囊括了所有目的的筹款，称得上是一种“综合性”筹款活动。沃尔斯(Worth，2010：5)曾注意到，这种情况对于一些高校来说的确如此，因为多年期的项目和计划可以被纳入单一的校园筹款活动。这些工作可能包括资本项目，比如修建新大楼或翻新旧大楼，但也包括特定的目标，如提升学生的奖学金额度，增加教职员工的讲席教授名额，加强对图书馆、学生活动和其他特别项目的支持。这种综合性筹款活动还可以有效地体现医院、艺术博物馆、交响乐团、公共图书馆和其他类似组织所做出的工作中，这些组织为大型工程获得私人支持在同一个活动中共同做出贡献，以满足当前的项目需求。

对于不进行综合性筹款活动的组织，或者是正处于项目交接时期
245 的组织来说，它们通常会开展更小型、短期的筹款活动，所取得的成果范围也更为狭窄。多夫称这些项目为“单一目标筹款活动”(Dove，

2000：18)，包括为建筑、基金或其他独立的目标进行筹款。他还提出了另一个定义，即“子筹款活动”(Dove，2000：19)，这类活动是组织持续进行的大额捐赠项目的一部分，使组织可以开展更小型的活动，与组织的总体战略相呼应。

筹款活动的基本架构

罗索对于筹款活动的基本定义在今天依旧有效。他把它定义为“……开展密集的工作，在一定时间范围内筹集一定数额的款项，从而满足组织多种资产建设的需求”(Rosso，1991：80)。虽然新技术已经对我们和潜在捐赠人之间的沟通产生了巨大的影响，但对于那些从20世纪就开始从事筹款工作的人来说，筹款活动依然是熟悉的核心架构。

图19.1阐释了筹款活动的主要阶段，以及每个阶段要采取的重要步骤。请注意图中两个阶段——筹款活动前的计划、管理与筹款活动的影响——不属于筹款活动的正式范围。通常情况下，这两个阶段很快就会结束，不但会对当前的筹款活动，也会对未来筹款活动的成功产生影响。

筹款活动前的计划

筹款活动的目的在于筹集必要的资源，满足一项或多项需求。这里的“需求”通常是由非营利组织所决定的。“我们需要一幢大楼”或“我们需要奖学金”，或是其他类似的理由都可能是筹款活动背后的原因。在筹款活动前的计划阶段，要让包括组织管理层、董事会成员、筹款人员和主要志愿者在内的所有人对活动有大致的了解，并开始从组织和捐赠人双方的角度对筹款活动进行思考，这一阶段很重要。

筹款活动计划应当基于组织的战略规划。非营利组织的宗旨是服务关键的社会需求，应该通过文件类的计划将其满足社会需求的方式清晰地表达出来。一些组织或者是不愿意或者是过于自满，没有制定出自己的战略规划，但至少应有“战略方向的陈述”，从而在某种程度 247
上为组织定位，并提出如何在未来做出积极影响的愿景(O’Brien，2005)。

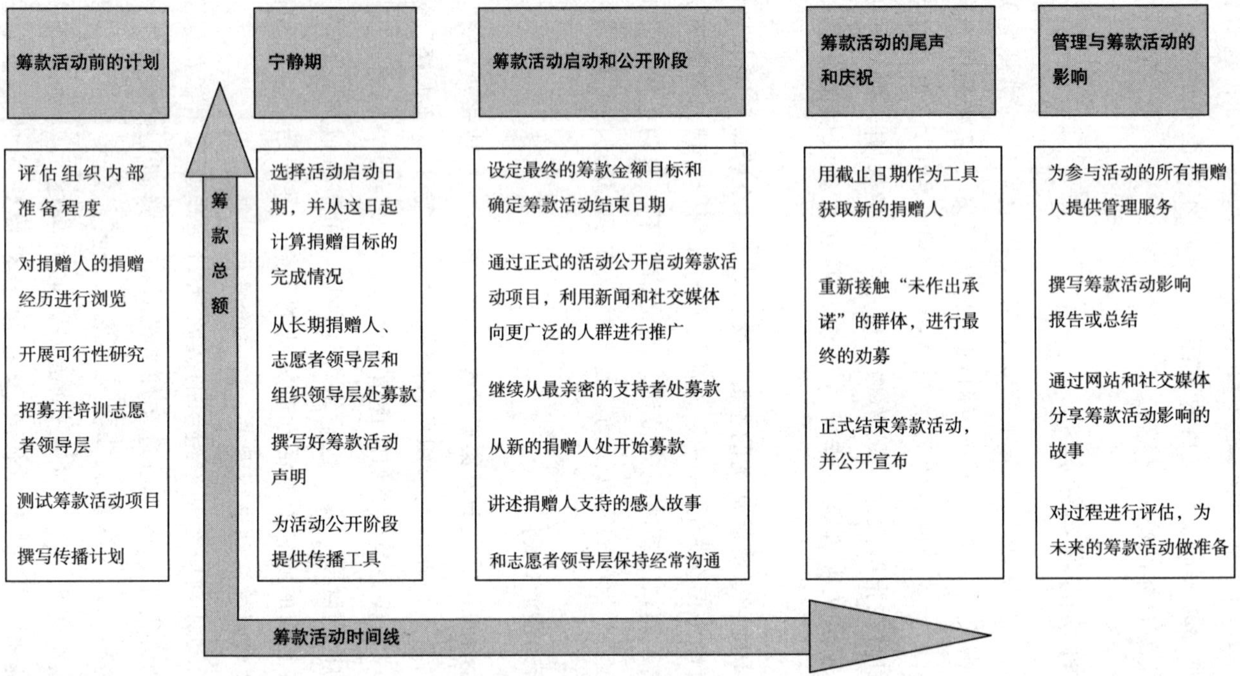

图19.1　筹款活动的各阶段

利用战略规划(或其他文件)，组织就可以开始撰写具有号召力的筹款声明，向潜在的支持者表明筹款活动将如何使他们更好地拥有力量，满足他们要服务的关键需求。在早期阶段将会对筹款声明反复仔细检查，在这一过程中，所有参与者对组织的宗旨、架构和目前提供服务或活动的有效性进行批判性思考。

撰写筹款声明只是活动开展前进行可行性研究的一个组成部分。这样的研究会帮助组织确定他们是否准备好举行有着宏大目标的多年期筹款活动。筹款顾问可以协助组织开展可行性研究。

筹款顾问可以对战略规划中的很多关键步骤进行考虑，而这些关键步骤可能远不是非营利组织的专业性或能力所承担的。麦克斯韦尔(Maxwell，2011：377)认为筹款顾问提供的服务包括：

- 对组织现有员工和筹款业绩进行审计；
- 撰写筹款声明(基于战略规划)；
- 与现有的和潜在的大额捐赠人对筹款声明进行测试；
- 筛选出组织的捐赠人名单，确定潜在的大额捐赠人；
- 对组织与潜在捐赠人沟通方式的强度进行评估；
- 确定并培训志愿者领导层；
- 为筹款规划推荐更合适的战略；
- 管理整体工作。

可行性研究中最关键的成果并不在于活动筹款的金额目标，而是评估组织潜在捐赠人的现实情况以及是否存在足够的捐赠人来实现目标。筹款活动失败的最普遍原因就在于未能在活动前的计划阶段夯实这一工作。

这一工作的成果可以通过筹款活动金字塔图、捐赠范围图表或近似的命名图表来体现，它们将筹款目标按不同群组的捐赠人进行切分。这一工作方法曾经被称为80/20定律，也就是说，80%的捐赠额来自20%的捐赠人。表19.1是一项总额为1000万美元的筹款活动的捐赠范围表样本，表中也体现了大额捐赠层面预计所需的捐赠人数量。

表 19.1　捐赠范围图表样本：1000 万美元的筹款活动目标——5 年期

捐赠类型	捐赠承诺人次	潜在捐赠人数量	捐赠承诺规模	总规模	累计总额	占目标的百分比
超大额捐赠	1	5 人	1000000 美元以上	1000000 美元	1000000 美元	47.5%
	1	5 人	750000～999999 美元	750000 美元	1750000 美元	
	3	15 人	500000～749999 美元	1500000 美元	3250000 美元	
	6	30 人	250000～499999 美元	1500000 美元	4750000 美元	
大额捐赠	12	48 人	100000～249999 美元	1400000 美元	6150000 美元	39.5%
	24	96 人	50000～99999 美元	1300000 美元	7450000 美元	
	50	100 人	25000～49999 美元	1250000 美元	8700000 美元	
特殊捐赠	70	210 人	10000～24999 美元	700000 美元	9400000 美元	12.0%
	100	300 人	5000～9999 美元	500000 美元	9900000 美元	
一般捐赠	其他	很多	5000 美元以下	100000 美元	10000000 美元	

249 在网络上可以搜寻到大量资源，协助计算捐赠范围。非营利组织尤其要注意，应基于过去大额捐赠的经验以及每个层面潜在捐赠人的范围来开展预测工作。例如，如果在一项总额为 2500 万美元的筹款活动中，最大一笔捐赠额度预计为 500 万美元，且该组织在历史上从未接受过如此大额的捐赠，也未向任何该层面的捐赠人提出过筹款需求，那么该组织可能就要考虑关注那些 500 万美元以下的捐赠。2500 万美元的捐赠目标依然是可行的，但是必须要明白，捐赠额为 100 万～200 万美元的潜在捐赠人数量可能更多。

宁静期

筹款活动的这一阶段通常被称为“起始”或“安静”阶段。从这一阶段开始，非营利组织将会选择实现筹款活动目标的日期。这一日期通常只为组织的行政领导、董事会、主要志愿者和大额捐赠人、筹款人员和其他相关人员所知。通过完成前一阶段的可行性研究，筹款活动领导人之间应该已经就筹款总额的目标或范围达成了一致，但并不一定要确定最终的筹款目标。

尽管已经开始将捐赠计入活动目标，这一阶段依然包含大量的计划活动，这些活动必须在下一阶段开始前完成。在这些计划工作中，最重要的就是要撰写好筹款活动声明。随着这一阶段的开始，我们就有了一个宝贵的机会，来评估该活动是否具有有效的和令人信服的筹款声明。在这一阶段，非营利组织应该开始接触那些联系最紧密的长期支持者，不仅仅是为了让他们作出捐赠承诺，也要观察他们对筹款声明的反应。组织应该做好准备，接受建议和批评意见，并建设性地接受捐赠人的反馈，对筹款声明进行积极修订。

这一过程也有助于筹款活动传播计划的完成。在筹款活动前的计划阶段，通过讨论非营利组织在活动期间如何与捐赠人和潜在捐赠人进行沟通，传播计划要基本成形。传播计划主要是由预期的资源所决定的，同时也要考虑到包括建设网站，制作视频，印制活动手册和简报等材料，使用电子邮件、电子简报和社交媒体等网络传播工具等产生公众影响的手段所产生的成本。

宁静期最终也是最关键的步骤就是在筹款总额目标和达成该目标的截 250
止日期方面达成一致。综合性的筹款活动通常会包括多个组成部分，由不同的小目标累积达成最终筹款总额目标。在高等教育机构中尤其如此，因为大学的总体筹款目标可能由每个学院、体育馆和图书馆等主要机构、奖学金项目等专项计划、社区参与活动或校长专项计划等分目标组成。

对于宁静期的时长，并没有特殊规定。但是应该留出足够的时间来决定可行性研究中的筹款总额目标是否符合实际。如果目标几乎没有实现的可能，或者没有获得支持，那么宁静期就提供了一个重新评估的机会，了解这一目标是否应该向下调整，或者在公开阶段之前，延长筹款活动的时间。

筹款活动启动和公开阶段

筹款活动的启动和公开阶段是最有存在感且最刺激的阶段。但也是工作人员和志愿者感到时间最紧张、压力最大的阶段，因为组织公开承诺，要在特定的时间内完成特定的筹款目标。

这一阶段通常始于得到广泛传播的一项或多项活动，在筹款启动之前，还要采取几个步骤。最重要的就是要评估目前已有的捐赠额以及活动结束之前还有可能筹集的捐赠额。大部分组织会在宁静期筹集到目标的50%或更多时，启动公开阶段。如果在实现了目标的25%～35%时开始这一阶段，那么就会给人留下这一活动缺乏动力的印象，如果在实现了目标的65%~75%时才开始这一阶段，则会让更多的潜在捐赠人认为活动马上会获得成功，并不需要额外的支持。

另外一个需要关注的重点流程是罗索提出的“连续劝募”(Rosso, 1991：92)。活动支持的劝募工作应该从处于捐赠范围顶端的捐赠人开始，之后再延伸至那些小额捐赠范围。当公开阶段开始时，组织应该从顶端的潜在捐赠人处获得尽可能多的支持。

除了这种自上而下的方式，罗索也推崇一种由内而外的方式。在公开阶段开始前，所有与组织直接联系的个人，包括管理层、董事会、筹款员工和其他紧密参与此次活动规划流程的人们，必须做出他们的捐赠
251 承诺。只有所有的内部成员完成了他们的捐赠，组织才能够开始向外看。这种“自上而下—由内而外”结合的方式也是所有筹款活动必须遵守的操作原则。

筹款活动的尾声和庆祝

当筹款活动接近尾声时，组织的筹款工作人员和志愿者将遇到两个非常宝贵的机会。一个机会是逐渐到来的截止日期将会鼓励更多的捐赠人加入这一成功开展的活动中。正如体育领域的俗语所说，“人人都会支持胜利者”，这也强调了无论哪个层面的捐赠参与，都会扩大捐赠人的范围，给未来的筹款活动带来更大的机会。

另外一个机会在于，筹款活动的截止日期会促使组织最后一次向那些“未做承诺”的捐赠人提出捐赠邀请。每个组织都会有一些本以为会在早期就给予支持的捐赠人，但是由于种种原因，他们未能作出捐赠或拒绝了捐赠。对于那些没有明确拒绝邀约的人们，尾声阶段代表着最后的机会，在回顾并总结活动成功经验时，作出最后一次邀约。如果这些人是筹款活动预期的最有捐赠潜力的群体，那么无论他们在这一阶段捐赠的数额有多少，他们都会受到与活动初始阶段大额捐赠人同样的欢迎与赞赏。

本阶段最后也是最广为人知的活动，就是在正式的闭幕活动或庆典上，宣布筹款总额以及该活动将要资助的主要领域。完成筹款目标虽然值得肯定，但更多的关注重点应该放到捐赠人身上。筹款活动结束时，

高校、博物馆、管弦乐团或其他组织将借这个宝贵的机会表明它们并不是仅仅为了筹款而开展活动。筹款活动更伟大的成就是在捐赠人的热情和组织的需求之间建立起联系。

管理与筹款活动的影响

对于捐赠人来说，筹款活动的结束和庆祝意味着工作结束。但组织应该开展一些批判性的后续活动，从而在未来的筹款活动中也能够取得成功。这一阶段与活动前的计划阶段一样，通常被忽视，因为它并不属于正式筹款活动的一部分。

第一，一项成功的筹款活动将为即管理长期捐赠人和新支持者带来 252
令人兴奋的新机会。在活动后阶段，组织面临的最大挑战通常是确定如何为大量增加的捐赠人提供管理服务。

无论何时，都没有什么方式能替代亲自管理。非营利组织的管理层应当抽出时间尽可能多地亲自走访捐赠人，唯一的目的就是表达感谢。走访对象不仅包括作出最大捐赠的捐赠人，也包括那些有着长期参与和支持意愿的新捐赠人。

其他管理战略在为更多的捐赠人提供服务时，也会有一些个性化因素。以下是一些建议：

- 小组活动，比如组织一场由活动志愿者领导层或达到一定捐赠额的捐赠人参加的聚会。
- 出版物，比如对撰写一份活动情况、支持项目或设施以及捐赠人名单进行总结的影响报告。
- 通过电子邮件和组织网站分享电子资讯，包括前文所说的影响报告以及视频和电子简报。
- 出于历史记录的目的，可以对活动开展的年份、筹款总额以及活动影响等进行永久展示。如果空间允许，也可以将志愿者领导层、大额捐赠人或其他关键人物的姓名突出展示。

管理的总体目标就是要在筹款活动的最终阶段让捐赠人感到，他们的捐赠从两个方面发挥了作用。既要让他们感到，自己帮助支持了某一需求、项目或工作，还要让他们感到，无论数额多少，在限定的时间内实现整体筹款目标中，自己的捐赠发挥的作用是无价的。

第二，对活动进行全面的内部审核以及评估，可以对未来的筹款活动产生有益启示。在筹款活动中，内部的运营问题很有可能被忽视，因为组织的重心都放在如何确保筹款数额上。活动后的评估工作应该解决如下问题：

- 我们是否通过及时处理和致谢，对增加的捐赠额进行了有效管理？
- 我们是否能够为员工和志愿者提供充分且及时的潜在捐赠人研究信息？
- 是否可以更迅速地完成大额捐赠建议书的撰写、审核和批准？
- 253 在我们的流程中，是否能够有效安排时间，使组织领导人和捐赠人会面，或在活动中发表演讲？
- 是否能够改善流程，为支持我们前方的筹款工作人员提供支持，如安排差旅、报销开支等？
- 工作人员和志愿者是否认为他们对筹款活动的进展有着充分的了解？

以上这些运营方面的问题应当在出现的时候就得到解决，但是筹款活动的节奏和需求很容易掩盖这些问题。活动后的评估能够使组织的筹款团队有这样的对有效或失败的工作方式进行考量的机会。也可以邀请筹款顾问或流程评估专家牵头这项工作，这将使组织在未来的筹款活动中能够有更好的定位。

筹款活动案例分析

下面将对得克萨斯大学达拉斯分校的成功筹款活动安排做一个介绍。图 19.1 对这次活动的各个阶段进行了清晰的阐释。本章作者作为得克萨斯大学达拉斯分校负责校友关系和发展工作的副校长，牵头开展了该校历史上首次综合性筹款活动的规划和执行。

学校的背景

得克萨斯大学达拉斯分校的成立可追溯至20世纪60年代早期，当时，得州仪器公司买下了得克萨斯州理查德森市的1000公顷棉花田，建立了自己的研究所。1969年他们向位于得克萨斯州西南部的研究生中心做了一次捐赠，建立了得克萨斯大学达拉斯分校，该分校成为得克萨斯大学体系的一部分。

起初，达拉斯分校仅在物理学开设硕士学位和博士学位项目，之后又开设了管理学专业。1975年，该校开始招收三、四年级本科生，直至1990年才开始招收第一批大学本科新生。2009年该校建了第一栋学生宿舍楼，在接下来的4年里陆续建了其他4栋宿舍楼。

从达拉斯分校成立的背景可以看出，它是一所以研究生教育为基础的学校，提供夜校教育。除了得州仪器公司和少数地方的个人、企业和基金的支持外，几乎没有校友参与或捐赠人支持的传统。

筹款活动前的计划　2008年，得克萨斯大学达拉斯分校联系一家名 254
叫Bentz，Whaley，Flessner(BWF)的咨询公司，进行筹款活动可行性研究。2009年初，BWF公司与学校领导层、大额捐赠人和地方企业管理层进行面谈，面谈对象还包括那些尚未成为学校支持者的群体。

2009年8月，BWF公司向学校领导层提供了筹款活动建议初稿，于10月提交给学校发展董事会，即学校的志愿者最高领导组织。然而，学校其实已经决定活动宁静期从2009年9月1日开始，所有在此之后的捐赠和申请都将是筹款目标的一部分。

之所以做出这样的决定，是由于得克萨斯州开展了一项捐赠匹配项目，鼓励向得克萨斯大学达拉斯分校和该州其他6所公立“新型研究大学”进行以研究为目的的捐赠，其他6所大学包括得克萨斯大学阿灵顿分校、得克萨斯大学埃尔帕索分校、得克萨斯大学圣安东尼奥分校、北得克萨斯大学、休斯敦大学和得州理工大学。符合条件的捐赠必须用于资助研究生以及教职员工中的讲席教授，或支持研究项目。这一项目也称作“得克萨斯研究激励项目”(TRIP)，于2009年1月正式启动(Hacker，2009)。

虽然得克萨斯大学达拉斯分校慈善支持的历史较短，之前的年度私人支持金额为 500 万～1500 万美元，BWF 公司和学校领导层都相信，TRIP 项目的引进是一种独特而及时的激励，让学校有信心去实现宏大的筹款活动目标。BWF 公司提出了最终建议，也就是开展时长 6 年的筹款活动，目标筹款额为 1.5 亿～2 亿美元。

宁静期 TRIP 项目的引进的确催生了针对得克萨斯大学达拉斯分校的多次大额捐赠，宁静期的第一年就实现了 4060 万美元的捐赠总额，创下历史纪录。在活动建议书中，BWF 公司指出，活动前两年，每年至少需要实现 3500 万美元的捐赠，才能够确保 1.5 亿～2 亿美元目标的实现。活动的第二年创下了另一个纪录，捐赠总额达到了 5520 万美元。

在宁静期的前两年，学校开展了一系列重要活动，为活动的公开启动做好了准备。很多活动都遵循了罗索提出的“自上而下—由内而外”原则，包括：

- 向学校那些为数很少但是长期的大额捐赠人提出劝募。
- 学校校长和领导层做出多年筹款活动承诺。
- 建立学校层面的筹款活动理事会，推选 4 名荣誉共同主席、4 名主席和 14 名成员。
- 255 为发展员工、院长和系主任、志愿者和其他可能从培训中受益的人员提供三次（每次为期一天）的“筹款活动诊所”。
- 聘用斯内夫利传播咨询公司（Snavely Associates），撰写筹款声明、提出活动主题和标志、制作活动手册和建设网站。

宁静期的另外一项重要活动是绘制捐赠范围图表，协助预测所需要的大额捐赠总额。在第一年取得捐赠总额的历史最高纪录之后，学校领导层对 BWF 公司最初设定的筹款目标范围以及时间节点做出调整，将其确定为在 2014 年 12 月 31 日前获得 2 亿美元的捐赠。为了协助活动领导层更清晰地了解实现目标所需要做的工作，团队绘制了筹款活动金字塔图（见图 19.2）。

256 在整个筹款活动中，无论是针对内部还是学校层面的，筹款活动理事会都使用了这一工具。进展则体现在高层级捐赠中所获得的捐赠数额。图中最高捐赠额为 5000 万美元，这在整个活动中从来没有实现过，这也

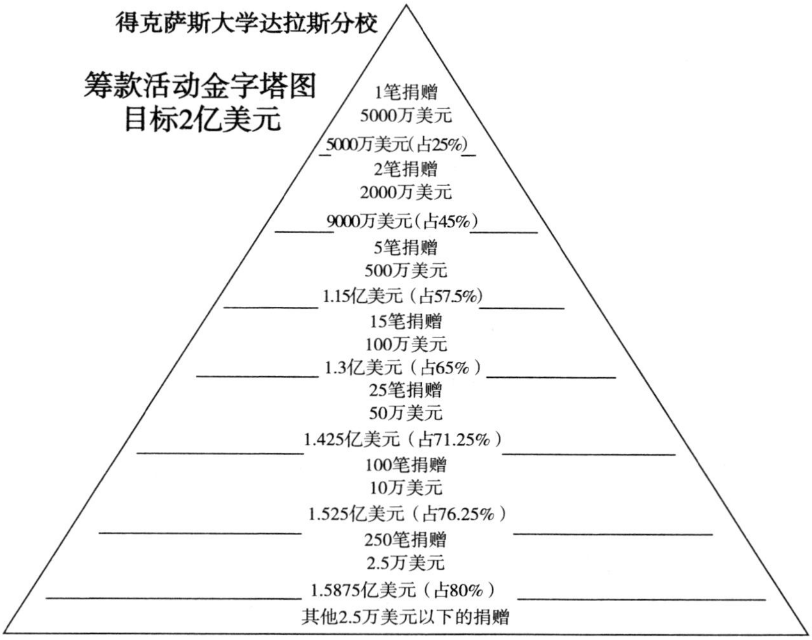

图 19.2　筹款活动捐赠

证明该工具更有效地展示了增加低层级捐赠的重要性。这一方式十分奏效，整个活动筹集了 45 笔 100 万美元以上的捐赠，包括 7 笔 1000 万美元以上的捐赠。比较可知，得克萨斯大学达拉斯分校在筹款活动开展之前的 5 年间，只收到过 9 笔 100 万美元及以上的捐赠。

筹款活动启动和公开阶段　筹款活动的公开阶段于 2012 年 3 月 29 日启动，启动时开展了两场主要活动。学校在校园支起了一顶大帐篷，举办了午餐会，邀请全校的师生员工参加。当天晚上则举办了针对大额捐赠人、校园志愿者、学校领导层和其他特邀嘉宾的私人晚宴。

通过这些活动，本次筹款活动的主题得以宣布，即“实现愿景：高层和更高层的筹款活动”。这些活动协助实现了在 2014 年 12 月 31 日前筹集 2 亿美元捐赠额的目标。截至 2012 年 3 月 29 日当天，已经筹集了 1.1 亿美元的款额。在这些活动中，人们可以获得关于各学院和各部门筹款目标的手册，筹款活动网站也在第二天开展了直播。

在整个公开阶段，一系列主要活动得以开展，持续了活动启动的势头，扩大了知名度。其中的一些活动包括：

- 为学校筹款活动理事会和发展董事会提供电子简报，汇报最新进展和即将开始的活动。
- 为学院院长和其他部门领导提供带有特定活动目标的季度活动进程表。
- 每年向得克萨斯大学达拉斯分校的校友和非校友捐赠人以及其他伙伴邮寄两次活动简报《势头》。
- 2013 年开始撰写《捐赠人年度报告》(*Annual Report to Donors*)。
- 开展新的管理活动“支持庆典”，该活动于每年秋季举办，面向 2010 年成立的捐赠人认证协会的新成员。

遵循罗索提出的“自上而下—由内而外”原则，大额捐赠要求逐渐向下扩展到中等捐赠人，向外则扩展到吸引新的潜在捐赠人的参与。若要
257 在新捐赠人中建立起强有力的中等捐赠人基础，最有效的工具之一就是名为“机会基金”(Opportunity Funds)的非限制性基金工具(University of Texas at Dallas, 2015)。捐赠人可以指定任何学院或部门的非限制性基金进行至少 1 万美元的捐赠。这些资助中有近 100 个都是在活动中完成的。

筹款活动的尾声和庆祝　活动于 2014 年 12 月 31 日结束，筹款总额达到了 2.7 亿美元。10 月 29 日，学校召开了活动庆典，活动包括招待晚宴、音乐会以及向校园和公众开放的烟花表演。此次庆典安排在活动正式结束的两个月前，目的是希望鼓励新的捐赠人加入这一具有历史性意义的工作中，并激励那些在活动早期拒绝捐赠的“未做出承诺”的人。

除了实现宏大的捐赠目标，此次活动也满足了加强学校基金建设的关键需求。活动初始，学校基金中个人资助数量为 169 个。5 年之后，总数增加到了 409 个。这 240 个新增资助也将学校基金的市值从 1.95 亿美元提升到了 3.81 亿美元。

管理与筹款活动的影响　本次筹款活动获得了前所未有的支持，得克萨斯大学达拉斯分校也因此获得了宝贵的机会，建立了其他私立大学花费将近一个世纪才得以建立的慈善传统。在筹款活动过程中引入了新型管理工具，这些工具包括捐赠人认证协会、捐赠人答谢活动以及新出版物，为学校提供了继续强调个人支持的重要性的大量平台。

另外一个积极但并不明显的活动成果是，让院长、教职员工和志愿

者看到，得克萨斯大学达拉斯分校可以成功地举办大型综合性筹款活动。在这些参与者中，很少有人在之前有筹款经验，但是首次筹款活动给了他们安慰与信心。他们相信，无论是在怎样的筹款活动背景下，在未来都能够继续获得个人支持。

讨论问题

（1）讨论巨额筹款活动和综合性筹款活动之间的区别。

（2）讨论“准备程度评估”的 4 个要素。为什么它们对筹款活动的成功具有重要意义？

（3）为一项目标为 400 万美元的筹款活动绘制捐赠范围图表。 258

（4）“自上而下”和“由内而外”的含义是什么？为什么这些理念对筹款活动的成功具有重要意义？

（5）讨论案例中帮助筹款活动取得成功的两个原因。

第二十章　创建有规划的捐赠项目

迪恩·雷根诺维奇

259 阅读本章后，你将能够：

1. 认识到大额捐赠人进行有规划的捐赠的动机。

2. 指出组织的战略规划在创建和实施有规划的捐赠项目中的重要性。

3. 描述董事会和工作人员在采用和管理有规划的捐赠项目时的主要作用。

4. 区分不同的有规划的捐赠工具，有些工具给组织带来现实价值，有些工具给组织带来未来价值，有些工具能够为捐赠人提供收入。

5. 列出有规划的捐赠潜在捐赠人的主要特点。

6. 描述几种向组织支持者推广有规划的捐赠概念的方式。

在今天的慈善环境中，个人会依赖不同的慈善工具，如慈善遗赠、受益人指定、慈善捐赠年金和慈善信托，来实现其慈善目标和财务目标。这些捐赠安排是典型的“有规划的捐赠”，因为它们需要捐赠人、捐赠人的家庭和专业财务顾问（资产规划律师、税务会计师、注册金融理财师、
260 注册寿险顾问等）进行全面且有重点的规划。直到 20 世纪 70 年代中叶，慈善组织才开始将有规划的捐赠项目纳入总体发展规划中。起初，大多数慈善组织的工作重点关注遗嘱和慈善遗赠的建立和营销，之后它们也成为大多数成功的有规划的捐赠项目的基石。由于慈善遗赠是可撤回的，

捐赠人能够在生前随时做出改变，这也是慈善遗赠成为最受欢迎的有规划的捐赠选择的主要原因。《捐赠美国(2015)》指出，在2014年3583.8亿美元的捐赠总额中，慈善遗赠数额达到了281.3亿美元，约占捐赠总额的8%。

美国国税局已经推广普及了《美国国内税收法典》，其中明确了多种税收规定，目的在于鼓励慈善。直接捐赠现金或财产的捐赠人将享受慈善收入所得税的减免。由于财产捐赠产生的减税额与该财产目前的市场价值相当，以此可以实现资产保值，所以很多捐赠人选择了这种方式。如果捐赠人通过慈善捐赠年金或慈善剩余信托(charitable remainder trusts)等不可撤回的工具进行捐赠，那么将不享受减税政策，这是由于他们获得的金融收益等同于捐赠，收益将会在捐赠人在世时返还。

捐赠人通过捐赠可以获得的第二个潜在的税收优惠，是避免缴纳资本收益税。当某一个体以高出购买时的价格出售了资产，那么就产生了资本收益税。资本收益税是基于买卖的收益而征收的，通过在卖出价格中刨除原始购买价格，就可以计算出资本收益。捐赠人通常会采取这样的捐赠战略，即捐赠可升值的资产，而慈善组织在卖出这部分资产时就可以免除资本收益税。这样，捐赠人不仅完全避免缴纳资本收益税，还能够获得与所捐赠资产的市场价值相当的慈善收入减税。

第三个可能的税收优惠是捐赠人可以享受遗产税部分减免或者完全免除。因为遗产税只针对543万美元以上的遗产征收，只有很少一部分捐赠人在离世时需要缴纳遗产税。遗产免税额通常每年都会发生变化，从2011年的500万美元已经增长至2015年的543万美元。遗产税的征收方式与收入所得税类似，属于累进税。随着免税额以上的遗产不断升值，需缴纳的遗产税率也不断提高。2015年，遗产税率达到最高点，即40%。随着新税法的出台，该税率也会发生变化。

慈善界，包括捐赠人、专业财务顾问和慈善组织，已经逐渐开始利用这种税收激励政策和随之产生的慈善遗产计划工具，来提高捐赠的数 261
量和规模。老龄化的捐赠人口及其资产价值前所未有的增长，进一步加强了慈善剩余信托和慈善捐赠年金等。慈善遗产计划工具充满吸引力，除了为捐赠人、捐赠人指定的受益人提供潜在收入、资本收益以及遗产税收益外，还能够为他们产生新的收入来源。

为了回应慈善遗产捐赠方面不断增长的关注，很多组织已经聘用了发展专业人员，这些专业人员深知如何利用各种有规划的捐赠工具，并有能力向捐赠人和专业财务顾问阐释由此将产生的收益。很多大额捐赠发展专员并没有技术背景，也没有很高的专业水平，但是他们已经有了足够的筹款基础知识，从而能够抓住有规划的捐赠的机会，并适时向技术专家寻求帮助，协助捐赠人和顾问的工作。一些慈善组织资源较多，因此聘用了重点关注有规划的捐赠的发展专业人员。他们中的很多人有着法律、会计或财务规划方面的技术背景，因此对各类有规划的捐赠工具很精通。另外一些慈善组织由于预算的限制，没有聘用专职的有规划的捐赠工作人员，它们就要依赖乐于提供培训的志愿者和合作伙伴，协助完成每一个筹款案例。虽然要成为成功的有规划的捐赠发展专员并不需要具有正式的法律、税务或财务规划方面的专业背景，但是如果拥有法律博士学位、注册会计师资格或注册金融理财师资格，则通常会增加捐赠人和专业财务顾问对他们的信任。

应该认识到，无论组织的规模、宗旨、历史、预算、专家数量或筹款成功情况如何，在所有的大额捐赠项目中有规划的捐赠都是不可分割的一部分。筹款学院的创始人汉克·罗索在几十年前给所有非营利组织提出了一项挑战，让他们的工作目标指向包括有规划的捐赠在内的总体发展规划。在今日充满竞争的慈善环境中，他所提出的这项挑战依然具有重要意义。本章旨在协助你明确适合非营利组织的有规划的捐赠活动，并让你对有规划的捐赠中常用的技巧和工具有一个大致的了解。你所在的非营利组织开展有规划的捐赠项目的水平并不是一个值得担忧的问题，尤其是当项目还处于初期阶段时，更是如此。大多数的有规划的捐赠项目是零散地进行构建的，随着项目的发展与成熟，不断增加更多层次。本章也将会探讨有规划的捐赠的营销以及如何找到有规划的捐赠的潜在捐赠人。

262

组织的准备度

并不是所有的慈善组织都做好了实施综合性的有规划的捐赠项目的准备。实际上，大多数的中小型慈善组织，尤其是新成立的组织，并没有足够的财务和人力资源来建立综合性的有规划的捐赠项目。综合性的有规划的捐赠项目不仅包括慈善遗赠、人寿保险、退休金计划/个人退休金账户计划指定，也包括终身收入规划，例如慈善捐赠年金和慈善剩余信托。最重要的是要认识到，无论组织成立的时间有多短，资源多有限，所有组织都能够而且应该开始创建有规划的捐赠项目，因为这类项目在未来的时间里可以实现发展。慈善组织对有规划的捐赠项目开始产生兴趣时，其主要关注点通常是期望该项目能够容易解释、让人容易理解并且可以通过较低的成本甚至无成本地获得保障，同时项目也应该是可以撤回的，这样才能够受到捐赠人的欢迎。

组织和员工

在决定有规划的捐赠项目的水平和规模之前，非营利组织首先要确保制定一个全面的战略规划。组织要思考以下自我分析性问题。组织是否有战略规划，并列出了接下来 3～10 年的目标？组织的宗旨说明是否清晰？能否准确地说明该组织的现状？筹款声明是否清晰准确地描述了组织的任务、其所提供的服务对于社区的重要性以及如何提供服务？如果组织的宗旨说明和筹款声明不清晰，那么有规划的捐赠项目获得成功的概率就会受到限制。是否已经成立了年度基金，并对非限制年度捐赠的数额进行跟踪记录？因为很多有规划的捐赠的最佳潜在捐赠人都来自年度基金。

很多有规划的捐赠是在未来某个时期（“延时捐赠”一词的由来）使非营利组织受益，因此捐赠人必须认同非营利组织的可持续性和永久性。该组织将会存在多少年？该组织能否存在 30 年之久，长到能接受有规划的捐赠？该组织的整体发展工作是在扩展还是收缩？该组织的管理人员和筹款员工是否有连续性？还有很多其他的问题是捐赠人在考虑有规划的捐赠前需要提出的，这也是由于有规划的捐赠的数额通常要高于年度基金捐赠的数额。

在做出有规划的捐赠前，一些捐赠人可能会关注非营利组织的财务稳定性。该组织是否有能力承担目前的运营成本？该组织是否有实现收 263
支平衡的经验？该组织对其收到的捐赠能否提供负责任的后续服务？该组织是否有专职的财务人员负责捐赠，并适当地进行投资？该组织会不会根据捐赠人的意愿来使用捐款？通常来说，捐赠人对于自身的捐赠将被如何投资和使用十分关注，组织需要对这方面有更高的问责性。所以，组织必须做好提供财务报告和年度报告的准备，公开组织的整体财务绩效。设立特殊基金的捐赠人也需要定期了解基金绩效的进展情况。很多慈善组织在设立新基金账户前都会准备好捐赠协议，协议上会列明基金管理所遵循的标准。类似的协议通常是由捐赠人、组织领导人签订，如果是有学术背景的基金，则由接受该捐赠的学院领导人签订。虽然这种协议没有法律效力，但也为捐赠人提供了一定程度的保障，他们从中可了解到，慈善组织会承诺以协议中所规定的方式对捐赠进行使用。

捐赠是在人与人之间进行的。有规划的捐赠通常来自那些了解并信任该组织的人。非营利组织需要持续地与个人建立紧密联系，才能实现这种程度的自如交往。因此，很多有规划的捐赠来自对该组织长期支持的捐赠人。有规划的捐赠的最佳潜在捐赠人可能是向年度基金持续捐赠的捐赠人，不管每次捐赠的数额是多少。通常情况下，捐赠人的有规划的捐赠要比其一生所做出的捐赠总额还要多。为了实现成功的有规划的捐赠，非营利组织不仅要聘用有丰富知识的发展专业人员，他们对非营利组织的宗旨和项目要有充分的了解，还要聘用有技术知识的人员，他们能够基于慈善目标或财务目标，评估特定捐赠人的捐赠选项，并为捐赠人介绍清楚这些选项。

董事会的捐赠承诺

董事会必须全力支持有规划的捐赠项目的短期和长期收益。他们必须认识到有规划的捐赠在确保组织长期稳定发展中发挥的作用，通过延期捐赠和短期机会，有规划的捐赠项目让更多的捐赠人参与进来。除此之外，董事会必须在有规划的捐赠潜在捐赠人的发现、培养和筹款中积极发挥作用，协助发展部门实现目标。有时还需要董事会成员
264 发挥影响力，来为有规划的捐赠的潜在捐赠人打开一扇新的门，而发展专员可能永远无法做到这一点。

在考虑有规划的捐赠项目前，董事会必须首先理解项目的目标，以及如何使其适应总体发展规划。有规划的捐赠将如何使非营利组织和捐赠人同时受益？董事会可以召开简短的研讨会，对有规划的捐赠各个选

项以及各个选项可以提供的收益做个计划，这有助于解释有规划的捐赠与该组织已有的其他发展工作是如何相互补充的。董事会也通常有有规划的捐赠会导致年度基金和目前已有的捐赠减少的想法，而实际上，经过多次证明，健康的有规划的捐赠项目会提升当前的年度捐赠。邀请外部咨询专家或第三方专业财务顾问来撰写有规划的捐赠项目筹款声明也是十分有效的方式。有时，董事会必须从中立的第三方而不是组织内部获得相关的信息，从而确信有规划的捐赠项目对于组织的长期发展与稳定发挥着重要的作用。

从组织现任和前任董事会成员处获得有规划的捐赠承诺是启动有规划的捐赠项目的最佳方式。应该与每个董事会成员亲自会面，而不是简单地公开召开董事会会议。由于有规划的捐赠信息的敏感性，人们通常不喜欢在他人面前谈及相关的意愿。对于董事会成员来说，体现有规划的捐赠重要性的方式，就是亲自做出有规划的捐赠承诺，这将会给吸引组织外部的有规划的捐赠增添必要的气势。

董事会必须乐于提供有规划的捐赠项目实施所需要的财务资源。有效的项目应基于组织与捐赠人建立的长期个人关系。这是一个劳动密集的过程，需要增加一批发展专业人员，他们的主要职责就是与外部的潜在捐赠人培养紧密的个人关系。有规划的捐赠项目的营销也需要额外的财务资源。并不是说组织要为了推销有规划的捐赠而去采购新的印刷材料，而是应该更有创意地探索其他方式，将有规划的捐赠的信息融入已有的出版物中，如年度报告、年度基金征集、网站以及包括简报和手册在内的纸质印刷品。

由于大多数的有规划的捐赠来自和组织有着长期关系的捐赠人，董事会必须认识到，新的有规划的捐赠项目不会很快产生效果。需要一定的时间和讨论才能实现这些捐赠。有些有规划的捐赠可能会在短期内实
现，但有一些需要花费一生的时间来完成。和大多数的捐赠一样，捐赠 265
人需要决定在合适的时间来完成有规划的捐赠。因此，当对有规划的捐赠项目的进展情况进行评估时，尤其是对新项目进行评估时，应该更多地考虑到发展部门员工所做的大量联系性工作，而不是实际实现的捐赠额。随着有规划的捐赠项目不断成熟，评估的重点才需要转移到年度接受的捐赠额。当组织逐渐从慈善遗赠和不可撤回的捐赠安排中获得稳定

的捐赠时，有规划的捐赠项目就已经完全成熟了。总而言之，董事会可以通过以下方式领导有规划的捐赠项目：

- 为有规划的捐赠的优点公开背书。
- 确定并培养潜在捐赠人。
- 向潜在捐赠人引荐发展部门员工。
- 协助开展有规划的捐赠的劝募工作。

通过从一开始就对董事会进行适当的教育，并在整个过程中明智地利用他们的时间，你会发现，大多数董事会成员将积极地支持有规划的捐赠项目，并为其背书。在这一过程中，要确保将完整的有规划的捐赠项目进行公开，并定期向董事会更新捐赠情况和筹款数额情况。

有规划的捐赠专业人员

由于预算限制和有限的人力资本，很多慈善组织没有聘用全职的有规划的捐赠专业人员。因此，很多组织通过推广最为基础的有规划的捐赠产品开始有规划的捐赠项目的发展，包括慈善遗赠、退休金计划/个人退休金账户计划指定、人寿保险和可升值资产捐赠。经过一段时间的发展，可以进一步纳入不可撤回的项目，如慈善捐赠年金和慈善剩余信托。同时，非营利组织要对发展专员就有规划的捐赠的基本知识展开培训。目前，有各类线上直播课程可供选择，从一小时的专题课程到一周的综合性慈善捐赠课程，种类繁多。为发展专员提供的培训内容层次应基于
266 实际情况，如他们之前接触理财业务的时间、发展专员任职年限，以及希望学习更多的知识、成为大额捐赠优秀筹款人的意愿。

为了回应项目中来自个人的咨询，组织应如何做好准备？非营利组织可以通过多种方式进行处理。第一个选择是将任务指派给发展专员，最好是大额捐赠专员。这种方式存在固有的局限性，因为发展专员需要一段时间来熟悉有规划的捐赠的选项。但是，发展专员至少可以从捐赠人处收集信息，并在短时间内给出答案。

第二个选择是建立一个“朋友”网络，这些“朋友”在慈善遗产计划领域有丰富经验，他们可能来自不同行业，包括遗产规划律师、注册会计

师、注册金融理财师、银行信托专员、注册人寿理财师、股票经纪人等。因为他们时间有限，所以不要期望他们能够加入培养团队，况且非营利组织应该成为捐赠人关系培养中的主导方。专业顾问最适合处理以下技术事宜，包括起草有规划的捐赠文书、陪同发展专业人员拜访捐赠人并对捐赠图表进行解释、制定战略、回答捐赠人或其顾问提出的问题、协助审阅有规划的捐赠营销材料。

第三个选择是聘用以有规划的捐赠为主要职责的发展专业人员。这对一些预算有限的组织来说，并不可行。他可能有也可能没有有规划的捐赠方面的发展经验，需要在工作中进行学习。越来越多的有规划的捐赠专员，如遗产规划律师、会计师、银行信托专员、金融理财师等来自营利领域，他们从营利部门来到非营利部门，希望对职业生涯做出一些改变，或者只为其所热爱的非营利组织服务。

虽然有规划的捐赠专员不一定接受过法律或其他方面的正规培训，但是如果他们对金融理财业务熟悉，这就是有利条件。一些最优秀的有规划的捐赠专员并没有有关的技术背景，而是通过自学、参加研讨会和实践培训，才学习到了有规划的捐赠方面的相关知识。对于学习的渴望才是至关重要的。

非营利组织在招聘有规划的捐赠专员时应注意他们的哪些特质？发 267
展专员的以下特质值得注意：

- 良好的人际关系技巧。理想的有规划的捐赠专员有能力与捐赠人建立有意义的个人关系。
- 积极主动。高效的有规划的捐赠专员必须在办公室之外花大量的时间与捐赠人建立个人关系，而不是在办公室内忙于处理各种管理上的细节。有规划的捐赠专员应该将30%～60%的时间花在办公室之外，用来培养与捐赠人和专业财务顾问之间的关系。大多数有规划的捐赠人不会主动上门，而你应该去拜访他们，并讨论有关捐赠。好消息是他们可能早已支持你所在的组织。
- 简洁、理解和倾听技巧。如果他善于以简单且易于理解的方式来说明有规划的捐赠的相关技术，这样的人可能会取得成功。对发展部门的员工、董事会成员和志愿者来说，培训这一技能也很重要。同样重要的是，要积极倾听捐赠人对你的讲述。

• 对知识的渴望。与有规划的捐赠相关的税法是不断变化的。高效的有规划的捐赠专员必须努力跟上税法的变化，同时了解影响慈善捐赠计划的判例法的发展。

• 清晰地表达非营利组织的宗旨和项目。虽然有规划的捐赠专员负责解释有规划的捐赠的技术层面的内容，并明确捐赠人的财务目标，但他也必须能够清楚地阐述所在组织的宗旨和项目。

政策和指南

在开始有规划的捐赠项目之前，董事会应通过书面政策和指南来规范和引导发展项目。董事会的批准应该成为政策和指南得以实施的先决条件。一旦政策和指南获得董事会的批准，发展部门的员工、志愿者和捐赠人将受到相关文件中条款的约束，这些文件规定有规划的捐赠项目在发展过程中，对资产和慈善的处理必须遵循相关的流程，并明确这些流程。简明扼要的书面政策和指南也有助于保护发展专员，避免出现捐赠人认为发展专员不能满足其愿望的尴尬情况。

268 以下是慈善组织在其政策和指南中应考虑的事项：

1. 组织是否会提供慈善捐赠年金？如何确定股息支付率？年金领取人的最低年龄是多少岁？建立慈善捐赠年金所需的最低捐赠额是多少？可以接受何种类型的财产？

2. 组织是否会担任慈善剩余信托、慈善先行信托(charitable lead trusts)的受托人？如果组织不担任，捐赠人是否有责任聘请受托人及律师草拟信托文件？如果组织担任受托人，其持有的慈善剩余权益的最小值是多少？

3. 组织是否会在内部管理慈善捐赠年金？如果不在内部管理，哪个机构将担任外部第三方管理者？

4. 建立有规划的捐赠工具的最低金额和最低年龄是多少？组织愿意接受的慈善捐赠年金最低金额是多少？组织成为慈善剩余信托或慈善先行信托受托人，愿意接受的最低捐赠金额是多少？组织与捐赠人在签订慈善捐赠年金合同前，收入受益人必须满足的最低年龄是否有要求？在组织成为慈善剩余信托受托人之前，收入受益人必须满足的最低年龄是否有要求？

5. 组织中谁有权批准接受不动产捐赠？在考虑接受不动产捐赠时，必须遵循哪些流程？例如实地考察分析、环境评估和产权调查。

6. 组织中谁有权接受不公开招股捐赠？在考虑接受不公开招股捐赠时，应遵循哪些流程？

7. 组织授权给谁，可以就有规划的捐赠工具条款进行协商？例如慈善捐赠年金的股息支付率。由谁负责在合同执行前的批准工作？

8. 谁有权代表组织签署有规划的捐赠文件？

以下具体建议可能会被慈善组织考虑纳入政策和指南文件中，但请注意，每个组织最后采纳的具体数额和比例可能各不相同，并不是说所 269
有慈善组织都应统一遵循这些建议：

1. 慈善剩余信托的股息支付率。慈善剩余信托的股息支付率最低为 5%，但不超过 50%。

2. 慈善剩余信托的最低年龄要求和最低捐赠额。如果非营利组织愿意担任受托人，收入受益人的最低年龄应为 55 岁，最低捐赠额应为 10 万美元。

3. 慈善捐赠年金的股息支付率。应按照非营利组织的一般做法，遵循美国捐赠年金委员会制定的捐赠年金费率。

4. 慈善捐赠年金的最低年龄要求和最低捐赠额。收入受益人的最低年龄应为 55 岁，最低捐赠额应为 1 万美元。

5. 受托人。大部分非营利组织不应担任慈善剩余信托和慈善先行信托的受托人。捐赠人应负责选择受托人。

6. 不动产和不公开招股。所有拟捐赠的不动产和不公开招股必须经董事会批准后方可接收。

7. 以捐赠人为中心的慈善。与捐赠人有关的所有安排必须将捐赠人的最大利益考虑在内，前提是这类安排不违反组织的政策和指南。

8. 法律顾问。应建议捐赠人在与非营利组织实施有规划的捐赠前，咨询法律顾问或财务顾问。

9. 机密性。捐赠人或指定的收入受益人的全部信息，如姓名、年龄、捐赠金额、净值等，应严格保密，除非捐赠人允许透露相关信息。

有规划的捐赠选项

有规划的捐赠通常有三种方式：完全捐赠、预期捐赠和延时捐赠。发展部门的员工常犯的一个措辞错误就是，将所有的有规划的捐赠都当作“延时捐赠”。实际上，一些有规划的捐赠会给非营利组织带来直接的收益，它们是经过深思熟虑的结果，包括向慈善组织提供的部分或全部的完全捐赠。如今，很多大额捐赠是以“混合”的方式进行结构化捐赠的，
270 也就是说，既有完全捐赠的部分，也有延时捐赠的部分。这使捐赠人有机会在有生之年体验其捐赠的重要性，并了解到在其离世时，还会有更多的捐赠，这也是一种额外的收获。无论在什么情况下，捐赠的组合方式都应该以捐赠人的慈善目标和财务目标为准。

完全捐赠 包括不动产、证券、有形资产和无形资产在内的可增值资产的捐赠，虽然这些捐赠是为了慈善组织在当下进行使用，但一般也归类为“有规划的捐赠”的范畴。这些捐赠通常是由夫妻共同进行的，因为它们金额较大，且需要经过认真的考虑和计划。这与年度基金捐赠不同，年度基金捐赠是在收到邮件请求做出回复后自动进行的，并不一定要取得配偶的同意。

不动产 平均财产中最大的单一组成部分就是不动产。慈善组织必须与捐赠人就这一选择进行讨论，并制定潜在捐赠人不动产评估流程。2009 年美国消费者金融调查报告显示，不动产占 1% 的最富有人群总资产的 23%，占 10% 的最富有人群总资产的 43%。

不动产捐赠可以采取多种形式，包括但不限于个人住宅、度假别墅、商业地产（办公楼、公寓楼）、农田、商业开发地产等。由于不动产可能带来风险和费用，慈善组织应该建立程序和准则，确保费用和风险与捐赠的价值相称。

不动产捐赠的评估流程可能会涉及很多专业人员，包括捐赠规划办公室、商业和金融服务办公室、首席财务官和法律总顾问。一般来说，捐赠规划办公室应获取并提供所有必要资料，供小组进行审阅，决定是否接受有规划的捐赠。很多慈善组织还需要准备正式的捐赠协议，并附上以下信息：

1. 不动产捐赠信息表。表中包括环境评估清单以及与财产相关的财务信息，包括抵押、限制、契约、留置权、地役权和其他产权负担。此外，还可能需要相关文件来确保该财产没有产权缺陷或产权负担。

2. 实地考察分析。在慈善组织接受不动产捐赠之前，首席执行 271
官或其指定人员应先对不动产进行目测检查，并分析以下内容：

a. 转售或处置该不动产的市场条件。

b. 不动产内进行装修改善的状况。

c. 当前和潜在的分区、土地使用和开发问题。

d. 不动产重新出售时产生的准备和交易费用。

3. 环境评估的结果。在接受每一笔可能进行的捐赠前，应当进行环境评估，如果最初的环境评估表明需要对一些领域进行特别关注，那么可能需要进行额外的调查，包括阶段Ⅰ、阶段Ⅱ或阶段Ⅲ评估。

4. 经认证的独立评估。若捐赠的不动产价值超过5000美元，且捐赠人希望申请慈善减税，美国国税局要求捐赠人要进行经认证的独立评估。

5. 产权信息。在接受不动产捐赠前，慈善组织应获取通用担保契约、产权调查和产权保险、业主宣誓书和一份调查表。

有价证券　有价证券，尤其是股票和债券，通常被捐赠人作为捐赠资产，为有规划的捐赠提供资金。用于捐赠的股票主要有两种：公开交易股票和不公开招股的股票。慈善组织一般更倾向于接受公开交易股票捐赠，因为可以立即变现，且可以利用所得收益支持慈善组织的宗旨。公开交易股票很容易转让，可以通过经纪人，从捐赠人处无缝转移到慈善组织。另外，不公开招股的股票可能会带来流动性的问题，慈善组织在找到第三方买家前，需要一直持有股票。慈善组织至少要对在其持股期间产生的任何问题负部分责任，因此，一些慈善组织在接受此类捐赠时要十分周密和慎重地考虑。

增值的有价证券对捐赠人十分有利。如果捐赠人在所购买的股票升值后进行出售，那么必须为其中的一部分支付资本增值税。但是，如果捐赠人不出售股票，而是将其捐赠给慈善组织，那么就可以避免缴纳增值税，且可以获得相当于该财产当前公平市价的慈善所得税减免。

实物捐赠：有形个人财产和无形个人财产　与不动产不同，有形财
272 产的价值来源于其实体存在。有形个人财产包括但不限于艺术品、古董、汽车、船、图书、技术、硬件设备、家具、电器、办公及其他设备、个人用品。

无形个人财产是指除不动产以外，价值来源于无形要素而不是实体或有形要素的财产。无形财产包括股票、专利、著作权、许可、计算机软件。

一般来说，慈善组织只有在利用相关财产实现其宗旨，或经过完全审查确定该财产易于销售时，才可以考虑接受有形或无形个人财产捐赠。

服务捐赠　美国国税局并不允许将专业或个人服务作为慈善捐赠。例如，艺术家在捐赠艺术品时只能够扣除他们创作该艺术品时产生的材料及用品购买的成本，而不能扣除他们花费的时间成本。虽然服务捐赠不能抵税，但一些慈善组织在支持其慈善宗旨的情况下，会选择接受这些捐赠作为纪念。一般情况下，慈善组织不会为服务捐赠开具税务发票，但可以发出适当的捐赠接收确认函。

一些慈善组织在接受捐赠前，要求捐赠人填写实物捐赠/服务捐赠接收表。该表通常包括相关的信息，如姓名、地址、电子邮件和电话号码、财产的描述、捐赠人指定的捐赠价值，以及该财产的性质是实物捐赠还是服务捐赠。

慈善先行信托　慈善先行信托是指在一定期限范围内或是一人或多人或两者组合的生命期范围内，向至少一家具有资质的慈善组织支付年

度收入的信托。当信托期结束后，信托资产会支付给委托人或信托文书中指定的一个或多个非慈善受益人。信托基金支付的年度收入相当于直接捐赠现金，慈善组织可以自由地使用这些钱，但要遵守捐赠人所提出的一些限制。慈善先行信托有四种基本类型：限定性可撤销委托人信托（qualified reversionary grantor trust）；限定性不可撤销委托人信托（qualified nonreversionary grantor trust）；限定性不可撤销非委托人信托（qualified nonreversionary nongrantor trust）；非限定性可撤销非委托人信托（nonqualified reversionary nongrantor trust）。每一种类型都有不同的税收优惠，因此最终选择哪一种信托，应该由捐赠人的财务目标和慈善目标所决定。

慈善先行信托是最复杂的有规划的捐赠工具之一，因此在执行信托前，捐赠人应该寻求有经验的遗产规划律师提供帮助。慈善先行信托通常为高净值个人所使用，最小化或彻底避免遗产税和捐赠税（见例图20.1）。因此，它的适用对象只包括慈善遗赠超过免税额的很少一部分 273
人。2015年，美国慈善遗赠免税额为543万美元。

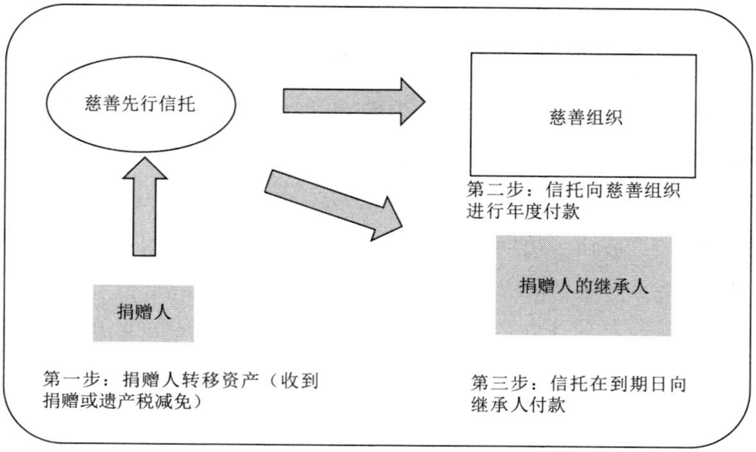

例图 20.1　慈善先行信托

预期捐赠　预期捐赠是指捐赠人承诺在未来某天向慈善组织做出的捐赠。但是，这种承诺可以在捐赠人离世前的任何时间撤回，所以它被称为预期捐赠。慈善组织希望在未来某天收到捐赠，但如果捐赠人在离世前改变主意，最终可能并不会做出捐赠。这种捐赠在捐赠人离世前是可撤回的，因此并不被视为已经完成的捐赠，在做出捐赠承诺时，捐赠人不能享受慈善收入减税。然而，由于捐赠人保留撤回的权利，加之该资产在捐赠人离世前都由其保留，大多数的有规划的捐赠其实是以预期捐赠的形式存在的。最常见的类型是遗赠、退休金计划/个人退休金账户计划指定和人寿保险指定。

274 遗赠　遗赠是有规划的捐赠项目的支柱，一直是捐赠人最常用的有规划的捐赠方式。根据《捐赠美国(2015)》的数据，遗赠占捐赠总额的8%。2014年，遗赠依然很受欢迎，因为这种方式最容易理解，且相对容易实现。捐赠人在离世前的任何时候都可以撤回遗赠，这让捐赠人十分安心，因为他们知道，在有生之年依然对这些资产拥有所有权和控制权。在发生医疗或疗养院费用等无法预见的开支时，他们也可以用这些资产进行交付。遗赠在慈善组织中也很受欢迎，因为很容易向捐赠人进行解释，且市场推广的成本很低。一旦推出这种项目，很少受到拒绝。

遗赠本身是捐赠人遗嘱中的一份书面声明，指定在捐赠人离世时，将特定资产或一定比例的遗产转让给慈善组织。由于很多人选择离世后根据遗嘱转让账户，且对遗赠的金额并没有限制，非营利组织应该考虑向其所有支持群体推广遗赠，无论他们的年龄和净资产如何。如果说有哪个项目值得向所有人推广，那就是遗赠项目。只要慈善组织能够在和相关人员的沟通中介绍遗嘱样本，从而推广遗赠，那么他们就已经为大多数有规划的捐赠项目打下了基础。长期推广遗赠项目的慈善组织正在从这些预期捐赠中受益，而这些捐赠中的大多数符合慈善组织对大额捐赠的定义。

退休金计划或个人退休金账户计划　第二个越来越受捐赠人欢迎的预期捐赠项目就是指定慈善组织作为退休金计划或个人退休金账户计划的受益人。一般来说，个人持有的最大两笔资产就是既得退休金和房产权益。根据美国投资公司协会(Investment Company Institute)的统计，截至2014年3月31日，美国各种类型的退休金达到23万亿美元。此外，根据美联储的数据，截至2014年3月31日，美国家庭金融资产总额为54.7万亿美元。因此，退休金几乎占美国家庭金融资产的42%。

与遗赠一样，退休金计划受益人的指定很容易理解，也很容易转让

（不需要法律文件，只需要由退休金计划管理人提供一份受益人指定表即可），且是可撤回的。因此捐赠人在离世前，可以随时改变想法。退休金计划捐赠可以在捐赠人在世时进行，但由于捐赠人在提取退休金时必须支付所得税，因此并不建议这种方式。只有一个例外，那就是退休金计划持有人年满 70.5 岁，每年必须从退休金计划中提取最低比例的退休金。在这 275
种情况下，捐赠人提取退休金并捐赠给慈善组织是有意义的，因为慈善组织扣除的所得税可能与提取退休金免除的所得税相当。根据表 20.1，退休金每年必须提取的额度占退休金总额的比例随着退休金计划持有人年龄的增长逐渐增加。

表 20.1　在世捐赠人统一提取额度

年龄	最低提取比例	年龄	最低提取比例	年龄	最低提取比例
70 岁	3.65%	80 岁	5.35%	90 岁	8.77%
71 岁	3.77%	81 岁	5.59%	91 岁	9.26%
72 岁	3.91%	82 岁	5.85%	92 岁	9.80%
73 岁	4.05%	83 岁	6.14%	93 岁	10.42%
74 岁	4.20%	84 岁	6.45%	94 岁	10.99%
75 岁	4.37%	85 岁	6.76%	95 岁	11.63%
76 岁	4.55%	86 岁	7.09%	96 岁	12.35%
77 岁	4.72%	87 岁	7.46%	97 岁	13.16%
78 岁	4.93%	88 岁	7.87%	98 岁	14.08%
79 岁	5.13%	89 岁	8.33%	99 岁	14.93%

在大多数情况下，如果捐赠人选择在离世时将自己的退休金计划作为慈善捐赠，要交的税金更少，这是因为该慈善捐赠既不涉及所得税，也不涉及遗产税。慈善组织在收到捐赠时不用缴纳所得税，因为这是免税资产，转让的金额也不需要缴纳遗产税，因为慈善遗产税的减免是无限制的。

如果捐赠人希望在继承人和慈善组织之间进行遗产分配，那么最好将可增值的股票和房地产留给继承人，并让慈善组织成为其全部或部分退休金计划的受益人。继承人将在股票和房地产方面获得更大的收益，因为只对资产接收与出售之间获得的收益征税。相反，如果他们继承了退休金计划资产，那么将在其所得全部金额的基础上征税。表 20.2 说明了将退休金计划留给继承人与留给慈善组织的税款差异。

表 20.2　限定性的退休金计划捐赠

	给继承人的遗产	给慈善组织的捐赠
预估最终收入	250000 美元	250000 美元
收入所得税"遗产收入所得"(最高可达 39.6%)	99000 美元	0
遗产/捐赠净值	151000 美元	250000 美元
遗产税(最高可达 40.0%)	60400 美元	
可支配的净收入	90600 美元	250000 美元

注：250000 美元捐赠的成本最低仅需 89375 美元。

人寿保险　人寿保险是预期捐赠的第三种，一些捐赠人会采取这一类型，是由于人寿保险使他们能够通过每年缴纳保费的最小现金支出，最终有机会做出一定规模的捐赠。捐赠人可以将现有保单全额或部分捐赠给他人，也可以购买一份新保单，并对保单进行年度支付。类似于退
276 休金计划受益人的指定，捐赠人通过在保险公司提供的受益人表格上指定慈善组织为受益人，从而完成捐赠。执行转让并不需要其他法律文件。当捐赠人离世时，慈善组织将获得保单的全部或部分收益。只有当慈善组织同时被指定为保单所有者和受益人的情况下，捐赠人才有权获得相当于保单现金退保价值的慈善所得税减免，以及在未来需要支付的保费。仅仅指定一个慈善组织作为保单所有者或受益人，并不能使捐赠人获得慈善所得税减免。

延时捐赠　延时捐赠是不可撤回的现金或财产转让，在未来某段时间(通常是捐赠人离世后)之后才可交由慈善组织使用。由于这种转让是不可撤销的，在转让时就可以视为捐赠已经完成。因此，捐赠人有权享有慈善所得税减免。慈善组织虽然没有从捐赠中获得当前的收益，然而某一触发事件，通常是捐赠人的死亡，将使慈善组织获得收益。最常见的延时捐赠就是慈善捐赠年金和慈善剩余信托，这两类捐赠都会为捐赠人或指定受益人提供收益。由于延时捐赠是不可撤回的，所以可能并不如可撤回捐赠一样常见，但是延时捐赠的金额通常会构成慈善组织的大额捐赠。

慈善捐赠年金　慈善捐赠年金是捐赠人和慈善组织之间的一种简单契约。在此契约中，捐赠人将不可撤销的现金或财产转让给慈善组织(见例图 20.2)。作为对捐赠财产的回报，该慈善组织承诺向一至两名年金

领取人支付固定数额的年金。可以立即开始支付，也可以推迟到捐赠人在年金合同中所确定的期限。支付期限可以是一名年金领取人(通常是捐赠人本人)在世的时间，或者两名联名年金领取人(通常为夫妻二人)在世的时间。慈善捐赠年金的发放期限不固定。 277

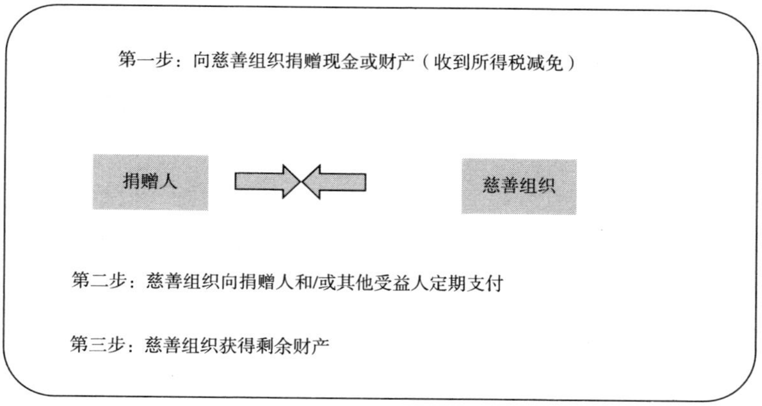

第一步：向慈善组织捐赠现金或财产（收到所得税减免）
捐赠人
慈善组织
第二步：慈善组织向捐赠人和/或其他受益人定期支付
第三步：慈善组织获得剩余财产

例图 20.2　慈善捐赠年金

捐赠人不必是捐赠年金终身收入受益人，年金也可支付给年迈的父母、子女或其他亲人。慈善组织的年金支付率将取决于收入受益人的数量(最多两人)和年龄。大多数慈善组织会按照美国捐赠年金委员会的建议年金支付率进行支付的。建议年金支付率是基于这样的假设，即如果遵循这样的支付率，慈善组织将从捐赠年金中获得剩余年金的50%，该比例是基于目前的死亡率研究、预期投资回报和预期管理成本而计算得出的。

许多慈善组织提供慈善捐赠年金的服务，是因为它们很容易解释，可以只花费很少的时间和费用来进行管理，并且允许捐赠人进行金额很低的捐赠。很多慈善组织为慈善捐赠年金设定了 1 万美元的最低捐赠水平，但在它们认为合适的情况下，也可以设定更低的水平。慈善捐赠年金对于那些希望向慈善组织捐赠，但由于财务资源有限而无法实施的捐 278
赠人更具有吸引力。捐赠年金使这类捐赠人可以向慈善组织进行当下的捐赠，作为回报，他们将在余生获得固定的收入来源。

慈善捐赠年金遵循各州法律，因此，慈善组织必须了解其业务所在州的法律，以及慈善年金捐赠人所居住州的法律。实施慈善捐赠年金项目的第一步是满足国家的注册要求。第二步是确定捐赠年金项目的管理者，是内部管理还是外包给第三方，如银行、会计师事务所或有资格管理此类项目的私人公司。

慈善捐赠年金的管理包括定期向捐赠人邮寄适当数额的支票，并在年终向捐赠人提供1099号表格，表中列明必须申报的应纳税所得额，如果不能及时满足这些要求，则会对慈善组织的捐赠关系项目产生负面影响。常常会有捐赠人在其建立的第一个捐赠年金项目中获得了积极的体验，促使其与同一慈善组织签订其他的慈善年金项目协议。

慈善剩余信托 慈善剩余信托是不可撤销的信托，捐赠人向受托人支付现金或财产，作为回报，捐赠人、由捐赠人指定的其他受益人将终身或者在一定时间内获得年度回报(见例图20.3)。当信托终止时，剩余的信托本金将被分配给一家或多家具有资格的慈善组织。如果捐赠人需要终身或者一定时间内的收入，同时需要将已升值的资产在免除资本增值税的情况下进行清算，或由于遗产超过了免税额而需要避免缴纳遗产税，那么这种信托类型对于他们是具有吸引力的。

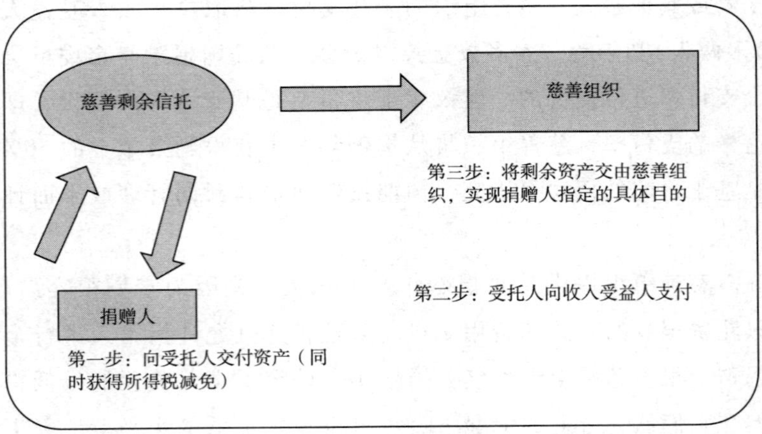

例图20.3 慈善剩余信托

如果捐赠人希望建立慈善剩余信托，必须在慈善剩余年金信托或慈善剩余单一信托之间做出选择。二者的主要区别在于收入的分配方式。另外一个区别在于，一旦资金汇入，年金信托不允许有额外缴费，而单一信托则允许任何时候进行额外缴费。

慈善剩余年金信托在固定时期(不超过 20 年)或收入受益人在世期间，每年会向一人或多人(“收入受益人”)支付固定的数额(不少于信托全部财产公平市价的 5%)。所支付的年金数额必须占信托全部财产公平市价的固定百分比，或者其他固定数额。例如，如果一名捐赠人向年金信托转账 10 万美元，支付率为 5%，支付期限为收入受益人在世期间，那么指定的受益人在其离世前，每年将会拥有 5000 美元的收入。所有剩 279
余的信托本金将被分配给指定的慈善组织。年金信托通常受到那些希望获得固定收入而不是浮动收入的捐赠人的青睐。因此，投资心态较为保守的捐赠人可能会偏好年金信托。

慈善剩余单一信托则会在固定时期(不超过 20 年)或收入受益人在世期间，向一人或多人(收入受益人)支付信托资产每年进行评估的公平市价净值的固定比例(不少于 5%)。可变化的支付结构是单一信托与年金信托之间的主要区别。单一信托受到终身或在特定时期需要收入的捐赠人的青睐，他们希望收入能够随信托价值的增加而提高。但是，这些捐赠人必须能够承受某些投资风险，以及在信托本金减少的年份收入可能下降的波动。例如，如果捐赠人向信托转账 10 万美元，支付率为 5%，支付期限为收入受益人在世时期，指定的收入受益人将会在第一年拥有
5000 美元的收入，然而在接下来的几年，收入会随信托本金的变化而发 280
生变化。如果第二年信托本金价值增长到 11 万美元，收入受益人将会获得 5500 美元的收入(重新估价的信托本金即 11 万美元的 5%)。因此，受益人也获得了信托升值带来的收益。相反，如果第二年信托本金价值下降到 9 万美元，收入受益人只能得到 4500 美元(重新估价的信托本金即 9 万美元的 5%)。市场的无常性将会对收入受益人的年度收入产生直接影响。因此，激进的、拥有企业家精神且能够承受投资风险的捐赠人会倾向于单一信托。

虽然支付率波动幅度较大，但大多数慈善剩余信托提供的支付率为 5%~10%，这取决于收入受益人的数量和年龄。如果慈善组织不是信托的受托人(很多慈善组织不愿意承担法定受托责任)，捐赠人可以自由确定支付率(假设可以满足 10%)。然而，那些希望作为受托人的慈善组织在确定支付率方面的确拥有发言权。

有规划的捐赠的营销

制定员工、志愿者和董事会成员的内部有规划的捐赠项目是实施有规划的捐赠项目的第一步。但是慈善组织必须考虑到，如何有效地向这些人员进行营销。必须谨慎考虑慈善组织如何将这些慈善机会传达给现有捐赠人和潜在捐赠人。确定如何营销、向谁营销每一个有规划的捐赠机会，是整个有规划的捐赠项目成功的关键。

对于刚刚开始有规划的捐赠的组织来说，如果期望在隔绝的环境中建立起一个包含所有类型有规划的捐赠的综合性有规划的捐赠项目，是不现实的。许多组织是在零零碎碎的项目的基础上建立起有规划的捐赠项目。首先要引进可撤回的遗赠、退休金计划/个人退休金账户计划指定、人寿保险指定等项目，当可撤回项目取得成功后，再增加不可撤回的项目，包括慈善捐赠年金和慈善剩余信托。如果组织并没有准备好如何回应某些技术层面的问题，例如慈善剩余信托相关的问题，那么就不应急于展开针对这一项目的营销。要确保在开展流程前做好一切准备。
281 必须给捐赠人留下这样的印象，非营利组织有能力精准回答各类问题，并且能清晰地向捐赠人、专业财务顾问介绍每个项目的收益。

并不是所有有规划的捐赠机会都应该向组织的所有支持群体进行营销。有时向所有人营销某一捐赠方式（例如遗赠和退休金计划）可能是明智的，但是还有一些捐赠方式（例如慈善剩余信托）可能只对少部分人具有吸引力，因此必须针对这部分人单独做营销。年龄、家庭状况（配偶、子女、孙辈等）、事业成功度、捐赠前的经历、富裕程度以及是否参与过该组织等，都是在决定向特定捐赠人推销哪些捐赠机会时需要考虑的因素。

成功的有规划的捐赠营销的本质在于，让非营利组织的支持群体了解到不同的捐赠机会，使其能够帮助自己实现慈善目标和财务目标。与潜在捐赠人进行有效沟通，让他们了解非营利组织已经将有规划的捐赠作为总体筹款项目的一部分，这会使他们认识到，组织正在为未来进行规划，也将承诺加强组织的建设和发展。很多捐赠人选择将有规划的捐赠限制在基金范围内，这将确保捐赠被永远保留，因为只有部分本金会被支出，而超额的收益将再次被投资于基金。捐赠人直接将有规划的捐赠用于非限制目的或进行当前运营支出的情况并不常见。因此，慈善组织必须准备好与捐赠人分享基金机会和资助重点的全部内容。

印刷材料

印刷材料的制作是向非营利组织支持群体进行有规划的捐赠项目宣传的第一步。印刷材料可包括有规划的捐赠手册、有规划的捐赠简报、有规划的捐赠插页、有规划的捐赠广告、由介绍信和随附插图组成的独立邮件以及组织与有规划的捐赠相关的全部通信信息合集，包括年度基金征集信等。

有规划的捐赠手册和简报通常被用作有规划的捐赠机会的营销手段。手册有两种基本的制作方式。第一种方式是编制一份全面的手册，简要说明每一个现有的有规划的捐赠机会，包括遗赠、退休金计划、慈善捐赠年金等。这些手册往往会被广泛分发，因为它们囊括了全部现有的有规划的捐赠机会，包括最基础的遗赠，以及最为复杂的慈善先行信托。282
一份信息全面的手册对于预算有限的非营利组织来说是很好的选择，因为设计和印刷费用都会被控制在最低水平。

第二种方式是制作一系列有规划的捐赠手册，每个手册会详细描述特定的有规划的捐赠项目。例如，可以分别制作名为“遗赠”“慈善捐赠年金”“退休金计划和个人退休金账户计划指定”“慈善剩余信托”的手册。这些手册通常不会广泛发放，而是在亲自拜访期间，或在捐赠人对某一捐赠方式表现出兴趣的时候，与捐赠人分享。

无论采取哪种方式，都有公司会提供现成的通用手册，可以购买这类手册并印上非营利组织的名称和标志。很多公司也会为非营利组织量身定制通用手册，内容包含特定组织的照片、故事和组织目标信息。将组织的信息纳入通用手册是一种很受欢迎的方式，因为这使组织所提供的手册的外观和信息，与组织的其他通信方式相一致。

一些非营利组织自身承担了有规划的捐赠手册的制作工作。这种做法的优势在于，手册完全由为本组织工作的个人编写和制作，他们最了解组织的目标和宗旨。然而，在开始这一工作之前，组织应该自问：“我们是否拥有相关的能力和技术专长，来制作这样高效的手册，向相关人员传达清晰易懂的信息，并且及时进行印刷?”由于有规划的捐赠十分依赖关系建设，组织应该认识到，有规划的捐赠专员最好把时间花费在办公室之外，与主要捐赠人建立关系，而不是在办公桌前制作手册。

每一份手册都应该设有回执，使捐赠人有机会提供更多资料，表明他们已经将组织列入遗嘱或遗产计划，使其有机会提供详细说明，或要求有规划的捐赠专员亲自拜访。花时间回复邮件的捐赠人是有规划的捐赠最佳的潜在捐赠人，应立即联系他们收集信息并安排拜访。

定期（季度、半年、年度）发送有规划的捐赠简报，是针对非营利组织支持者的另一种营销方式。每一份简报都可以聚焦特定的有规划的捐赠工具，同时把捐赠人推荐信纳入，信上说明其利用了这一工具
283 使组织受益。一些非营利组织成功地吸引了简报的赞助商，包括律所或银行，这些赞助商愿意承担制作简报的成本，前提是将其名称印制在简报上。简报通常可以广泛地分发，发送对象包括所有拥有捐赠记录的捐赠人、志愿者、专业财务顾问等，因为当手册达到一定数量，其制作成本就会下降。

有规划的捐赠插页也是一种节省成本且高效的方式，可以与年度基金征集信以及其他既有出版物共同提供，实现与广泛的相关人员之间的沟通联系。例如，如果一所大学定期向相关人员发送校友杂志，杂志内的广告对遗赠或慈善捐赠年金等支持方式进行了宣传，很多读者可能会产生共鸣，促使他们自动成为有规划的捐赠的潜在捐赠人。

与年度征集信相结合

对有规划的捐赠营销有兴趣的非营利组织应该首先考虑回顾自身现有的沟通传播方式，从而找到方法，将有规划的捐赠项目的推广信息纳入这些沟通传播方式中。这应该是最具成本效益的营销方式，特别是对于预算有限且没有财务资源编制简报和手册的组织来说，更是如此。可以采用较为基本的方式，即在年度征集信中增加一些语言描述，这为捐赠人提供了机会，了解他们是否已经考虑将组织纳入遗嘱或遗赠的考虑范围内，是否需要额外的有规划的捐赠方式信息，以及是否需要组织上门拜访。

独立邮寄

独立邮寄是最划算的有规划的捐赠营销战略，仅利用一封介绍信

加以配图说明，只花费一枚邮票的成本。例如，可以花最少的时间和费用邮寄遗赠相关的介绍，并附上由董事会关键成员、志愿人员或组织内领导人签字的介绍信，凸显遗赠对组织长期生存发展的重要性。

与慈善捐赠年金和慈善剩余信托等不可撤销的方式相比较而言，可撤销的有规划的捐赠方式，如遗赠、退休金计划/个人退休金账户计划指定和人寿保险指定，通常面向更广泛的捐赠人。捐赠人往往更倾向于可撤销的方式，因为便于理解，只需要做很少的工作就可以实现，且并无支持金额的限制，捐赠人还能够在离世前随时改变想法。由于可撤销的 284
方式只对少数人具有吸引力，可以考虑根据年龄、影响程度、慈善捐赠历史、与组织的关系或综合因素来进行有针对性的营销。

研讨会

有规划的捐赠研讨会也是一种很好的方式，可以就各类有规划的捐赠项目展开培训，使人们认识到该组织随时准备讨论并协助捐赠人促成这类捐赠。参加研讨会的人员多种多样，包括捐赠人、志愿者、董事会成员、发展部门的员工和专业财务顾问。

研讨会上所呈现的技术内容的水平取决于受众。对于捐赠人和志愿者来说，最重要的是研讨会的简明易懂，因为这有可能是他们第一次了解这些捐赠。因此，他们在离开时，应清楚地了解相关的主题，而不是感到困惑或接收了过多的信息。应避免在捐赠人和志愿者的研讨会上过多涉及深入的技术探讨。与遗赠、退休金计划/个人退休金账户计划指定、人寿保险指定、慈善捐赠年金以及某些情况下的慈善剩余信托基金相关的讨论是最为合适的内容。可以在社区中找到一位受人尊敬的专业财务顾问担任主持人，这会提高项目的可信度。但是要确保此人有能力以通俗易懂的方式将项目内容呈现给没有相关经验的观众。

另外，为专业财务顾问举办的研讨会则应更注重技术。许多(并不是全部)专业财务顾问了解有规划的捐赠的基本知识。因此，一般来说，可以从收入、资本收益、遗产税和捐赠税以及相关的遗产规划问题等方面就各种捐赠工具进行深入探讨。如果能够确保持续提供这种教育，那么研讨会可能会对专业财务顾问更具有吸引力，确保更稳定的出席人数。

亲自拜访

虽然简报、手册、广告宣传和研讨会都是有规划的捐赠营销中的有效方式，但是没有什么能够取代亲自拜访。如果营销主要依靠印刷材料，而忽视亲自拜访的重要性，那么其效果将是有限的。当个人回复邮件或
285 电话要求获得更多信息时，慈善组织就不可避免地要及时跟进。如果组织反应缓慢，捐赠人可能会失去兴趣。大多数有规划的捐赠产生于和捐赠人长期建立的个人关系。因此，非营利组织应该寻找各种方式，让捐赠人参与其中。信件、电子邮件和电话不能替代亲自拜访，而是这种拜访的补充。根据除筹款之外的工作职责，所有的发展办公室应该设定每月的亲自拜访目标。在有规划的捐赠项目的早期阶段，较为实际的方法是衡量有规划的捐赠专员亲自拜访次数的进展情况，而不是衡量已经完成的有规划的捐赠项目或已经筹集的款额。

有规划的捐赠认可协会

建立有规划的捐赠认可协会的主要原因在于明确统计已经将组织纳入遗嘱或遗产计划的个人。捐赠人可能会忘记通知组织，他们已经将组织纳入遗产计划中。有时这种遗忘是故意为之，但很多时候只是由于捐赠人忽视了这一点。建立起有规划的捐赠认可协会，并且向相关人员营销，可以提升捐赠人的意识，从而将他们的未来计划纳入组织，使组织受益。同时也为非营利组织与捐赠人建立起个人联系，并让他们有意义地参与到相关工作中提供了机会。

慈善组织需要明确可以加入协会的有规划的捐赠项目参与者类别。很多组织采取包容性的会员制，也就是说，各种类型的有规划的捐赠项目参与者都可以成为会员，无论捐赠的金额是多少、是否撤回。一些组织要求捐赠人提供其捐赠的相关法律文书，另一些组织则只要求捐赠人提供一份捐赠项目的书面总结陈述。

有时，有规划的捐赠认可协会要制作手册以协助协会营销，内容包括组织宗旨、对符合会员要求的有规划的捐赠项目的简要描述，并介绍成为会员有哪些必须做的工作。这些手册通常会寄给曾有捐赠记录的有规划的捐赠人、董事会成员和志愿者、年度基金捐赠人和专业财务顾问。

一些组织利用专门为协会会员举办的年度活动，如午宴或晚宴，来 286
感谢会员的参与。大多数有规划的捐赠人并不期望组织给他们有形的纪念品，比如牌匾、镇纸等。事实上，一些捐赠人坚持认为，除了直接支持该组织宗旨的活动和项目，该组织不应将赠款用于其他任何用途。

确定潜在捐赠人

有规划的捐赠的潜在捐赠人来自各个年龄层（青年和老年）、富裕程度、家庭状况（已婚、单身、多子女、无子女等）、慈善目标（资本、捐赠、运营）和财务目标（增加收入、所得税储蓄、资本增值税储蓄、遗产和赠品税储蓄）。简单地将有规划的捐赠的潜在捐赠人的特征进行归类是错误的。有时，有规划的捐赠是由你最不抱期望的捐赠人做出的，因此，不要因为某个特定的特点而忽视任何人，这一点很重要。那么应该从哪里入手呢？有些组织通过分析目前有记录的个人信息入手这一工作，即那些以前已向本组织作出捐赠承诺或正在通过年度基金承诺定期支持组织的个人。不要觉得在确定有规划的捐赠潜在捐赠人的过程中，必须首先确定“新的”、没有捐赠历史的潜在捐赠人。更有可能的情况是，那些个人在成为有规划的捐赠人之前，就有过捐赠和参与该组织的历史。

目前的有规划的捐赠人

首先要确定已经计划好捐赠承诺的个人。也许他们在遗嘱、退休计划或人寿保险中已指定该组织为受益人。如前所述，捐赠人没有义务通知一个组织它已被列为受益人。出于这个原因，一些组织设立了有规划的捐赠认可协会，为捐赠人提供了机会，让他们通知本组织有规划的捐赠承诺已经到位。一旦确定了现有的有规划的捐赠人，有规划的捐赠专员就有责任联系这些捐赠人，感谢他们的承诺，并试图开始建立个人关
系。这不仅将有机会获得捐赠有关的细节，也有机会将可撤销的安排， 287
如遗赠，转变为不可撤销的承诺。

年度基金捐赠人

接下来，让我们关注参加该组织年度基金的捐赠人和他们的参与年限。在过去 10 年间，每年都向年度基金捐赠或其中 8 年每年都进行

捐赠的捐赠人都代表了这样的信息，即他们致力于并将在一贯的基础上支持本组织。这些捐赠人也可能有兴趣了解如何在他们有生之年或离世时以更重要的方式支持本组织。因为一些有规划的捐赠安排提供收入，作为捐赠的回报。除了提供各种税收优惠，一些捐赠人可能会意识到，他们有能力做出看起来不可能的捐赠，其捐赠水平要比他们预期的高得多。

董事会、志愿者和工作人员

接下来关注那些直接参与组织历史发展的人。这些人可能是前任或现任董事会成员、志愿者、行政和专业工作人员、捐赠人和社区领导者。他们与组织的“联系”是存在的，或者曾经存在过。有规划的捐赠专员有责任确定是否存在这样的“能力”和“兴趣”。大多数人有各种各样的慈善兴趣，因此，即使对该组织的“兴趣”水平并不是最高的，个别人士仍可能有兴趣支持，特别是通过不需要现金或资产流动支出的遗产计划项目进行支持。并非所有有规划的捐赠的潜在捐赠人都拥有很高的净资产。有一些中等财富的个人，他们愿意接受这样的方式，通过资助组织来换取收入，或者愿意将某个组织作为受益人纳入遗嘱、退休金计划或人寿保险。此外，不要忽视低于特定年度捐赠水平比如500美元左右数额的捐赠人。有些人，无论多么忠诚于一个组织，可能因为保守的财务观点需要内心的平静，在面对不可预见的突发事件(如重大医疗费用)时，他们需要拥有足够的可用资产，因此在他们的一生中可能不会做出重大的承诺。然而，这些人可能愿意在离世后，通过各种有规划的捐赠方法向组织做出重大贡献。

288 专业的财务顾问

与专业的财务顾问尤其是在社区执业的财务顾问建立联系，可以帮助组织找到新的潜在捐赠人，并确定可能愿意提供建议的专业人士，以及那些有具体计划的机会提供者。客户有时会向律师、会计师、理财规划师和银行信托管理人员等专业人士寻求满足慈善目标的建议。许多理财顾问赞同将慈善事业作为客户整体理财计划的一部分，尤其是客户可能在离世时失去对一定比例资产的所有权和控制权。如果结构合理，一些慈善遗产计划可以允许个人将原本以税收形式流失给政府的资产重新流向他们喜爱的慈善机构。该计划允许他们保留对遗留资产的控制权，这样他们就可以决定如何使用自己辛苦赚来的钱，而不是向政府纳税。

一些组织选择通过建立有规划的捐赠委员会来规范他们的财务顾问网络，这个委员会定期开会，制定捐赠接收政策、审查潜在捐赠人名单、为有规划的捐赠简报准备文章，并了解组织的宗旨。你会发现一些专业顾问渴望更多地了解一个组织的宗旨、提供的项目和服务的对象。可以创造机会让财务顾问登录组织的网站，亲自观察该组织如何为社区服务，这可能会给财务顾问留下深刻印象，并使其在与客户讨论慈善机会时想起该组织。

结　语

一个成功的有规划的捐赠项目必须仔细筹划，以满足每个组织的具体需要。机构领导(董事会和首席执行官)的承诺至关重要。作为捐赠策划者，我们的工作是为捐献者的慈善目标和财务目标提供解决方案，并围绕这些目标制订捐赠计划。永远不要忘记你的组织宗旨对捐赠的重要性。有规划的捐赠中很少是基于税收和遗产规划考虑而严格做出的。对组织宗旨的信念通常是大多数有规划的捐赠背后的驱动力。一旦捐赠人认为组织能够通过他或她的支持受益，就会制定策略，使获得的税收优惠最大化，这 289
种捐赠计划通常是由捐赠人与财务顾问、有规划的捐赠组织内的专家，乐于分享经验的亲友共同制定的。

与成功的大额捐赠计划相似，成功的有规划的捐赠应基于所在组织相关人员发展有意义的关系的能力，以及确定捐赠给组织将如何帮助捐赠人满足他们的计划及财务目标。人们会捐赠给具有捐赠理由的人。了解捐赠人的动机和目标(主要通过个人接触和建立关系来实现)远比了解有规划的捐赠的技术细节重要得多。然而，你也必须致力于了解各种有规划的捐赠工具的基本知识，致力于与最佳潜在捐赠人发展有意义的关系，增加对各种有规划的捐赠工具的知识，并认识到大多数有规划的捐赠需要由多个了解其角色和其他相关角色的个人组成的团队共同努力。做到了这些，成功就会随之而来。

讨论问题

(1)有规划的捐赠给捐赠人带来的主要收益是什么？给非营利组织带来的收益是什么？

(2)对于规模较小的非营利组织或能力有限的组织，开始有规划的捐赠项目的最佳方式是什么？

(3)探讨董事会如何能够最好地支持有规划的捐赠项目？

(4)您如何评估您的组织是否准备好并有能力开始有规划的捐赠项目或扩展一个目前的项目？

(5)建立现有捐赠人和潜在捐赠人的档案，从中选出实力最强大的人员使其参与组织的有规划的捐赠项目。

第四部分

管理筹款流程

第二十一章　筹款管理和领导力

伊丽莎白·艾尔卡斯

阅读本章后，你将能够： 293

1. 了解管理筹款计划的复杂性。
2. 将管理矩阵的关键步骤应用于筹款。
3. 认识到成功的筹款领导人的特点。
4. 阐明筹款领导人如何为非营利组织提供领导力。
5. 认识到筹款领导人管理筹款中的冲突观点的各种方式。

如果在网上搜索关于管理和领导力主题的材料，大量结果会像海啸一样扑面而来。你可能会看到75000多个标题，每个标题都提供了在不同学科取得成功的步骤。虽然关于这些主题的文献很多，但是关于筹款领导力的文献相对较少；这可能是由于该领域作为公认的职业发展路径，仍然处于新兴阶段。

本章将聚焦筹款中的管理和领导力问题；然而，读者并不能在这里找到秘诀、法则或快速解决方案。管理和领导力领域的问题都是直接、实际、时间密集型的概念，有时重复乏味，但这并不一定意味着很容易实现。本章的内容将为读者提供一种方式，来思考管理和领导力这两种 294
重要功能，并理解如何成功地管理、成功地领导，以及如何以有决心、有活力、透明和负责任的态度履行这些职能，实现非营利组织及其员工的长期健康发展。

如今，筹款经理和领导人面临着一些关键工作，包括：

- 继续吸引有效的、积极的和慷慨的董事会成员。
- 在不断变化的竞争环境中筹集更多资金。
- 处理对更多服务的关键要求，以满足组织的需求。
- 抽出时间，聆听董事会成员、员工和相关人员的心声。
- 认识到几乎所有事物的速度都在加快，包括期望在内。
- 确保组织能够满足当前和未来需求。

筹款经理及其职责

由于时间、金钱和管理的压力，如今，对熟练的专业筹款人员的需求比以往任何时候都要迫切。可以说，领导人对非营利组织宗旨的信念，以及激励他人支持事业的能力，是其最重要的优势。筹款领导人通常是不满足现状的，因此成为变革的制造者。他们预见到组织需要实现怎样的目标才能实现宗旨，并为实现宗旨开辟道路。当他们利用交流技巧分享对未来的看法时，将产生最有意义的影响。

筹款领导人是导师，是细心体贴的倾听者。他们讲诚信，在提供反馈和咨询时，是公平且值得信赖的，可以将秘密托付给他们。他们不会事必躬亲，而是会定期与董事会和员工沟通，并善于以有影响力和说服力的方式展示筹款声明。他们永远充满热情，拥有真诚的决心，见证各种可能性，投入时间进行规划和执行战略，制定延伸目标，并努力实现这些目标。此外，这些人因其专业筹款人的身份而自豪，他们在工作和行动中遵守道德规范。

筹款流程的管理很复杂。为使人员和项目保持正轨，并朝着预期目
295 标前进，有必要建立起相关系统，将相关的过程标准化并对成果进行测量，从而使领导人了解有效和无效的因素，以及该如何分配未来的工作精力。

通过基本管理职能应对挑战

筹款学院提出的管理流程由六个独立的基本模块组成。当这些部分按顺序组合在一起，将会形成实用的筹款项目规划、实施和评估结构。这六个模块包括分析、规划、执行、控制、评估和职业道德。每个模块

的结果都能够汇编成一份全面的文件，提供对筹款项目整体可行性的深入调查，并指出机会从而调整未来的发展方向。我们经常将建立关系的相关技能描述为筹款的“艺术”。本节则倾向于探讨筹款的科学，从评估和测量中吸取经验。当然，正是筹款艺术和科学这种愉快的融合，使人全力投入，让组织的宗旨更加有活力。

分析　管理过程始于对组织资源的测量。这里的资源可包括员工、预算、空间和项目等领域。深入分析能够回答这一问题——“我们今天处于何种境地?”也可以通过SWOT(优势、劣势、机会、威胁)评估，协助确定非营利组织的“漏洞”以及解决这些漏洞需要做的工作。这需要了解组织资源和项目的恰当人员来投入时间。

规划　良好的计划来自良好的规划；因此，规划的过程是关键。草率的计划、过于雄心勃勃的计划以及“听天由命”型的计划对于筹款经理来说毫无用处。完全没有规划或很少规划的组织，将会受到董事会、员工、捐赠人和志愿者不明确或不现实期望的影响。现实是，规划不足会导致失信、冷漠、机会错失和时间浪费。而过多的规划则会使害怕犯错的人无法行动。因此灵活性是关键，只有掌握灵活性，才能使人们感到有能力制订计划，并随着流程的进展进行调整。

书面计划应至少每年制定和更新一次。这称为战略规划(涵盖未来6~12个月)。长期计划可每年更新(通常是1~5年或更长时间)，以最大限度保持文件的时效性和相关性。在规划过程中，应邀请所有在决策中发挥重要作用的人参与，包括首席执行官、董事会、筹款委员会、员工、大 296
额捐赠人、相关人员和志愿者，他们的投入应该被纳入计划中，而不仅仅是事后补充或作为附录。

执行　就像乐队指挥举起指挥棒，引导音乐家开始演奏一样，当时机到来，筹款领导人也要向董事会、员工和志愿者发出信号，通过分配责任将计划付诸实施。大家投入了努力和时间制订这一计划，自然会急切而兴奋地看到它焕发生机。应向所有主要利益攸关方提供该文件的副本，包括将被要求执行其中许多举措的员工。时间管理对于计划的执行至关重要。筹款领导人应定期与员工、董事会成员和志愿者进行核实，以确保他们对整个流程的理解，并具有主人翁意识。如果不这样做，他们可能会走错方向，或误解目标或任务。

控制 控制能够确保所有辛勤努力、创造力和投入计划中的大量时间取得成果。顾名思义，控制是为了对领导人和其他利益相关者制定的标准进行管理与测评。系统和指导方针的有效实施（对人员和文件进行测评），有助于在组织内建立标准。例如，在收到捐赠人的捐赠后，控制能够确保组织是负责任的，并遵循了既定流程来保管捐赠、正确记录捐赠、适当和及时地与捐赠人跟进，以及按照捐赠人的要求处理捐赠。

评估 筹款领导人和筹款经理需要经常问自己：我们是否完成了要做的事情？是否有效？董事会成员、志愿者和员工是否理解并支持我们的方向？与上年同期相比，我们的捐赠金额和捐赠人数量如何？问自己这些问题是很困难的。虽然这样做并不总是令人愉快，但在评估的流程中，能够认真分析"控制"模块中的数字，从而测评存在的优势和劣势。例如，如果与上年的结果相比，秋季直接邮寄式募款未能实现其目标，较为审慎的做法，是分析所有邮件要素，包括广告词、签名人、一年中邮寄的时间、附件内容和回复工具，并考虑可能影响回复率的外部因素，例如经济状况。

297 **职业伦理** 通过行动、言语和善举，筹款领导人向包括组织的首席执行官、董事会成员、志愿者和整个社区在内的所有人展示专业精神。这些领导人经常面临要做出判断性决定的情况，这种决定应基于他们个人标准和组织标准而做出。在当今的市场，获得大额捐赠的压力很大，而且有逐年增加的趋势。这一挑战可能导致非营利组织在标准方面做出妥协，接受变通性的而非出于道德的捐赠。筹款领导人需确定什么是可接受的标准，以免伤害组织或捐赠人。"当赞扬的对象是捐赠人而不是筹款人时，筹款的行为才被合理化。"（Rosso，1991：7）例如，在公开宣布巨额筹款活动开始前，某个志愿者可能会急于向某个最近患病导致认知状态受损的长期捐赠人募集大额捐赠。而筹款领导人的工作，就是为这名精力充沛的志愿者提供咨询，以免其对捐赠人施加不恰当的压力或负罪感。这才是非营利组织希望在领导人身上看到的美德。这些领导人因其正直、对他人的关爱，以及重视与包括捐赠人在内的所有人保持良好关系，而受到尊敬。

筹款员工配置

无论非营利组织规模如何，招聘员工都是一项巨大的财务和战略投资，也是极其重要的管理职能。就像其他工作一样，筹款人希望准确了解领导对他们有什么期望，以及如何在工作中表现出色。因此，一份精心设计的职位描述就非常有价值，并且其应成为办公室记录的一部分。应该在面试过程中与候选人分享职位描述，与此同时让所有员工都能看到职位描述，从而提高透明度并充分理解新员工的角色。精心打造的职位描述能够增强员工对其职位的重要性和责任感的认识，并成为未来绩效评估和职业发展的衡量标准。如果组织目前有其他筹款员工，考虑到他们对组织的熟悉程度，他们也是可以参与面试的绝佳人选（见表 21.1）。

专业员工的职责　虽然雇用筹款人的目的主要是筹款，但筹款经理有时会调整其工作目标，他们会指导筹款人承担额外的职责，满足组织的需求。在这方面，清晰的沟通是关键。为保持专注并关注目标，筹款
经理应提出书面期望以及筹款人可完成这些期望的时间框架。当然，还 300
应鼓励员工提出适当的后续问题，以确保其理解任务

许多非营利组织，即便不是大多数，已为每月和每年的联系人数量和类型（识别、培养、劝募等）制定具体的宏伟目标，也为当前和有规划的捐赠的数额制定目标，并提出最低数额的建议。目的是让目标长远且具有竞争力，让筹款团队保持兴奋和专注，而不是感到不知所措，害怕无法达到每月的联系配额。必须根据筹款经理的意见设定联系人的数量，同时考虑到组织的成熟度、捐赠人基础、员工人数和潜在捐赠人群体。例如，一个成立时间较长的大型非营利组织可能期望大额捐赠筹款人拥有 150~175 个或更多合格的潜在捐赠人，并且每个潜在捐赠人在未来 5 年内都拥有 5 万美元或更大的捐赠潜力。筹款经理可能希望高级筹款人每月能够增加 30~40 名有意义的捐赠人的联系方式。被指派劝募大额捐赠的筹款人可能拥有极少的潜在捐赠人，却有极高的潜在捐赠金额。而从另一个极端来讲，一个新成立的小型非营利组织可能雇用一名兼职筹款人来负责其 6 万美元的年度基金活动。当然，可行且合格的潜在捐赠人的数量可能会更少，劝募金额也会更少。针对筹款经理，非常有用的做法是确定合理的联系人数和捐赠金额范围，但小型非营利组织经常忽视这一点。共同建立起长期和短期目标，是项目建设中有用的管理工具。

表 21.1　管理矩阵

必须管理的事项	分析	规划	执行	控制	评估	职业伦理
组织准备程度（内部和外部） 筹款声明 传播 支持群体 管理	**示例：筹款声明** 审查所有要素，包括宗旨、目标、目的和服务。 我们当前的状况如何，未来前进的方向是什么？	确定流程中要包括的关键人员和支持人员的数量。 建立筹款声明制定和测试的时间表。	向董事会和关键捐赠人陈述筹款声明。 将其分发给所有相关受众。	实施标准，确保筹款声明涉及所有重要方面。 必要时进行修改。	其是否有效回答了作为一个组织“我们所做的工作是什么”这一问题。 是否有吸引力？是否能使人们感到兴奋？	声明文件是否准确、公正地涵盖了我们作为一个积极、坚定的组织宗旨？
人力资源 员工 董事会 委员会 筹款活动领导层 志愿者	**示例：员工** 评估现有员工数量和有效性。实现这些目标需要更多员工吗？	概述员工职位的具体情况，并确定需要的人员数量。 审查预算和空间需求。	发布广告，进行面试，检查推荐信，让董事会成员和关键领导人参加最后一轮面试。	确保现有程序和报告机制的有效性；必要时进行修改。	我们的人员及其数量合适吗？他们的部署是为了获得最大利益吗？他们取得的成就如何？	组织是否有效利用了投入在员工身上的资源？ 员工是否以专业精神代表组织？
市场 个人 企业 基金会 政府 协调机构 社团	**示例：个人** 回顾个人捐赠人和潜在捐赠人名单。 他们为何捐赠？其他人为什么不捐赠？	与董事会、员工和志愿者会面，帮助扩大和完善潜在捐赠人名单。制定吸引潜在捐赠人的战略。	部署项目，让个人参与组织的生活。	我们是否通过组织宗旨有效地满足了个人的需求？ 管理捐赠并持续让捐赠人参与。	个人是否通过他们的捐赠和志愿服务理解和支持我们组织的宗旨？	组织是否致力于加强建设有意义的关系，让个人更多地参与？

续表

必须管理的事项	分析	规划	执行	控制	评估	职业伦理
工具 年度基金 巨额筹款活动 大额捐赠 捐赠基金 有规划的捐赠	**示例：年度基金** 评估上年的结果，决定当前需求。	与董事会和员工合作，确定优先事项、广告词、设计、材料和战略方法。	向董事会、捐赠人和其他适当级别的关键相关人员劝募。	确定审查年度基金的措施和制度。	评估现金数量、捐赠数量和反馈。是否代表着成功？ 哪些方面可以改善？	是否忠诚地管理年度基金，并承诺为组织的需求服务？
战略 直接邮寄劝募 互联网劝募 电话劝募 个人劝募 提案 活动	**示例：直接邮寄劝募** 考虑直接邮寄劝募如何融入总体发展规划？ 从过去能够获得哪些观察？	确定结构、战略和时间表；完善潜在捐赠人库；选择作者并编写具有吸引力的活动材料。	对名单进行分类和定制，确保信息的准确性和专业性。按时送达。	全程跟进。在24～48小时内做出积极和个性化回复。	直接邮寄劝募的效果如何？ 衡量结果：筹集了多少资金，筹集一美元的成本是多少？可做出哪些改进？	组织的直接邮寄劝募战略是否反映出职业道德？
其他						

资料来源：The Fund Raising School，2009，pp.111-114.

留住员工 对于筹款经理来说，最具有挑战性的一个问题是留住员工。专业筹款人会频繁更换工作，这会给非营利组织带来严重问题。招聘和培训新员工的财务和情感成本很高，从数百美元到数千美元不等。此外，在职位空缺期间，组织的收入会造成损失，员工的离职可能会损失获得重要捐赠的机会。时间也是一个关键因素，因为一名新的大额捐赠筹款人通常需要几个月的时间才能精通如何建立关系和劝募，这也增加了发布招聘广告和挑选新人的时间。

许多非营利组织都在激烈争夺人才，特别是那些有大额捐赠经验的
301 筹款人。因此，一些组织用令人瞠目的高薪，吸引这些人才上门。有些筹款人觉得永远没有机会在非营利组织中升迁，所以对他们来说，解决办法就是跳槽。还有一些筹款人觉得压力太大，目标不切实际。而事实却很简单，如果员工有才华并表现出职业前景，那么对于筹款领导人来说，留住员工，尤其是留住已与关键捐赠人建立有意义和富有成效关系的高级员工，往往是明智的做法。即使无法给予同样的薪酬，但有没有办法回应竞争对手所提供的机会？答案是在很多情况下都有，比如对更高水平的员工给予认可、提供灵活的工作时间、努力使工作环境成为一个舒适和谐的地方，或许最重要的是设定现实的目标，让员工的才华得以展现。请记住，经常有一批受到低估的潜在员工在组织内担任其他职务。这些人可能熟悉许多捐赠人，了解内部系统和目标，并对任务充满热情。通过适当的筹款培训，他们可发展成为有能力、有奉献精神的筹款员工。

定期的员工评估提供了机会，能够对筹款人的成功、优势和未来机会进行探讨。像所有专业人士一样，筹款人寻求的是对出色工作真正地理解和赞赏，并在组织内寻找成长和升职机会。筹款经理的工作是认真倾听员工当前的愿望，并展望未来以满足未来的需求。这样做的回报，将是一个由专业人士组成的令人满意而富有成效的团队，他们希望将自己的未来投资于组织，因为他们在那里可以看到有意义的前途。

筹款人的领导力原则

本章第一部分讨论筹款项目的管理。现在，我们将重点转移到引领筹款项目。的确，筹款经理可在不作为领导的情况下取得成功，但所有

成功的筹款领导人都必须是称职的筹款经理。本节将讨论领导力的特点和最佳实践，以及领导为何、如何对非营利组织的活力和健康发展如此重要。

一些人认为领导人是天生的，不是后天培养的，这也许是真理，也许不是。我们每个人都可能指出我们在童年时期或成年后认识的一位导师。他也许是一名教练、一个老师、一个亲戚或一名老板。那些在非营利部门工作的人们也没有什么不同。担任领导角色的人花时间鼓励他人对生活拥有一些不同的看法，这是让未来变得更美好、更强大的一个不可或缺的步骤。慈善行业的优势包括致力于从我们自身的队伍中补充领导人。这是我们工作的美好之处——让技能代代传承。302

领导力在组织中的体现

筹款经理要想有效地领导，跟随者必须服从。尽管这个表述看起来很简单，却有很重的分量。

在我们的文化中，有两种公认的领导力类型：职位型领导力(positional leadership)和战术型领导力(tactical leadership)。大多数组织的结构设置职位型领导。如公司董事会主席，甚至在非营利组织董事会中处于领导地位的人，如首席执行官或董事会主席，都被视为职位型领导。通过一个人在组织中的职位，其他人就能够了解这个人是决策者。另一种广为人知的领导力类型是战术型领导力，战术型领导通常包括军事领导人、教练和政治家。他们作为领导，将军旅或队伍聚集在一起，以达到击败敌人的特定目标，从而宣告胜利。

人们可考虑适合于非营利部门的另一种领导力类型，即戴维·克利斯利普(David D. Chrislip)和卡尔·拉尔森(Carl E. Larson)在其著作《合作型领导：公民和公民领袖如何发挥作用》(1994)中描述的“合作型领导力”。合作型领导认识到所有权应共享。因此，为实现目标而工作的人越多，他们就越能成功地服务于组织存在的更广泛目的。

如果想要通过合作进行领导，至关重要的一点在于非营利组织的首席执行官、董事会主席、志愿者、捐赠人和员工将某个人视为领导。这使领导人能够实施可行的成功计划，并依靠他人帮助实现共同目标。如果没有各方的认可，该组织可能缺乏重点和方向，董事会成员和志愿者的热情会降低，捐赠人的资金也会减少。

换句话说，成功的筹款领导人不仅是发展部门员工的领导人，也是整个组织的领导人！领导人的部分工作是充分了解组织的内部运作，以便向外部潜在捐赠人和内部员工有效传达信息。另外，这项工作还包括对整个组织的领导人和员工进行筹款教育，让每个人都了解筹款的重要性以及如何有道德地实现筹款。筹款领导人应该对自己的处境感到自在，并认识到自己在组织中的重要地位。他们的驱动力，不是自我吹嘘、自我膨胀或成为前沿和中心的需要。

303 **发展部门领导人的特质**　那么，一个人如何激励一群不同的人呢？当然，没有简单的答案，但成功的领导人通常能够掌握某些技能。美国社团管理者协会(The American Society of Association Executives)的手册列出了成功领导人所需的七种技能(Bethel，1993)。下文详述的每一项技能都可在许多杰出筹款领导人所具备的特征和属性中找到。

仆从式领导力　筹款领导人应该起到积极的作用。他们能够看到他人独特的才能和潜力，并乐于帮助他们成长。技艺高超的专业人士具有利他精神和积极的观点，言行透明。他们慷慨地付出时间和资源，并感谢其他人也这样做。这些自信的领导人让其他人参与进来，使其感到高兴和愉快。

创造和传播愿景　将组织具有吸引力的愿景进行传播并鼓励组织超越自身进行思考，这是筹款领导人的特质之一。他们有能力成功地应对挑战和劝募；同样的，他们是优秀的倾听者，并考虑其他人的观点。这些人着眼于现在和未来，让非营利组织发展壮大。

促进和发起变革　在认识到需要承担战略风险的同时，筹款领导人能够看到持续改进的机会。他们会缩小需求和资源之间的差距，使组织不会变得孤立或不相关。当环境发生变化时，他们会做出具有适应性和灵活性的反应。

建立合作关系　筹款领导人能够认识到团队合作和共同实现目标的力量。他们是天生的培养者，会竭尽全力培养他人的领导能力。同样，他们鼓励新的观点和伙伴关系，即使是与竞争对手的伙伴关系，并认识到承担风险的重要性。

重视多样性　筹款领导人知道，包容会使组织变得更强大。他们重视多样性，重视新的人才和想法给非营利组织带来的好处。他们倡导地理、人口和社会多样性，将其所在组织定位为领军机构，并为此感到自豪。

管理信息和技术　通过测量和控制能够产生大量信息，技术能够利用测量和控制的力量。明智的筹款领导人会注重在人性和量化元素之间 304
保持平衡。

实现平衡　看到他人完成了目标，不断学习并获得发展，这是一种快乐。筹款领导人享受这种感觉，并乐于帮助组织取得成功。他们也了解其工作中持续的内部和外部压力以及时间限制。他们尽其所能，为自己及部门员工实现平衡。

领导人要以身作则

寻求和获得额度很大的捐赠是筹款领导人的首要任务。他们必须有能力让潜力捐赠人参与关于共同愿景的有意义的讨论。重要的是，无论捐赠金额是 5000 美元还是 500 万美元，都需要了解捐赠人为什么捐赠，以及是什么因素促使他们采取行动。同样，筹款人还需要能够认真询问是什么因素阻碍捐赠人进行捐赠或承诺额度更大的捐赠。当然，在做出任何承诺前，捐赠人可能有许多问题需要解决。

建立信任和尊重捐赠人对负责任管理的期望至关重要。如果没有信任，捐赠人可能认为筹款人更关心“获得捐赠”，而不是帮助非营利组织在社区中做出积极改变。显然，接受领导层所进行的带有忠诚和决心的捐赠，是非营利组织的生命线，从而做出更多的善事。如果没有能力获得捐赠，领导人只是一个有名无实的领导人，他在网上、新闻发布会或演讲中看起来很光鲜，但在帮助组织发挥潜力方面毫无作为。

与良好沟通同样重要的，还有在问责制和透明度的基础上建立有意义关系的能力。这一点需要特别强调。没有对这一过程的责任和忠诚，筹款领导人将无法与董事会成员、首席执行官、捐赠人和志愿者进行有效联系，而正是这些人给我们的组织注入活力。坦普尔曾这样写道：“问责不仅仅是过去十年的流行语。”（Tempel，Seiler and Aldrich，2011：339）问责已成为非营利组织在 21 世纪生存和成功的基本概念。

作为组织的首席管理者，筹款领导人希望尽其所能做出努力，以成

功地促进人员和项目的发展。然而，有时董事会中会产生一些相互冲突
305 的意见。筹款领导人需要有能力倾听和充分考虑各种意见。如果觉得这些意见没有助益，筹款领导人必须勇敢地直面那些希望偏离、转移甚至脱离团队努力准备的既定计划的董事会成员。例如，这些不同的声音可能会为了实现巨额筹款活动目标，提出仓促或简单的方法。筹款领导人需要考虑所有信息，解决问题，并根据政策和经验做出平衡的决定，这样所有人都可继续富有成效地工作。

成功的筹款领导人认识到他们要有沟通和仔细倾听的能力。他们意识到自己并不是唯一有新想法的人，要倾听其他人的观点，有效解决问题，并公开认可其他人的好想法。他们要用清晰的语言传递强大的信息，无论是在口头上还是书面上，他们有能力讲述引人入胜的故事，抓住人们的想象力。

结　语

管理和领导筹款项目需要全心全意地投入。领导人的特质包括对组织未来的强烈愿景、高超的沟通技巧以及对组织宗旨的坚定信念。同时也需要决心、幽默，更重要的是需要行动计划。在非营利组织董事会要求（希望并需要）不断增加资金，为越来越多的相关人员服务的今天，筹款领导人肩负着许多重任。明智的做法是从战略上管理筹款流程，而不是让自己因紧急但不重要的事脱离正轨。这一过程为筹款领导人提供了分析、实施、跟踪和评估后续规划的方法，考虑到所有利益攸关者和诸多需要进行管理的职责。这也使他们能够清楚地阐述未来的可持续计划，了解应确定和实现的资源水平，设定雄心勃勃但又可实现的目标。最重要的是，这将促成一个充满活力的团队，董事会、员工、捐赠人和志愿者努力实现越来越多的捐赠，从而推进组织宗旨的实现。

讨论问题

（1）什么是管理矩阵？管理矩阵如何帮助筹款领导人更好地执行工作？

306 （2）说出成功的筹款领导人的特质和特点。这些特质对组织有何益处？

（3）筹款领导人在提高员工、董事会成员和志愿者的领导技能方面有非常难得的机会。有哪些具体示例可说明他们如何培养其他人的领导力？

（4）筹款领导人如何处理筹款董事会成员间彼此冲突的意见？

第二十二章　筹款的组织发展

尤金·坦普尔　莱恩·本杰明

307 筹款是一种建立在组织实力基础上的积极管理过程，会因组织的脆弱性而失败。汉克·罗索曾说："通过有组织筹款，你会比无组织筹款筹集更多资金。"公众对某一机构是否组织有序的认知与筹款成功与否有很大的关系。本章探讨了组织成功筹集慈善资金所必须具备的各种组织因素。

本章包含以下内容：

- 被视为筹款基础的组织回应性。
- 筹款组织准备度的几个重要方面：
  - 规划；
  - 人力资源；
  - 捐赠的来源；
  - 筹款工具。
- 组织效能和问责的重要性。

慈善的重要基础

通常来说，为公益做出的贡献始于个人的行为。其他人可能会被吸
308 引，投入时间、才能或金钱来进行支持。公益方面的成功会促成有组织志愿协会的建立，或最终形成有资格接受慈善捐赠的非营利组织，享受美国国税局规定的美国联邦慈善减税优惠。大多数的慈善捐赠是通过这些正式组织［满足《美国国内税收法典》第 501(c)(3) 条的要求或教会组

织]而做出的。非营利组织的组织优势反映出对外部环境的理解和内部的准备程度，让筹款变成可能。基于这种优势，非营利组织得以吸引志愿者并筹集慈善资金。

许多专家认为组织必须具有慈善文化。最重要的是，除了筹款人之外，董事会成员、组织领导和员工必须接受筹款的责任。慈善文化的核心，是坚信慈善是一种合理的支持来源。这种信念取决于筹款声明，而筹款声明是通过外部或公共理解的语言所表述的。

要使组织在筹款方面取得成功，就必须将其与外部环境联系起来。组织必须了解该环境不断变化的需求，还要有对保持组织运转所需的人力和财务资源需求的回应能力。组织必须建立管理结构，在外部需求不断变化的情况下，阐释组织的宗旨。随着组织倾向于发展成为与外部环境相关的“开放系统”，其筹款能力也将提升。

非营利组织若要在21世纪取得成功，就必须作为开放系统运作（Katz and Kahn，1978），要认识到它们与外部环境是相互依赖的，即使这些组织高度制度化，其价值观只能吸引小部分支持者。研究表明，慈善捐赠与经济增长密切相关（Giving USA，2009）。社会需求的变化要求非营利组织进行调整，捐赠人偏好的变化也是如此。

非营利组织都有着发展为“封闭系统”的自然倾向。建立捐赠基金的尝试就反映了这种倾向。一个完全依靠基金的非营利组织可能发展成为一个封闭的系统，无视公共利益的变化，很容易衰落。组织领导必须帮助组织关注外部环境。

自《实现卓越筹款》第一版面世以来的25年中，非营利组织已开始更多地作为开放系统运作。专业管理、对透明度和问责制的要求、不断变化的捐赠人行为、公共政策和最佳实践奖学金制度都是原因。例如，高等教育机构曾经的运作方式看起来就像是它们能够塑造并控制外部环境，这种情况从20年前已经开始得到抑制。如今，高校正在实施的密集的营销计划表明它们已经从“象牙塔”中走了出来，而“象牙塔”曾代表着它们 309
与现实世界脱节。许多高等教育机构已经开发了精心设计的反馈系统，以确定学生的偏好、开发新的服务和应对方案，并发放精致的广告、沟通和激励计划，以招收想要的学生。

当组织希望或需要广泛的支持或寻求更广泛的影响力时，必须将其作为“开放系统”进行管理。开放系统理论假设组织不是独立于其外部环境的，而是对环境产生影响并受到环境的影响。根据开放系统理论，组织依赖于友好和支持性的环境，来获得人力、财力和物质资源的供给，以及对商品和服务的消费。

作为开放系统成功地运行，组织必须持续监控环境并适应变化，或尝试改变环境中的恶劣元素。那些未能适应或未能影响环境的组织，最终会产生不需要的商品或不必要的服务，失去吸引重要资源的能力。

筹款成功与否取决于组织适应周围环境的能力。通常来说，在小规模或地方层面，非营利组织的存在是为了提供有公共或社会需求的服务。如果这种需求得到了满足，那么该组织的存在理由就会消失。如果此时组织继续提供工作人员和项目，来满足过时的需求，那么这个组织就会被视为浪费、低效和没有回应的。它的支持来源将减少，并将被迫关闭。例如，成立于 19 世纪的基督教青年会（Young Men's Christian Association，YMCA），当时是为了满足从农村地区到城市寻找工作的年轻人对良好的基督教环境的需要。在这种人口迁移结束的情况下，YMCA 为适应环境而转向了酒店行业，满足城市的其他需求。如果没有这样做，那么今天 YMCA 可能就不存在了。同样，在富兰克林·罗斯福总统的努力下，1938 年，美国出生缺陷基金会（March of Dimes）的前身——美国国家小儿麻痹症基金会（National Foundation for Infantile Paralysis）成立。当小儿麻痹症疫苗得以开发并消除了这种疾病时，该组织就失去了存在的理由。在这种情况下，该组织发现了另一个健康问题，即儿童的先天缺陷，也需要解决方案，这使该组织根据其他的社会需求进行了调整改变。

应对环境变化并不像满足当前需求那么简单。通过迅速改变自身的制度价值体系来应对变化需求的组织也会在未来面临风险。如果传统的捐赠人无法支持旧有机构的新工作，那么在新的支持群体建立之前，就
310 可能会失去这部分群体的贡献。例如，有一个这样的小型罗马天主教文理学院，它建立在天主教的传统之上，其提供的全面教育是以高度个人化环境中的天主教价值观为基础的。在面临入学率降低的问题时，这个学院回应的方式是调整自身的方向，满足当地的在职继续教育需求。但是这样的话，这个学院就面临着风险，可能会完全失去传统学生群体和

现有的校友支持。学院可能会拥有更广泛的新学生群体，并且从社区筹得私人捐赠，但此时的学院就成了一个完全不同的机构，筹款潜力也有所变化。

科特勒(Kotler)将企业的营销原则运用到非营利组织中，做出了重大贡献(Andreasen and Kotler, 2008)。他设计了一个量表，用以下三种方式描述组织的导向：不予回应；随意回应；全面回应。不予回应型组织的运营方式类似于封闭系统，如科层体制。这类组织不鼓励客户提交问询、投诉或建议，不明确客户满意度或需求，也不对员工进行以客户为导向的培训。随意回应型组织从规划开始，就关注外部的情况，鼓励其支持者提供反馈并定期测评支持者的满意度。完全回应型组织和随意回应型组织有共同的特点，但前者尝试基于新需求和偏好改善自身的服务，并要求其员工以顾客为导向。

很多非营利组织不能也不应该为促进筹款而成为对市场进行全面回应的组织。这些组织必须与其成立时的价值观和宗旨保持一致。具有较强内部价值体系并通过这种价值体系实现宗旨的组织，应该积极让客户和潜在捐赠人参与组织内部事务，从而具有高度回应性。筹款能否成功，取决于是否谨慎地将潜在支持者纳入组织的生活和精神中。

科特勒也得出了同样的结论(Andreasen and Kotler, 2008)："如果经理希望组织能够全面以客户为导向，他或她就必须要面对不可言说的担忧，即这种营销方向最终会使艺术家、医生、图书馆员、博物馆长和一些其他非营利组织的专业人员降低专业标准和忠诚度，而'取悦大众'。"

如今的非营利组织很容易受到社会企业家精神和市场导向的影响。捐赠人总是会迫使非营利组织朝向更加市场化的方向发展，应用商业模式，重点关注底线。一些非营利组织不得不应对外部压力，用组织宗旨的最高目标来平衡捐赠人和董事会成员的利益底线。

一些组织也正在提供能够反映组织宗旨的市场化服务，从而产生收 311
益，支持基本宗旨的实现。还有一些组织通过市场化服务获得额外的收入(例如技术培训项目提供网站设计服务、家庭收容所提供儿童照护服务)。但是，这并不意味着在满足作为筹款基础的基本宗旨项目方面，有额外的需求。

虽然非营利组织的存在不是为了营利，但是它们的长期生存在某种程度上取决于良好的商业实践。能够产生盈余收入的非营利组织能够保护它们免受客户服务费和筹款水平波动的影响。盈余收入也让捐赠人确信组织的未来具有保障。那些致力于运用最少的资源提供最有效服务的组织最有可能产生盈余收入。那些有效、高效的组织也拥有最佳的机遇，吸引慈善捐赠。非营利组织管理的良好程度也对其筹款能力产生影响。

可问责性是当今非营利组织的主要驱动力。这不仅包括对非营利组织管理的良好程度，还包括非营利组织将其管理和成果与其成员进行沟通的程度。对于非营利组织而言，要求自己能够负责，并向其支持群体展示良好的管理能力，这是组织的一种优势。

商业技巧可能有助于管理非营利组织筹款。然而，促使这些组织发展的价值观和信念，往往导致它们必然拒绝良好的商业营销实践。如果新的服务计划为了增加收入而放弃了宗旨，就可能会损害慈善事业。在必须服务于较为冷门的事业时，如果组织要忠于其宗旨，就必须拒绝不能支持其宗旨的商业营销信息。

有时，对组织宗旨的忠诚会导致与支持来源的冲突。保守的资金来源可能会犹豫是否支持服务于有争议事业的组织，因为其员工、客户或股东可能会反对。如果组织能够理解和管理这种复杂性，就能在筹集资金时处于优势地位。

筹款是对组织生命力的有效测试。因此，筹款可以成为组织续约和承诺的催化剂。为了成功筹集资金，组织必须被潜在的支持群体视为反应迅速的优质服务提供者。必须以有效和高效的方式向支持群体提供这些服务。潜在的支持群体必须理解并接受影响这些服务的价值体系。一个缺乏内在意义的组织就失去了刺激慈善事业发展的基础。

312 对不断变化的环境因素的回应，会与组织宗旨产生矛盾。通过处理这种矛盾，组织可以增强优势并最大限度地降低脆弱性。简单的 SWOT 分析就能够使组织更好地了解如何通过筹款获得成功（Kearns，1996）。SWOT 分析可以帮助组织发挥优势，最大限度地减少劣势，并在外部环境中应对机遇和威胁。SWOT 分析可以帮助组织专注于优势，并降低在组织准备度、人力资源、市场、工具和管理方面的脆弱性，这些都是成功筹款所必需的因素。

组织准备度

本章的前提是有效的筹款应建立在组织优势的基础上，组织的弱点和脆弱性可能会对筹款活动造成破坏。考虑到这一点，正在准备筹款的组织必须分析其优势和劣势，并储备好对成功筹款至关重要的资源清单。

基于组织优势的筹款拥有源于这些优势的尊严，筹款员工或志愿者不需要为劝募而感到抱歉。基于价值观和宗旨的筹款是慈善事业的重要组成部分。为了向公众提供慈善支持，组织必须在内部做好准备，专注于自己的优势并处理弱点。

组织计划是组织准备度中的关键要素。计划应该基于对组织宗旨范围内当前和未来社会和人类需求的评估，证明组织的稳定性和未来发展。计划可以为筹款流程带来的最大优势之一，就是让人确信组织对其未来充满信心，并通过其对更美好社会的愿景获得动力。

有效的计划必须超越对项目的描述。必须用经济学的方式来起草项目计划，才能为筹款提供合适的基础。计划必须预测每个项目包括现有的和未来的项目的年度收入和支出要求。同样，计划应明确指出在特定时间内所预期的特殊捐赠需求、巨额筹款需求和捐赠基金需求。组织的收入和支出预测与其过去的成就和未来的项目产出相关，如果捐赠人能够认同这种预测，组织的优势就得到了最大化。如果通过规划流程，财务问责能够体现出其对资源进行了高效利用，实施了有效的项目，那么此时良好的管理工作已经开始。

财务计划应超越普通的收入和支出预测，而应该阐明通过年度基金 313
必须为现有项目筹集的数额；特殊项目需要的数额，包括紧急的、可延期的和巨额筹款项目需要的总额；组织的捐赠基金和现金储备要求。通过对预期收入和捐赠产品的现实评估，这种全面的财务分析能够使组织在确定优先事项时，不得不对项目建议和负责任的决策进行认真评估。

在规划流程开始之前，该流程应该经过组织专业人员和志愿者的审查，以确定这一流程中组织主要支持群体参与的程度。来自董事会的专业人员和志愿者应该作为计划设计成员，参与制订谨慎且有回应性的计划。这两个群体必须全心投入计划的实施，并持续进行评估，否则该组织在筹款流程中将受到影响。可以邀请支持群体内的领导者参与规划活动。规划中对组织宗旨的肯定越多，计划完成时赢得支持的机会就越大。这样的计划能够给若干不同的项目提供实质性内容，满足项目中所提出的人类需求和社会需求。从这些项目描述中，可以总结出很多最为突出、令人兴奋的表达方式，使筹款声明鲜活起来。

人力资源

组织准备度中的第一个人力资源优势是董事会。一个精心组织、积极参与且专注的董事会是负责任治理的象征，也是筹款流程的资产。被动、参与较少、漠不关心的董事会则是组织必须解决的问题。

董事会成员必须积极参与规划，从最初确定规划形式，到定期审查，以及最后根据计划对项目的定义和计划中的财务优先事项，参与项目验收。董事会成员一旦接受了计划，就接受了进行捐赠和体面地要求他人捐赠的责任，从而满足财务需求。这是董事会成员参与的最佳结果。最后，董事会成员必须在慈善领域拥有诚信度和信誉，扮演组织面对公众的第一责任人以及公众信任守护者的角色。

董事会承担着直接责任，推动组织筹款项目取得成功。为实现这一
314 目标，董事会应将筹款发展委员会作为常务委员会。这一常务委员会的成员应包括对该组织宗旨最感兴趣的董事会成员，他们与慈善领域的联系将有助于筹款。委员会应定期召开会议，积极制订、实施和评估筹款计划。委员会成员也可以扩大到有意愿作为组织的倡导者进行捐赠、劝募和工作的非董事会成员。

第二个人力资源优势是首席执行官、项目管理人和财务负责人、筹款员工等专业员工。非营利组织的生命力取决于是否能够长期提供公众需要的优质服务，首席执行官和项目员工就成为焦点。如果担任这些职务的人都能够胜任工作，就为组织提供了强大的力量。首席执行官是筹款过程中的重要力量，他发挥着纽带作用，促进董事会的参与，也代表组织邀请捐赠人和潜在客户的参与。首席执行官也为筹款的组织支持奠定了基础。缺乏首席执行官的理解、参与和支持，也是组织必须解决的关键问题。

为了使长期筹款取得成功，需要有能力计划、组织和管理筹款流程的人员予以关注。每个组织的筹款管理职位设置都有所不同，因为每个

组织分配给不同任务的时间和专业水平各异，人员可能包括志愿者、为数极少的兼职员工、全职员工等多个专业员工，这通常能够体现出组织的历史和规模。如果组织的全职专业员工能够致力于加强董事会成员、其他志愿者以及行政、项目和支持员工的参与，这个组织中筹款职位的作用就得到了升华。

董事会和首席执行官必须做好准备，参与筹款活动。董事会成员必须接受对组织的所有权并在财务上给予支持，这是实现组织准备度必要的第一步。对准备度的最终评估是为了判断董事会成员、专业筹款人、首席执行官和主要工作人员作为筹款发展团队集聚在一起的能力。必须理解并坚信这样的理念，即成功的筹款取决于董事会成员、首席执行官和主要员工在团队中的积极参与，包括筹款项目的发展、组织，以及劝募。

让组织中的所有人都接受这一理念，对筹款流程至关重要。根据筹款流程的定义，筹款员工将为筹款项目提供管理服务。志愿者将为社区的捐赠潜能提供联系和杠杆。精心组建的董事会、志愿者和专业员工团队，是开展筹款所必需的优势。

捐赠的来源 315

慈善基金起源于经济的一般领域，被称为“捐赠来源”或“捐赠市场”。筹款活动的五个捐赠来源是个人、企业、基金会、社团和政府。在某种程度上，每个非营利组织都在这些市场中拥有潜在的支持者。筹款机会来自认识到每个市场的细分部门的支持潜力。良好的前景开发，能够使在每个细分部门内识别、培养和劝募潜在捐赠人成为可能。

政府资金不是慈善基金，但重要的是，要认识到政府资金已经成为非营利组织的一个更大而不是更小的收入来源，特别是在一些细分部门。经济放缓可能会影响政府资金的持续增长并使其面临挑战，特别是对于提供社区服务的小型社区组织、教堂和跨教会机构来说，更是如此。

21 世纪的第二个 10 年见证了捐赠市场的持续变化，与慈善组织在 20 世纪最后 10 年的筹款市场大不相同。基金会仍然是重要的资金来源；因持续受到经济放缓的影响，企业采取更具战略性的方法；个人更有可能对与允许表达自己价值观和兴趣的项目相关的筹款计划感兴趣，许多人通过私人基金会进行更加正式的捐赠。了解捐赠人的价值观、兴趣和需求对于筹款一直很重要，但如今更为重要。面对更加不确定的经济前景、不断增加的医疗保健成本和逐渐减少的资产，耐心地对待忠诚的捐赠人是成功的关键。

今天的组织必须充分了解潜在捐赠人的兴趣和联系，以及他们进行捐赠的能力和意愿。接受了这一筹款原则，筹款人才能够明白，只有当组织让董事会成员、非董事会成员的志愿者和员工参与进来，从捐赠的来源中识别并理解潜在捐赠人，促进潜在捐赠人的参与，并针对他们开展劝募，组织才能发挥最强的优势，深入筹款市场。

筹款工具

如果在总体发展规划中使用全套筹款工具，非营利组织就可以最大
限度地发挥其慈善支持的潜力。这些工具包括年度捐赠、特殊捐赠、大
额捐赠、巨额筹款活动和有规划的捐赠。组织的筹款计划必须考虑到不
316 同的筹款活动需要承担不同的人力和财力资源，包括使用网站劝募和接
受捐赠，并利用各种可用的“电子慈善”和社交网络机会。

如果组织过于依赖通过直接邮寄、电话和特设活动筹款所获得的年度捐赠资金，就容易受到高额筹款成本的影响。依赖于一两个来自个人、企业或基金会捐赠的组织，容易受到这些捐赠来源不断变化的兴趣和捐赠能力的影响。筹款计划越是能够使用所有可用的筹款工具来广泛接触捐赠来源，就会变得越强大。

对于小型非营利组织而言，这一方面可能存在挑战，尤其是大额捐赠和有规划的捐赠。但是，每个组织都可以鼓励遗赠或通过遗嘱的捐赠，并利用志愿者、公益顾问或当地社区基金会，来获得其他类型的有规划的捐赠机会。

管　理

多数专家都认为，与十年前相比，非营利组织当前的管理更为专业化。然而，凯洛格基金会的一项名为《非营利管理教育中的知识管理》的计划指出，在21世纪的前十年，专业人才并没有均匀地分布在整个非营利部门。然而，有些人也接受这样的观念，即使是不成熟的非营利组织

在资金使用方面也是相当有效的，并且能够有效地提供良好的服务（Drucker，1990）。

管理不善或被认为是一种劣势，使非营利组织很容易筹款失败。完善的人员和流程管理是一种组织优势，可以在此基础上开展成功的筹款活动。

最成功的组织拥有一支由志愿者、行政管理者、项目经理和筹款管理者组成的团队，他们在某种程度上将组织作为一种开放系统来运营。这个管理团队请自身的各种支持群体，包括客户、捐赠人、受托人、志愿者、供应商、社区以及自己的员工，参与到项目实施和管控前持续的分析和规划中。在完成分析、规划、执行、控制和评估等管理流程并开始另一个筹款周期前，成功的组织将邀请同样的支持群体参与项目评估。

筹款是一个管理的过程，建立在组织的项目实现组织宗旨的能力之上。因此，组织必须优化管理。透明度和问责是当今管理的焦点，组织 317
必须向公众阐释他们是致力于筹款的好员工，且其组织的项目正在发挥作用。在最有实力的非营利组织中，筹款管理者能够说服董事会和首席执行官为组织的筹款工作投入大量时间和精力。

筹款涉及让支持群体参与组织工作，并帮助他们认识到组织的价值和宗旨。这就需要客户支持群体、志愿者、倡导者以及他们的潜在捐赠人拥有一种全面视角。筹款工作要求相关人员掌握筹款需要的专业技术和技能，以及能够培养和保护慈善事业的伦理价值，包括对规划的管理以及推进社会公益志愿活动的其他工作。

组织效能和问责

捐赠人长期以来一直担心非营利组织是否能够明智地使用他们的资源，但在过去的20年里，对组织效能证据的需求已经升级。全球非营利组织数量的增长以及它们在解决社会问题方面发挥的核心作用，推动了对组织效能证据的需求。资助者和捐赠人希望了解他们投资的社会回报。一些资助者选择投资社会效益债券，而其他一些捐赠人则向非营利组织询问它们是否使用了科学的做法。更重要的是，非营利组织的管理者认识到，定期获得其工作的反馈对于人们或自己所致力的事业发展至关重要。如果非营利组织不能够系统地收集组织效能的证据，并利用其改进自身，这样的组织将会落后。

然而，正如很多筹款人所知，这并不是一件容易的事情。组织经常缺乏能力或资源来做好这件事，同时会发现，很多事情不能够简单地进行衡量。非营利组织能做些什么呢？那就是向其服务、影响或邀请参与的人们定期寻求有用的反馈。大多数非营利组织，甚至是最小的组织，都有能力问一个问题：我们的服务如何？之后，可以根据非营利组织的性质，例如艺术组织、环保组织或社会服务代理机构，继续问第二个或第三个问题。例如：我们是否帮助到了你？你是否满意我们提供的经验？你学到了一些新事物吗？非营利组织就能够基于此获得发展。在理想情况下，员工对效能的衡量与预期项目成果有显著的联系，而预期项目成果则与组织成果相联系。这种所谓的串联的成果可以帮助非营利组织领导者提高效能。

318 筹款人的角色是什么？筹款人将很可能面临来自潜在捐赠人和现有捐赠人问的关于非营利组织的影响力大小的问题。这就需要对测评的方法和趋势有所了解，而更加重要的是，需要理解非营利组织收集的数据，并对已展示和没有展示的内容保持透明。筹款人通常有夸大非营利组织成果或只谈论成功故事的倾向。这样做的筹款人错失了两个关键机会。第一，他们错过了证明其所在组织是一个学习型组织的机会。组织都会犯错，他们有时可能无法提供有效的服务。重要的是如何因此而改变。比起所选择的成功故事，这更有可能给捐赠人留下深刻印象。第二，他们错过了探讨支持有效实践所需的数据管理系统的机会。许多非营利组织缺乏有效的数据管理系统，报告中的数据都较为零散。筹款人的作用十分关键，应帮助捐赠人了解支持组织效能所必需的基础设施。最后，如果非营利组织更加有效能，筹款就会容易得多。一个有效能的非营利组织并不是不出错的组织，而是一个以数据为导向、为最终受益的人争取更大影响的公益组织。

结　语

筹款的成功或失败通常与组织的动态变化有关，而不是与筹款策略有关。成功的筹款建立在组织的优势之上。筹款失败往往是由组织的弱点或漏洞导致的。

首先，为了成功筹集资金，组织必须以“开放系统”的形式运作，同时忠于自己的宗旨。能够了解潜在捐赠人外部环境的变化，是组织的关键优势。能够在关键支持群体的参与下制订未来的合理计划，也是组织在筹款中的优势。请首席执行官和董事会成员参与这一过程也很重要。最后，组织必须拥有一个传播沟通计划，通过该计划对公众负责。

如果组织作为“封闭系统”运作，重点关注内部而没有基于外部需求而制订计划，那么就很容易面临拒绝和筹款失败。要想确保长期的成功，简单地做好工作是不够的。如今，更加成熟的捐赠人和资助者提高了组织的问责标准。在这种情况下，就需要专业的管理方法，让组织为筹款做好准备。

讨论问题 319

(1)“开放系统”和“封闭系统”如何影响筹款？

(2)描述与筹款相关的组织规划。

(3)为什么要识别潜在的捐赠来源，并确定在筹款中接近这些来源的最佳方式？

(4)讨论组织在缺少正式评估资源的条件下如何评估其效能。

第二十三章　筹款预算和绩效评估

詹姆斯·格林菲尔德　梅丽莎·布朗

321 预算准备经常始于财务年度结束前的3~6个月。非营利组织员工会对来年的项目和服务重点进行评估，审视当前的税收资源和支出报告，并预计需要哪些资源，能够在组织财力范围内使项目得以继续开展并满足新服务需求。

一些组织能够通过公众参与获得大量收入，例如表演艺术机构的门票收入、高校的学费和赞助费、医院的保险报销和患者缴费收入，等等。类似的项目服务收入也可能包括与政府或其他各方签订的服务合同。如礼拜堂和很多社会服务机构等组织没有项目服务收入，它们的年度运营经费就通常主要依靠捐赠、资助和捐款。通过阅读本章，你将会增强对筹款计划、项目预算的理解，并了解如何评估筹款绩效、制定筹款目标并衡量成功。

和其他部门一样，组织的发展部门会对现状进行评估，为下一个财年制订预算计划。这些准备工作完成后，非营利组织就会在其会计或预算软件程序内部建立起财务模块计划。在理想情况下，此类程序将会跟踪记录已经发生的各类别开支总数，例如员工工资福利以及邮寄、印刷、差旅等直接开支(见表23.1)。这类软件大多数是遵循美国国税局年度信息回
323 执所使用的开支清单(见美国国税局990表格，第Ⅰ部分，第10页)。

筹款预算也是一种投资，应该如实反映预期的筹款回报，而这种筹款回报基于前几年的筹款总额。由于劝募项目之间差异很大，所以投资与筹款总额的比例(即投资回报率)并不是固定的。组织的筹款能力取决于其收入来源、形象和声誉、筹款历史和领导力，也取决于筹款员工和预算的规模。研究表明，与至少有一名全职筹款员工的组织相比，在同等规模下，完全依赖

于志愿者筹款的组织更难实现筹款目标（Nonprofit Research Collaborative，2012：12）。

表 23.1　部门预算工作表

直接成本（项目支出）与办公室运营成本（间接成本）的组合体现出筹款所需的真实、完整的预算。年度预算的编制应基于对前几年的支出和单个项目成果的分析。

	当前财年		下一个财年
	预算	实际发生的	预算估计
A. 行政支出/工资			
发展总监	$ ____	$ ____	$ ____
发展部门专业员工	$ ____	$ ____	$ ____
办公室支持人员	$ ____	$ ____	$ ____
兼职人员	$ ____	$ ____	$ ____
临时人员	$ ____	$ ____	$ ____
小计	$ ____	$ ____	$ ____
附加福利（%）	$ ____	$ ____	$ ____
工资增长（%）	$ ____	$ ____	$ ____
总计	$ ____	$ ____	$ ____
B. 办公室运营			
办公用品	$ ____	$ ____	$ ____
电话费用	$ ____	$ ____	$ ____
电话设备	$ ____	$ ____	$ ____
租赁设备	$ ____	$ ____	$ ____
挂牌费用	$ ____	$ ____	$ ____
邮费	$ ____	$ ____	$ ____
印刷成本	$ ____	$ ____	$ ____
图书/期刊	$ ____	$ ____	$ ____
差旅（外地）	$ ____	$ ____	$ ____
差旅（当地）	$ ____	$ ____	$ ____
娱乐	$ ____	$ ____	$ ____
奖励/奖章	$ ____	$ ____	$ ____
会费/会员	$ ____	$ ____	$ ____
职业发展	$ ____	$ ____	$ ____
保险	$ ____	$ ____	$ ____
办公室租赁	$ ____	$ ____	$ ____
新设备	$ ____	$ ____	$ ____
设备维护	$ ____	$ ____	$ ____
咨询费用	$ ____	$ ____	$ ____
服务购买	$ ____	$ ____	$ ____
其他	$ ____	$ ____	$ ____
小计	$ ____	$ ____	$ ____
C. 总预算			
（A+B）	$ ____	$ ____	$ ____

资料摘录来源：AFP Fundamentals of Fundraising Course © Association of Fundraising Professionals，2010。

预算是一种计划

筹款预算是一种财务计划，它源于组织的战略规划，并以此前的收入和支出结果为指导，以支持直接有益于社区的项目。筹款预算可以并且应该是一个多年的投资战略，其预期增长能力和长期回报率至少应该达到每投入 1 美元能获得超过 1 美元的收益，收益数也可能达到 6 美元、10 美元甚至 20 美元。筹款预算和其他多数的运营领域不同，并不是以支出或成本为中心。筹款是以其“营利能力”为指导的，其产生的收益要大于成本。

筹款预算的制定是一种财务战略，有着具体的收入目标，这些目标与组织最紧要的服务提供或聚焦于宗旨的优先事项紧密相连。慈善筹款的使用也通常与此前捐赠人的兴趣或偏好相关，这使筹款计划、收入目标和具体的筹款活动变得更加有活力。

编制新的筹款预算需要三个要素。首先要问一些关键的问题：组织可以用募集的资金做些什么？组织可能对收入有怎样的预期？最后，筹款人如何深入地理解与捐赠人兴趣相匹配的优先资助领域，从而预估捐赠、资助和捐款的数额，协助组织实现其宗旨主导的目标？

我们首先要确定组织下一个财年开展的项目和重点服务中预计需要的支出。之后，要对满足项目和服务支出的所有收入来源进行分析。最
324 后，在前两个要素的基础上，根据之前的捐赠情况以及捐赠人对项目和重点服务的兴趣情况，如实地预估筹款收入。

在对筹款收入进行了如实预估，确定最紧急的重点事项后，筹款经理和组织管理层就可以开始准备制定有可能实现的筹款目标。筹款经理将制订一个计划，其中包括劝募活动以及确保实现这些收入所需的预算。这三个基本要素——组织的重点事项、收入来源、基于前一年筹款结果的捐赠预测以及筹款人对目前捐赠人兴趣的了解——指导着组织发挥领导作用，确定新的筹款目标和目的。

月度捐赠报告能体现出前几年的筹款结果，这是设定筹款目标和目的时可用的宝贵资源。例表 23.1、例表 23.2 和例表 23.3 说明了捐赠的来源、募集资金的目的或用途以及用于产生这些结果的劝募方式，我们会在“项目预算”这一节详细探讨每一项。这些总结数据基于前几年的结果分析，

使组织能够可靠地预测未来结果，避免不切实际的期望。如果你所在组织的报告中不会使用这些类别，可以考虑对照教育援助和支持理事会(Council for Aid and Support of Education)或医疗保健慈善协会(Association for Healthcare Philanthropy)建议的报告标准和指南。此类指南在追踪记录延期捐赠中能够发挥重要作用。

例表 23.1　关于接受的捐赠来源的捐赠报告

捐赠来源	捐赠的数量	捐赠收入(美元)	平均捐赠规模(美元)
受托人/董事	15	28500	1900
员工及雇员	235	19650	84
新捐赠人(增量)	625	18950	30
以前捐赠人(续约)	690*	59635	86
企业	22	106500	4840
基金会	28	185000	6607
社团	4	30000	7500
遗赠	2	100000	50000
主动捐赠	39	9500	244
接受的其他捐赠	9	3500	389
总计	1799*	561235	312

译者注：原书数据有误，对标 * 处的数据姑且保留。

例表 23.2　关于接受的捐赠的目的或用途的捐赠报告

接受的捐赠的目的或用途	捐赠的数量	捐赠收入(美元)	平均捐赠规模(美元)
非限定性用途资金	658	101850	155
暂时限定性用途资金			
项目/服务目的	345	129457	375
巨额筹款/设备目的	165	50500	306
教育/培训目的	240	45000	118
科研/研究目的	118	63800	541
客户财务需求目的	114	18600	163
员工/雇员目的	22	8500	386
其他限定性目的	120	8028	67
小计	1782	425735*	240**
永久限定性用途捐赠资金			
非限定性用途捐赠基金	6	45000	7500
限定性用途捐赠基金	11	90500	8227
小计	17	135500	7971
总计	1799	561235	312

译者注：原书数据明显有误，翻译时对标 * 、** 处的数据做了修改。

例表 23.3　按筹款方式分类的劝募活动及其结果的捐赠报告

劝募活动	捐赠数量(人)	捐赠收入(美元)	平均捐赠规模(美元)
年度捐赠项目			
直接邮寄(获得)	456	10050	22
直接邮寄(续约)	408	25855	63
会员协会(100 美元)	319	31900	100
活动、收益、特设活动	380	40800	107
捐赠俱乐部及支持群体	125	31250	250
组织(250 美元)			
社团	4	10000	2500
志愿者主导的个人劝募	55	19880	362
小计	1747	169735	97
大额捐赠项目			
企业	22	106500	4840
基金会	28	185000	6607
巨额筹款活动	0	0	0
遗赠	2	100000	50000
小计	52	391500	7529
总计	1799	561235	312

注：本表数据原书如此，翻译时没有改动。

326 一项筹款预算计划一旦完成，就与预计的捐赠收入共同构成了整体预算计划的一部分。在内部进行审查和调整之后，这一计划就会通过董事会批准认可，成为该组织下一财年的预算计划。

项目预算

下面一个任务，就是将财务筹备方案转化为积极的筹款策略，通常会采用书面计划的形式，在年度筹款声明的指导下，制定明确的公共劝募活动时间表。在一年中，组织都可以使用各种筹款方法和技巧来募集资金。这些劝募活动将与所批准的项目和服务重点相符。每种筹款方法最后都会形成其成果和月度报告，如例表 23.1、例表 23.2 和例表 23.3

所示，用于监测预算支出和所预估的收入。

需要说明的是，在例表 23.1 对前几年捐赠结果的记录里可以看到，在 561235 美元的捐赠总收入中，有 100000 美元来自两笔遗赠。将同等水平的遗赠数额计入新的捐赠预测中，这种方法并不合理，因此 461235 美元才是预测未来捐赠的较为准确的基准数字。例表 23.1 并没有反映出依然在持续的劝募活动，例如等待审批的大额捐赠或拨款申请，而这两项活动也都需要计入本财年的开支。多年期的报告可以协助获得更可靠的趋势数据，达到预测的目的。

例表 23.2 提供了另一种捐赠预测的指导。不同分类的用途体现出公众如何回应此前的劝募请求，表明了捐赠的偏好。它也提供了可能存在的优势和劣势，为调整筹款重点事项提供参考，也能够反映出在新的重点需求中加强公众参与所需的工作量。研究表明，捐赠人慷慨解囊的程度与他们将捐赠指向特定领域的能力有关。捐赠人往往更愿意根据自己的兴趣做出捐赠。虽然组织更喜欢不受限制的捐赠，但组织可以通过增 327
强灵活性，来将捐赠人的资金引导到当前的重点事项，从而提高整体的捐赠额（Eckel，Herberich and Meer，2014）。

例表 23.3 阐释了每一种劝募方式如何根据捐赠人和资助方向的不同，发挥不同的作用。表中的“平均捐赠规模”提供了很有用的信息，尤其是在与前一年的信息进行比较时更是如此。随着时间的推移，我们能够提早发现结果有所改善或收益有所滞后，从而采取行动。筹款有效性的重要指标之一，是捐赠人的数量和这些捐赠人对于组织的“忠诚”程度，这种忠诚通常体现在反复向组织进行捐赠（Sargeant，2001a，2001b）。赠款是随着人走的，而不是人随着赠款走。

基于以上三种捐赠报告以及前一年成果而编制的预算，将会体现出每一种劝募方式作为多年期资金发展战略的一部分，将如何发挥作用。这些例表还体现了一些其他信息，例表 23.1 体现了利用社交媒体增加新捐赠人的数量。例表 23.2 体现出随着新的资助重点产生，捐赠人的偏好所发生的变化。例表 23.3 则体现出新的劝募方式及其产生的结果。

这些常规报告并没有包括筹款支出。在劝募阶段，通常不可能确定成本。支出情况往往是在总结的阶段进行记录（例如，所有直接邮寄、活动邀请、感谢信、会议通知、时事通讯等成本，这些成本都计为“邮资”)。在总结阶段，组织应该考虑到员工的劳动力成本，以及随着捐赠处理、捐赠报告、志愿培训、会议支持、未来研究及其他活动产生直接和间接的劝募支出。利用总结报告或“账本底线”(bottom-line，即净利润)数据，组织可以回顾其整个筹款项目的成本收益，以确保产生积极的投资回报率(return on investment，ROI)。

编制能够反映包括后勤办公室支持活动(例如捐赠处理)在内所有筹款成本的预算，是筹款经理的责任。然而，并不是所有的筹款员工都将100%的时间用于筹款。员工要投入部分时间到整个组织筹款发展，包括员工会议或其他活动。一些筹款员工则有责任开展营销、沟通、志愿者管理以及其他工作，这些并不是直接的筹款成本。

支持非营利组织财务报告的软件通常将美国国税局 990 表格内嵌其中。根据该表格的规则，开支应分为三大类：项目和服务、行政和一般性事务、筹款(见美国国税局 990 表格，第 I 部分，第 10 页)。由于 990 表格中，将一部分的筹款支出归类为“行政和一般性事务”，因此表格和
328 软件都不能精准地衡量真正的筹款成本。为了计算捐赠的成本收益率，一些筹款部门会通过运行“影子系统”(shadow system)，跟踪记录筹款成本，并定期地使影子系统与非营利组织的会计系统相符合。

筹款预算与实现组织宗旨的优先慈善项目和服务所必需的运营支出之间会产生矛盾。因此，筹款预算往往获得最少的支持，却承载着最大的期望。行业报告指出，“现实表明，大多数组织都没有在筹款上花费足够的成本，因为领导们都担心公众的批评或捐赠人反悔。我们需要探讨为什么这些组织对自身的投入不足。这才是真正的挑战”(Jaschik，2005：31)。

根据预计净收入得出的总预算需求

筹款的总预算应参考预计的总收入一起编制(见例表 23.4)。与过去一年相比，新老捐赠人在当年捐赠的金额都会发生变化。但是，历史情况对于捐赠收入和预算需求的预计很有价值，因为历史情况通过绩效数据，为预算的审核提供了合理的比较信息。前三年绩效的增加也体现出项目整体的增长。在这一回顾的基础上增加支出，也能够体现出筹款成本和投资回报方面的有效性和效率水平。

例表 23.4　根据预计支出和净收入得出的总预算需求

	前一财年 2013 年	上一财年 2014 年	当前财年 2015 年	下一财年 2016 年
支出				
劳动力成本（美元）	66009	67989	70029	72129
非劳动力成本（美元）	50541	52056	53619	55227
总预算（美元）	116550	120045	123648	127356
捐赠收入				
收入总额（美元）	448765	507855	561235	611235
减去支出（美元）	116550	120045	123648	127356
净收入（美元）	332215	387810	437587	483879
绩效评估				
筹款成本（美元）	0.26	0.24	0.22	0.21
投资回报率（%）	285	323	354	380

筹款绩效评估 329

几十年来，筹款绩效都是通过两个简单的标准来衡量："筹到了多少钱"和"花费了多少钱"。虽然这两个标准是必需的要素，然而仅仅基于成本收益率的判断可能会产生误导，因为并不了解劝募活动和其结果方面的细节，例如前面例表所示的内容。与此同时，在国家层面并没有筹款的成本收益衡量标准。非营利组织应当谨慎地对待与其他组织进行筹款绩效的比较，包括在同一社区或地理区域的相似组织之间进行比较。这种评估可能适得其反，导致误解和错误的假设。为什么会这样？因为这些非营利组织并没有在同一时间对同样的受众使用相同的劝募方法，也没有相同的捐赠人、志愿劝募人、重点需求或社区服务历史。

由于缺少统一的筹款绩效指南，一些"慈善监管机构"（charity watchdogs）自行制定了评估标准，通报非营利组织的绩效，包括慈善导航（www.charitynavigator.org）使用的星级体系；美国慈善监管机构（www.charitywatch.org）在《慈善评级指南和监管报告》（*Charity Rating Guide and Watchdog Report*）中使用的"等级"体系，或非营利组织"指南星"的"完整性评级"（completeness rating）标准，该标准基于由美国国税局 990 表格和非营利组织本身所提供的信息数量（Hopkins，2002：446）。

如今，对问责的需求不断增加，非营利组织需要解决的绩效问题，是要通过最佳地利用所有收入来源而获得可衡量的成果。组织还需要根据其反馈给公众的、与其宗旨、愿景和价值陈述一致的收益，对其项目和服务进行量化。仅仅基于成本收益率做出判断，代表着对组织自身绩效的分析完全不到位。经济学家斯坦伯格和莫里斯（Steinberg and Morris，2010：89）解释说："每个慈善组织都有自身具体的成本捐赠比率，所以并没有'一刀切'的限定。一些慈善组织可能会被迫压低筹款成本，影响到实现慈善宗旨的能力。而多数的其他慈善组织会选择浪费较多的方式。更根本的原因在于，慈善组织得以生存并将捐赠用于实现宗旨的效率，与成本比率无关。成本比率反映的是平均的表现，而不是因为捐赠增加而产生的表现，而后者才决定了慈善组织的存活率。"

另一个独立评估机构是商业信用局明智捐赠联盟（Better Business
330 Bureau Wise Giving Alliance，"BBB"，2014）。该机构被认为是非营利组织的"产品质量许可证"，它既不是监管机构，也不是"评级机构"，它只是为许多参与美国和全球筹款活动的大型非营利组织提供志愿性的慈善评估。该机构制定了 4 个广泛领域（治理和监管；效果测评；财务；筹款以及信息性材料）的 20 项"慈善问责标准"。其中有两项标准与筹款支出相关，包括标准 8 和标准 9，具体如下：

8. 至少有 65%的总费用支出用于项目活动。
9. 用于筹款的支出不超过所接受赠款的 35%。

大部分慈善组织的公共信息可通过美国国税局 990 表格查阅。除宗教组织外，所有已注册的公共收入为 20 万美元或以上的非营利组织，每年必须提交最完整版本的 990 表格。990 表格详细披露了财务和治理运营的细节信息。有两个平台，即指南星（www. guidestar. org）和美国城市研究所的全国慈善统计中心（www. nccs. org），可供公众查阅各年度的 990 表格收益。这两个平台并非监管机构，但能够在线上提供 990 表格提交的实际情况。慈善组织也可以在这两个数据网站发布信息，包括宽泛的影响力问题细节等内容。2014 年，指南星宣布将着手编制非营利组织影响力自我报告。目前的重点逐渐从财务问责转向宗旨问责，原因可能如下文所引用的内容："然而，由于进行此类计算所需的信息随处可得，人们开始大量依据对筹款收入和成本的衡量与评估而做出捐赠决定。对一些捐赠人来说，比起捐赠所服务的事业，组织展示出的对公众捐赠的良好管理能力更重要。因此，组织开始对公开的财务状况进行调控，使其能够反映出一种吸引捐赠人和资助者的形象，不受到监督机构、监管机构和不良媒体的影响。"(Hager，2004)

非营利组织必须尽可能透明地计划其财务状况和宗旨成就。很多非营利组织在其网站上展示其990表格及其年度审计报告和年度报告，从而增强负责性、透明度和全面披露程度。这有利于关系的建立，因为大额(甚至小额)潜在捐赠人在投资任何规模的个人资产之前，都会对非营利组织进行调研以确定其价值。

筹款目标和目的 331

并非每个非营利组织都可以进行各种传统的劝募活动。刚刚启动筹款项目的新型和小型组织会从传统的年度捐赠方法开始，获取和吸引捐赠人进行有选择性的企业和基金会资助。这些年度项目旨在建立起可靠的捐赠人基础，根据以往的经验，这一过程需要最少3~5年的时间才能实现较为稳定的捐赠水平。如果组织能够持续维护与年度捐赠人的积极关系，而不是仅仅进行一年一度的劝募，年度捐赠人就能够及时成为大额捐赠和遗产计划的候选人。

资助的重点领域每年都可能并且确实会发生变化，在制定或分配总体筹款目标和目的时需要一定的灵活性。外部收入来源也可能会减少其捐赠和赞助，导致收入低于预期。最近的经济衰退就使所有类型的捐赠人数量减少、改变方向或停止支持。只有在切实感到经济复苏和更积极的经济前景之时，才可能回到曾经舒适的捐赠水平。《捐赠美国》报告称，2013年的总捐赠率接近但没有超过2007年的历史最高水平。2007~2009年经济衰退的另一个结果，是对储备资金的消耗，需要重新构建。这次经济衰退带来的积极结果，是非营利组织对现有捐赠人真正价值的认识有所提高，从而花费更多的时间和资源用于捐赠人管理，提供途径让捐赠人与其最喜爱的非营利组织保持积极关系。

预算周期也是由组织的重点领域所决定的。这些重点领域也可以并且确实在发生改变。例如新建筑、新设施或设施更换、捐赠基金重建的资金需求，或集三种需求为一体的多年期的巨额筹款活动。当前的筹款目标必须根据资本的重点领域进行调整，这也需要额外的员工和运营成本，超出目前的预算水平，同时还要保留必需的年度劝募活动预算。例如，一些组织越来越关注大额捐赠劝募，这是一项更花力气的工作，需要更周密的筹备、更多的员工以及非营利组织的领导和志愿者更多的参与，才能取得成功。

标准、线上绩效和筹款有效性

筹款分析目前正在从成本效益分析转向关注非营利性运营成果的行
332 业标准和其他绩效信息。在做出捐赠或赠款决定之前，公众通常对有关项目成果的定量和定性数据感兴趣，以证实其捐赠的合理性。“你用我的钱做了什么?”是一个新问题，这个问题的答案必须通过实际的绩效数据，体现出非营利组织的负责性，一些人称之为在可衡量的公共利益方面实现的“影响”。

标准和可视化指标是筹款成果分析的有效工具。医疗保健慈善协会(www. ahp. org)确定的三个指标是投资回报率(ROI)、筹集1美元所需的成本(CTRD)和净筹款回报(NFR)。该协会每年都会根据医院的筹款结果确定绩效标准。其《医疗保健慈善事业报告和传播有效性标准》(Standards for Reporting and Communicating Effectiveness in Healthcare Philanthropy，2012)确定了以下三个指标：

- 投资回报率(ROI)——这一关键指标用来衡量在报告年度用来筹集资金的每一美元所获得的财务回报。它也是CTRD指标的对应指标。投资回报率是筹款有效性的一个指标，说明了与成本相关的利润额。用总筹款额除以总筹款支出，就能够计算出投资回报率。
- 筹集1美元所需的成本(CTRD)——这一关键指标用来衡量筹款效率，简要反映出筹集每一美元支持该组织宗旨所支出的总金额。用总筹款支出除以报告年度的总筹款额，就能够计算出筹集1美元所需的成本。
- 净筹款回报(NFR)——这一重要指标反映了支持组织宗旨的

筹款的净回报。CTRD 和 ROI 提供了反映程度(how)的数据，而 NFR 则提供了具体的数字(what)。从总筹款收入中减去筹款支出，就能够计算出这一指标。

该协会还确定了几个影响总筹款额的因素，即筹款预算、员工人数、员工任期和薪酬，以及对大额捐赠的关注(Association for Healthcare Philanthropy，2014)。

2006 年，专业筹款人协会(AFP)、美国城市研究所和参与捐赠的软件公司合作开展了“筹款有效性项目”(Fundraising Effectiveness Project，FEP)。该项目帮助非营利组织衡量其筹款的“健康程度”并最大限度地提高其年度捐赠增长率(GIG)。这一项目专注于有效性而非效率，并提供免费的 Excel 工作表，鼓励组织评估自己的绩效，包括收益(损失)统计数据和增长数据(见例表 23.5)。组织可以使用 FEP 健康测试来测评每年的筹款收益和损失、捐赠人留住率和捐赠规模统计数据，并与其他相似组 333
织进行比较。

例表 23.5　专业筹款人协会筹款有效性项目和年度捐赠增长率分析报告

从关注筹款成本到筹款有效性的转变，体现出整个发展项目的坚实成果。对捐赠人及其重复捐赠的跟踪记录，体现了他们的忠诚度和可靠的捐赠收入。如 2010 年收益/损失报告样本所示，对捐赠人管理的关注，使增加捐赠额的捐赠人比例达到 28.3%，捐赠额占捐赠收入的 27.2%，并表明有增加捐款的能力。而选择减少捐赠额的 414 个捐赠人(18.3%)可能会受益于更多的关注，因为他们的捐赠额占 2010 年总收入的 36.7%。59.5%的总体续约率比较鼓舞人心，但同时也损失了 920 个捐赠人(40.6%)以及 180126 美元的捐赠收入。

收益/损失报告

收益/损失	2010 年捐赠人(人)	捐赠人占比(%)	2010 年捐赠(美元)	捐赠额占比(%)
分类	捐赠人数量		捐赠额	
捐赠额相同	293	12.9	61136	9.2
增加捐赠额	641	28.3	181338	27.2
减少捐赠额	414	18.3	245298	36.7
小计	1348	59.4	487772	73.0
失效	920	40.6	180126	27.0
总计	2268	100.0	667898	100.0

续表

捐赠规模分析

如果在捐赠人留住分析中增加捐赠范围这一指标，最后的分析将体现出不同捐赠规模的总体收益和损失，并体现出关注这些更慷慨的捐赠人的意义。总体捐赠人留住率为59%，重复捐赠5000美元及以上的捐赠人留住率为87%，这些数据也表明了有可能通过培养大额捐赠人而获得额外收入。

2012年捐赠人留住分析

根据捐赠等级/范围分类的捐赠交易额数据

留住情况	捐赠等级/范围 所有捐赠人	低于100美元	100~249美元	250~999美元	1000~4999美元	5000美元及以上
新增捐赠人留住率	35%	20%	43%	75%	70%	50%
重复捐赠人留住率	76%	54%	73%	88%	91%	87%
总体捐赠人留住率	59%	31%	62%	86%	87%	79%
捐赠收益(新增和重复)(人)	1159	647	351	134	20	7
捐赠损失(新增和重复)(人)	920	541	268	89	16	6

捐赠增长

使用专业筹款人协会的筹款有效项目和年度捐赠增长率工作表（www. afpnet. org/FEP），能够通过捐赠人记录软件定期生成报告。领导和筹款人员可以通过这些报告监测劝募的结果，并在本财年内做出调整，以实现制定的筹款目标和目的。此外，增加前几年的捐赠数据，也能够体现出捐赠结果的整体增长。

三年(2009~2011)总体"年度捐赠增长"分析

	2年前的结果 2009年	前一年的结果 2010年	前一年的 增长率	当年的结果 2011年	当年的 增长率	3年累计 增长
所有捐赠人	1833人	2268人	24%	2507人	11%	37%
总收入	581172美元	667898美元	15%	818249美元	23%	41%
平均捐赠规模	317美元	294美元	-7%	326美元	11%	3%

注：如果需要对所在组织3个年度捐赠增长与线上报告进行比较，请注意线上报告的结果会随着数据设置的不同而变化。许多组织通过其捐赠软件来分享捐赠人(匿名)信息，为筹款健康测试和年度捐赠增长分析设立标准。更多关于筹款有效性项目及年度捐赠增长的分析，请参见 www. afpfep. org。

投资回报率

捐赠增长是筹款项目中持续投资的直接结果。上述例子都体现出了切实的成果，包括获得新捐赠人和留住现有捐赠人(3年累计增长为37%)，以及捐赠收入增长累计达到41%。最后，平均捐赠超过250美元，这表明了收入的可靠性以及组织能够成功积极沟通，鼓励捐赠人参与公益事业。

335 一些指标包括了作为通信渠道和筹款工具的社交媒体，这些指标也可用于支持筹款评估(关于社交媒体的探讨见第二十九章)。无论是在筹款领域还是其他领域，指标都很重要。一位专家曾说："良好的指标基于对所测评内容的清晰理解以及将这些发现应用于决策过程的能力……应该从核心指标开始。应不断扩展指标，并对不同情景下的不同受众群体进行测试。可以在组织内部分享，也可和其他非营利组织分享你的成果。通过将原始数据转化为有用的信息，重点关注经验教训以及如何改善结果。"（MacLaughlin，2010：128）

总之，良好的指标要求对筹款活动的成本和结果进行记录和仔细地安排。这项工作将在下一个预算周期开始时得到回报，筹款经理将会因此而拥有报告和信息，以支持收入和筹款支出的预计，协助组织完成其宗旨。

结　语

预算不是一门精确的科学。它更像是一个精心准备的财务计划，包括执行该组织宗旨所需的预计收入和支出。筹款预算还包括从精心策划、执行良好的劝募活动结果中，对筹款收入的预测。在一个财年中，会计报告会对所发生的支出进行监测，捐赠报告则体现出所收到的捐赠。二者结合，就能够体现出预计收入和支出的进展情况。

筹款员工应该成为预算编制和目标设定的熟练管理者，也应该能够解释有效、高效的预算所获得的结果。捐赠中最关键的"底线"价值，是其资助的良好事业，而不是筹款的成本。

组织应该如何利用善款，这一问题越来越重要，因为组织需要确保 336
善款完全应用于社区给社区带来福利。提供慷慨资助的公众群体，也应该是那个得到收益的群体。他们理应通过定性和定量的善款使用报告，获知善款如何得到了最佳的利用。"你用我的钱做了什么?"，这是捐赠人实实在在关注的一个问题。对这一问题的坚定回答，能够强化捐赠人对组织的信任，对其持续的公益支持至关重要。

第二十四章　筹款营销和传播

玛格丽特·麦克斯韦　肖恩·邓拉维

337 汉克·罗索作出的最经典和最持久的定义之一，是他用简单而优雅的措辞对筹款的描述：“教导人们体验捐赠的喜悦的微妙艺术。”在这个简单的定义中，罗索可能在不知不觉中提出了筹款的特征：一种善良的、微妙的专注于教导人们有关喜悦和捐赠的艺术。是筹款中的营销工作使这种艺术成为可能。

在罗索写的《筹款理念》那章中，他还强调了“交换为筹款提供担保”的概念。他指出，“做出捐赠是基于自愿交换”，“贡献者为非营利组织提供了价值……在接受捐赠时，组织有责任向捐赠人返还价值”（Rosso，1991：5）。筹款和营销领域顶级的思想家和教师在这一主要原则方面，都同意罗索的看法：我们的工作始于交换，也终于交换。

本章重点介绍组织与捐赠人之间的双向交流。组织筹款的营销重点是促进和完善变革。本章内容包括：

- 非营利组织中营销的作用和理由。
- 筹款营销的策划流程。
- 开展筹款营销的方式。
- 338 传播是营销周期和预算的一部分。
- 管理正在进行的营销项目，包括管理伦理实践。

了解营销

营销能起到促进、缓解和协助的作用，最终归结为一个主要功能：使交换有价值的物品成为可能。捐赠人带来捐赠、贡献或某种有价值的物品，可能是现金、珍贵的艺术藏品、旧衣服或作为志愿者贡献出的时间和才能。作为回报，组织则带来感恩、感谢、归属感和税收优惠，与捐赠人交换。

这种交换概念是每个当代营销定义的核心。美国营销协会(American Marketing Association，AMA)将营销定义为“创造、传播、交付和交换产品”的过程，这些过程对于消费者、客户、合作伙伴和整个社会都具有价值。

对于菲利普·科特勒(Philip Kolter)来说，交换的概念是营销的核心。“通过交换，社会主体，包括个人、团体、机构，整个国家，都能够获得他们所需要的投入。通过提供有吸引力的物品，他们获得了所需的回报。因为双方都同意交换，所以双方都认为在交换后自己的生活会过得更好。”(Kotler and Fox，1995：6)

非营利组织营销的历史性作用

也许是因为太多的筹款实践着重于传播和建立关系，营销在筹款中的作用并不总是很清晰。在商业领域，营销与销售在传统上是相互交叉的。在非营利部门，诸如校友活动或捐赠人答谢等以捐赠人为重点的活动，通常与营销活动产生冲突。营销和推广之间也存在相当程度的混淆，推广实际上只是营销的一个方面。

科特勒是将营销扩展到非营利组织的重要影响者之一。科特勒表示，“在营销这一概念扩展过程中，我起了很大作用。1969 年，我们宣称营销不仅可以用于营利组织，也可以用于博物馆、教堂、慈善机构等非营利组织……这些组织也想要吸引客户、志愿者和基金”(Kotler and Andreasen，1996：7)。

随着营销在非营利部门得以采用，营销中传统的“4P”要素，即产品、价格、地点和推广(product，price，place and promotion)，也开始发生变化。人类服务和社会事业取代了传统产品，增强了主观性和情感。 339

价格则以非经济指标衡量，例如时间、承诺和倡导。

营销这一概念所包含的要素是良好筹款的核心：明确并理解需求和愿望、目标和细分、组织品牌和定位，以及有效的传播。营销计划理想化地促进了处于筹款活动核心的交换。

营销周期

营销是一种流程，一个持续不断的循环，营销目标在此流程中得到实现和调整。从考虑非营利组织提供的服务开始，就需要进行分析。有效的分析结果可能会要求对服务进行调整，要求新的传播和交付模式。在一个真正具有市场回应性的组织中，这种周期是持续循环的，如图24.1所示。

惠普公司创始人戴维·帕卡德(David Packard)认为，“营销非常重要，不能将营销的工作仅仅交给营销部门”。在筹款组织中，营销需要成为一种组织思维模式，使每个人都能从局外人的角度看待组织。拥有营销思维方式可以帮助组织进行战略规划和分析、开发筹款项目，以及与
340 活跃捐赠人和潜在捐赠人进行有效传播。在理想情况下，市场敏感性有助于组织采取对筹款结果和实现宗旨产生积极影响的态度、意识和行动。

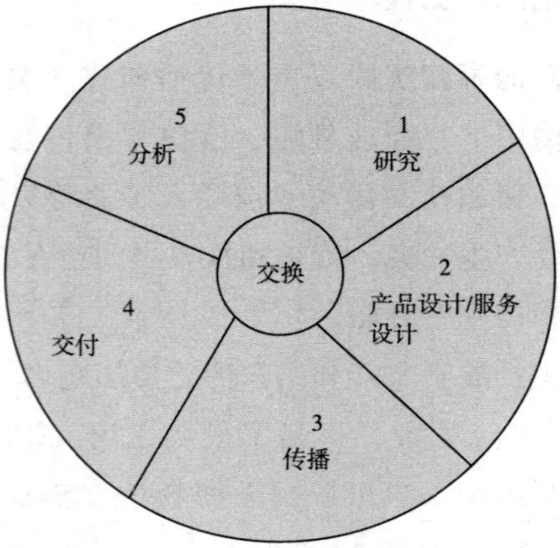

图 24.1　非营利组织的营销周期

一些专业筹款人认为，为了达到最好的效果，非营利组织应将重点放在营销周期的管理上。然而，小型组织经常发现很难将市场作为关注重点，因为员工中没有人负责寻求市场投入，无法实现支持群体建议的

任何改变（在这些情况下，建立一个能够为组织提供建议的志愿者委员会，可能比完全缺少营销重点更好）。更大型的非营利组织更有理由设置一个具有凝聚力且融入整体的营销部门，该部门在高级管理层中应占有一席之地。

营销计划

要更好地实现营销导向，筹款组织首先应制订营销计划，这包括六个传统步骤：

- 对你所在的组织及其运营所在的环境进行广泛、客观的情境分析（situation analysis）。逐项列出影响组织有效性的因素，分析资源，进行SWOT分析（优势、劣势、机会和威胁），描述并归类捐赠人和客户市场。
- 确定组织的营销目标，将宽泛的目标按顺序排列。确保目标是具体的、可衡量的、可实现的、现实的和及时的，并简明扼要地进行说明。例如，年度基金目标可以这样表述：在首次捐赠后的下一个财年中，留住60%以上的首次捐赠人。
- 选择有助于组织实现目标的战略。这类战略是指对实现目标必须采取的措施的一般性陈述。继续上一个例子，如果组织希望在下一个财年中留住60%以上的首次捐赠人，那么最好的战略表述可能是：在要求他们续约捐赠之前，向首次捐赠人告知他们的捐赠是如何被使用的。
- 制定策略，以实现战略。作为工作人员和志愿者的日程表和具体任务的补充，策略清单可以作为筹款发展部门的工作计划。还是举捐赠人留住的例子，向首次捐赠人告知一些相关的策略，可包括：向首次捐赠人发送季度印刷品或电子新闻；邀请他们参加展示其捐赠影响的导览或活动；让他们成为项目志愿者；或者确保他们从志愿者或董事会成员处找到专门的“致谢”电话，并附上书面捐赠 341
感谢信。
- 为策略制定预算。组织应该从实际出发，获得服务、生产和分发的报价，这样就可以充分了解获得成功所需的投资。

- 明确"控制"的定义，回顾流程并确定有助于评估组织是否在实现其总体目标方面取得进展的指标。在上述的捐赠人留住战略和策略中，控制可以包括：结合网络分析工具以确定简报是否被打开查看；跟踪哪些捐赠人参加了活动、成为志愿者或接到了志愿者的致谢电话。由于劝募活动全年都在进行，筹款人可以根据需要调整营销计划，重点关注已被确认的、能够实现60%以上的首次捐赠人进行续约的总体目标的最成功策略。

市场研究在筹款中的作用

市场研究消除了筹款中的盲目猜测，用知识和数据代替假设、预感、民俗和城市传说。它可以帮助提高效率和筹款成功率。通过协助确定应在何处投入精力和资源，将决策和规划的风险最小化。

筹款市场研究是对数据进行收集、记录和分析，帮助组织更多地了解和响应其捐赠人。研究可以是简单的，比如对人口统计数据进行整合：组织的捐赠人住在哪里？他们的年龄层和受教育水平如何？他们的收入水平如何，在哪里工作？他们有多少孩子，年龄多大？研究也可以是复杂的，如用心理学分析捐赠人对组织品牌和身份的信任程度。在这两端之间的道路上，可能有一千个不同程度的站点。

市场研究和捐赠人数据

市场研究与对组织捐赠人的基础数据进行研究不同，二者有较大的区别。大多数组织能够访问具有大量有用信息的数据。除了基本信息外，例如谁是捐赠人？他们的捐赠额是多少？他们的地址、电话号码和电子邮件是什么？在理想情况下，数据库能够帮助组织将捐赠人细分成相似
342 类型的分组、记录每个捐赠人的捐赠历史、评估捐赠能力，并记录通过捐赠人对话而获得的其他信息。

另外，市场研究的重点是收集能够协助组织有效地开展筹款规划并和捐赠人沟通的外部信息。这些信息提供了组织捐赠人的情况，并记录了不同筹款策略和传播策略的有效性。这些信息也提供了一种方法，协助筹款人提前对有创意的传播策略进行测试和评估，从而进行

完善并发送给捐赠人。

组织可以通过市场调查了解到很多：怎样措辞最能与捐赠人产生共鸣？他们是否理解并对组织的宗旨感同身受？争夺年度捐赠人捐赠的竞争对手组织有哪些？组织捐赠人偏爱的传播渠道是电子邮件、社交媒体还是书信往来？捐赠人是否阅读了年度报告？什么样的图片信息能够最好地传达组织的工作？捐赠人会信任哪些新闻来源？组织在扩大年度捐赠规模方面存在哪些障碍？经济衰退如何影响捐赠人对捐赠的看法？

一不小心，组织"希望了解的捐赠人信息"列表内容可能会迅速增加并变得不好控制。特别是当一个组织刚刚接受营销思维时，可能会有巨大的信息需求。例如，常常会听到筹款经理们说："如果能了解……那一定是很有意思的吧。"营销经理在这里的任务就是做出快速的回答："的确如此，但是现在并不可行。""希望了解"的信息与可行的研究信息（即可以基于这些信息制订计划、目标、战略和策略）之间的区别是至关重要的，不可忽视。

制定市场研究议程

组织在营销计划中对捐赠人市场进行细分并明确了重点领域后，就开始了市场研究议程的制定。对于大多数非营利组织而言，各类细分市场中包含了现有的、之前的和潜在的捐赠人。

但是，每个捐赠人细分市场中都可能包括重要的分组。例如，"现有的捐赠人"细分市场可能包括以下分组：

- 首次捐赠人
- 捐赠额达 1000 美元及以上的捐赠人
- 做出捐赠承诺的捐赠人
- 通过某一特定战略（直接邮寄、电子邮件、网站、社交媒体等）进行捐赠的捐赠人

在制定市场研究议程之前，筹款人必须确定，为了实现有效的劝募、 343
捐赠管理和捐赠续约，应该了解哪些需求。例如，如果其中一个重点市场由做出线上承诺的捐赠人组成，那么就要了解这些捐赠人希望通过怎

样的方式接收捐赠提醒，他们希望被提醒的频率如何，了解这些信息是非常有益且可行的。他们是希望通过电子邮件还是平邮邮件获得提醒？是希望以明信片的形式还是手册的形式？此前，组织一般是通过广泛的假设和猜测来回答上述问题。而如今，明智的非营利组织营销人员则会说："让我们来问问捐赠人。"

市场研究方法

市场研究可以是定量的，也可以是定性的，这两种类型对筹款人都很有价值。定量研究通常通过调查和线上分析性问询来收集回答，侧重于产生适当数量的答案，从而能够做出一般性的事实陈述。一项精心设计的定量市场研究可以帮助筹款人得出合理、肯定的结论，例如，"我们80%的捐赠人都不确定非限定性捐赠对我们组织的价值"。

定性市场研究更关注表达、感受和情绪等主观因素，通常通过重点群体或个人访谈收集信息。定性研究提出的问题一般是开放的，而不是是非判断，这意味着很难（即使不是不可能）将结果进行量化。但是，如果组织对多个重点群体和/或个人进行访谈，并收到了相同的反馈，则可以得出一些概括性结论。例如，定性研究可能会产生这样的结论："首次捐赠人认为我们的新项目与社区的相关性高于我们的遗产项目，这就是他们参与的原因。他们希望在考虑重新捐赠前更多地了解这些项目产生了怎样的影响。"定性研究还可能为组织提供令人信服的措辞或生动的描述，可以在筹款声明陈述中使用。

一手研究和二手研究

一手市场研究是专门针对特定市场进行的原创性研究，专注于某个组织的特定、当下的信息需求。但是，一些非营利组织可能并没有资源指导或支付自己的一手研究，这样就会去搜索二手研究资源。二手研究来自其他组织为其自身目的收集的信息，但研究结果也可能为其他组织
344 提供有意义的参考。例如，全国行业协会和专业学会、当地商会、社区图书馆、线上讨论小组、业务发展服务机构以及州和联邦政府办公室都提供了有关人口统计、捐赠趋势、有效传播策略的大量数据，以及其他可以满足非营利组织信息需求的大量信息（要注意，在使用二手研究时，

应确保重要信息来自可靠的资源)。

筹款人的市场研究工具类型

下文列出了对组织规划可能有所帮助的市场研究工具类型，以及每个类型下的典型问题。

> 品牌测试：捐赠人和客户如何看待我们的组织？
>
> 概念测试：捐赠人能够接受这个创意吗？
>
> 文案测试：这份文案是否可以达到传播的目的并且令人印象深刻？
>
> 捐赠人满意度研究：捐赠人喜欢或不喜欢我们赞助的活动的哪一点？
>
> 重点群体：首次捐赠人如何评估我们提出的广告筹款活动？这与重复捐赠人的感受有何不同？
>
> 面对面或电话采访：“留下一份遗产”是捐赠人的目标吗？
>
> 活动规划研究：我们的筹款声明吸引人吗？
>
> 街头访问：公众对今年的假期捐赠有什么看法？
>
> 神秘或秘密购物：向我们的竞争对手提供线上捐赠的难易程度如何？与我们的网络功能相比如何？
>
> 线上小组：我们的捐赠人了解我们组织的宗旨吗？
>
> 细分市场研究：我们的捐赠人可以分成哪些组？
>
> 调查：我们的竞争对手有哪些？他们在哪方面做得比我们更好？
>
> 网站分析：人们通常会访问组织网站的哪些部分？浏览时间有多长？
>
> 网络舆情回顾：人们在网上怎么评论我们的组织？

并没有捐赠人市场调查的唯一“最佳方式”。最后所选择的研究工具必须与非营利组织的特点，组织的信息需求，非营利组织可用于收集、分析和处理数据的时间，以及可用于开展各类型研究的组织资源相匹配。345
然而，组织有必要认识到，对捐赠人进行“猜测”的效果远不如基于真实信息的决策。

市场研究的精细化

随着市场研究成为非营利部门日益重要的工具，一些组织出于好心的本意，却以非常“业余”的方式制定市场研究议程。因此有必要对这种现象做出一些提醒。

顾名思义，研究必须足够精细，才能客观、可靠和有效。如果没有专业指导，就有可能在研究的设计、实施或分析中不知不觉地犯下重大错误。有样本规模错误、会影响客观性的内在偏差、测量的错误等致命缺陷的研究，不仅不能提供答案，而且可能严重损害组织的声誉和在慈善领域的地位。

要实现市场研究的精细化，非营利组织可能需要在招募、购买或交换专业协助方面具有创造性，以确保最终结果物有所值。例如，当地高校的营销项目，本人或企业拥有营销领域专业知识的董事会成员，这些低成本（或免费）资源都可以用来协助设计市场研究议程。如果组织无法获得让人坚定成功信心的营销顾问，那么最好还是利用讨论小组和对话来获得反馈和信息。

传播：建立意识和激励行动

希望将其捐赠收入最大化的非营利组织需要一以贯之且可执行的发展规划。该规划需要可行的传播战略，帮助组织根据其制定的政策实现宗旨，并为已确定的支持群体提供服务。

有效的传播计划要使用特定的媒体，向明确的接收者传递相关消息，以获得预期中的行动。在规划传播战略时，应考虑以下关键问题：

- 期望的消息有哪些？
- 收到这些消息的对象是谁？
- 346 期望的行动有哪些？
- 消息将如何传递？

有目的地传播消息

有两种类型的传播消息：一是旨在影响态度的消息，二是旨在影响行动的消息。通常来说，旨在影响态度的传播基于公共关系或媒体关系活动，可能包括新闻发布会、演讲、董事会和慈善领域演讲以及特设活动。

旨在影响行动的传播通常基于广告和促销行动，可能包括附带材料、新闻通讯、网站、广告、直接邮寄以及呼吁行动的纸质和电子劝募信。

在筹款中，对这些具有影响力的消息进行制作、测试、修改、分发和分析时，必须聚焦重点、注重整体性。只有这样，才能确保所有的营销工具、方法和资源在对捐赠人和潜在捐赠人以及其他重要成员发挥影响时做到最大化。在培养捐赠人意识时，不协调和不一致的消息传播方式不太可能发挥作用。

策划传播活动

一个正式的市场研究项目收集、组织和评估一手市场数据，有助于筹款人通过营销传播培养捐赠人意识。策划活动的以下四个步骤依赖于对组织的目标市场的准确和及时认知。

确定市场　明确消息的接收者，是传播战略制定的最重要步骤。组织应该在资源允许的情况下尽可能地具体、聚焦、细分。制定传播战略时，应希望所有信息和文字都能传达给所有捐赠人，而不是采取分散的方法，与此同时，应关注最有可能产生回报的细分市场。一般可以通过对潜在客户进行测评和评估，来确定特定消息的接收者。

确定消息　任何传播的目标都是产生行动。目标应该尽可能地简洁、明确和直接。每条传播消息都应具有明确的预期目的和结果。向捐赠人提供个性化的一次性方案，将产生最大的影响，当应用在正确的请求层
面时，这种有针对性的消息传播才会成为最恰当的方式。在发送消息之 347
前，了解组织希望接收人所采取的行动至关重要。

测试消息　线上重点群体提高了对消息、颜色、设计和文本预先进行测试的能力。捐赠人是否了解目前的图像标志？比起全彩色，他们是否更喜欢黑白配色？发送的消息看起来是有条理且经济实用的，还是昂贵和奢侈的？

确定媒体　下一步是选择能够以最佳成本提供最大访问量的媒体。组织与所选媒体之间的和谐性很重要。的确可以定制热气球广告，在秋

日的下午向某个细分市场进行传播，但是这能表明组织哪方面的特点呢？筹款经理或许能够非常熟练地使用 Twitter，但是其在 Twitter 上发布的内容对于组织的受众来说是否合适？在选择媒体时应该牢记著名社会评论家、“电子时代之父”马歇尔·麦克卢汉（Marshal McLuhan）的话：“媒介即信息”。

媒体选择

组织并没有足够的空间对筹款营销战略中的所有可用媒体进行评估。这些媒体包括纸质媒体，以及最新的社交媒体、互动网站、网页横额和即时消息，数不胜数。在评估媒体时，筹款传播人员应该确保对投资回报率（ROI）进行测评。通过对成本、“受众”人数以及传播战略的可衡量成果进行测评，组织能够评估是否实现了预定目标。这种具体性要求对数据保持跟踪和记录。谷歌分析等工具大大增强了对 ROI 的评估，使组织能够跟踪其网站的访问情况、访问时长以及从何处进入网站。

市场研究人员应选择市场研究议程中提供的媒体，并与媒体采购人密切合作。在理想情况下，团队成员应包括了解和理解市场和市场偏好的研究人员、制作和设计有效消息的创意策略师、利用时间和空间来传播信息的媒体专家，以及能够衡量效果成功与否的分析师。

组织对电子传播的负担能力是复杂的。许多非营利组织的营销经理仍然认为电子邮件是免费的。基于电子邮件所能分发的数量，成本的确很低，远低于直接邮寄和平面广告。然而，媒体决策还必须考虑到，来自非营利组织的电子邮件可能在市场渗透力和有效性方面“碰壁”。

348 目前，电子邮件营销指标显示（www. mailermailer. com），平均来说，非营利组织可以期待约 17%的电子邮件收件人打开邮件。其中只有 2%可能会点击预期的消息。如果要正确地估算电子邮件的成本，应该使用邮件打开/点击率，而不是受众规模数字。在这种更为准确的评估下，电子邮件的单位成本大大提高了。

创造性的工作：主题和技巧

当创意人员聚集在一起进行第一次头脑风暴时，冒险旅程就开始了。很多著作和文章给出了如何与富有创造力的人合作的建议，例如《与创意人合作的 12 个步骤》(*Working with Creative People in 12 Steps*, Sterling, 2005)和《创意不理你的 5 个原因》(*5 Reasons Creatives Hate Working for You*, Collin, 2009)。针对这些图书，一位优秀的营销经理可能会说："胡说八道。"应该给予"创意"良好的方向、良好的资源和充分的自由，让他们做最擅长的事情：传播。

首先要对捐赠人在与组织关系的各个节点中想要和需要听到的内容有一个共同的理解。通过这种理解，写作者和设计师可以制作并写出关于捐赠的事实和感受的故事和文案。

捐赠人通常希望了解他们捐赠的影响，因此需要用有创意的技巧来讲述非营利组织的筹款重点事项和项目。例如最近有一篇文章从雕塑的角度讲述了一个雕塑捐赠品的故事。雕塑自身注意到了新的环境，并对游客路过的反应进行评论，而不是从捐赠人或筹款发展人员的角度进行描述。

营销经理必须尊重创意人才，他们能够构思和运用新主题、新技巧，讲述旧故事。创意团队时常会进行吵闹、杂乱、频繁的头脑风暴，这是值得的吗？是的，当能够讲述具有重大影响的捐赠故事的时候，也就实现了捐赠人的初衷。

传播预算和时间表　组织需要确定执行沟通战略将花费的员工时间以及资金。传播战略在有预算的情况下才能成功实施。

制定执行传播战略各部分内容的时间表，并严格执行，这一点非常重要。筹款的其他方面都必须给予传播同样的尊重和关注。

其他传播问题　在制订战略营销传播计划时，必须考虑到品牌、消 349
息的重复性、产品质量、网络营销、平面设计、文案和编辑、内部沟通、社交媒体、捐赠人荣誉榜、年度报告、网站设计和供应商关系等。以上并未完全涵盖所有主题，可以线上搜索获取。

营销经理也可以通过考察成功的营销和广告门店、参加工作坊和研讨会这两种方式，快速学习非营利组织筹款传播的技巧和最佳实践。专门从事非营利组织营销的权威咨询公司，也可以协助制定传播战略和营销评估。

信任和责任：伦理框架

专业筹款人协会(AFP)伦理准则规范和专业实践标准要求筹款人承

担诚信、诚实、真实、维护公众信任的义务。这是针对为慈善事业服务的专业筹款人提出的要求。对于筹款组织的营销经理而言，美国市场营销协会（AMA）则呼吁另一种最高形式的责任和信任。从该组织的网站（www. marketingpower. com）可以查询到营销人员的伦理规范：

- 不能伤害他人。
- 培养对营销系统的信任。
- 有伦理价值观。

美国市场营销协会（AMA）要求的伦理价值观包括：

- 诚实：在与客户和利益相关者打交道时要坦诚。
- 责任：接受营销决策和战略的后果。
- 公平：公正地平衡买方的需求和卖方的利益。
- 尊重：承认所有人的基本人格尊严。
- 透明度：营造营销活动的开放精神。
- 公民身份：履行为利益相关者服务的经济、法律、慈善和社会责任。

350 结　语

筹款组织的营销重点是促进和完善交换，即实现等价物物交换。非营利部门营销活动的核心主要包括三项任务：

- 分析组织开展业务的环境，并确定组织面临的机遇和威胁。
- 通过制定目标、战略和策略，组织能够选择去了解、优先考虑并与众多市场传播其筹款重点事项。
- 建立预算和管理控制，以监测营销目标实现的进度。

作为一个非营利组织的管理工具，运营良好且具有声望的营销可以完成成功筹款的核心任务：营销会引起对组织的关注，并用恰当的措辞、语言、图像和主题，将组织及其宗旨传递至众多不同的细分市场。它能够衡量并了解他人对组织的看法以及这些看法如何随时间而变化。它可以提高捐赠人意识，发布一致且难忘的消息，提升组织的地位和品牌效应。最重要的是，它有助于“教导人们体验捐赠的喜悦的微妙艺术”。

讨论问题

(1)在协助非营利组织判断科特勒的“交换”概念如何适用于其筹款项目时，市场研究发挥了怎样的作用？

(2)如何有效地利用定性和定量研究来制定营销计划的六个步骤？

(3)有哪些开放式问题可以帮助非营利组织评估与现有捐赠人的品牌联系？

(4)应该开发哪些类型的新闻通讯来支持组织的筹款活动？

(5)非营利组织网站的哪些元素会让潜在捐赠人发现其拥有运作良好的筹款发展项目？

(6)非营利组织应如何评估其筹款传播工作是否成功？

第二十五章　遴选筹款顾问并与之合作

玛格丽特·麦克斯韦

351 个人才能是所有非营利组织的生命线。董事会成员、其他类型的志愿者和员工在为客户提供服务方面积累了广泛的经验。然而，当进入新领域时，无论是直接提供服务还是非营利组织生存能力的发展，非营利组织经常会发现需要发展新的技能。聘用筹款顾问可以给非营利组织提供有价值、具有成本效益的解决方案，及时获得所需技能。

本章内容包括：

- 筹款顾问协助筹款的不同方式。
- 筹款顾问在组织准备度、筹款活动规划和项目实施方面如何提供协助。
- 如何找到筹款顾问，并邀请其参与。
- 与筹款顾问在确定预期、订立合同并发展关系方面的小提示。

非营利组织要与各种类型的顾问进行合作，其中筹款顾问的独特之处在于他能够提供一系列服务，以加强组织有效实现宗旨方面的能力建设。这些服务包括筹款活动规划和辅导服务，重点在于帮助董事会和管理层对组织的未来（包括开展未来规划所需的架构和领导力）进行设想，还包括聚焦年度捐赠、巨额筹款活动或有规划的捐赠的筹款规划，也包
352 括实施具体筹款工作的技术性服务。通过这些服务，顾问深入地协助非营利组织实现宗旨。这些顾问的价值在于引入了外部的视角，能够帮助

组织更清晰地看到自身面临的选择，提出有助于建立未来方向的建议（基于研究和/或最佳实践），通过培训或辅导培养董事会成员或员工的能力，为组织带来所需的专业技术知识。

由于筹款顾问与非营利组织进行互动的方式多种多样，所以有必要对每个领域进行分析，从而更深入地理解每个领域的相关问题。

组织准备度

非营利组织实现成功筹款的基础，在于其有效规划未来的能力。捐赠人，尤其是希望通过大额捐赠对组织进行大量投资的捐赠人，希望了解组织如何对项目进行调整完善，在当地社区和整个社会不断变化的情况下，保持组织的相关性。他们希望了解组织如何明确关键需求，并制定具有重大影响力的项目。他们希望了解组织在保持其相关性方面面临的挑战。他们希望确认参与开展组织工作的人员（董事会成员和员工）都具有技能，并且以有效的方式组织起来。

目前的研究表明，一些捐赠人还希望非常详细地了解组织的财务信息。他们也可能期望找到新的方式作为志愿者和捐赠人参与到组织工作中，这可能会给组织带来挑战，因为需要考虑到如何开发未来的项目。

虽然非营利组织通常在项目的开发和实施方面非常高效，但是有时不太擅长基于研究和规划描述美好的未来，制定能够激励捐赠人和志愿者的战略规划。董事会成员可能会拥有领导战略规划流程所需的一系列技能，但常常作为参与者全身心投入其中而不是“中立的帮手”。

上述种种情况，都可能成为一个组织聘用顾问来推动规划的动机。虽然有专门从事战略规划的顾问，但由于战略规划与筹款声明之间的紧密联系，通常来说筹款顾问也可以提供这类服务。顾问可能会开展定性 353
和/或定量研究并把它们作为规划流程的背景情况，引导董事会和员工领导层开展一系列对话，对组织宗旨进行重新审视，提出未来的愿景，并描述能够实现这一愿景的项目。顾问也可能会提供协助，整合商业计划，明确预计的收入和成本。此外，顾问还可能需要起草计划，供董事会成员和员工进一步讨论和采纳。

很多非营利组织会定期（如每三到五年）制定战略规划。不过，一些组织会以一些特定事件为契机，例如管理层新领导的任命。有些组织还会将规划的流程作为一种教育手段，向董事会成员传递组织的宗旨，以及他们作为董事会成员在维护和管理组织工作中发挥的独特作用。筹款顾问也可能被邀请参与到上述的组织活动中(寻找管理层新领导如首席执行官或首席发展官，或是开展董事会培训)。

筹款活动规划

组织的战略规划通常用于制订年度筹款计划，但也可以用作巨额筹款活动或有规划的捐赠项目的基础，尤其是当战略规划体现出组织需要在未来追求不同的发展方向时，更是如此。这类筹款规划，尤其是巨额筹款活动的规划中，也有顾问的广泛参与。

筹款规划(年度捐赠、巨额筹款活动或有规划的捐赠项目)都可能涉及各种服务，包括对组织现有的员工配置和筹款成果进行审计，撰写筹款声明(基于战略规划)，用现有和潜在的大额捐赠人对筹款声明进行测试，筛选组织的捐赠人名单以明确潜在的大额捐赠人，评估组织向潜在捐赠人提供信息的传播方法的有效性，确定和培训志愿者领导，为筹款规划推荐最佳战略，管理整体工作。然而，即使顾问参与了以上的一些或所有工作，也要牢记，在成功举办的各种活动中，员工(包括首席执行官)和董事会成员一样发挥着关键的作用。顾问与组织的管理层领导和董事会领导必须就整体筹款规划达成一致，明确界定各方在工作中的职责。

354 **项目实施**

组织可能有能力制订周密的筹款规划，但是缺少实施规划中某个具体部分的系列技能(或时间)。例如在年度基金中，若要使停滞不前的直接邮寄劝募工作重新发展起来，就可能需要专家的外部专业知识。与此类似，如果开展一项新的特设活动，即使志愿者已经参与到了活动的规划和员工配置中，也可能需要活动策划人提供服务。特设活动策划人有时可能需要寻找活动赞助并制作邀请函，同时要处理所有的细节，包括活动前后的场地搭建、拆除和清理工作。有时，他们可能只需要参与整体活动中的一部分工作(例如装饰物的选择和晚宴地点租赁等)。

对于年度基金和巨额筹款活动来说，很多组织会聘用顾问对潜在的资助来源进行研究，起草提案并提交给组织资助人或政府机构。虽然提案也可以由负责制定和实施资助项目的员工来起草，但是经验丰富的顾问能够用清晰的语言帮助组织起草出色的提案，从而实现增值。

通过新闻通讯、社交媒体、网站或其他方式与支持群体进行沟通，这是顾问为非营利组织提供协助的另一个领域。顾问可能会参与制定传播战略，与捐赠人建立联系，为具体的传播方式和平台提供设计和消息编辑。

对于上述和其他方式的具体服务，组织都可以通过不同的方式来让顾问参与进来。有些顾问会带来特定的技能(例如直接邮寄或社交媒体项目设计)，可能会与员工和/或其他顾问合作开展筹款项目的某些具体工作。对于需要一系列服务的组织来说，另外一个选择是聘请一家能够提供规划和实施服务的全方位服务筹款公司。对于这类长期或更全面的服务，董事会成员不仅要与员工一起参与对顾问的选择，也要参与到规划的实施或相关的后续工作中。

寻找和聘用顾问

筹款顾问参与非营利组织工作的方式多种多样，差异很大，这也意味着组织如果希望明智地使用时间和金钱，就必须聘用合适的顾问以满足组织的需求。为了确保成功地聘用顾问，组织所能做的最重要的事， 355
就是要清晰地阐释需要顾问的理由。董事会成员和员工需要对顾问的工作范围、工作时间表以及工作成果进行探讨并达成一致。

在理想情况下，尤其是在预计的财务支出费用要远远高于发展部门的预算时，就有必要建立一个内部团队来监督顾问参与的情况。根据顾问的工作范围不同，在这一委员会任职的可以是董事会成员和工作人员，或仅仅是工作人员。例如，董事会成员通常参与对巨额筹款活动法律顾问的选择。因为董事会成员将会和这类顾问密切合作，接受咨询，所以他们参与选择顾问的过程非常重要。而在选择只是给员工带来专业技术知识(例如直接邮寄产品、特设活动后勤或网站设计服务)的顾问时，董事会成员的参与就大大减少。本章“项目实施”部分提到的一些服务可能根本不需要成立这样的委员会，但可以由适当的工作人员进行监督。

无论顾问聘用小组以何种方式成立，在小组工作中需要制定潜在顾问的筛选标准。这些标准中有一些常规问题，包括地理邻近性的重要性

(当地的、地区的或国家层面的顾问)、公司规模(独立从业者或全面服务公司)，以及组织是否希望现有员工开发新技能，把后者作为聘用顾问的副产品。

在就所需服务类型、能够提供这些服务的最佳咨询公司类型以及顾问筛选标准达成内部一致后，组织应该将具有开展所需工作专业知识的候选顾问或咨询公司确定下来。查询顾问名字的资源包括捐赠研究所(前美国筹款顾问协会)和专业筹款人协会(AFP)。根据组织的类型不同，其他专业组织，如医疗保健慈善协会(AHP)、筹款专业研究者促进协会(APRA)、慈善规划伙伴关系(Partnership in Philanthropic Planning，前全国计划捐赠委员会)、教育促进和支持理事会(CASE)也可以协助寻找顾问候选人。组织内某个慈善领域的专业同事也可能协助寻找候选人。一旦生成了名单，组织就必须通过与该同事探讨他与候选顾问共事的经历、与候选顾问本人探讨其完成预期工作的兴趣和能力，进一步缩小候选人范围。

356 这一流程的下一步是制定提案请求，其中要对顾问工作范围和时间表以及与组织相关的背景信息进行概述。相关的信息可以包括战略计划中阐述的主要发展方向，当前筹款项目的简要说明(包括员工配置)，组织在扩大捐赠人基础或整体项目时所面临的挑战，媒体或特定捐赠人细分市场对组织积极或负面的评价，董事会及其在筹款中作用的简要说明。

此外，提案请求中还应概述组织希望从顾问提交的提案中获得的信息，以及信息呈现的方式。完全有必要要求顾问说明他们将使用怎样的流程来开展所需工作、描述此前相关的经历(面临相似挑战的经历)、顾问近期开展类似工作的组织信息(包括联系方式)。也可以要求顾问提供其他的具体信息，例如顾问曾经参与的筹款项目所筹集的资金总额以及目标资金总额。此外，组织还应该要求顾问明确其日程和费用，以及其他可能发生的费用(例如差旅费、复印费、设计工作费或其他特殊服务费)。(在最理想的情况下，顾问应对组织需要支付的报销总额进行预估。)顾问还应该明确费用支付时间表，最好是将它与整个顾问工作中可交付的成果联系起来。最后，提案请求还应包括提案截止日期和组织联系人，顾问可在有其他疑问时进行联系。

在决定提案请求的发送范围之前，组织应该考虑到顾问工作的相对范围。一些不是很常见的工作，例如大型筹款活动，可能会持续好几年且花费很高，这样的话就需要“广撒网”来寻找顾问人选，而不是随便找一些人来起草提案。顾问（整合提案）和志愿者以及员工（通读并评估提案）都很乐意看到他们的时间得到尊重，因此，提案请求的目标并不是收集到大量的提案。只能由满足筛选委员会提出的技能和特性要求的顾问提交提案。此外，在这一流程中，非营利组织应确保提供了足够的关于自身的信息，让顾问人选在参与之初就感到自在。

顾问提交提案后，内部委员会应仔细阅读这些提案并确定要对哪些顾问人选进行面试。此外，委员会应该确定面试问题以及打分的流程。357
和雇用新员工一样，面试的主要目的是测评顾问候选人的个性和技能与组织和现有团队的契合程度。换句话说，组织是在寻找能为筹款项目带来积极结果的微妙“化学反应”。因此，面试通常关注组织与顾问人选的“契合”程度。他们的工作风格是否与组织文化相符合？他们在为组织需求调整自身偏好的系统和工具方面的灵活性如何？面试人确实是组织将要与之合作的人吗？他们是否会坚持筹款的道德实践？他们如何能够协助开发员工和董事会的技能，使组织能够在此项工作结束后能够在没有顾问的情况下继续成功运营？他们所提议的流程将如何产生组织需要的结果？时间安排能否相互匹配？

合同是建立关系的工具

无论何时将新的个体引入组织，不管是作为工作人员、董事会成员、志愿者还是顾问，组织内团队的动态都会发生变化。即使是最好的团队关系有时也会很复杂，非营利组织必须尽其所能，确保雇用顾问是组织做出的积极决策，有利于组织及组织与支持群体关系的发展。为了确保最佳成果，组织和顾问签订的合同中应包括以下几个问题。

组织和顾问任何一方都可以起草合同，但是要确保尽可能详细地说明顾问工作范围、时间安排、费用和支付安排，这些是指导顾问工作的要素。合同自然假设双方（组织和顾问）所参与的是一种真诚的伙伴关系，因此双方都有义务开展能够推进总体合作的工作。组织必须为顾问及时提供其所要求的任何组织背景信息。根据顾问参与的工作类型，这些信息包括战略规划、筹款规划、捐赠报告、筹款和组织预算、章程、组织结构图、董事会会议纪要、筹款发展委员会会议纪要等(有些组织还可能要求顾问在获得专有信息之前签署保密协议，但这种做法并不常见)。

358 组织还必须致力于制定决策过程和时间安排，从而推进计划工作的完成时间安排。例如，虽然有专门委员会常常对工作进行审查，顾问通常希望在合同中指定一位决策联系人，这样就可以在委员会讨论出现矛盾观点时，有明确的方向。

同样，合同应列明顾问交付的成果，并将支付安排与每个完成节点相对应。合同应包括“后门”条款，即任何一方可以通过适当的通知和补偿来终止协议的方式。从组织角度来看，结束咨询协议的原因可能是工作没有在商定的节点完成，或是在组织和顾问之间产生了分歧。从顾问的角度来看，只有在双方都认同这种分歧的情况下，“后门”条款才能生效。此外，如果组织未在商定的节点给顾问支付费用，或董事会、员工对成果有其他预期且不愿意接受顾问的不同信息或建议，顾问也可以终止工作参与。

合同中需要解决的另外一个问题，是“工作产品”的所有权。顾问在参与的工作中通常会提出他们认为专有的术语、格式、模板或其他工具。在某些情况下，这些类似的工作产品是在咨询工作开展的过程中与组织共同开发的。合同应该明确这类产品在未来的使用权。

除了强有力的合同之外，组织对筹款顾问在所参与的工作中的实际工作成果应该抱有现实的期望。例如，如果组织并没有可靠且具有说服力的筹款声明，没有哪个筹款顾问能够通过堆砌辞藻凭空撰写筹款声明。为了加强筹款声明的影响力，顾问可以提出改善建议，但是董事会和员工必须有决心进行改变，才能够实现这个目的。

同样，如果没有董事会和组织领导层的参与，顾问也无法管理一项活动。在有效的参与工作中，顾问应该被视为团队中的重要一员，而不是外包工作的人。不应该期望顾问去做劝募工作，虽然他们可能会帮助志愿者或员工发出劝募请求(通过筹款活动所建立的关系只存在于捐赠人和组织之间，而不是顾问和捐赠人之间，这一点非常重要)。最后，专业筹款人协会制定的伦理准则都要求顾问不能以佣金或提成作为工作的基础。

结　语

筹款顾问会为非营利组织带来宝贵的专业知识，尤其是当组织员工和董事会并不具有组织所需技能的时候。他们还带来了局外人的视角，能够确认和验证现有的项目和想法，挑战组织的领导层，在现有的基础上不断提升，分享完善筹款的新思路。通过为筹款流程带来整体架构和严谨性，他们使组织能够按照计划实现所寻求的成果。筹款顾问可以通过培训来培养组织员工和志愿者的技能，并随即指导他们的"实践"。

顾问可以成为组织筹款团队的重要成员。利用本章提出的一些理念对顾问与组织的关系进行管理，可以帮助组织进行成功筹款的能力建设，这样既能够筹集更多的资金，也让支持群体更深入地参与到组织宗旨和工作中。

讨论问题

(1)若要成功执行顾问聘用合同，需要进行哪些关键考量？

(2)一个组织可以通过哪些方式确保在聘用筹款顾问时做出了恰当的尽职调查？

(3)举例说明在筹款中使用顾问的一些方法。

(4)在聘请顾问协助筹款时，董事会成员应该考虑哪些问题？

第五部分

劝募艺术

第二十六章　个人劝募

吉纳维芙·夏克

读完本章后，你将能够： 363

1. 明确慈善捐赠的几种捐赠人动机。
2. 阐释对大额捐赠潜在捐赠人进行识别的战略。
3. 制订能够实现劝募的培养计划。
4. 描述个人劝募的过程。
5. 认识到专业精神在筹款中的作用。

一天晚上，印第安纳大学凯利商学院院长和首席发展官邀请校友詹姆斯·R. 霍奇(James R. Hodge)共进晚餐(Sullivan, 2014)。这是一个激动人心的顶峰时刻。当晚，他们请霍奇先生以他的姓为学校的新建筑命名并做出1500万美元捐赠。这是一个持续数月的结构化沟通的开端，但实际上它只是早已开始的长期关系的中点。这并不是筹款团队与霍奇先生的第一次会面，而是他们深思熟虑、耐心筹备的结果，当霍奇先生同意捐赠之时，他们的努力得到了回报。

如果没有经过仔细的准备和思考，那么筹款团队与霍奇先生沟通的结果可能会大不相同。在这次面对面的会面之前，双方在一段时间内已经进行了很多互动。这次会面代表着重要劝募的最佳背景条件。从筹款 364
实践和文献(Kelly, 1998; Sargeant and Jay, 2014)中可以了解到，亲自联系对于大额捐赠至关重要，第十七章中提到的已被验证的筹款战略"捐赠金字塔"确认了这一点。亲自联系被视为与像霍奇先生一样的巨额捐赠人和有规划的捐赠人合作的正确方式（尽管在信息时代，肯定有捐赠人更习惯通过电子邮件、电话甚至短信做出捐赠承诺）。

学者和从业者都认同的古老筹款格言（Kelly，1998；Sargeant and Jay，2014）提醒我们，大部分捐赠来自少部分捐赠人，正如第十九章所阐释的捐赠范围图表所示。通常来说，少数几个主要捐赠至少占巨额筹款活动总目标的80%，正是这些捐赠决定了筹款活动的成败。

一项成功的筹款请求，不论大小，都需要筹款人通过个人劝募的几个维度来了解其所在组织、他自己和捐赠人：（1）请求捐赠的心理学原理；（2）潜在捐赠人的识别和战略性培养；（3）劝募和捐赠邀请（Lilly Family School of Philanthropy，2015）。我们可能会在这个清单中增加第四个维度，即了解这一专业的责任。

了解自己：请求捐赠的心理学原理和筹款的专业主义

为了有效、自由地向捐赠人提出提案并回答他们的问题，专业筹款人必须对美国（以及越来越多的其他文化）关于金钱的社会禁忌做出自己的回应（Lilly Family School of Philanthropy，2015）。在美国，个人财富是私事。即使在家庭成员中，金钱也不是“礼貌沟通”的主题，尽管理财顾问常常建议他们应该探讨这一问题。因而，索要金钱看起来是很粗鲁的行为。筹款人只有把自己对金钱的态度做出妥协，并认识到劝募的内在价值是一种实现捐赠目标的手段，同时能够实现公共利益，这样他们才能够找到真诚而周密的劝募方式。

最终推动捐赠沟通的，是捐赠请求的慈善性。19世纪塔斯基吉学院（Tuskegee College）著名的教育家、经验丰富的筹款人布克·华盛顿（Booker T. Washington）解释了他的方法：“……我认为最重要的，是让一个人成长到能够完全忘记自我的程度；也就是说，把自己投入到伟大的事业中。”（Jackson，2008：318）

365 慈善事业使捐赠人能够表达自己的价值观，解决社会问题，创造最好的社区和世界（以他们的标准衡量），并过上“美好生活”（Gunderman，2009；Payton and Moody，2008）。这使他们能够将这些价值观传递给后代、发挥影响、回馈、创造遗产，并遵从个人的重点事项（Lilly Family School of Philanthropy，2010）。研究表明，捐赠和志愿服务让人感觉良好——慈善事业所激发的“温暖的光芒”，名副其实。人们的动机各种各样，从“利他主义”（和“他人导向”）到自我导向（Konrath，2014；Smith and Davidson，2014）。

虽然个人劝募是基于满足捐赠人的需求和目标，但有道德的专业筹款人，对职业本身及其所代表的组织都负有责任（反映在诸如全身心投入做好准备、理解和承认对道德行为的期望、服务于更广泛的公益事业等方面）。因此，作为非营利组织的代表，筹款人需要了解和尊重组织的宗旨、愿景和价值观，并成为捐赠人与组织价值观和目标之间的桥梁——正如布克·华盛顿所建议的那样，忘情投入，牢记当下更广泛的社会目标。

有时候，捐赠人和组织之间的契合或匹配程度可能不一致，那么此时筹款人所肩负的挑战和艰难的职责，就是协助捐赠人将兴趣转向更合适的组织，或优雅地结束关系，以保有组织和筹款人的操守。在这种例外情况下，筹款人要坚守自己的原则，同时做好捐赠人和受益人负责任的“管家”。筹款人也要了解自己，认识到当与捐赠人的价值观不一致时，在这个过程中可能会失去捐赠。

了解你的捐赠人：战略性培养

捐赠沟通可能在几周内快速完成，也可能持续几十年。每个沟通流程都是独一无二的，需要专业筹款人基于关系型慈善（供给侧慈善）制定个性化手段，从捐赠人而非需求侧慈善中获取线索。需求侧慈善通常会优先考虑组织的交易需求，如活动时间安排或财年（Schervish，2000a）。如果能够在每一步都考虑到捐赠人的需求，同时坚守组织的宗旨和价值观，这种建立在关系型慈善之上的个人劝募将会更加成功。

虽然大多数关系取决于某个核心筹款人与捐赠人的单独和私人联系， 366
但组织通常将这些筹款人的劝募作为团队的努力，这样就能够使更多人参与这种关系，在情况发生变化时可以进行替补或接管。基于核心筹款人所拥有的联系信息，每个筹款团队都会聚焦积累互动，使捐赠人始终保持在最前沿，而不会脱离组织宗旨（Burke，2003）。当有意地开始保持这种平衡时，更有可能带来让双方都满意的结果。同时，只有在做好了预期和计划，而不是为了回应意外的捐赠而仓促建立联系时，才更容易获得成功。

识别最佳的潜在捐赠人

无论何种层面的捐赠，第一步都是要发现你的支持群体——谁可能是你的捐赠人？个人与组织的联系、捐赠的能力以及对组织宗旨的兴趣(即 LAI 原则)为识别潜在捐赠人提供了经典模型(Lilly Family School of Philanthropy，2015)。最有可能进行大额捐赠、巨额捐赠和有规划的捐赠的潜在捐赠人就存在于组织现有的捐赠人之中。因此，可以用更严格的标准和更周密的思路对 LAI 原则进行“再应用”，筛选捐赠人的数据库。除了筹款人和员工(或志愿者)对潜在捐赠人的了解之外，研究是搜集某个捐赠人在某个特定时期 LAI 信息的主要方式。

可能从未见过潜在捐赠人的组织研究人员、保持匿名的志愿者、与捐赠人只有交易互动的筹款人，正是这些人构成了劝募团队。霍奇先生可能从来都不会知道(无论事先还是之后)有多少人曾参与到他和学院的兴趣匹配工作，也不会知道关于捐赠可能性的团队讨论，以及组织内部关于价值和共同兴趣匹配的说明。

管理战略并构建关系

在制定培养流程并决定用何种请求来最好地满足捐赠人兴趣和组织需求的过程中，筹款人要搜集一系列关于捐赠人和其所在组织的信息。筹款人需要从潜在投资人的角度，批判性地客观审视所在组织，同时要假定捐赠人并不具有筹款人所拥有的知识或感情。礼来家族慈善学院(Lilly Family School of Philanthropy，2015)提供了一系列问题，在这里非常有用，可以作为捐赠人培养的工具：

367 • 对于你所在组织来说，捐赠人的兴趣、价值以及热情是什么？
• 捐赠人在个人和慈善方面的现有财务安排是怎样的？
• 捐赠所期望的目标和影响是什么？
• 捐赠是组织的优先事项吗？将如何支持组织宗旨？
• 组织使用这些筹款来完成目标的长期意义是什么？
• 捐赠是否为组织提供了足够的资源，以实现捐赠人预期的影响？

- 从组织以及从捐赠人的生活来看，哪些人将参与到劝募中？
- 捐赠人将使用什么资产来创造捐赠？以什么形式，在何时进行捐赠？组织能够提供和支持哪些捐赠工具？
- 组织是否最契合捐赠人希望通过捐赠实现的目标，如何有效地证明这一点？
- 捐赠人参与组织（和捐赠）的偏好是什么，这如何影响捐赠及管理工作？

这些问题（或其他工具）的使用是战略性的，但发现的过程是艺术性的。

倾听是一项关键技能，它有助于确定捐赠人的重点事项，以及这些事项如何在一个组织内得以实现（或无法实现）。通过训练有素的倾听，筹款人将会找到引导谈话的入手点、需要重复探讨的问题，以及捐赠人意图与组织需求的契合度。与此同时，捐赠人将更加了解组织，对组织的工作和工作方式产生评价，捐赠人对组织的了解越深入，慈善契合度就会越“合适”、越持久（Siegel and Yancey，2003）。

战略沟通可以通过亲自会面、打电话、发电子邮件和特设活动（通常被视为参与和互动的最佳时刻）进行。沟通可能涉及主要工作人员、志愿者、朋友或家人、组织高管或服务接受者（如学生或客户），这些人员应该经过精心挑选，以探讨特定主题或经验。沟通可能涉及更广泛的不同背景下的兴趣因素、组织结果的达成或捐赠人与组织宗旨相关的经历。

对捐赠人经历的探索富有目的性和想象力，通过充分的分析和应对意外情况的准备，实现适应性和灵活性。因此，应该主要考虑捐赠人和组织（领导层、员工和/或志愿者）之间的联系，而不单是捐赠人和 368
重要的筹款专员之间的联系（Cluff，2009）。这种关系的培养应该由捐赠人的日程安排和偏好主导；但筹款人应该基于此前的研究和互动，充分考虑到捐赠人的捐赠能力和倾向，从而主动推进对话，判断请求捐赠的时机。

如果筹款人充分了解了捐赠人的慈善愿景、重点事项和环境，能够做出恰当的请求，同时拥有了必要的人际交流常识，能够选择合适的时间、方式、地点及见面形式，那么此时就是捐赠沟通最有效的时刻。值得注意的是，这种机会和偶然时刻可能需要“超计划”工作，或超出了预期的日程安排，但千万不能错过。判断劝募最佳时机的能力成为一种本能，这种本能来自经验和准备，以筹款管理层的关键特征即适应性、灵活性和创造性为基础(Cluff，2009)。

了解做出请求的时机和内容：发出捐赠邀请

自从约翰·D. 洛克菲勒(John D. Rockefeller，1933)向筹款人提出如下建议以来，与捐赠人会面的基本架构几乎没有变化：

> ……了解你的沟通主题：让自己相信这一主题，能够用最简洁的语言令人信服地提出主张。可以在面谈之前给捐赠人写一封信，但亲自联系是最有效的方式。尽可能多地了解你的沟通对象：让对方大致了解同社群其他人的捐赠情况。同时……以礼貌而得体的方式给出你希望其进行捐赠的建议，完全交给对方来决定应该捐赠什么。保持善良、体贴。这样，你就能够最大限度地接近一个人的内心及其财务状况。

虽然现代的专业筹款人在提出要求方面，可能比洛克菲勒倡导的内容更大胆，但其决定和行为依然源于对捐赠人的倾听和对当前事业的了解。正如洛克菲勒所倡导的那样，筹款人应该做到有备而来，亲切、善良、委婉、简洁、体贴，最重要的是要相信捐赠请求的慈善性。这些一般性的建议与合理周密的行动计划同样重要。

369 **计划并概念化捐赠邀请**　为劝募奠定基础需要大量的时间，需要的思考比最谨慎的战略家预计的还多。应该在何时何地进行沟通？用餐时是合适的时机吗？捐赠的意图如何反映环境？捐赠人是晨型人还是夜型人？谁应该参与会面？如何安排会面邀请的发送以表示对捐赠人的尊重，同时确保“恰当”的人能够到场以达到理想的结果？是否有细节(可能本身微不足道)表明筹款人如何认真倾听并关注捐赠人的兴趣和生活故事？

这些问题及背后的思考是无止境的。正如每个捐赠人有不同情况，筹款人的思维过程、规划和自我提问也是不同的。无论设想得有多么好，但是筹款人根据计划进行调整的能力也一定是各不相同的。

组建和筹备劝募团队　如前文所述，在大多数情况下，大额捐赠邀请都是来自团队的努力。例如，同行捐赠人的影响已被证明具有重要意义，能够向潜在捐赠人展示自己的捐赠能力以及慈善事业在促进其价值观方面的有效性（Shaker，2013）。这可能对战略性培养或劝募沟通具有重要意义，也可能超越了这一周期，超越了筹款规划或战略。在霍奇先生的案例中，就有熟悉法律和税务知识的有规划的捐赠专员来支持正在进行的讨论。可以在请求期间、之前和之后，用精心挑选的个人代表来表明请求的重要性、提供同行视角、确认请求对组织宗旨的中心地位。

利用内部规划文档或模板，在与组织利益相关者（包括劝募团队和其他员工）的沟通中填写完成，从而将所获得的信息正式转化为预期，提高（和开发）同事的专业知识水平，并确保团队支持和理解这一工具。大多数具有多年筹资经验的成熟组织都创建了用于记录和评估捐赠人会面的模板；虽然可以使用已有的示例，但最好的模板是基于组织自身经验和其利用所收集信息的能力而发展出的模板。

团队为每次会面所进行的排演和设计的具体计划，让个人的优势更加符合要求。筹款专员将会为团队成员做好准备，在慈善筹款过程中成为积极的聆听者和对话者，有敏感性地进行人际沟通。筹款总监应牢记，团队成员可能需要辅导、指导和练习。即使对于经验丰富的员工来说，370
也需要克服筹款人“推销员”的刻板印象。职业精神的标志在于做好准备、对道德行为的承诺以及对组织事业的真正信念，这可以消除大多数担忧。

如果无法做好充分的准备，则可以在员工（在规模足够大、拥有足够员工的组织中）中开展沟通，提出相关的期望，开展头脑风暴，拟出对捐赠人的提问。如果是在没有员工支持的情况下单独劝募，筹款人可以模拟有其他员工在场时可能进行的讨论，制订出计划。经验丰富的筹款人会非常善于角色扮演，可以假扮他们缺席（甚至不存在）的同事。

劝募面谈

当做好上文中所述的准备后，自然就会开展本节要描述的步骤，但这些步骤的顺利实施依然存在困难。经验丰富的筹款人都知道，个人劝募的成功来自经常不断地询问。不断地练习(并进行反思)可以建立起信心、技巧和从容，面对未知的沟通对话。与员工进行的战略性沟通对话，能够使自己更加沉着自信，因为团队成员会更加强调筹款人本身作为组织的领导者和发言人的角色。再一次强调，筹款学院课程中所提出的路线图，并不是在每次捐赠中与每个捐赠人的沟通都适用，但是它提供了一个可以加以构建和完善的基础方法。

以计划为入手点开始会面

潜在捐赠人到场后，筹款人首先可以像其他的礼貌沟通一样，与其建立融洽关系。对潜在捐赠人表示欢迎，调整恰当的语气和节奏。例如，可以从问候家庭成员来开始，但这取决于具体情况，也证明了之前准备信息的重要性。即使是特别小的细节，只要能反映捐赠人的兴趣，也有助于建立信任和信心。而无意的评论或错误则可以结束本来有希望的讨论。下一个步骤，是引出特定沟通谈话的背景，可以感谢捐赠人过去对组织的支持或参与，回顾捐赠人对组织的意义，表达对促成此次会面的感谢。要对情况的进展进行估量，例如，如果团队得知捐赠人刚刚经历了家庭、生意等方面的损失，则可能需要调整计划。之后，可以提醒捐
371 赠人此次会面的目的，并从这一点迅速切入。专注于实现预先设定的目标，充分利用宝贵的时间。应该在沟通谈话中尽早做出捐赠请求，遵守会面的时限。

与捐赠人互动

下一个步骤，是让捐赠人参与到谈话中——提出问题、回顾甚至纠正筹款人的评论。要探讨在培养和研究中获得的捐赠人重点关注和价值观方面的信息，仔细聆听并根据捐赠人的反应调整谈话的方向。不断回顾谈话中的关键时刻，用捐赠人自己的语言记录捐赠人和组织的关键时刻。

要做到真诚、敬重、真实、简洁，要记住，捐赠人的时间是宝贵的，有些捐赠人可能会更喜欢简短的基本谈话。观察捐赠人的肢体语言，并酌情进行调整。

做出请求

如果此时仍然感到这次会面是“对的”，那么就可以开始请求捐赠。描述组织和捐赠人的目的、数量、兴趣以及期望的时间安排。尽可能地去阐释组织如何评估结果并对捐赠负责。直接、自信、积极地以对事业、需求和/或价值观的信念和热情说服捐赠人。请记住这一刻带来的并不应该是惊讶，而更应该是期待。

做一个停顿，默默地等待答案。给捐赠人思考和回应的空间。做积极的倾听者，保持目光接触。对于筹款人或劝募团队成员来说，可能会非常想打破沉默，说些什么。要控制这种打破沉默空白的欲望，掌控与捐赠人的谈话。

捐赠人可能会以多种方式回应捐赠请求。假设对方的回答为“不行”或“不是现在”或“这不是我最关心的”，并准备一些问题，了解有关这些回答背后的更多信息。即使在最好的情况下，也就是捐赠人说“好的”或“我可能对此感兴趣”或“我想了解更多”时，在捐赠成功之前也还是需要进行更多的沟通。请记住，说出捐赠请求与成功捐赠还有一半的距离。

参与讨论

许多成熟的捐赠人，包括年轻的捐赠人，越来越可能关注支持以结果为导向的慈善目的，并亲自参与捐赠的使用工作（21/64 and Dorothy A. 372
Johnson Center for Philanthropy，2013）。当代捐赠人已经开始制订捐赠计划、参与捐赠周期、考虑创新的“风投”捐赠方式、探讨“投资的社会回报”等概念、阅读慈善文献、与顾问合作，这些做法让越来越多的人成为懂行的慈善家，他们对非营利组织及其自身的重点关注和标准有了更深入的了解。

无论这些相对较新的方法如何，所有捐赠人都会对其捐赠的结果和影响感兴趣。准备好对影响进行描述——尤其是你或捐赠实际管理者如何能够报告出这些影响。并不一定需要正式的“评估”计划，但应该表明你和组织已经考虑过需要展示结果，并以回应捐赠人兴趣的方式对捐赠负责。

如果捐赠人自己已经做了研究，请不要感到惊讶，他们可能已经在网上或通过一些慈善“评级”机构找到了有关你所在组织的信息和服务的宗旨。筹款人需要更多地了解组织通过媒体而不是潜在捐赠人而呈现的形象，或被解读的形象，并准备好诚实、公正地回应所呈现出的积极形象和消极形象。

在捐赠人考虑捐赠请求时，他们可能需要关于捐赠方式的更多信息。捐赠人几乎都会希望对捐赠目标或标准的某些方面进行一些调整，即使一切看起来都很完美。应该做好准备，提供资助方式的选择，并协商可能出现的具体细节。不要降低捐赠的数额，记住这个数字是通过仔细的思考、研究和分析预先确定的，能够满足组织目的和实现捐赠人所需的效果。例如，如果霍奇先生提供了500万美元而不是1500万美元，那么就成了一笔与最初提议不同的捐赠，那就需要准备好探讨更加契合捐赠人核心兴趣或财务状况的其他捐赠机会。

结束会面

无论结果如何，都要在会面结束时感谢捐赠人参与这次谈话。探讨后续步骤并制订适合捐赠人的计划。对于获得肯定结果的谈话，下一步可能需要安排捐赠人和负责法律、会计或税务问题的团队成员的后续会面。

对于需要调整方向或被拒绝的请求，下一步可能需要安排捐赠人与组织进行另一种后续活动，在约定的时间重新沟通谈话、转交给组织的
373 其他部门(如果组织很大)甚至向其推荐另一个更符合捐赠人意愿的组织。即使您的组织不是最好的选择，也不要害怕帮助捐赠人满足其实际需求。

无论哪种情况，筹款人都应在第二天内向捐赠人致电、写信或发送电子邮件。对捐赠人所付出时间和关注的感谢，是关系培养和劝募的重要部分，也是一种管理。定期与捐赠人就计划实施的进展进行沟通，也是至关重要的。

超越劝募：筹款人作为一种专业

在探讨以捐赠人为中心的筹款人时，伯克(Burke，2003)提到应考虑以下核心职责，按照重要性排序：(1)培养慈善精神，鼓励向整个非营

利部门捐赠，实现社会福祉；(2)为捐赠人发声；(3)为自己的组织建立慈善支持。对于大多数专业筹款人来说，第三个职责似乎是最紧迫和最真实的。然而，从长远来看，对前两个原则的关注将更好地服务于从业者、组织、捐赠人和社会。这一框架能够培养较高的伦理水准，认可捐赠人的目的和组织的宗旨都是要创造更美好的社会。接受前两个职责的重要性和优先性，是专业筹款人自我身份认同的关键。

即使捐赠额相对较小，捐赠也是一件严肃的事情。如果与捐赠能力相比，某个捐赠人的小额捐赠可能比富裕的人做出的更大额捐赠要付出更多的牺牲。在这个过程中，筹款人是捐赠人在此过程中的顾问和发声者，帮助其了解组织的需求、期望和政策，以及捐赠人能够从家庭成员、财务顾问、律师或会计师那里获得的支持。

筹款需要自我的确信和坚定的目的，捐赠人希望为有价值的事业共享资源，这会使筹款不断加强。但最重要的是要尊重捐赠人的愿望。引导霍奇先生捐赠的大学筹款总监一定确信，他们所提出的建议将会在接下来很多年使成千上万的学生受益，很具有说服力。这也使霍奇先生的捐赠得到了更好的管理。

结　语

请求捐赠是为了贡献于整个社会。这种荣耀和职业需要高度的诚信、
敏感度、创造力和准备程度。捐赠能够给捐赠人带来喜悦，此时，捐赠 374
人的喜悦和社会的收益能够给专业筹款人带来极大的满足。

讨论问题

(1)当你亲自并大声地跟一个人要钱的时候，感觉如何？为什么会有这种感觉？

(2)你将运用什么技巧来决定恰当的捐赠邀请时间和路径方法？

(3)对捐赠人兴趣的关注如何贯穿劝募，同时不偏离组织的目标？

(4)何种语言和信息适合捐赠邀请？做一个练习：请说出 3~5 句话的支持请求，随后保持 30~60 秒的沉默。

第二十七章　直接回复式筹款

黛博拉·埃什巴赫尔

375 读完本章后，你将能够：

1. 解释直接回复式筹款在为非营利组织构建广泛的潜在捐赠人基础中起到的作用。

2. 阐释如何利用直接邮寄和电子劝募的相互支持，将直接回复式筹款的投资回报最大化。

3. 描述有效直接回复式工具的共有要素以及如何让这些要素成为成功筹款请求的一部分。

4. 证明在具体受众细分市场中对筹款请求进行检验的价值，证明如何衡量成功结果。

5. 解释你的组织在各州开展直接回复式筹款时，各州对非营利组织注册的法律要求。

是否能够获得支持非营利组织工作所需的关键资助，取决于各种年度筹款工具所产生的可持续性年度收入。这些筹款工具主要产生非限定性的年度收入，通常是小额、重复性和额度可提高的捐赠。通过直接回复式工具，组织给捐赠人提供了多种机会，他们可以在一年中以不同的
376 方式在不同时间进行捐赠。除了产生非限定性的收入以支持运营、项目和服务之外，直接回复式工具还能够源源不断地带来潜在捐赠人，他们构成了非营利组织其他筹款项目的基础。此外，直接回复式工具确定并提供一种获取捐赠人的手段，对捐赠人进行资格认定和培养，通过重复

性和更高级的捐赠策略获得更高水平的捐赠。这些策略使组织能够对大额捐赠和有规划的捐赠的潜力进行检测。同时提供了一个平台，向公众以及组织的支持群体传达当前的项目和服务、报告结果、分享特别故事、建立积极可靠的公众形象。

当同时运用多个直接回复式工具，相互支持，并融入更广泛、全面的工作时，就能够实现更有效、更高效的筹款。严密的直接回复式筹款不断地检验和分析从捐赠人回应中所收集的信息，为强有力的筹款项目奠定基础。

“直接回复式”一词涵盖了旨在引导潜在捐赠人采取行动的各种工具。这些工具包括直接邮寄、电子劝募、社交媒体、手机捐赠、线上工具、展示广告、电话营销、广播和电视、插入媒体和户外广告。本章将重点介绍直接邮寄和电子劝募。

将直接邮寄原则应用于其他直接回复式筹款

在过去，直接邮寄是非营利组织为保证与捐赠人进行年度联系而使用的最传统、最受认可的方式之一。电子劝募和社交媒体提供了越来越多且不断变化的可能性，这让许多人认为通过直接邮寄获取捐赠的方式已成为过去。但是，对于潜在捐赠人地理分布较为广泛的非营利组织来说，直接邮寄往往是最成功的方式，因为比起电子邮件地址，现有捐赠人的街道地址更容易获得。直接邮寄通常是与组织的全部或特定支持群体进行年度沟通的关键手段。

一直以来，直接邮寄都是一种以数据为主导的主要方法，可用以进行筹款消息的测试、受众细分市场的完善和捐赠的升级。直接邮寄式筹款的测评方式已经得到了充分完善，其成功的原则也在多年来得到了充分记载。利用这些多年经验和所积累的信息，筹款人可以拓展电子劝募，这种做法是非常审慎且明智的。直接邮寄式筹款的指导原则很容易适用于所有直接回复式筹款活动。

以下直接回复式筹款原则改编自詹姆斯·格林菲尔德（James 377
Greenfield，2002）的著作。直接回复式筹款：

1. 应以具有成本效益的方式筹集资金。

2. 能够显著增加组织的捐赠人数量。

3. 能够扩大组织的知名度，使其更具有认可度。

4. 能够发现大额捐赠或有规划的捐赠的潜在捐赠人。

5. 能够为组织发现新的志愿者。

6. 能够以组织希望的方式，接触到组织希望联系的大多数人。

7. 可以利用现有的活动，因为可以在很短的时间内制定和实施。

8. 要求组织的发展团队进行持续的管理和监督。

9. 能够提供即刻的满足感。

10. 与电话马拉松（即持续拨打电话）或亲自电话联系相比，需要员工花费的工作时间更少。

11. 能够让组织有机会充分地讲述完整的故事。

12. 能够进行个性化并细分，以吸引特定的受众。

13. 应被视为捐赠人升级的持续项目。

14. 让劝募中的后续工作更加容易。

直接邮寄可作为其他直接回复式筹款的范例

经过多年发展和完善的直接邮寄式筹款请求表明，成功的直接回复式筹款需要依靠检验和分析、规划、创新和稳定的收入增长。理解实现直接回复式筹款所涉及的因素，将有助于组织拓展筹款范围，应用其他直接回复式筹款工具。

准确的潜在捐赠人名单和细分

捐赠人名单必须进行适当的细分。首先要根据宽泛的筛选标准来划分，随后可根据所收集的更加深入的信息继续细分。旨在收集和跟踪捐赠人全面的信息和捐赠历史的内部数据管理系统发挥着重要的作用。准确、一致的信息记录和编码将协助数据分析得出最佳的结果。必须有专
378 门的数据经理（根据组织的规模确定是兼职或全职员工）对数据库进行更新和维护，尽可能保持其连续性。数据经理应有能力提供综合报告，供分析和规划使用。经过筛选，聚焦于关键支持群体/细分市场的直接回复

式捐赠人名单将在今后不断更新扩大。

印第安纳大学礼来家族慈善学院的筹款学院（2015）列出了最好的潜在捐赠人标准，他们的特点是：

- 对组织的宗旨或目标感兴趣的人。
- 与现有捐赠人档案资料匹配的人，包括年龄、性别、收入水平、地理位置、家庭结构、受教育程度、政治派别和职业。
- 已经给非营利事业捐赠过的人（记住：不是每个人都是你的捐赠人）。
- 回复直接邮寄或电子劝募的人，包括线上购物或按目录购物的人。

直接邮寄的捐赠人类别

直接邮寄的劝募方式可以应用于下述类别的捐赠人。

现有捐赠人　他们是组织最具回应性的捐赠人。他们已经在当年做出了捐赠，体现出其对组织有足够的了解。重要的是，在接下来的劝募中，组织应该尝试通过测试捐赠人对其他支持领域的兴趣，了解捐赠人的偏好，从而鼓励他们再次做出捐赠并升级捐赠。

不定期捐赠人　他们是前一年或更早些年曾做出捐赠，但是当年或近些年并没有捐赠的人。他们也是组织比较具有回应性的捐赠人，经常需要额外提醒，才可能在当年进行捐赠。因为先前已经做出了捐赠，他们很可能一直收到旨在保持其了解组织动态的新闻通讯和/或其他材料。对这类捐赠人来说，对过去捐赠的认可和感激是很重要的提醒，让他们了解到其持续的捐赠对于组织的重要性。让不定期捐赠人重新参与的最有效方式，是对其过去的捐赠进行认可，并发送消息表达组织对他们的想念，外加一些具体的捐赠机会。

非捐赠人　他们是有可能成为组织捐赠人的潜在捐赠人。在这一早 379
期阶段，除了了解他们满足某些认定的标准（由非营利组织的朋友推荐、支持过具有类似价值观和服务需求的组织等）外，对其他方面几乎一无所知。这些潜在捐赠人的回应率最低，但也值得进行检验，决定其提供支持的可能性。

计划：劝募频率和时机

必须认真制订年度筹款计划，确定能够支持组织持续工作的全年收入额。在筹款计划中，应该包括确定直接回复式筹款在组织的总体年度筹款计划中的作用，确保设定了切合实际的目标，考虑了筹备、邮寄和回应的时间安排。一项全面、均衡的计划应该以对此前筹款历史、目标和结果的分析为基础。通常会包括多种劝募活动，一些更具普遍性，另一些则针对特定群体/细分市场。这些劝募活动应在一年内以适时的间隔进行并认真实施。计划必须足够灵活，要考虑会有一些回应即刻重要活动/需求（纪念、庆典，新项目或扩大项目等）的额外劝募机会。10~11月通常是很多组织直接回复式捐赠请求在一年中的最高产时间。年底的捐赠请求通常是为了利用捐赠人的慈善假日精神，提供最后一个做出年底减税捐赠的机会。按照生产率从高到低排序，其他的捐赠时间为3~6月、1~3月、7~9月（Greenfield，2002）。全年的所有直接回复式筹款工作必须与组织其他的筹款和大众传播活动相协调。每个直接回复式筹款活动都要与其他活动互相加强，并且充分利用组织存在感最强的这段时间，与其他项目或筹款活动互相提供推广支持。

直接邮寄和电子劝募请求的要素

在直接邮寄劝募中成功经历了时间考验的各项要素可以很容易地运用到电子劝募中，它们提供了构建成功电子筹款项目的平台。重要的是要记住，要素的细微变化会对捐赠产生影响。和直接邮寄一样，电子劝募也依赖于不断的检验和完善。需要针对不同的支持群体/细分对象，进行电子劝募有效性检验，并分析结果。

380 **信封** 如果期望中的潜在捐赠人从未打开信封或电子劝募信，那么组织在撰写“完美”的劝募信息和支持材料方面的想法或投入的时间就都没有任何意义。信封或电子信息的传递格式需要具有吸引力，这样才能鼓励收件人打开它。

对于直接邮寄来说，这意味着要考虑信封的大小和颜色、邮资的类型、收件人的地址、回邮地址以及将在信封上印刷的所有其他信息。信封的大小和颜色必须与劝募的设计相匹配，以便呈现一致性的外观。要考虑到，为了适应劝募包裹中所有材料的尺寸和重量，可能会产生特殊邮资要求，这将直接影响到邮寄费用。邮资选项包括一等邮票、非营利邮票以及计量或许可邮戳。一般来说，一等邮票和非营利邮票是首选。潜在捐赠人的姓名和地址必须准确。如果不能持续收集和验证最新和准确的地址来维护组织数据库，直接邮寄的筹款请求可能永远不会到达潜在捐赠人的手中。如果潜在捐赠人看到信封的第一眼，发现地址里有称呼或拼写错误，或是缺少尊重，例如使用昵称，或是用“先生”和“夫人”而不是全名来称呼一对夫妇，或是相反的情况，那么捐赠人将很容易失去兴趣。如果组织选择使用地址标签而不是在信封上打印地址，则必须均匀地粘贴标签。如果组织使用窗口封套，那么在设计中就要尤为注意窗口处的对齐，让收件人的地址容易读取。回邮地址一般可以置于信封正面或背后的左上角，可以包含组织的名称和地址，或仅仅是地址。将组织的标识印在信封上，突出组织的视觉辨识度，这也有助于品牌的持续推广。如果劝募信是以公众人物的名义撰写，回邮地址中也要包括这一名字。如果选择不将回邮地址直接打印在信封上，一定要将地址标签均匀地粘贴在信封上。通常情况下，组织会将正文的一行或两行(或横额)打印在信封上，以鼓励收件人查看内部。

对于电子劝募来说，三个因素会影响潜在捐赠人是否会打开劝募信。第一，是确保电子邮件地址的准确性。如果组织没有持续收集和验证电子邮件地址的准确性，那么收件人将永远不会收到劝募信。第二，是发件人的地址。发件人通常显示的是组织个体员工的姓名，并不能体现该
名字或者员工来自发信组织，这样，潜在捐赠人就可能忽略或删除电子 381
邮件。和在直接邮寄中使用固定的回邮地址一样，所有电子邮件都应来自同一发件人和邮箱地址，即组织名称及其主要电子邮箱地址。这一地址用于组织的所有官方通信。第三，是邮件主题，用于说明信件的目的。此处创建的标题将吸引接收者的注意力并使其打开劝募信和一般通信。随着时间的推移，组织可以开发出独有的风格，有创意地说明其电子邮件的目的，并能够收获喜欢收到来信的忠实追随者。

信件/消息　成功的劝募取决于设计的有效性和消息中引人注目的内容。恰当的称呼、引人入胜的设计以及简洁明了的需求沟通，能够使劝

募更有效。

设计会影响收件人阅读和了解所请求内容的速度和难易度。段落长度、缩进、空格、字体选择、磅值、粗体、斜体、数字、项目符号和颜色的有效使用，都能够提升整体设计打动读者的能力。此外，使用照片、视频链接等独特的方式会让消息显得更加生动，能更好地展示组织的活动和影响力。

在直接邮寄和电子劝募中，称呼为其余信息奠定了基调。组织可以自行决定采取正式还是非正式的称呼，但称呼必须是正确的。对数据的持续收集和数据库的维护能够确保筹款人了解正确、可使用的称呼。有时，使用一般的称呼(“亲爱的朋友等”)是恰当且必要的，但大多数时候更需要个性化的称呼。要准确地了解潜在捐赠人希望如何被称呼，对他们的名字或职务不要随意对待，这将为接下来的劝募工作奠定基础。

必须仔细撰写信件中的内容，使其能够传达有趣和及时的信息，体现劝募活动的吸引力，创造一种紧迫感，反映组织的文化，展示对目标受众的兴趣和捐赠动机的理解。可以利用组织的筹款声明，让所有发送的消息内容前后一致。在可能的情况下，通过突出介绍受益人或正在接受服务的人员，来展示组织如何满足慈善领域的需求。对于一些组织和
382 受众来说，可以在几页纸上写满故事，但对于有些人来说，在一页纸上写满重要信息就是最好的方式。服务接受者、特定领域的专家或偶尔由名人提供的推荐信有助于以非常个性化的方式描述组织及其工作。在“需求内容”之后，需要提出捐赠支持请求。捐赠请求总是非常具体的，要确切说明需要寻求什么类型的支持(如建议捐赠金额、捐赠额提高建议、指定用途、时机)和收益。如果对筹款时间有严格要求，那么信件中的内容就必须体现出紧迫感。赈灾和满足“匹配捐赠”挑战，这二者的时间安排肯定有所不同。通常来说，面对紧急的筹款请求，筹款人会在很短的时间内多次联系捐赠人。这使潜在捐赠人能够看到目标实现的整体进展，并能够展示每个捐赠人如何发挥作用。

信件的结尾和开头一样重要。结尾的签名人选应该为整个消息增加价值。通常来说，组织会使用执行董事/首席执行官/发展总监等“默认签名”。虽然在某些情况下这样做没有错，但组织可以寻求更能够激励个人捐赠的人提供支持，这样会带来更好的效果。应考虑具有知名度的人选，

如慈善领域的领袖、当地/地区/国家名人、服务接受者、主要志愿者领导、组织创始人等。

附言的重要性不容忽视。附言是组织提供简明的情感诉求并发出劝募要求的最后机会。有捐赠人曾指出，他们经常会跳到劝募信的末尾看看附言中对信件的简要总结和关于如何捐赠的说明。与组织所有书面陈述一样，拼写和语法准确的重要性如何强调都不为过。

在直接回复式筹款中，通常附有其他材料(如直接邮寄)或上传附件(如电子劝募)，其中可能包括如调查问卷等参与工具或要求提供额外信息。要有意识地考虑将哪些补充材料包含在内，并考虑所需信息的合理性和最终用途，确保组织不浪费时间或资金。

回复机制　回复机制是直接回复式筹款材料的最后一个要素。对于传统的直接邮寄来说，回执表格/卡片和回邮信封会随信件和补充材料一起附在信封里。预算考虑和对最佳回执结果的预测，将有助于确定是预先支付邮资(邮资封或商业回复信封)还是要求捐赠人提供邮资。因为捐 383
赠人希望了解组织是否能够实际收到回复，所以组织的回邮地址最好是街道地址而不是邮局信箱。如果回邮地址是州外或运营中心，那么就可能降低捐赠对于组织的重要性/紧急性。直接邮寄和电子劝募都依赖于措辞清晰的回执，回执会指导捐赠人的整个捐赠流程。无论是印刷品还是电子形式，都要让回复与信件中建议的捐赠水平相符合，并提供财务转账的选项。

捐赠留住、续约以及升级策略

直接回复式项目成功与否，关键在于能否产生可持续的年度收入，并创造了解捐赠人及其捐赠偏好的机会。这就要求策略的使用要聚焦捐赠人的捐赠留住和升级捐赠上。在劝募之余，筹款人要经常与捐赠人沟通，邀请他们亲自或线上参与活动，这为捐赠人提供了了解组织和支持需求的机会。建立长期的“捐赠人-组织”关系，有助于让捐赠人为未来的劝募做好准备。升级策略包括匹配捐赠/挑战捐赠、多年承诺、月度捐赠(电子转账)、可捐赠额外慈善捐赠的会员项目、捐赠俱乐部、国家“实惠日”、在劝募前后亲自进行电话联系等。

通过将捐赠人关系、沟通和续约相结合，能够带来如下收益

（Greenfield，2002：117）：

1. 现有捐赠人是能够做出其他捐赠和年度捐赠的最佳潜在捐赠人。

2. 至少50%的现有捐赠人应该以相同的数量重复捐赠。

3. 多达15%的现有捐赠人会增加捐赠额。

4. 在第二次续约（即第三次捐赠）之后，捐赠人可能会保持5~7年的忠诚度。

5. 续约捐赠人捐赠的资金将是首次捐赠人资金的5~8倍。

6. 5年后，续约捐赠人将捐赠组织每年总筹集资金的80%。

384

成功的衡量标准

直接回复式筹款有较为完备的成功衡量标准，它们能够使组织确定每一项个人请求的成功，并与不同年度同一时间段内的类似请求进行比较。组织可以收集并分析以下数据：

- 寄送的信件数量（清单）
- 做出捐赠的收信人数量
- 做出捐赠的人数占总数的比重
- 因无法投递而退回的信件数量和占比
- 平均捐赠规模
- 总收入
- 总直接成本
- 净收入（总收入减去总直接成本）
- 每美元筹款的成本（支出除以总收入）
- 投资回报率（总收入除以支出）
- 请求额外信息和/或希望与组织进一步接触的收信人数量
- 及时的捐赠处理和确认

美国各州的慈善登记和报告要求

为了维持非营利的状态，非营利组织要依法遵守影响筹款活动的美国各州和联邦法律。这在某种程度上会影响那些参与各州直接回复式筹款的组织。每个州的注册要求、慈善筹款规定以及非营利组织法定要求各不相同。美国全国州级政府慈善监管官员协会(National Association of State Charity Officials，NASCO)是负责慈善事业监管的州级办公室国家组织(见本书第三十五章关于筹款监管法律的探讨)。

美国全国州级政府慈善监管官员协会的《查尔斯顿互联网和社交媒体劝募原则和指南》("Charleston Principles and Guidelines for Internet and Social Media Solicitations")是一个特别重要的参考文件。因为一旦筹款活动不合规，就会严重影响组织在特定州的筹款能力，而且筹款成本会很高，所以这是不容忽视的问题。每年向各州提交报告并满足报告要求可能非常耗时。一些旨在帮助组织满足这些法律要求的专业法律服务，能 385
够提供替代方案来对这一问题进行管理。

案例分析：整合直接回复式工具以获得最大成果

将两个或更多直接回复式工具结合起来支持筹款请求，通常会提高效率。以下是利用直接邮寄和电子劝募进行有效筹款的案例分析。

1993 年，美国东海岸的一所预备学校收到了一次具有变革性意义的捐赠，它来自 1927 届杰出班级校友。多年来，这些校友一直与学校保持联系，1945 年在学校开展的第一次年度基金活动中捐赠了 25 美元。在大额捐赠发生 20 年后的 2013 年，学校的年度基金直接邮寄劝募信中，特别加入了这次捐赠记录的原始账目。学校用简洁的语言强调了年度基金的捐赠传统，介绍了非限定性年度捐赠的筹款声明，并展示了如今校园和学生的照片。在简明易懂的回执表格中对捐赠俱乐部的门槛进行了补充介绍，让捐赠人有机会了解一个匹配捐赠项目。回执还提供了关于如何线上捐赠的信息，请求更新捐赠人信息，最后强调了非限定性捐赠对学生和学校的未来至关重要，并以这样的感谢结尾。随后以电子劝募的形式发起了校友挑战，鼓励校友向年度基金捐赠，以纪念 20 年前的那次大额捐赠。这封电子劝募信由 1993 届的一名校友发送，强调这是一个特别的捐赠机会，这名校友在邮件中附上了自己的照片，以及其在校最后一年也就是 1993 年在午餐会上与那次具有变革性意义的捐赠的捐赠人谈话的照片。这名 1993 届的校友发起了一项挑战，称如果有 100 名校友在接下来的 24 小时内对年度基金做出捐赠，他个人会进行匹配捐赠，以实现更大的捐赠额。这封电子劝募信中有一个很大的“现在就捐赠”按钮，以便收件人在学校网站上立即做出捐赠。

结　语

认识到精心策划和良好实施的直接回复式项目的重要性，并投入时间以及所需的财务和人力资源，这对组织来说是一项合理的投资。其带
386 来的成果主要包括非限定性年度收入的稳定增长、建立和提升组织公众形象的机会，以及潜在捐赠人基础的不断扩大，这将为识别、鉴定和培养更高层次的捐赠提供渠道。另外，同时利用不同的直接回复式工具进行彼此支持，会达到事半功倍的效果。

讨论问题

(1) 比较有效的直接邮寄式劝募和电子劝募的要素。

(2) 为了充分准备和实施全面的全年直接回复式项目，组织内部必须满足哪些人员配置需求？以什么方式让志愿者参与直接回复式筹款活动？

(3) 一个组织如何结合直接邮寄和电子劝募，最大限度地发挥直接回复式劝募的影响？

(4) 有哪些其他年度筹款活动（如特设活动等）可以从直接回复式工具中获益？

第二十八章　电话劝募与管理

萨拉·内森

作为筹款人，我们以具有创造性和有意义的方式吸引捐赠人和受赠人，使非营利组织能够代表捐赠人实现其宗旨(Clohesy，2003)。尽管人们通常认为电话筹款是最困难的筹款方式，但是过去的几年或几十年里，它为传统的年度捐赠奠定了广泛的捐赠人基础，大额捐赠和捐赠计划的潜在捐赠人就受到了它的培养。因此，设计能够有效吸引捐赠人的电话劝募流程至关重要。 387

本章内容包括：

- 电话劝募在总体发展项目中的作用。
- 在筹款中使用电话劝募面临的挑战和机会。
- 建立一个电话劝募项目的流程步骤或审查当前项目的流程步骤。
- 管理电话劝募项目的方式。
- 如何对电话劝募进行管理。

至少自20世纪90年代以来，筹款人都很担忧家庭电话答录机、呼叫等待和来电显示会带来的挑战。如今，手机更是逐渐普及，智能手机无处不在，使人更容易看到电话筹款的环境正在迅速变化。今天，18~44岁的美国成年人中，有50%的人只使用手机。即使在拥有固定电话的“无线家庭”中，1/3的人还是选择用手机接听全部或大部分电话(Blumberg and Luke，2014)。与此同时，捐赠人的交易偏好也在不断变 388

化。根据一项调查，电话捐赠是最不受欢迎的捐赠方式。2013 年，只有 10%的捐赠人通过电话进行捐赠。尽管面临诸多挑战，电话劝募仍然是总体发展项目的重要组成部分。

尤其是如第十七章所述，精心设计的电话劝筹项目发挥着重要的作用，能够最大限度地提高综合性年度捐赠项目的有效性。电话劝募能够支持年度捐赠中的以下目标：

> 对组织的支持群体进行教育。训练有素的电话劝募人和潜在客户之间的个人互动，使组织能够在不同的细分支持群体中进行个性化消息传播效果的检验，基于与潜在捐赠人实时的个性化互动对筹款声明进行个性化完善，并及时地处理预期之中和之外的反对意见。
>
> 获得、更新并升级捐赠人。良好的电话劝募项目能够带来大量的个人劝募，捐赠人的获取和更新率远远超过直接邮寄或电子劝募。此外，电话劝募中所固有的私下和互动协商，有助于提升捐赠人的捐赠额。
>
> 培养捐赠人的捐赠习惯。精心策划和实施的年度电话筹款宣传活动可以深入组织的支持群体，并推动整个捐赠人群体的定期捐赠。每年进行一次电话筹款活动，对于定期捐赠文化的培养和维护至关重要。
>
> 提供捐赠人管理。无论是使用志愿者还是有偿电话劝募人，现场亲自表达感谢的力量都是无与伦比的。本章稍后将进一步探讨管理工作。
>
> 为大额捐赠和捐赠计划培养潜在捐赠人。通过恰当的计划、培训和维护，现代综合性电话劝募项目可以用来推动重要的捐赠劝募和捐赠计划。

由于能够实现以上五个目标并带来其他收益，电话劝募可以作为综合发展项目的基础。在开发卓越的电话劝募项目时，应该考虑到以下关键概念。

389 ## 计 划

无论一项电话筹款活动是仅仅持续几个星期，还是在一年 12 个月中持续运营，都必须进行全面的计划，使结果最大化。虽然在电话劝募方面，没有唯一的正确方式，但是在所有成功项目的计划阶段，都应该考虑到下列的关键因素，做出重要决策。

立法和规定

美国联邦和州层面会定期地制定电话营销方面的法律。虽然慈善机构通常不受此类立法的核心要素的约束，但重要的是要保持对不断变化的行政监管环境进行了解。尽管在电话营销的应用方面，慈善机构具有更大的法律监管自由度，但遵守行业标准依然是明智的选择，包括在上午 8 点到晚上 9 点之间来电、尊重对方不再希望接到电话的要求等。

此外，还有一些与电话营销相关的其他规则，例如支付卡行业(Payment Card Industry)标准对信用卡/借记卡支付信息的处理方式进行了监管。因此，在实施任何电话劝募项目计划之前，都务必到希望开展劝募所在州的法官办公室进行咨询或法律咨询。

数　据

完整、准确的数据对于电话劝募至关重要。某些具体类别的数据对于项目成功至关重要。在最基本的层面，需要联系信息，即姓名和电话号码，更理想的是能获得家庭和工作地址。应尽一切努力获得手机号码，并在数据库中将其与固话号码区分开来。先前的捐赠历史记录对于电话筹款规划也是必不可少的，能够充分地认可此前的捐赠，并更好地构建目前的劝募项目。

除了这些基本数据之外，理想情况是能够获得与潜在捐赠人配偶及家庭、志愿者参与、预测模型和财富筛选相关的信息。一般来说，你在数据库中维护的信息点越多，就越能够战略性、个性化地对致电情况进行细分，从而在你的组织和捐赠人之间建立最亲密的关系，并让捐赠最大化。

预　算 390

必须在发展项目的不同部分适当平衡预算资源。同样的，针对电话劝募的各个方面制定平衡的预算也非常重要，有助于实现筹款和维护筹款成果。电话劝募的要素包括捐赠人续约，失效捐赠人的重新激活，新捐赠人的获取，致电前预先发送电子邮件或明信片，给认捐者打提醒电话和发邮件，打致谢电话等。重要的是，你如何为各个要素分配预算。

在预算规划中，一定要考虑到这些决定的短期和长期影响。短期回报通常会促成预算分配的决策，但年度捐赠的长期影响则需要基于多年的投资回报率进行回顾。新捐赠人的获取是所有年度捐赠项目的重要组成部分，但也是成本最高的。如果仅在给定的12个月内进行测评，非捐赠人群体中每筹集1美元的直接成本比会超过1∶1，这种情况并不罕见。然而，通过精心的管理和有意识的捐赠人留住计划，新捐赠人在3~5年的累计捐赠将远远超过获得支持所需的初始预算成本。当考虑到新捐赠人终身进行的总捐赠时，这种收益还会增加。如果不对新捐赠人的获取进行持续投资，组织的捐赠人基础将随着时间的推移而停滞不前，组织的筹款潜力将受到限制。

志愿者或有偿电话劝募人的使用

25%的美国志愿者都在参与筹款活动，并且有充分证据表明，志愿者捐赠的可能性几乎是其他捐赠人的2倍（Corporation for National and Community，2014）。使用志愿者还是使用有偿电话劝募人，既可以通过预算、组织文化和志愿者的可用性来定，也可以依组织的主要目标而定。两种方法都有明显的优点和缺点。即使在人员配备精良的组织中选择使用有偿电话劝募人，创造性地思考如何利用志愿者参与劝募和管理也是明智之举。

利用志愿者拨打劝募电话，能够让大量支持者有机会参与直接有益于组织的活动。这些志愿者能够看到其工作的直接影响，了解组织的宗旨，并对组织有更多的主人翁意识。虽然不是每个志愿者都有兴趣参与直接劝募，但是在电话筹款活动中，也有一些文字工作需要志愿者的参与。有志愿者参与的电话筹款活动，不仅提供了筹集所需资金的手段，也为吸引和激励志愿者提供了机会。

391 另外，志愿者可能并不是组织依靠其打电话将联系和筹款最大化的最合适人选。如果组织拥有大量捐赠人基础、复杂的细分需求和较长的电话劝募时间安排，它们可能会选择有偿电话劝募人来满足这些需求。筛选和招聘有偿电话劝募人的流程可以更严格，组织还可以对其开展更广泛的培训和更高水平的问责。一些表现不佳的有偿电话劝募人可能被辞退。这些因素都能够最大限度地提高电话筹款项目的效率和有效性。

电话劝募自动化

自动化提高了大规模电话筹款活动的效率。自动化系统多种多样，功能和价格千差万别。如果一个完善的自动化系统能够得到恰当的应用，那么就可以通过自动拨打电话、调整劝募水平以匹配潜在客户的捐赠历史、提供详细的潜在客户信息、根据需要安排回拨、安全处理信用卡捐赠等来提高效率。自动化系统还可以在夜间按需生成定制化的报告，这也提高了效率。要和有使用这些自动化系统经验的同行研究和讨论如何选择系统。许多系统很好，但不一定对组织有利。应该花点时间找到最适合组织特殊需求的系统。

使用顾问公司

使用顾问公司对电话劝募项目的部分或整体进行管理是一项重大决策，应该在组织整体发展理念的背景下进行。对某些组织来说，使用顾问公司可以大大提高现有电话劝募项目的效率，或者为组织提供一种简单的方法来开始新的电话劝募项目。使用顾问公司还可以为现有内部员工腾出时间，让他们专注于发展项目的其他方面。而另一些组织因为有大量的自行完成的电话筹款活动经验，可以有效地管理项目，紧密地掌握信息，并利用机会提高志愿者的参与度，所以不使用顾问公司。还有一些组织则采用混合方法，保留自行完成的电话筹款活动来应对某些细分市场，将其他细分市场外包给顾问公司。总而言之，正确的决定取决于组织的环境、经验和适应程度。

在选择顾问公司的过程中，重要的是开展广泛研究。顾问公司的数量和这些公司提供的服务范围都大幅度扩张。这种发展形成了买方市场，
让寻找一家信誉良好、符合项目需求的顾问公司的过程变得更加复杂。392
有必要对一些顾问公司开展访谈，并对其现有的和过去的客户进行访谈。

选择好顾问公司仅仅是第一步。应该在活动之前、之中和之后都与顾问公司保持合作，以实施细分战略、提供电话脚本和电话劝募人培训

所需的信息、确保信息的恰当和一致、跟踪电话筹款活动进展、解决潜在捐赠人提出的意见和问题，以及与电话筹款活动相关的其他问题。成功的顾问公司与客户的关系取决于双方对期望的共识和定期沟通。

战略和细分市场

战略和细分市场由很多因素驱动，但这些因素并不包括潜在客户群的规模以及在该客户群范围内所需要的联系次数。对于某些组织而言，市场的细分可能非常简单，比如在年度筹款活动期间给某个细分市场的原捐赠人打电话。但更复杂的组织在为期 12 个月的持续筹款活动中，可能有 1000 多个细分客户群。

对战略和细分市场做定期审查是大有裨益的。年度绩效依赖于对过去成功的市场细分计划的修订，以适应组织支持群体不断变化的特征。对细分市场绩效的分析能够指导新的变革，为组织提供强有力的机会信号，提示组织应扩大劝募、增加新的细分市场、提高初始劝募金额，或者(绩效结果体现出需要)对劝募消息进行修订、在一年中其他时间再致电、降低初始劝募金额或停止所有的电话筹款活动。应该对细分市场的结果持续监控，从而进行小幅度调整，将活动绩效最大化，也可以基于过去的绩效数据，对未来筹款活动的战略做出根本性调整。

电话劝募要素解析

对于任何成功的电话筹款活动来说，最根本的就是致电本身。每一次通话都是电话劝募人和潜在捐赠人之间的一种互动，训练有素的电话劝募人会确保每次电话劝募都包含以下要素。

培　训

无论是对志愿者进行培训，还是对有偿电话劝募人进行培训花费的时间都是物有所值的。培训可能需要一个或几个小时，但是应该让电话劝募人有足够的时间练习建立亲和感、协商捐赠，并通过角色扮演处理潜在捐赠人拒绝捐赠的意见。

393 致电前的计划

这部分流程不应该太长，但对于成功的劝募至关重要。在致电之前，电话劝募人应该对潜在捐赠人的姓名、居住地和捐赠历史再做一次检查，做好致电准备。

开场白

电话接通后的最初几秒钟非常重要，有利于实现成功的电话劝募，构建电话劝募人和潜在捐赠人之间的积极关系。要想做一个强有力的开场白，信心、职业精神和热情至关重要。开场白应该把劝募人和本次致电原因做一个介绍。在进行劝募之前，劝募人可以要求对方提供重要的统计信息，包括邮寄地址、电子邮箱地址、手机或固定电话号码确认、雇主和企业信息。电话劝募的这个早期阶段对于建立劝募人和潜在捐赠人之间的和谐关系也是至关重要的，同时能够让潜在捐赠人理解这并不是一个营销电话，而是劝募人代表组织进行联系、寻求支持，从而推进慈善事业的发展。

筹款声明

电话劝募人完成电话劝募所有要素的时间很有限，因此筹款声明必须简洁、有说服力并且与潜在捐赠人相关。电话劝募人必须阐明组织的宗旨、宗旨重要的原因以及捐赠对推进该宗旨的影响。可以通过进阶培训确保电话劝募人做好准备，以自信和令人信服的方式表达筹款声明。志愿者和有偿电话劝募人必须理解并相信组织宗旨的价值，才能有力地呈现这一阶段的筹款请求。

劝　募

电话劝募所带来的很多收益与直接请求支持不一定相关，但劝募才是致电的核心。和通话的其他阶段一样，电话劝募人必须自信、专业、热情，应该仔细考虑自己的语气和在劝募时使用的措辞，并在适当的时机进行假设。例如，“你有兴趣捐赠 500 美元吗”和“如果您今晚能捐赠 500 美元就太好了！您可以刷卡，这样您的捐赠马上就能生效”，这两种劝募方式有很大的区别。通常来说，能不能获得对方的认捐，就在于电话劝募人的措辞和热情。

电话劝募人遵循组织规定的劝募结构也是至关重要的。对任何劝募 394

来说，最常见的回应都是“不”。因此，完善的策略在于，在整个通话过程中使用多种劝募方式。劝募人必须准备好一开始就被拒绝，应对潜在捐赠人提出的反对意见。这一阶段最重要的方面，是通过聆听和表达对潜在捐赠人顾虑的真诚关切来适当、巧妙、持续地回应反对意见，并在这些反馈的基础上提出能和对方产生共鸣的捐赠理由。每个组织都必须确定适当的坚持程度，但在单次通话中使用三次或四次不同的劝募方式是很常见的。对反对意见进行四五次回应之后，劝募人才能接受对方的拒绝，这与汉克·罗索的观念一致。

此外，最好确定每次劝募的具体金额。对于此前有给组织捐赠历史的潜在捐赠人，通常要根据上次捐赠金额的某个倍数来确定劝募金额。例如，如果潜在捐赠人上次的捐赠是 50 美元，那么首次劝募的建议额可以是上次的 10 倍，即 500 美元。如果建议的认捐金额显著高于先前的捐赠金额，那么就能够给潜在捐赠人提供机会，考虑进行高于其之前可能考虑的金额的捐赠。此外，如果最初建议的捐赠金额高于潜在捐赠人有支持兴趣的额度，还能够提供机会让劝募人继续沟通、提供其他令人信服的理由，并讨论稍低水平但依然高于此前捐赠的额度。对于没有给出捐赠历史或其他重要数据的潜在捐赠人，第一次劝募时可以设定 500 美元的固定目标，第二次为 250 美元，第三次为 100 美元，第四次为 50 美元。

另一种确定捐赠数额的方法是利用社交信息。实验心理学研究表明，社交信息，即他人捐赠的信息，可以帮助人们设定自己对捐赠的期望并了解什么才是合适的数额（Shang and Croson，2009）。尤其是如果了解到“向上的社交信息”，人们甚至可能会增加捐赠。一项研究表明，当捐赠人首次被请求的捐赠额的总体百分位排名占第 90 位（即显著高于平均捐赠额）时，比起其他没有了解这一社交信息的新捐赠人，这些了解社交信息的新捐赠人的捐赠额要高出 12%，他们第二年进行再次捐赠的可能性也比前者高出 100%（Shang and Croson，2009）。虽然这种“向上的社交信息”不会影响续约的捐赠人，因为他们可能对捐赠额已经有了自己的想法，但劝募人也要考虑一下，12%的捐赠增长对于所在的组织将意味着什么！

395 **结束通话时的话术**

无论潜在捐赠人是否做出认捐承诺，通话的尾声都是关键时刻。潜在捐赠人对组织的最后印象，就是它带来的。如果潜在捐赠人已经做出认捐承诺，此时就是重要的机会，立即通过信用卡获得捐赠，同时获取与潜在捐赠人所在企业雇主相关的配捐信息并确认一些统计信息，最重要的是，要对潜在捐赠人表示感谢。如果对方没有做出认捐承诺，也要以积极的方式结束通话并鼓励潜在捐赠人在未来的某个时间考虑做出支持。在任何情况下，通话结束语都是让潜在捐赠人与组织保持积极关系的最后机会。

电话筹款活动管理

在整个电话筹款活动的过程中，都可以对绩效指标和数据信息进行跟踪。电话劝募中心的一些管理者专注于造出一些新的也更复杂的统计数据，并将对这些数据的分析看作对自身职务的有益挑战。另外一些管理者则只关注一两项统计数据——可能是认捐总额和认捐率。无论采用何种方法，重要的是要确定重点成果，并且关注有助于实现这些成果的统计数据。

记录计数

电话劝募项目成功的最基本要素，就是记录计数。因此，尽可能多地获得拥有准确电话号码的记录，是始终应该强调的重点。要想成功，就要依靠定期的记录更新和数据清理。其中的大部分工作可以通过与支持群体定期接触并保存记录，在组织内部完成。也有服务商能够提供各种数据管理服务。

除了保持数据库中数据的完整性之外，还必须对记录计数进行仔细检查，确保细分市场筛选数据的准确性。在进行数据筛选时，应该仔细考虑这一点，同时也要检查数据筛选的记录计数。可以与前几年的记录计数进行比较，验证劝募人为每个细分市场选择的记录计数的准确性。

完成百分比（完成总人数/总记录数）　完成百分比衡量了劝募人深 396
入潜在捐赠人群体的程度。完成任何细分市场的75%～80%，这种预期是合理的。重要的是，这样做是为了最大化针对捐赠群体劝募的深度。对每个细分市场完成的通话越多，能做出的劝募就越多，那么筹集到的款额也就越多。

认捐率(做出认捐的人数/联系的总人数) 这一衡量标准往往是很多电话劝募项目经理关注的焦点。计算出联系的总人数(做出认捐的人数加上拒绝的人数)，用做出认捐的人数除以联系的总人数，就得出了这一比例。认捐率能够驱动劝募人增加捐赠人数量以及为组织筹集的总金额的能力。

平均认捐额(认捐总额/做出认捐的人数) 平均认捐额是大多数项目的另一个核心衡量标准。平均认捐额是一种财务指标，也是衡量电话劝募人对认捐金额进行协商、将捐赠最大化能力的关键指标。平均认捐额的下降，可能意味着劝募人跳过了某些劝募阶段或劝募阶梯的结构不正确。每次通话所匹配的捐赠额的增加，能够大大提高平均认捐额和筹集的总金额，所以很多项目会对每次通话匹配的捐赠额进行单独衡量。

完成率(捐赠完成总额/认捐总额) 大多数电话劝募项目会带来认捐承诺，但是必须集中关注这些认捐承诺的履行情况。应根据筹款总额和认捐总额对完成率进行定期跟踪。通过电话劝募使用信用卡或借记卡的认捐完成率是关键的统计数据。任何认捐承诺在通话结束时都应强调信用卡的支付方式。成功的项目一般会通过信用卡实现30%或更多的电话认捐。信用卡认捐非常重要，许多项目会对这一数据进行单独监测。

如果完成率较低或降低，则应该立刻对认捐的提醒和管理过程进行分析，并对通话质量和劝募数量开展相关讨论。作为“幕后动作”，持续监控认捐承诺完成情况方面的数据，对于项目的成功至关重要。

每小时完成的或联系的人数(总完成或联系的人数/总通话时间) 每小时完成的或联系的人数是重要的效率指标，可以用于衡量电话劝募人、具体细分市场和整个项目的绩效。每小时完成的人数有助于确定员工和项目的效率，并协助绩效预测，非常重要。

397 **每次通话完成的金额(总金额/完成次数)** 每次通话完成的金额是项目最重要的统计数据。它对项目中三个最重要的因素进行了即时评估：捐赠人(认捐率)、捐赠额(平均认捐额)和数据质量(占联系人的比例)。这个统计数据可以衡量整个项目的绩效，同时它在细分市场层面也很重要。有些组织有很多的细分市场，但是预算优先，那么每次通话联系的捐赠额就成为判定拥有最佳直接回报的细分市场的重要方式。这个数据能够实时反映项目的健康程度，应该对其进行定期监测。

管理工作

如第三十一章所定义，管理既是一个管理性过程，也是一个符合伦理的过程，在这一过程中，接受捐赠的组织对捐赠人的捐款进行认可和使用。实际上，管理工作应成为筹款流程的一部分，并应成为所有电话筹款活动的目标。即使是最基本的电话筹款活动，也涉及大量的资源和基础设施，应该利用筹款活动将捐赠人的捐款管理工作最大化。

但是，通过电话劝募项目提升管理工作的机会可能并不明显。推动个性化管理有两种常见方式，一是要求电话劝募人在几次通话之间发送亲笔写的感谢卡，二是把致谢纳入电话劝募的安排之中。

捐赠人对奖章和其他小礼物等实物认可的偏好正在下降，而对更有意义的认可的渴望仍然存在（Burke，2014）。在捐赠人最珍视的认可方式中，亲自打致谢电话就是其中一种。短期的电话管理活动为最高级别志愿者即非营利组织董事会成员参与其中提供了绝佳的机会。在一项针对捐赠人的研究中，90%的受访者表示，如果他们能收到董事会成员的致谢电话，他们会再次进行捐赠。开展良好的管理工作本身就是有价值的，也是一种减少捐赠人流失的简单方法。在同一项研究中，2/3 的受访者表示，如果他们收到这样的致谢电话，他们可能会捐赠更多（Burke，2003）。

充分发挥电话劝募项目的能力

随着对年度捐赠项目的需求不断增加，劝募人要超越电话劝募项目的传统职能。除此之外，还要考虑电话劝募项目在多大程度上可以改善组织的筹款工作。成功的组织正不断尝试和检验如下的新想法 398
（Berkshire，2012）：

二次劝募项目。在年初做出捐赠的捐赠人可能会在这一年度晚些时候再次收到劝募电话。通过完善的方法和持续的管理，良好的二次劝募项目可以产生60%或更高的认捐率，平均捐赠额可以与初始劝募相当甚至更高。

领导层年度捐赠电话。虽然电话劝募项目通常用于保证小规模捐赠，但也可以通过电话劝募来联系具有更大捐赠能力的捐赠人进行劝募。这种类型的项目需要对电话劝募人进行特殊的筛选和培训。

财富筛选和预测建模。许多数据分析可以在内部完成，复杂程度有所不同。但是，如果组织有资源开展专业财富筛选和预测建模，可以将这些内容纳入电话劝募项目中。此类信息将为市场细分策略、建议的劝募金额以及电话筹款活动的其他要素提高精确度。

捐赠计划开发通话。已经在运营捐赠计划的组织可以考虑通过增加通话中的要素，协助捐赠计划的开发工作。有一些外部服务商可以提供相关服务，但也有一些组织将这一元素添加到内部的电话劝募活动中。因为即使对于最成熟的组织来说，捐赠计划都是一个非常复杂的元素，所以如果要将其添加到电话劝募活动中，需要进行全面精心的计划。

结　语

精心策划的电话劝募项目可以作为年度捐赠工作的基础，为总体发展项目增添巨大价值。在不断变化的慈善和法律环境中，电话劝募工作将会持续发展。这种持续的发展带来了挑战，但它也为组织持续获得支持提供了绝佳机会。如果希望实现成功的电话劝募项目，就要在监测项目各种要素以及在持续寻求同行和其他专业人士外部投入的过程中，时刻保持机敏。通过使用这些方法，电话劝募项目将继续发挥重要作用，协助个人通过支持慈善组织完成善举。

399

讨论问题

(1) 如何将电话筹款整合到你所在组织的综合发展项目中？可以通过哪些机会加强投入？

(2) 电话筹款活动有哪些优势和劣势？

(3) 电话筹款可以从哪些方面支持组织的年度基金和管理工作？

(4) 在将组织的电话筹款活动外包之前，应该考虑哪些因素？

第二十九章　数字筹款

杰夫·斯特朗格

读完本章后，你将能够： 401

1. 解释“许可”作为一种资产如何影响线上和线下筹款。

2. 为数字筹款设定明确、可衡量的目标。

3. 阐释网站、社交媒体、电子邮件和移动筹款如何相互依赖，并需要采用怎样的综合手段。

4. 论证无论使用怎样的社交平台，筹款的最佳实践都能够发挥作用。

5. 适当回应社交平台的负面评论。

过去 15 年，社交媒体已经引起了美国文化、政治和筹款的变革。我们看到，Facebook 一类的公司从校园学生通讯录发展成为价值超过 10 亿美元的上市公司。Twitter 改变了新闻发布的方式，如今新闻发布已经让位于 140 个字符的推文。视频网站 YouTube 的用户每分钟会上传 300 小时的视频。通过社交平台获取资金、注意力或投票，已经成为一种商业和数字广告策略。在 2012 年的总统大选中，奥巴马的竞选活动线上筹集了 6.9 亿美元（Scherer，2012）。2015 年，美国的非营利组织在网上筹集了 20 亿美元（MacLaughlin，2015）。

在整个社交媒体的历史中，唯一不变的一直是变化。在撰写《实现卓越筹款》第三版时，MySpace 还是社交媒体领域的主要竞争者。但从那以后，它似乎更像是留下了点睛之笔的一个结尾。《实现卓越筹款》

第三版出版时，Pinterest、Snapchat 和 Instagram 等网站甚至籍籍无名。如今，它们都拥有了针对独特市场定位的社交内容。本章提供了一些在不断发生的变化中能够跨越不同平台的基本事实。在恰当的背景下理解数字筹款和社交媒体，并运用完善的筹款原则来使用这些工具，至关重要。

正如我们之前提到的，美国非营利组织 2015 年线上筹集了 20 亿美元。值得注意的是，前文提到的布莱克波特公司 2014 年的研究表明，线上捐赠额增长了 8.9%，而捐赠总额仅增加了 2.1%。这体现出捐赠的趋势和偏好正在开始转变。随着越来越多的美国人习惯于线上交易和捐赠，非营利组织都需要采用最佳实践，确保为捐赠人提供安全、有保障和便于移动的方式，线上实现慈善目标。

许　可

任何关于社交媒体、电子邮件营销或数字筹款的探讨，都必须从许可的概念开始。许可是筹款中最重要的资产。很多年来，许可都是捐赠人给我们的第一份礼物。

直到我们获得了许可，能够开展对话并分享筹款声明，才能够获得时间、才能或财富等捐赠。线上和线下捐赠都是如此。当他人在 Facebook 关注我们时，我们就获得了出现在他们的新闻推送中的许可。当他人向我们提供邮寄地址时，我们就获得了发送邮寄请求的许可。

因此，如果捐赠许可在某种程度上能够使粉丝或关注者成为捐赠人，我们将如何对待他们？如何培养他们？如何将许可变成现金捐赠？可以考虑以接近大额捐赠人的方式接近可能的捐赠人。一般来说，培养典型的大额捐赠需要 6~18 个月的时间。要实现这一目标，需要大额捐赠专员做出长期的投入。不仅需要投入大量时间，还需要持续的沟通。

社交媒体和数字策略也是如此。非营利组织必须致力于持续沟通的长期战略。不在社交媒体发布信息，就发现不了存在的巨大差距。非营利组织向社交媒体粉丝呈现的内容，必须是相关、充实和具有激励性的。
403 与此同时，也必须制定内容共享的策略，确保非营利组织所使用的所有社交平台和线下工作之间的持续性和一致性。

三个目标

那么我们的线上筹款策略应该是什么？对各种规模的非营利组织来

说，这个问题都是一个挑战。关于社交媒体的大多数传统看法是它们对实际筹款无法发挥作用。许多专家认为，社交媒体主要是聚集朋友的平台而不是筹款的平台。因此，你的目标应该与“互动”和“触及”等内容紧密相关。

我们如何来衡量这些内容？可以肯定的是，Facebook 会告诉你，有多少人看到了你昨天分享的活动照片，但这意味着什么？你如何通过衡量“触及率”，来衡量相关行为是否与组织利益相关？

答案是：你不能也无法去衡量。事实是，我不可能走进首席执行官或发展总监的办公室，告诉他们照片“触及率”有什么意义。因此，我们需要一个完全不同的衡量范式。发布筹款活动时，要考虑三个非常具体的和可衡量的目标：通过电子邮箱注册的用户、志愿者和月度捐赠人。

为什么是这三个目标？首先，这些目标都是可衡量的。其次，它们都非常明确和具体。最后，它们都能够直接影响到组织的收益，并且很容易向领导、董事会和支持群体解释这些目标成果。

首先，我们来关注电子邮件。虽然有人说电子邮件已经式微，但事实并不如此。可参考以下的统计数据：

- 95%的消费者使用电子邮件，91%的消费者每天检查 1 次电子邮件（这仍然比查看 Facebook 的消费者更多）（Lacy，2013）。
- 电子邮件账号数比社交媒体账号数多 3.25 倍（Radicati，2013）。
- 营销人员报告称，2013 年电子邮件比 Facebook 和 Twitter 提供了更多的新客户（Aufreiter，Boudet and Weng，2014）。
- 42%的社交媒体用户每天至少检查 4 次电子邮件（Connolly，2011）。
- 75%的社交媒体用户表示，电子邮件是品牌与他们沟通的最佳方式（TowerData，2013）。

将电子邮件与社交媒体结合，仍然是线上实现品牌最大化的最佳方式。电子邮件是一种比关注者或粉丝更高级别的许可。通过电子邮件，

筹款人能够构建起个人资料档案，比起在 Facebook 和 Twitter 上发布信
404 息，筹款人可以和客户进行更有针对性的交流和沟通。因此，这里建议的方式，是定期通过你的社交媒体渠道（Facebook、Twitter 等），发布行动呼吁，获得人们的电子邮件信息。

接下来，让我们关注志愿者的问题。根据美国国家和社区服务公司的数据，一名志愿者每小时的平均价值为 23.07 美元。通过跟踪记录慈善组织通过社交媒体招募的志愿者及其志愿服务的时间，可以得出简单明了的社交媒体工作价值，如表 29.1 所示。

表 29.1　通过社交媒体招募志愿者的价值

2014 年通过社交媒体招募的志愿者	履行的志愿服务总时间	志愿服务总价值
75 人	1500 小时	34605 美元

但产生价值的，不仅仅是志愿服务时间。我们知道，10 个志愿者中会有 8 人向慈善组织捐赠，这个比例是没有志愿经历人员的 2 倍（Corporation for National and Community Service，2014）。通过跟踪记录社交媒体招募的志愿者所做的捐赠，你的组织可以更清晰地了解社交媒体工作的真实投资回报率（ROI）。在邮件里，我们还可以通过定期的、有意识的行动呼吁策略来鼓励人们加入志愿者行列。

最后，我们来关注月度捐赠。月度捐赠项目是用以平衡年度捐赠的绝佳方式。月度捐赠是一种成本更低的筹款方式，因为培养与现有捐赠人的关系比吸收新捐赠人的成本更低。然而，我们有充分的理由来重新审视月度捐赠人。首先，我们知道捐赠人的续约率非常低。2013 年，美国非营利组织的捐赠人平均流失率约为 75%，但从研究中可知，月度捐赠人的续约率约为 60%或更高水平（Blackbaud，2014）。

更令人欣慰的是，通常来说，月度捐赠人每年还会回应另外的两到三次劝募请求。他们所拥有的终身价值是年度捐赠人价值的 2 倍。从长远来看，在劝募人的捐赠人库中，月度捐赠人是最有可能提供大额捐赠和/或有规划的捐赠的人。考虑到这一点就会发现，月度捐赠人的培养不仅有利于保持年度基金的稳定性，而且对于未来的捐赠至关重要。因此

我们向你提供的策略，还是建议你向你的社交媒体和电子邮件订阅者持 405
续发布行动呼吁，鼓励他们加入你的月度捐赠计划。与其他两个目标一样，这个目标也很容易进行衡量和报告。

总而言之，这三个目标给你提供了一个简单明了的框架和内容策略。你可以很容易去报告和追踪相关的结果。这三个目标不能够完全取代所有消息发送工作。和现在一样，你仍然可以在社交媒体上发布你的活动、里程碑和其他内容。但是，要有意识地发布包含这三个目标行动呼吁的综合性消息。上述方式适用于你希望吸引受众的任何社交媒体，无论通过何种平台，长期坚持这些做法将会帮助你取得成功。

网　站

值得注意的是，这些新型社交平台的所有光芒都无法掩盖组织网站的重要性。网站仍然是你希望关注者和粉丝进行访问的中心，他们可以从网站上获取更多信息并采取行动。

网站主页就像是组织在网络上的接待大堂，它要受人欢迎且便于使用，能够快速为访问者提供所需信息。在访问者跳转到其他内容网页之前，你仅有几秒钟的时间与其进行互动。你最好去了解一个完善的登录页面要包含哪些要素，同时如何避免常见的错误。作为专业筹款人，你可以依照上述建议对组织网站进行评估，从而使其效能最大化，同时你也有信心向网页设计供应商提出恰当的问题。

有一个设计完善、便于使用的网站主页非常重要。另一个令人信服的理由是，它对线下捐赠也产生了重要影响。一项对捐赠人行为的调查显示，49%的大中额捐赠人在做出捐赠决定之前，会访问非营利组织的网站。在这些大额捐赠人中，18%的人访问网站是为了做出第二次捐赠（The Wired Wealthy，2008）。你是否正在增加网页访问的便利性？

前文提到的慈善捐赠报告称，2012 年，美国非营利组织收到的线上捐款占捐赠总额的比例为 6.5%~18.0%（比例大小取决于在哪个行业）。这个数字每年都在稳步增长，专家预测到 2020 年，这一比例将达到 50%。随着线上捐款的增加，我们预计某些类型的捐赠会减少，而有些类型的捐赠则与劝募人发送的线上消息密切相关。2012 年，非营利部门的线上捐赠额平均增长了 10.7%。

然而，应该记住，网站能够发挥哪些作用，不能发挥哪些作用。如果设计完善，非营利组织的网站能够非常有效地吸引新捐赠人，并创造机会
406 激发捐赠。但是网站在促进长期捐赠关系方面就不那么有效了。然而，也可以使用社交网络工具、电子邮件和线上订阅来提升捐赠人的忠诚度。

请记住，网站最基本的功能是吸引和留住捐赠人。非营利组织的网站向访问者传达的内容必须清楚、简洁，必须便于浏览导航，也要很好理解。对组织的捐赠人基础做些了解也很重要。非营利组织网站的设计没有千篇一律的方法。一些组织需要传达大量信息，那么杂志形式的网站可能会更好地为其服务。而另一些组织则可能是志愿者主导的，就需要社交网络工具或更高程度的互动。

博　客

博客和社交媒体有什么契合之处？你可以把博客作为你的内容中心。一篇 300~500 字的博客文章可以重复调整和利用，从而节省时间。如果你身兼数职，时间紧迫，那么这一点就更加重要。下面的例子就说明了博客如何为你节省时间。

假设你已经创作了一篇博客文章，内含一张图片。你可以在 Twitter 转发文章的内容提要，可以在 Facebook 上分享文章内的图片和标题（当然还有链接），在 Pinterest 和 Instagram 上分享图片和链接。最后，可以在你所在组织的网站的“新闻”部分上传这篇文章。你可能并没有使用以上所有平台，但也没关系。重要的是，从这里可以看出，一篇博客文章可以用于发布七种不同种类的线上消息。如果你将博客文章中的图片和广告加入你的新闻通讯里，那么同一篇文章就能够创造出八种不同的消息！

博客创作小提示

博客是以会话的风格撰写的。由于段落和句子都很简短，博客的语言通常很容易理解。一般来说，网络用户的注意力都很短暂。因此，长而复杂的句子将无法吸引读者，必须使用简洁的和会话式的语言。非营利组织经常犯的一大错误，就是使用内部术语。要不惜一切代价地避免这种情况，并假设你的读者对组织知之甚少。

要体现出个性。鼓励博客创作人表现出组织的个性。更重要的是，要发现从内容中受益最多的分享和创作对象。确保将筹款声明陈述与组织宗旨相关联。

扩大博客读者群的另一个关键方法，是让博客内容能够更容易在搜 407
索引擎中识别。最简单的方法，是考虑最容易和组织产生关联的五个关键词。例如，你正在运营收容所，那么你就可以使用以下关键词：无家可归者、住所、饥饿、你所在城市以及你所在组织的名称。让博客创作人将这些关键词贴在电脑旁边，在创作博客文章时，他们的目标应该是每次使用2~3个这样的单词。不久之后，当人们在你所在地区搜索这些关键词时，你的组织就会成为靠前的搜索结果。

博客创作的基本提示

- ☑以会话风格写作。
- ☑在引用内容时要保持简短。
- ☑鼓励评论和讨论。
- ☑链接到其他博客、来源、文章。
- ☑插入图片。
- ☑为你所在组织制定博客政策，明确界限和目标。

除了每日要发布的短博文，还要偶尔增加“核心博文”。核心博文是指较长的博客文章，包含普适、原创和独特的信息。这些文章通常以一个特定主题为中心，就该主题提供更深入的见解或专业知识。比起常规博文，核心博文可能会被其他博主链接、更常被加入书签或被更多的人转发。

电子邮件

在三个目标的部分，我们谈到了电子邮件。现在我们来探讨如何有效使用电子邮件。随着社交媒体的兴起，我们很容易忘记电子邮件作为筹款工具在与志愿者和捐赠人沟通中的重要性。最近，一项关于捐赠行为的研究就电子邮件、直接邮寄、社交媒体与捐赠之间的关系发布了一些不同的见解。

康维尔线上基准研究

2012 年 3 月，康维尔公司（Convio）对大量非营利组织展开了调查，以期更多地了解捐赠的趋势以及捐赠与电子邮件的关系（Bhagat, McCarthy and Snyder, 2012）。一些关键的发现如下：

408 1. 2011 年，较小型的组织捐赠增长最快。少于 1 万个电子邮件联系人的被调查组织中，线上捐赠额增长了 26%，捐赠数量增长了 32%。

2. 捐赠中位数增加到 93.67 美元。

3. 2011 年，支持者捐赠项目增加了 38%。

4. 2011 年，非营利组织收到的电子邮件增长了 17%。

5. 2011 年，网站流量增长了 11%，但注册率从上年的 2.1%降至 1.9%。

在这里，我们想要深入了解一个在许多组织中存在的问题。这些组织可能有精美的网站，在 Facebook 上也表现不错，但收到的电子邮件数停滞不前。仔细观察会发现，这些组织通常不会在其网站上放置醒目的注册按钮，或者也不会定期提醒关注者/粉丝进行注册，造成了机会的浪费。要记住，更深入的对话和更具体的劝募都来自我们发送的电子邮件。对注册（许可）的重要性，要时刻保持关注。

康维尔研究揭示了年轻捐赠人的哪些特点?

1. Y 世代群体往往对组织忠诚度较低。

2. 他们确实渴望帮助他人，但更希望能够提高朋友和社交网络对其支持事业的认识。

3. 30 岁以下的受访者中，37%的受访者在过去一个月内向朋友转发了（通过电子邮件、Facebook 或 Twitter）关于慈善组织的消息。

4. 直接邮寄仍然可能产生影响：43%的 X 世代和 26%的 Y 世代

受访者通过直接邮寄进行捐赠。

5. 相比之下，35%的 X 世代受访者通过慈善网站捐赠，29%的 Y 世代受访者进行线上捐赠。

6. 在接受调查的所有年龄人群中，最令人意外的数据之一是：52%的捐赠人曾在超市或零售店捐赠。这可能就是救世军“红水壶”运动（Salvation Army's Red Kettle）或“女童子军饼干销售”（Girl Scouts Cookie）能取得持续成功的原因。

电子邮件的优势包括能利用比线下筹款更少的成本吸引更多的人。直接营销商协会（Direct Marketer Association）的一份报告称，每投入 1 美元，通过电子邮件能够获得的回报为 48 美元。这种方式的确比线下方式更关注许可。试邮寄这种方式并不适用于线上筹款，其实它等同于垃圾邮件，可能对你的组织产生严重的后果。

在经济不景气的情况下，电子邮件尤其能够有效降低成本，同时也能 409
收集更多的信息。如果你的实际地址联系人比电子邮件联系人占比高，你可以通过线上请求来代替线下呼吁来降低成本。还可以通过电子邮件让重要捐赠人了解最新信息，或通过免费赠品或优惠券回馈其对组织品牌的忠诚。

要实现成功的电子邮件筹款活动，必须拥有电子邮件地址。需要构建你的电子邮件数据库，这会花费很多时间和精力。首先，要让网站访问者提供电子邮件地址成为一件更容易的事。注册按钮的位置应该易于查找，并使用能够增加社区感的语言，邀请访问者加入这个事业。

你还需要考虑多种方式让人们加入你的电子邮件地址列表。可以将这一请求添加到你的电子邮件落款签名中，也可以将请求放在由志愿者填写的书面表格中，或是在活动中为人们提供机会。也可以发起线上调查或竞赛，让访问者留下电子邮箱地址。始终将“转发给朋友”链接包含在邮件中，以便你的捐赠人传播信息。

关于电子邮件筹款活动的其他提示

1. 使其易于用移动设备操作。使其易于用移动设备操作。使其易于用移动设备操作。电子邮件营销人员报告指出，2015年有53%~66%的电子邮件是在移动设备（智能手机和平板电脑）上打开的。这一比例不断上升，因此要确保你所使用的电子邮件平台能够带来愉快的移动设备阅读体验。

2. 保持简洁易读。不要插入太多图片或图形，使用有质感的字体。

3. 如果你要分享的故事很长，可以考虑只发送摘要，将其链接到你所在组织网站的完整故事。你还可以提供电子邮件主机版本的链接。

4. 主题栏应该有吸引力。主题栏就像报纸文章的标题，如果不能立刻抓人眼球，读者可能就不会继续阅读后面的故事。根据赛富时（Salesforce）公司开展的“说服和转换”（Convince and Convert）研究，有33%的人仅根据标题判断是否打开电子邮件！因此你的邮件主题很重要！

5. 只向给出许可的人员发送电子邮件！要提醒他们，你从哪里获得了对方的信息，以及他们为何会收到信息。

6. 鼓励你的发邮件对象将你添加到他们的电子邮件地址列表中。这将避免你的邮件进入对方邮箱的批量邮件文件夹，并增强正确打开图片的可能性。

7. 使用你特定的电子邮件提供商的工具，或利用软件尽可能地使消息更加个性化。

410 8. 退出接收邮件的链接和有效的实际地址要始终保留。

9. 承诺回复电子邮件！这听起来是理所当然的事情，但应该需要仔细思考你所在组织中的哪些人会回应这些回复。确保回复地址有效，不要使用自动回复。

10. 测试、衡量、更新、重复！与你的团队分享成果，并制定改进战略。

11. 先向你的团队发送测试电子邮件。这可以帮助你避免许多棘手的问题。

12. 保持一致，只有当你向给予许可的人发送的电子邮件内容一致时，才能够真正发挥作用。

13. 立即处理垃圾邮件投诉和取消订阅请求。这将使你免于被列入黑名单。

14. 避免在星期一以及星期五下午发送电子邮件。大多数电子邮件会在周一早上被删除。

15. 创造机会，与现实世界中的线上支持者联系！邀请他们做志愿者，参观或参加特设活动。这是线上营销和筹款带来的真正收益。

16. 不要使用多余的标点符号和英文大写标题，它们会导致你的邮件进入垃圾邮件文件夹。

17. 不要发送附件。

欢迎系列电子邮件

另一个提高捐赠人留住率的好方法，是在捐赠人完成首个线上捐赠后，精心设计创建欢迎系列电子邮件。当新捐赠人完成捐赠时，我们建议你采用以下计划：

1. 即刻发送表示感谢的捐赠确认。

2. 大约一周后，发送欢迎邮件进一步表示感谢，将组织的宗旨告知他们，并向他们表明组织将如何使用他们的捐赠。

3. 每隔 2~3 周，发送 2~3 个后续欢迎系列邮件。

4. 在恰当的时候（项目完成后、活动结束后等），发送一封“你所达成的成就”邮件。这会让捐赠人在收到感谢时了解到他们的捐赠已经得到了良好的管理。尽可能向他们具体地说明，他们这一金额水平的捐赠可能带来的影响。

5. 继续定期沟通。

通过这种方式加强联系的重要性不容小觑。美国的非营利组织在捐赠人留住方面做得很糟糕。线上和线下捐赠人留住率为 25%~29%。在一项关于捐赠人的研究中，当被问到为什么没有做出第二次捐赠时，9%的人已经不记得做过第一次捐赠了（Sargeant，2001a）。这是谁的错？提示：这不是捐赠人的错！

411 电子新闻简报

在电子邮件沟通的基础上，你可以进一步创建电子新闻简报。电子新闻简报可以帮助你节省资金，让捐赠人和志愿者时刻了解最新情况。以下是创建高质量电子新闻简报的一些提示。

1. 坚持不懈。如果你已经表明将每月发送电子邮件，那么就坚持下去。
2. 将你所在组织网站的链接、更完整的故事以及行动呼吁纳入新闻简报中。
3. 在页眉和页脚清晰地标明你所在的组织。
4. 放入取消订阅的选择。
5. 保持内容的简洁，用较短的段落表达，每份简报仅包含4~5个事项。
6. 让电子新闻简报具有互动性。
7. 在向列表中所有联系人发送邮件之前，进行测试。
8. 为了获得更好的结果对联系人列表进行细分（例如按照年龄、性别、事业等）。
9. 考虑将简报链接到网站主页，从而使讨论能够继续。
10. 不要包含附件。

Facebook

要使Facebook或其他形式的社交媒体有效发挥作用，必须牢记“社交”（social）一词。这不仅仅是关乎我们，而且关乎受众和他们希望得到些什么。事实上，我们甚至不应该再使用“受众”这个词了。《罗宾汉市场营销》（*Robin Hood Marketing*，2006）的作者凯蒂亚·安德森（Katya Andresen）采用了纽约大学杰伊·罗森（Jay Rosen）提出的“曾被称为受众的人”这一表达方式，清楚地阐述了它与社交媒体的关系。

曾被称为受众的人：

1. 不想听。他们想说。
2. 不想被动地接收信息。他们想要互动。
3. 不想消费内容。他们想要创造内容。

凯蒂亚·安德森的评价非常准确。有些组织仅仅将 Facebook 作为一个随意发放电子宣传册的平台，而不去关注期望是否与结果相符合。非营利组织必须致力于与捐赠人互动，让他们参与到组织中来。非营利组织是否鼓励粉丝在组织的 Facebook 留言板留言？是否鼓励他们上传照片和视频？非营利组织的粉丝希望互动、发声和创造。

懒人行动主义　近年来，筹款人和行业权威人士都会使用“懒人行动主义”（Slacktivism）或“网络点击慈善事业”（click through philanthropy）来描述一种网络行为。以 Facebook 为例，假设你建议我去关注某个公益 412
事业的页面，我看了一下发现已经有五个朋友关注了这个页面。因为我不想显得不合群或被看作冷漠的公民，因此我也选择成为这一事业的粉丝。

但是，我的动机并不是联系、能力、兴趣，而是我不想成为朋友圈里不关心这一公益事业的人。由于我的动机与组织宗旨没有联系，因此可能会忽略新闻推送中出现的消息。更糟糕的情况是，我可能会屏蔽这些消息，但仍然保持粉丝的状态。当人们看到我的兴趣时，他们仍然会认为我是一个关心社会的公民。这就是一种懒人行动主义，也正因为如此，组织常常会觉得实际结果无法满足它们对社交媒体的期望。

品牌主页和小组　Facebook 提供了除个人页面外，与他人互动的两种方式。品牌主页和小组提供了与你的支持群体互动的不同方式。小组是与志愿者沟通和管理组织内部讨论的好方法。品牌主页还允许增加更多自定义元素，并对流量进行测量。

一旦为组织创建了主页，你就可以在 Facebook 上投放广告。Facebook 广告的优势在于你可以聚焦特定受众，若要在实体广告中实现这种效果，需要很高的成本。假设你要向印第安纳波利斯满足以下条件的所有女性发送消息——21～45 岁、喜欢猫、大学学历，你要花费好多成本来获得这一联系人列表（如果它存在的话!）。但是，通过 Facebook 广告，你可以在具体受众群体的个人页面上投放广告。可以设置每日的广告预算，并基于每次点击或每千次阅读的成本进行付费。

需要注意三种类型的 Facebook 广告。参与广告将人们引导到 Facebook 内部的页面，而非外部网站。因此，参与广告可以用来让人们为你的网页点赞或参与你在 Facebook 上发起的竞赛或促销活动。赞助商广告会在新闻推送中出现，或是某人在你的页面上进行操作时出现。例如，如果我与你的页面进行了互动，赞助商广告就可能会显示在我朋友的新闻推送中，显示出我为你的页面点赞、评论或进行其他操作。从某种意义上说，我在好友间成为页面的代言人。最后一种类型，你可以在页面上放置链接到外部网站的广告，例如你的主页或其他目标网页。

Facebook 的时间线功能 Facebook 的时间线功能于 2012 年 3 月 30 日正式推出，并在过去的 3 年中不断根据用户的要求进行调整、更新或中断。最重要的是，要记住 Facebook 一直在对其进行更改，因此要及时
413 了解最近的变化。许多组织发现，一些新形式对于讲述自己的故事非常有用，而有些组织则很难跟得上这些变化。接下来的内容说明了此次更新中的主要特点，并为你提供了一些思考，了解如何能最好地发挥这些功能的作用。

封面图片 可以使用图片来讲述你的故事，吸引人们了解更多信息。可以捕捉志愿者或员工工作的瞬间。图片占据了大量空间，因此当人们来到你的页面时，图片将成为焦点。也可以使用拼接图片，但要选择能够体现组织标志性形象的镜头，或者体现出组织的标志。封面图片的大小为 851×315 像素。页面（头像）图像的大小为 180×180 像素。

付费参与 随着 Facebook 逐渐转向付费参与的模式，前文所述的大部分功能可能变得不相关了。这意味着 Facebook 已经开始加强对拥有大量粉丝的企业和组织的控制，让它们不得不去支付广告费用，从而覆盖更多的受众。

你可能会问，我们为什么还是保留了前文中的其他功能呢？第一，重要的是要了解培养线上受众方面，目前和曾经的最佳实践。第二，一些花费数年时间积累 Facebook 粉丝的大型公司做出了抵制，希望能够取消时间线功能的一些限制。因此，很难说谁会胜出，但我们希望你能为这两种情况同时做好准备，这就是我们保留前几部分的原因。

展望未来，最重要的是要记住，只有一小部分粉丝会看到你发布的

文章。你必须使用广告将最重要的消息发送给更多的粉丝或新粉丝。从这个角度来看，Facebook 已成为另一个广告渠道，而不是纯粹的社交媒体网站。虽然如此，比起纸媒广告，在 Facebook 上做广告还是非常划算的，并且更容易聚焦于你希望关注的群体。

我该如何管理这一切?

读到这里你可能在想，在管理好组织的其他事务的同时，应该如何管理 Twitter 和 Facebook? 你可以找到 Hootsuit、Tweetdeck 和 SproutSocial 这类的工具。这些应用程序能够协助你管理多个社交媒体。在注册后，你可以将其链接到 Facebook 个人资料、组织的 Facebook 粉丝页面、所有 Twitter 账户（如果你有多个账户）甚至你的领英个人资料。

最重要的是，你可以做出消息发布的安排。例如，在一年中较为忙 414
碌的时间，你可以提前几周或几个月安排活动公告、志愿者征集和提醒信息。你还可以通过这些平台管理联系人列表，并查看各种账户的统计数据。其中大部分软件有免费和付费选项，因此请务必阅读详细信息，找到最适合你的方式。

众　筹

众筹已成为非营利组织和营利初创企业的巨大筹资力量。你可以使用各种平台，如 Crowdrise、GoFundMe、Kickstarter 等发起众筹。这些平台的核心思想是通过数字手段，以每人较少的数额从一大群人处筹集到资金。如果能够专注于某个特定目标、有明确的筹款声明、让人们有能力和动力成为品牌大使，且对不同捐赠水平进行奖励，此时的众筹会获得最佳效果（目前还没有充分的数据证明众筹对非营利组织的影响。但众筹确实会对营利性活动产生积极影响）。

最重要的是要记住，当进行众筹活动时，不要把筹款原则抛诸脑后。如果没有令人信服的筹款声明，没有坚实的现有捐赠人基础，愿意代表你进行点对点筹款，那么众筹也不能有效发挥作用。因此，众筹成功的关键主要在于组织是否运营良好，能否讲好自己的故事，与数字战略的关系并不是那么大。

法　规

值得注意的是，许多组织对线上筹款相关法律的理解没有跟上线上筹款发展的速度。每个州都有劝募和筹款实践方面的不同法律。如果线上筹款超出了你所在州的边界，你可能还需要遵守其他州的规定。全国州级政府慈善监管官员协会制定了《查尔斯顿互联网和社交媒体劝募原则和指南》，旨在让慈善机构更容易理解相关的法律法规，提供指导和资源，确定必须在何时何地注册。强烈建议你阅读这一文件，同时，我们也在此总结了一些关键点。

415 第一，即使你使用了第三方筹款平台或门户网站进行劝募和处理付款，且该第三方平台已注册，按照大多数州的规定，你依然有可能需要注册。这是因为必须注册的组织，是进行劝募的组织（你所在的组织），而不是收款的组织（你的服务商）。第二，大多数州会要求在该州进行劝募的组织进行注册，即使总部并不在那里。第三，查尔斯顿原则是指导方针，并不具有法律上的绝对性。也就是说，就算是你的组织适用于相关的指导方针，但并不意味着州法规会以相同的方式定义你的组织。因此，最好是咨询律师或向你将开展劝募的州索要相关信息。

对批评的回应

引述《长尾理论》（*The Long Tail*）的作者克里斯·安德森（Chris Anderson）的一句名言："对于习惯通过搜索引擎进行购物研究的一代客户来说，公司的品牌并不是公司决定的，而是由谷歌来告诉客户的。"比起传统广告，人们更加看重口口相传和客户评论。这就是为什么你需要了解在广阔的线上世界中，你的组织如何被人们所认知。

一些组织聘用了专职员工，他们的职能无他，仅仅是监测提及组织品牌的博客、论坛和聊天室。对于大多数公益组织而言，这是不现实的，但可以利用工具来监控你的品牌形象。一种简单的方法是使用谷歌快讯。只需要注册（免费）、输入你要监控的关键词（组织名称、公益事业等），谷歌就会定期发送电子邮件，报告提及关键词的网页和博客。

博客评论和论坛是与支持者对话的好办法。但如果评论是负面的，你应该怎么做？如何阻止一个发言的星星之火（愤怒或讽刺的评论）变成一场具有燎原之势的公关噩梦？

首先，要迅速采取行动。如果评论需要回复，请给予真诚、透明的回应。该评论是不是表达了合理的关注，或指出了组织真正的弱点？如果是这样，请承认这个问题，并分享你的解决方案。如果能够妥善处理这些评论，这就是一个赢得大量善意的机会。虽然不能取悦所有人，但可以尊重他人，并倾听他们的关切。

如果该评论出现在你的博客上，要抑制删除评论的冲动（除非该评论冒犯了你的受众）。相反，要利用与该评论者的互动，来体现组织的透明度并加强你对宗旨的承诺。

政　策

416

最后，制定组织线上参与方式的政策非常重要，一定要包括以下内容：

1. 你对目标和原则的定义。
2. 社交媒体的职责。哪一个媒体负责什么内容？
3. 你将会在线上分享的内容，以及不会在线上分享的内容。
4. 你的监控政策是怎样的？
5. 你将如何回应批评/评论？
6. 隐私、权限和版权或归属指南的定义。
7. 所有捐赠人所期望的职业操守的定义。

提前制定这些政策，将有助于你避免许多组织可能面临的、无法解决的陷阱。很多组织会在线上共享这些政策，如果你想查看示例政策，可以利用谷歌来搜索。

结　语

社交媒体和数字筹款将继续发展。由于它们的变化如此之快，所以一定要在坚持筹款基本原则的同时，跟上不断变化的情况。从本质上讲，数字筹款只是另一种分享筹款声明的工具。要清晰、有说服力地分享你的筹款声明，这样才能取得成功。要你的组织设定清晰简洁的目标（如上文中的示例），这样就可以通过社交媒体来筹集资金。

讨论问题

（1）你如何评价你所在组织的网站的可用性？网站导航是否很简单？访问者能否快速找到组织所做的工作以及捐款的用途？

（2）你的组织如何衡量社交媒体的投资回报率？

（3）你将如何使用当前的社交媒体平台部署文中提到的三个目标？

（4）你的组织是否在推广月度捐赠？除了将其作为捐赠表格（例如捐赠俱乐部）上的一个选项，是否还有其他方式？

（5）你如何回应负面评论？你的组织是否制定了相关政策？

第三十章　特设活动

罗伯塔·多纳休　凯蒂·斯图尔特

读完本章后，你将能够： 417

1. 解释特设活动为何是培养捐赠人的工具。

2. 描述特设活动为何是让董事会、管理层、员工和其他志愿者参与具体类型筹款活动的有效方式。

3. 论证特设活动作为组织宗旨和活动参与者的联结增加方式的重要性。

4. 解释明确的目标和超越筹集款项的预期成果的重要性。

5. 描述特设活动可以为多元化的筹款计划作出什么贡献。

专业筹款人协会的《筹款词典》将特设活动定义为“旨在吸引和邀请人们参与组织或公益事业的活动”。这个定义在哪里提及了筹款？但人们普遍认为举办活动是筹款的一种快速简便方法。然而，经验表明，这种方法既不快速也不简便。研究表明，如果将大多数活动作为独立筹款工具进行审视，考虑到员工和志愿者投入的时间，其实它们并不是具有成本效益的，甚至可能产生损失（Indiana University Center on Philanthropy Philanthropic Giving Index，December 2009）。为什么人们坚持认为活动对成功至关重要？事实证明，活动既不是灵丹妙药也不是诅咒。它们只是帮助捐赠人建立与公益事业有意义的关系的一种工具。 418

筹款工作的三个关键方面是：培养，旨在吸引和增加捐赠人的兴趣和参与；劝募，要求捐赠人进行捐赠；管理，通过对捐赠人的捐赠进行认可并把捐赠产生的影响告知捐赠人，进一步加强与捐赠人的关系。通过这些视角能够更好地审视特设活动。通常情况下，活动仅被视为劝募工具，并且常常被视为被动劝募，或者很少或没有宗旨导向的重点。如果筹款人希望使用特设活动作为建立和加强捐赠人关系的战略手段，他们可以制定新的成功衡量标准。

培养活动

培养活动的目标是“引发并维护捐赠人、潜在捐赠人或志愿者与组织人员、项目和计划的兴趣和互动”（Association of Fundraising Professionals, *AFP Fundraising Dictionary*, 2003：35）。活动的定义在多大程度上与这种对培养的理解相符，这是一个很有意思的问题。良好的培养需要整合组织各个层面的战略，并为不同类型的捐赠人提供定制化的机会。

在参加没有捐赠过的慈善组织的活动时，新的潜在捐赠人实际上是在了解该组织的有关情况。吸引他们参加此次活动的原因可能是以下因素：

- 高尔夫等吸引人的活动。
- 来自朋友的个人邀请。
- 他们可能感兴趣的嘉宾或演讲者。
- 他们希望访问的地点。

虽然这些原因可能会使潜在捐赠人参加此次活动，但活动的最终目标是让他们参与支持的公益事业，并激发他们的热情，作为志愿者或捐赠人采取行动。如果一个潜在捐赠人度过了美好的时光，但不记得组织如何有所作为，那么这个活动就像是一个令人印象深刻的艺术广告，但产品没有被记住。到底应该由培养活动的哪一部分来吸引参加者参与组织的工作？组织必须仔细设计活动的培养要素，确保它具有吸引力、以
419 人为本，同时对每位参与者及时进行跟进。先前和现有的捐赠人培养活动的重点，是重新激活他们与现有或原有宗旨的联系。先前和现有的捐赠人可以借此机会与他人分享他们参与组织的原因，以及通过参与和慈善捐赠可能产生的影响。对培养活动进行规划的组织必须尽可能地强调

参与者所做工作的重要性。如果目的是加强他们与宗旨的关系，那么目前有什么措施能推进这一过程？

下面是一个非营利组织如何解决这一问题的例子。作为晚宴或拍卖的一部分，该组织在每个座位上都放置了一个小木盒。在晚宴开始之前，主持人要求每位客人打开盒子，里面是非营利组织的一个客户（即服务接受者）的愿望。请每位客人大声朗读他们手中的客户要求。一些参加此次活动的潜在捐赠人本来只是来听听发言人的演讲，但现在了解到了非营利组织努力改变的八种生活。这样，就能够以非常亲切的方式提醒了那些先前和现有的捐赠人，他们参与该组织的原因。在晚宴期间，大部分谈话都集中在客户的梦想和与组织相关的个人经历上。

劝募活动

劝募活动的目的是向客人要求“金钱、资源、服务或意见等形式的捐赠”（Association of Fundraising Professionals, *AFP Fundraising Dictionary*, 2003：111）。研究表明，最有效的筹款方式都是面对面的，所以人们可能会认为劝募活动非常有效。的确是这样，如果能够使用个人的、面对面劝募的一般原则，那么这些活动肯定是有效的。

劝募活动必须把互换喜悦的社交时间包括在内。社交时间让与会者感到舒适，并能够专注于组织和宗旨。因为捐赠人都希望从其他捐赠人或信任的朋友处获得积极反馈，所以必须精心策划社交时间。组织的领导者，特别是志愿者，在会见、问候和介绍客人方面发挥着重要作用。这种迎接意味着活动进入了参与阶段。在这一阶段，主持人分享他们自己的故事，并邀请其他人也做分享。例如提出这样的问题，“你了解吗？”或者“你了解 A、B、C 计划的不同之处吗？”，邀请与会者参与到该组织的宗旨中。主持人必须准备好要分享的故事，或充分了解在活动中的哪个环节能够得到回应。必须确定好工作人员和主持人。

劝募活动与面对面劝募的真正区别体现在活动的发言环节。在这一 420
环节，通过视觉辅助工具、专家论证以及组织的受益人，都能够强调对财务支持的需求并体现出捐赠可能获得的成果。然而，潜在捐赠人必须有机会参与并提出问题。这就需要精心策划，以提高成功率。主持人可以策略性地主持讨论，并且回答随机提出的问题。

在这些步骤完成后，大多数与会者会做好准备，甚至期待被要求做出捐赠方面的承诺。许多人在见证他们的捐赠可能产生的影响之后，会急于了解他们如何参与。这一步的挑战在于，要向每个与会者确定劝募的适当金额。解决这个问题，可以用以下多种方法：

- 给每个潜在捐赠人发放定制的认捐卡，卡上写明潜在捐赠人的姓名和建议的金额。
- 主持人为在场人士提出一个适当的捐赠额范围。当与会的潜在捐赠人按能力分组时，这种方法很有效。
- 可以由主题演讲人或组织的其他可靠代表提出建议的最小捐赠额。

在每种情况下，主持人都要完成回应的流程，并收集与会人员的回应结果。

还有一种将劝募活动和面对面劝募的优点相结合的方法。捐赠人和其他人共同参与活动介绍，感受现场的兴奋，但是在活动结束之前或结束后不久，对其开展面对面的劝募。如果使用这种方法，必须把捐赠人与劝募人的互动经历或关系考虑在内，谨慎地指定与捐赠人匹配的劝募人。对于巨额筹款或基金筹款活动来说，这是一种特别好的方法。

管理活动

管理是“一个组织希望自己值得持续获得慈善支持的过程，包括对捐赠的致谢、对捐赠人的认可、对捐赠人意图的尊重、对捐赠的谨慎投资以及对资金的有效使用和高效使用以进一步实现组织的宗旨”（Association of Fundraising Professionals, *AFP Fundraising Dictionary*，2003：113）。换句话说，管理活动是组织向捐赠人展示他们的捐赠会得到审慎和有效使用的机会。

421 管理活动是为捐赠人提供服务的，而不是为组织提供服务的。佩内洛普·伯克（Penelope Burke）在《以捐赠人为中心的筹款》（*Donor Focused Fundraising*，2003）中指出了捐赠人所列的捐赠人认可活动中最具吸引力的事情：

- 了解慈善事业的更多信息（28%）。
- 见到和他们一起支持同一个慈善事业的其他人（20%）。
- 与其他客人进行社交和交流（19%）。

捐赠人希望更多地了解组织正在做的良好工作，这种要求不足为奇。可以将捐赠人视为组织的投资者或利益相关者，他们渴望了解他们的贡献或投资如何产生影响。他们希望了解非营利组织的工作成果。他们希望不断加强已有的个人关系。在随意的对话中，与会者将分享故事、了解项目的新内容，听到一些对项目的评价。如果能够与致力于同一慈善事业的同行进行合作，捐赠人会感到更加放心。与对组织宗旨感兴趣的人一起参加活动，会加强社区的建设。

想一想由校友活动和同学会给社区带来的兴奋和感受，看一看捐赠人在见到其资助的学生时眼中的兴奋。管理活动能够建立并增强捐赠人对组织宗旨的信念感，非常重要。

员工参与

活动对员工有何影响？是否有助于在非营利组织员工中建立社群？在任何组织中，由于方法的不同，特设活动可能被视为重点，也可能被视为不受欢迎的干扰因素。

让捐赠人或潜在捐赠人拥有成功的活动经历的是七个关键要素（The Fund Raising School，2009）：

- 清晰的活动目的。
- 公认的组织需求。
- 邀请他人参与。
- 独特的机会。
- 联系。
- 传统。
- 价值。

如果将以上要素应用于组织内部的活动参与者（董事会、管理层、员工和志愿者），会有怎样的结果？

422 **清晰的活动目的**

一个协调一致的活动，能够清楚地定义筹款团队各级成员需要完成的工作。团队成员对预期的结果有所了解，并认识到这是实现活动目标的合理方式。

公认的组织需求

组织需要从活动中得到什么？从内部的角度来看，这个问题似乎很容易回答："钱。"然而，这可能不是真正的答案。如前文所述，活动不一定能产生大量资金。需求可能与除劝募之外的其他因素有关，包括培养或管理。基于这种认识，在领导团队全部成员达成一致的情况下，可以将特设活动融入以捐赠人为中心的筹款计划的流程中。筹款人可以围绕内部需求为捐赠人制定策略。

邀请他人参与

不要理所当然地认为所有人都能立刻参与其中，发出参与邀请离建立筹款团队还有很长一段距离。鼓励团队成员将活动视为自身专业领域的延伸，无论是年度基金、大额捐赠、有规划的捐赠，还是项目规划，都可以用新的视角来审视活动带来的机会。

独特的机会

活动为筹款人与捐赠人、潜在捐赠人之间的互动提供了独特的机会。精心策划的介绍和有导向性的沟通可以使工作人员或志愿者更多地了解捐赠人，对捐赠人的新兴趣有了更多的了解。应继续加强社区感受的建设，以这种方式对活动之后的互动进行设计，并且必须将这些互动包含在原初活动规划中。团队成员可以将这些活动后的步骤融入总体筹款规划中，并在早期计划中纳入这些期望。

活动后应该做些什么？较为明显的任务是，对志愿者、支持者以及参与创建成功活动的其他人员发送感谢信，但这仅仅是开始。参加核心活动的人员应召开情况汇报会，主持人、董事会成员以及在活动中与捐赠人和潜在捐赠人保持互动的关键志愿者应做活动情况总结。

捐赠人的记录会体现出，参加活动的通常是同一批捐赠人。这就引 423
出了一个问题：其他捐赠人呢？他们对宗旨有着同样的承诺，甚至可以通过回执进行捐赠，但就是不参加活动。问题出在哪里呢？也许他们根本不关心特设活动，根本不喜欢参加。明智的筹款人在与捐赠人商谈时，需要考虑到他们的这些偏好。

如果发展专员认为捐赠人对活动的某些日程如演讲、受益人的评价和其他方面可能会有兴趣，那么就可以用另一种方式向捐赠人提供。这为以捐赠人为中心的管理提供了另一个机会。向捐赠人询问他们的活动偏好，可以将活动延伸到其他场所。或许他们在小型聚会中会感到更自在。也可以向捐赠人及其朋友播放项目汇报的视频。

联　系

活动可以用各种方式来加强捐赠人与组织宗旨的联系，而这些方式是员工独自无法利用的。与组织相关的个人经历故事、收获和历史，能够拉近人们与筹款声明的距离。如果社交背景设定是与同行在一起的，潜在捐赠人或现有捐赠人可能以更开放的姿态参与进来，以加强其他参与者的认识和承诺。

为了方便联系和将联系最大化，主持人需要一些指导。他们可以从潜在捐赠人的个人资料中寻找所需的相关信息和关键信息。通过随意的对话，主持人可以了解到捐赠人的价值观、家庭史和其他参与活动。但是为了达到效果，主持人必须知道如何引导谈话。主持人向发展部门员工提供的口头或书面报告，也有助于确保将相关信息纳入潜在捐赠人的档案。

一名主持人要拥有什么样的特质？答案比人们想象的更简单，因为那就是一名优秀志愿者的特征：

- 积极的支持者。
- 有效倡导慈善事业。
- 可靠而专注。
- 人脉广泛、受到尊重。
- 有时间帮助做规划和参加活动。

- 愿意识别、培养并请求潜在捐赠人参加活动。
- 代表组织，不偏向自身的利益。
- 如果需要，愿意在活动中做出捐赠。

424 传　统

对于任何组织来说，强大的慈善事业传统都是一笔宝贵财富。特设活动可以成为传统的一部分，但传统并不是继续举办活动的唯一理由。如果员工了解活动带来的收益，以及这种持续下来的传统如何协助他们作为筹款人获得成功，同时协助组织宗旨获得成功，他们将感谢这些传统活动。“因为我们总是这样做”并不是继续策划活动的理由，在计划再开展每一次活动之前，都要以批判的眼光对活动进行再次审视。

价　值

除了举办活动，还有更有效/更高效的方式来实现组织的目标吗？如果答案是否定的，组织内的员工就应该看到继续举办活动的价值。如果能够将成功活动的其他关键要素清楚地呈现给员工，那么个人和组织工作的价值就不言而喻了。

当对硬目标和软目标及时审视并与团队和领导者（包括志愿者领导层）分享时，个人和组织的价值将得到加强。相关的评估应基于组织原有的活动计划和其他筹款活动的收益。讨论的要点可以包括以下因素：

- 年度基金是否获得了更多可能的联系人？
- 大额捐赠专员是否感到拉近了捐赠人与筹款声明的距离？
- 关系是否得到了加强？
- 是否达到了财务目标？
- 员工和志愿者所投入的时间是否得到了很好的利用？
- 董事会、管理层和志愿者仍然认为该活动是实现目标的最有效/最高效的方式吗？

综合活动

综合活动与其他活动的不同之处是什么？从最早的规划阶段就能够

看出综合活动和单一活动之间的区别。作为年度和战略规划的一部分，综合活动的日期、时间、地点、主题、受众和活动目标必须由筹款学院（The Fund Raising School，2009）定义的发展团队进行审核和认可，这一团队包括：

- 董事会主席
- 执行董事
- 首席财务官
- 发展总监
- 发展委员会主席

对组织来说，综合活动意味着什么？对于一个将筹款视为整体的、以捐赠人为中心的活动的团队而言，综合活动成为在团队和志愿者的支持下实现组织宗旨的途径。在这样的活动中不应该有令人感到意外的事情发生。综合性特设活动应该与其他战略一样，由于它为整体筹款规划带来的收益而获得明确认可。它为团队成员在评估和确定活动在哪些方面协助实现了筹款目标提供了另外一个工具。

对于被不同文化之间的冲突和紧张预算所困扰的组织来说，这类活动可能意味着资源的浪费，因为这些资源本可以用于另外一个劝募活动中，发挥更大的作用，而缺少资源的结果就会造成失去机会。随着筹款变得越来越精细复杂，许多非营利组织正面临与捐赠人相关的团队内部竞争、孤立和地方主义。

如果出现以下情况，上述的一种或多种情况就可能已经产生了：

- 发展团队成员将捐赠人称为“我们的”。
- 捐赠人被“保护”或“屏蔽”，收不到邀请。
- 大额捐赠专员在孤立的环境中与潜在捐赠人合作。
- 人们认为组织领导层对年度基金劝募“撒手不管”。
- 不同筹款团队之间或团队内部存在不健康竞争的情绪。

如果筹款部门出现了其中一种情况，那么很可能还存在其他情况，尽管这些情况不那么明显。结果将导致员工士气低落，这对捐赠人来说是非常不利的，尤其是那些正在考虑做出大额捐赠的捐赠人。通过共同参加活动、分析受众并以团队的形式实现目标，可以帮助重建士气，随着进一步的工作推进，团队内部的联系会得到加强。

活动成功的关键因素

规划团队必须考虑许多因素，以确保活动取得预期效果。从开始到
426 结束，每个活动都必须精心设计，以满足符合非营利组织支持群体的愿望和需求的特定目标。要考虑的因素包括以下几个。

• 用于内部沟通的明确计划。员工对活动的认可至关重要，最好通过规划团队对活动的潜在影响和收益进行明确沟通，建立这种认可。通过让捐赠专员和其他相关方了解参与人员、分享的信息和后勤安排的质量等细节内容，他们才更有可能发现活动的价值，愿意投入时间让活动开展得更好，并鼓励与他们有关系的组织支持者参与。

• 经得起推敲的邀请列表。活动成功与否，取决于嘉宾名单。确保名单涵盖了所有应该被邀请的嘉宾，排除了所有明确表示不想参加的嘉宾，这有利于提升好感度，同时避免伤害感情。规划小组对应邀请的支持群体类型，如捐赠人、潜在捐赠人、客户和志愿者要加以考虑。如果活动需要邀请特邀嘉宾，那么也应该让这位嘉宾有机会将他/她希望邀请的嘉宾列入名单。

• 后勤安排。任何活动的策划者都必须对场地、时间和菜单等后勤安排仔细考虑。令人兴奋和高雅的场地可能会吸引参加者，但同时也不能给人一种奢侈浪费的印象。活动举办的时间，如在一年中的哪天和一天中的哪个时间段，也会对结果产生很大的影响。要确保你的活动没有安排在宗教节日或其他节日，同时避免和其他重要活动，如本地另一个受人们欢迎的活动发生时间冲突。策划人还必须考虑，引入其他的收入来源是否对特设活动有意义。这些收入来源包括以下选项：

- 请求现金捐赠赞助一张桌子或其他物品。
- 活动是免费参加还是标明票价。
- 一般活动赞助，包括实物捐赠。

• 现场销售品牌商品。

• 有说服力的消息。奇普·希思（Chip Heath）和丹·希思（Dan Heath）在《坚持住：为什么有些创意会存活，有些会消失?》（*Made to Stick*：*Why Some Ideas Survive and Others Die*，2007）一书中指出，有说服力的消息必须简单、出人意料、具体、可信和有感染力。为了吸引活动参与者采取行动，最重要的一点一定是精心设计的消息以阐释组织宗旨和工作的重要性。通过直接、可操作的步骤，可以使具有感染力和说服力的筹款声明取得平衡，参与者可以采取这些步骤来协助解决问题，这将提高回应率并使跟进变得更加容易。规划人还必须考虑由谁来发布消息、完成劝募。

• 应变计划。活动中总会有计划之外的事情发生。可能是一些细节 427
问题，例如隔壁房间喧闹的社交聚会扰乱了活动。也可能是重要的问题，如一名特邀演讲嘉宾受困于大雪，完全无法参与活动。天气、低参与度、食物过敏以及大量缺勤都是必须要解决的可能出现的问题。对一场精心策划的活动来说，在活动开始之前，就必须考虑好所有这些因素，并在重要日期到来之前制订好备用计划。活动当天，必须指定一名员工作为决策者，负责处理任何不可预见的变化。这样，在需要制定快速反应的解决方案之前，就不必咨询多个人。

• 后续计划。活动成功举办之后，组织的专业筹款人和其他领导者获得了与参与者联系的独特机会，并在现有势头的基础上再接再厉。联系的技巧包括向参与者发送活动照片、向没能参会但感兴趣的客户发送活动录像。这些体贴的后续行动有助于加强捐赠人与组织的关系，最终将实现捐赠额的增长。

结　语

约翰·加德纳（John W. Gardner）在其专著《论领导力》（*On Leadership*，1990）中提出了领导者应承担的诸多任务，这显然适用于构建一次成功的综合活动，不管是内部活动，还是外部活动。领导者必须能够：

- 解释目的。
- 设想目标。
- 肯定价值。
- 激励员工和志愿者。
- 管理活动的各个方面。
- 在工作层面实现组织对内和对外的团结。
- 成为筹款的楷模。
- 建立评估机制，实现捐赠续约。

所有这一切都有助于实现这样的活动，即能够帮助各级员工实现成功筹款的最终目标——让所有“恰当的事情”到位，从而能够促成反映捐赠人价值、满足该组织所服务社区需求的捐赠：恰当的人在恰当的时间以恰当的方式向恰当的潜在捐赠人寻求恰当的捐赠。

428 ## 讨论问题

（1）在什么时机举办的活动才是正确的筹款工具？在什么情况下，作为筹款人或非营利组织领导者，你应该推迟对活动的规划？

（2）如何举办一个考虑周全的综合活动？应该咨询哪些人，需要做出什么决定？

（3）培养活动、劝募活动与管理活动之间应该有什么区别？哪些要素应改变，哪些要素应保持不变？

（4）作为一名筹款人，活动的后续行动与活动本身一样重要，甚至更加重要。针对刚刚了解组织的个体与大额捐赠潜在捐赠人的后续行动计划应该有何不同？

（5）哪些因素可能会让你考虑取消或改变传统活动？在什么情况下这种变化是必要的？

第六部分

志愿者参与

第三十一章　管理与问责

尤金·坦普尔　蒂莫西·塞勒尔

本章介绍了管理与问责的概念，以及二者在管理和领导成功的筹款 431
项目中的重要性。本章将帮助你：

- 理解目前对于透明与问责的关注点，理解组织在建立信任与信心中应承担的责任。
- 理解管理的概念，了解其如何应用在非限定用途基金、限定用途基金和捐赠基金中。
- 了解如何在捐赠基金中建立责任的概念。
- 了解如何利用捐赠俱乐部实现管理与问责。
- 了解如何向捐赠人和公众报告基金的使用情况。

包括筹款执行官在内的任何非营利组织领导人都会这样告诉你，透明和问责是捐赠人关注的关键问题。组织如何对其所提供的公益基金负责？在 2014 年的高净值家庭慈善研究中，调查结果表明，只有当人们了解到基金会产生预期效果时，才愿意捐赠更多。透明与问责有助于建立信任和信心。信任是慈善事业的交易所。人们对非营利组织董事会成员、
管理者和筹款员工的信任是成功筹款的关键因素。诸多研究已经证明， 432
信任直接关联着人们捐赠的意愿和数额（Light，2008）。

管理是实现问责的基础。报告是透明性的基础。管理是对资源的明智利用。管理是“……对某人托付给我们照护的具有一定价值的事物负责”（Conway，2003：432）。非营利组织的首个管理任务就是要维护其

作为公共利益服务者的公信力，通过对其慈善宗旨的绝对忠诚，体现其存在的意义。管理是出于公益的目的将捐赠进行信用管理（也就是受托人），并且严肃对待，因为这种信托是管理的核心（Conway，2003）。

若要理解管理（stewardship）的概念，首先要了解这个词的英文词根。管家（steward）是一个家庭的掌控者、管理者、首席执行官，能够根据意愿明智地使用资源。如今，在慈善事业中，非营利组织必须明智地使用捐赠人的资源。筹款管理者必须协助确保捐赠人的资源得到了合理的使用。

如今，很多人将管理的概念应用到捐赠人身上。筹款人并不是捐赠人的“管家”，捐赠人需要得到合理利用的“资源”。根据本章讨论的内容，能够确保特定捐赠人的捐赠得到合理的使用、实现预期的目标、得到良好的基金管理并产生一定的影响，并且能够通过不同的方式将以上的成果传达给捐赠人，这才是管理的意义所在。

当今的组织接收到的非限定用途捐赠的比例要远低于十年前。然而，那些非限定用途捐赠人应该获得对其捐赠的管理。他们有权利（见第三十四章提及的捐赠人权利清单）从组织处了解他们的捐赠如何得以使用或产生了怎样的结果。进行非限定用途捐赠的捐赠人通常为小额捐赠人，他们应当得到组织的特别考虑。即使是非限定用途捐赠被用于设施和维护，组织也需要向这些捐赠人提供翔实的报告，告知他们这些设施和维护每年的花费，以及他们的非限定用途捐赠如何协助组织支付这些费用，使其能够继续提供服务，这才是尽到了良好的管理义务。

当捐赠人进行限定用途捐赠时，组织同意作为受托人来实现筹款时所针对的目标或意愿。筹款人和组织中的其他领导人员有着共同的道德义务，以确保这些目标和意愿得到尊重。这不仅仅是道德守则或者捐赠人权利清单中所列明的道德义务，也是一种法律义务。能够向捐赠人报告其捐赠得到了预期的使用，以及捐赠所获得的成就，这也是很好的管理实践。

433 筹款人通常会为特殊项目或基金进行大额捐赠劝募。这就需要专门的管理工作，确保基金能够按预期目标使用，捐赠的成果能够为捐赠人所知晓，包括邀请捐赠人在第一时间亲自见证他们的捐赠成果。大额捐赠级别的捐赠人可能会资助整个项目。很重要的一点在于，筹款人和非营利组织中的其他工作人员不应该对成果和影响进行过度承诺，因为他们需要准确地汇报项目进展，从而展示其捐赠产生的影响。

筹款人通常不会关注组织基金的绩效情况，但这是他们必须关注的事情。组织的长期基金绩效以及未来管理基金的战略，是管理工作中非常重要的内容，能够建立起信任和信心。捐赠人必须坚信，他们交付给组织管理的资金，能够永久或长期保值，并且会不断增值。大多数组织会采取较为谨慎的态度，利用资金进行较低风险的投资，同时也会听取投资顾问的意见，让基金的绩效接近不同指标的峰值，同时高于这些指标的低点。和潜在捐赠人进行清晰的沟通，使其了解预期，这是基金管理的第一步。

捐赠人会利用可以实现的一系列有规划的捐赠，将其资产不断捐赠到基金中，这是产生新资金的典型方式（见第二十章）。对于捐赠人将从这些有规划的捐赠中获得的收入和收益，组织必须做出合理的承诺，这些有规划的捐赠包括慈善捐赠年金、慈善剩余信托和慈善先行信托。通过确保捐赠人的全部大额捐赠有独立的法律顾问，筹款执行官可以实现对捐赠人和组织的保护。

我们在第三十四章中会探讨，信守承诺是伦理价值之一，这对于基金的管理来说也十分关键。筹款人必须同时确保以下三个方面的承诺得到遵守。第一，对捐赠人的收入和税收优惠做出的承诺。第二，对组织基金过去的绩效以及未来合理预期所做出的承诺。第三，与捐赠基金将资助的某个或一些项目（当基金的目标是非限制性的，则为整个组织）相关的承诺。管理需要考虑到所有这三个方面。捐赠人必须听取组织从这三个方面进行的报告。透明性和问责需要诚信，即使这些资金目前的绩效并不如从前，也需要如实相告。使基金能够针对特定的项目得以应用，这是管理工作的一部分，但是，如同我们在本章和其他章节所讨论到的组织绩效的多个方面，管理工作也应该包括及时报告捐赠基金所实现的成果和影响。

捐赠俱乐部 434

筹款人通常会将捐赠俱乐部视为捐赠认同组织，但是其意义远不止于此。首先，组织可以通过捐赠俱乐部展示他们的管理工作和问责机制。保罗·谢尔维斯（Paul Schervish，1997）在其关于慈善定位的著作中曾列举了诸多因素，个人有必要通过这些因素寻找那些需要受益的群体，并提供慈善捐赠，满足他们的需求。他列举的八个因素中，最重要的因素就是“参与社群”。参与社群给拥有相同价值观的人们提供了相聚的机会，从而实现更宏伟的善行。捐赠俱乐部也提供了这样一个完美的机会，让捐赠人与组织根据不同的主题参与其中。参与方式包括出版特刊、建立门户网站以及组织聚会。筹款周期和总体发展规划（见第十七章）提出了这样的假想，随着时间的推移，每一个捐赠人都会成为另外一项捐赠或大额捐赠的潜在捐赠人。捐赠俱乐部给组织提供了机会，展示良好的管理工作、捐赠做出的影响、报告新筹集的捐赠情况、组织的成功事迹，同时可以让捐赠人更深入地参与组织的发展。捐赠俱乐部也是捐赠认可的绝佳形式。俱乐部根据捐赠人的兴趣，将他们聚集到一起，使其能够完成各自独立无法实现的成就（见第十五章高净值捐赠人的相关内容）。

可以在组织的捐赠人库的基础之上组织捐赠俱乐部。良好的管理工作要求俱乐部的活动与捐赠人所完成的组织目标相关。其命名也需要与组织的宗旨有一定联系。

经得起时间考验的捐赠俱乐部曾需要年度捐赠达到1000美元的捐赠人才可参加。但是经过25年的时间，1000美元的购买力已经下降到552.41美元（Bureau of Labor Statistics，2015）。在设定标准时，应该考虑到组织的捐赠额、各个层级捐赠人的数量以及不同的捐赠额可以实现的具体成果。例如，将1000美元设置为入会标准的俱乐部，可以为贫困家庭的儿童提供奖学金或免费参观剧院、博物馆或动物园的机会，也可以为居无定所的家庭提供半个月的住处。捐赠俱乐部不仅给予了捐赠人认同，但更重要的是，能够有机会向那些组织的支持群体展示组织的良好管理能力。

同样地，捐赠俱乐部也可以在年度捐赠或通过专门筹款活动筹集的大额捐赠的基础上得以组建。每年进行25000美元捐赠的捐赠人可以选择支持组织的某项重要工作。这些工作包括为管弦乐团的乐手提供私立
435 学校或大学的奖学金、为收容所提供感恩节晚餐，等等。专门的俱乐部可以使那些大量参与并支持组织活动的人们会聚一堂，他们可以向组织反馈信息，并了解他们的资助如何得到使用以及对受益人产生的效果。

对于通过“经常转移”（又称“无偿转移”）或法律规定的年金、

信托机制，以及通过遗赠方式进行基金捐赠的捐赠人，则可以组织另外两种类型的捐赠俱乐部。同样地，大多数筹款经理人所能想到的第一个方面，就是对于捐赠人的认同。的确，所有捐赠俱乐部都提供了机会，来表达感谢与感激之情，并对不同层级捐赠人表示认可。但是针对以上两种群体的捐赠俱乐部则提供了机会，展示他们所需要的特殊管理工作。对于从有规划的捐赠中定期获益的捐赠人，可以为他们提供其投资基金的绩效情况。组织也可以提供其他的信息，包括新捐赠人的数量、捐赠总额、组织可以使用的基金总额以及这些基金如何得到应用。这也是很好的机会，让支持组织的个体以独特的方式汇集到一起。组织通常会理所当然地接受遗产捐赠，但是这些做出遗赠的捐赠人也同样应该得到赞扬。做出大量遗产捐赠的捐赠人可能也会进行小额的年度捐赠，因此我们可以展示将如何对其未实现的大额捐赠进行管理，展示方式包括阐释他们的遗赠将对组织产生的影响、纪念已经实现遗产捐赠的捐赠人或是为遗产捐赠人提供参与组织工作的机会。

报　告

年度报告可能是展示组织管理工作历史最悠久、最常见的形式。通常来说，年度报告是关于所有收入和支出的报表。年度报告可以针对不同的支持者进行制定，纳入主要成果和影响的相关内容。报告也可以包括一些成功的案例，展示对客户或受益人产生的影响。报告也可以专门增加慈善工作的内容，简单报告捐赠俱乐部的数量和俱乐部资助或支持的项目和活动。随着数字技术的应用，如今的年度报告更加成熟，可以通过电子邮件、网页或诸如脸谱网一类的社交媒体进行发放。报告也可以包括视频致辞，生动地展示首席执行官或董事会主席的寄语。类似地，成功案例也可以通过客户或受益人专访视频的形式得以展示。此外，通 436
过电子报告的方式，组织可以每季度、每月甚至每周进行一次汇报。

视频网站和手机视频功能降低了视频报告的成本。因此也可以录制董事会成员、组织领导层或客户以及受益人的视频，作为向捐赠俱乐部成员提供的专门报告。

在数字时代，慈善机构也应该牢记亲笔信可能产生的效果。为即将做出捐赠决定的捐赠人提供个性化报告，是非常有效的方式。这类报告可以强调捐赠俱乐部成员做出的成就，或是捐赠人针对某一项目的大额捐赠对组织及其提供服务的能力、对服务对象所产生的影响。深入参与慈善组织活动的捐赠人委托给该慈善组织的捐赠额都较高。进行较大数额捐赠的捐赠人相信慈善组织能够对他们的资助进行良好管理，此时就可以通过亲笔信的方式向这些捐赠人提供专门管理报告。

做出基金捐赠的捐赠人也有权利了解组织如何管理并良好地管理基金。总体来说，通过五年期和一年期的基金绩效结果就可以得出结论。但对于大额捐赠人来说，最佳的方式还是通过报告来了解基金的绩效和个人账户在项目中的支出情况。捐赠人对捐赠效果以及慈善组织的管理情况了解得越详细，其对慈善组织管理工作的信任程度就越高。

美国国税局要求每年支出联邦基金超过 75 万美元的慈善组织进行年度外部审计（National Council of Nonprofits，2015），很多其他的组织遵循这一规定。审计必须公开透明，对慈善组织问责，这也是展示良好管理的一种方式。当组织收到审计机构提供的“清白”报告时，应该将报告公开，从而建立信任和信心。如果审计报告提出了改善建议或者必须进行整改的内容，反映了慈善组织的不足之处，这就要求慈善组织进行回应，做出解决问题的方案，提供如何展示良好管理工作的报告。

美国国税局要求预算总额超过 5 万美元的慈善组织每年填写 990 电子表格（IRS，2015）。慈善组织的 990 表格可以在指南星网站（www.guidestar.org）公开获取。然而，指南星网站上的信息通常有一年的滞后，并且需要捐赠人和大众进行专门搜索才能获得。因此，慈善组织应该在美国国税局正式批准并存档后，尽快公开其 990 表格，这也是慈善组织展示其透明性和良好管理的机会。

如今，大多数慈善组织开设了网站。网站不仅为客户和受益人搜索服务提供了绝佳平台，也是慈善组织最重要的管理工具之一。网站提供
437 了展示慈善组织透明性的机会。审计结果和 990 表格都可以放置在慈善组织的网站。年度报告也可以上传至慈善组织的网站。网站也可以向大众和捐赠人展示提供进展和成功关键指标的公告板，从而体现慈善组织的影响力。网站上公开的董事会和员工通讯录可以让大众和捐赠人与慈善组织建立联系，并了解慈善组织发展和实现宗旨的责任人。

网站可以为董事会成员、捐赠人管理俱乐部或其他群体提供平台，

通过设置专门的链接，提高捐赠人的参与度，加强管理工作的报告。

结　语

负责任意味着一个组织能够坚持它的宗旨，适当利用资源，特别是慈善捐赠的资源。可问责性是实现管理的第一步，用感恩和慈悲“纪念我们被给予的一切”（Block，1993：22）。筹款学院将管理定义为“慈善筹款中的指导原则……一个组织所采取的理念和方式，在利用捐赠资源时实现道德上的负责……捐赠人在自愿使用资源的过程中所担负的责任”（2015：129）。这一定义表明，在做出如何使用资源的决定（管理）时，捐赠人承担着一部分责任。筹款人则有责任协助捐赠人，探索他们希望如何将资源谨慎地用于慈善目的。保罗·谢尔维斯（Schervish，2000）认为这是一个辨别或确定倾向的过程。筹款人的作用，就是给慈善家提出恰当的问题：

- 你希望如何使用你的资源？
- 这对于他人来说是否重要？
- 这是否会给你带来成就感，并足以表达你的感恩之情？

在为慈善组织撰写筹款声明时，筹款人可能会补充：我们能提供怎样的协助？

这种辨别过程让慈善家和筹款人建立了一种相互成就的关系，告诉人们筹款如何为慈善事业服务，以及筹款如何成为教导人们体验捐赠的喜悦的微妙艺术——也就是管理的最高形式（Rosso，1991）。

讨论问题 438

1. 从捐赠人意愿的角度探讨管理。

2. 针对捐赠人所做捐赠的管理服务和针对捐赠人的管理服务的重要区别是什么？

3. 如何将慈善组织的网站应用到管理服务中？

4. 管理在慈善基金中的重要作用是什么？

第三十二章　董事会参与筹款

尤金·坦普尔　蒂莫西·塞勒尔

439 筹款始于董事会。

——亨利·罗索

董事会的参与是慈善组织成功筹款的关键，本章内容正是基于这一理念，重点关注亨利·罗索所说的“筹款始于董事会”。通过本章的学习，你能够了解以下内容：

- 探讨董事会参与筹款的基本根据。
- 开发创意，在不同的筹款活动中实现董事会成员的参与。
- 董事会成员为筹款带来的价值。
- 在聘用董事会新成员、鼓励董事会成员的参与、培训董事会成员的过程中，如何开发各种创意让董事会成员参与筹款。
- 如何支持董事会成员参与筹款。
- 如何在庆祝筹款获得成功的同时，实现问责和筹款承诺。

440 董事会成员的作用和职责

董事会成员承担着慈善组织的法律和管理责任。这些责任具体如下：

1. 法律责任
2. 组织宗旨的管理责任
3. 资源的管理责任
4. 自我更新责任

在履行责任之时，董事会成员要确保组织在财务管理、职工薪酬和报告制定方面，遵守了所有适用的法律规章。这也是建立信任的第一步。

自我更新是慈善组织董事会的最终责任。他们必须根据组织的需求，对董事会自身的构成、承诺和总体表现做总结。

对于组织宗旨和资源的管理是董事会成员参与筹款的理论基础。对于宗旨的管理，即确保组织的宗旨随着时间的变化保持其适用性，有助于实现战略规划。这也奠定了基础，使董事会成员在信任建立的过程中，代表慈善组织面向社区。而在持续进行的规划中，董事会成员也要代表社区面向慈善组织。近期的一项研究（Perry，2015）发现，在全部慈善组织中，美国人对于本土的慈善组织更加有信心。对于资源的管理，即确保有足够的财力资源来实现组织的宗旨。也就意味着对资金的保护、管理和开发，意味着确保资金的使用实现了其原本目的，意味着负责任地管理基金资助，意味着对筹款的参与。

参与筹款并不只意味着参与募集捐赠。实际上，对于刚刚涉足筹款事业的董事会成员来说，参与不同的筹款任务是非常好的“培训”。

2015 年非营利组织理事会治理信息中心（Board Source）在一本题为《有意识的领先：非营利组织董事会实践国家指数》（*Leading with Intent：A National Index of Nonprofit Board Practices*）的报告中指出，在过去 20 年间，董事会的慈善实践实现了改善，成员参与筹款的比例从 60%增长到 85%。然而，报告也表明，一些董事会成员对于筹款依然存在不适感。在确定捐赠人、会见捐赠人和要求捐赠人捐赠三个方面，分别有 56%、60%和 51%的董事会成员认为他们感到十分自在。但同时，分别有 20%、27%和 43%的董事会成员认为他们感到很不适。

参与筹款 441

董事会参与筹款的第一步是为筹款做规划。为了确保慈善组织所使用的筹款战略和技巧是基于翔实的数据、合理的动机和良好的实践而做出的，董事会成员必须提出一些问题。这些问题可以包括：

- 筹款规划是否基于扎实的研究和数据？哪些错过的机会为什么没有抓住？成功的路上有何阻碍？
- 目前提议的方法对于慈善组织的关键捐赠人是否有吸引力？
- 如果考虑开展筹款活动，是否已经进行了可行性测试？
- 慈善组织是否已准备好实施其筹款规划，并下决心实现更大的成功？

董事会成员必须在慈善组织筹款规划的撰写和审核中起到积极的咨询作用，从而确保慈善组织筹款战略的制定不仅受益于专业的筹款员工，也受益于其志愿者领导层。

每项筹款工作，无论是年度捐赠还是多年捐赠、大额捐赠，都应该通过董事会的讨论、了解和批准。董事会必须确信筹款工作制订了周密计划，并确保筹款工作的目标、志愿者领导层、主要战略因素以及成本都已经根据慈善组织的目标和需求进行了调整。

董事会应该建立主人翁意识，这也是十分重要的。当流程上要求董事会成员批准筹款项目时，他们也应该用亲自捐赠以及协助筹款工作的努力来体现支持。当董事会成员投票同意某个他们积极讨论过的筹款规划时，他们就是这一规划的主人。

董事会成员应该定期收到关于近期捐赠总额、总体进展指标、时间节点和重大事项的更新报告，这样他们才能够给出深思熟虑的建议，并采取行动确保成功。审阅并解读捐赠结果、根据特定的对象协助制定劝募战略，以上只是董事会成员在参与筹款时，可以并应该积极进行的活动中的两项。

以下清单（Tempel，2004：19）强调了董事会成员参与筹款流程的方式（按照直接参与的顺序排列）：

- 亲自捐赠。
- 起草感谢信，作为对捐赠的认可。

- 参与战略规划和发展规划的制订。 442
- 添加新邮件联系人。
- 亲笔撰写劝募信。
- 向慈善组织成员介绍潜在捐赠人。
- 起草支持信函并发送给政府机构、基金会或企业。
- 为特设活动寻找捐赠，或参与特设活动的筹备。
- 培养与潜在捐赠人之间的关系。
- 和其他志愿者或董事会成员一起打劝募电话。

规划筹款并筹集捐赠的过程包括很多部分。对董事会成员来说，除了进行筹款规划之外，参与筹款最易上手的方式就是向捐赠人致谢。从手写感谢信，到致电感谢，再到签署信件、在文末添加附注，致谢作为筹款过程中的重要组成部分能够帮助董事会成员更加理解筹款、适应筹款。

董事会成员也可以在写给特定群体和个人的劝募信上署名，作为参与筹款活动的一部分。他们可以为潜在捐赠人举办一些活动，如家中的冷餐会、午餐会和办公室冷餐会等，通过这些方式，潜在捐赠人可以更好地了解慈善组织，慈善组织的员工也可以更精准地跟进。

在为特定的潜在捐赠人举办的活动中，他们也可以帮助慈善组织进行捐赠人识别、捐赠人资格认定和捐赠人接触战略的制定。通过他们的社交网络和商业网络，他们非常清楚哪些人有可能进行捐赠，哪些人需要对慈善组织有更深入的了解。筹款人必须让董事会成员认识到，捐赠人的识别和捐赠人资格认定也是筹款过程的一部分。筹款人也要让董事会成员参与捐赠人评级或同伴筛选的相关活动，通过这些活动，后者能够协助认定哪些潜在捐赠人可能对捐赠感兴趣，也可以明确大致的捐赠额度范围。在过去，通常是在筹款活动以及活动规划早期，才会邀请董事会成员与慈善组织员工共同讨论潜在捐赠人以及捐赠预期。但是，邀请董事会成员持续参与这一过程也已成为一种良好的实践。

除了为不同的群体主持活动，董事会成员也可以通过开发并实施培养战略，让不同的群体尤其是大额捐赠的潜在捐赠人参与进来，从而和组织的关系更紧密。对潜在捐赠人的培养，让董事会成员能更紧密地参与到筹款中。通过培养潜在捐赠人，董事会成员将和他们建立起关系，而成功的筹款通常有赖于良好的关系；同时他们也有机会回忆自己在成为捐赠人、董事会成员之前，是如何被慈善组织吸引，并实现越来越亲密的关系。对董事会成员来说，看到他们的捐赠、鼓励和对慈善组织无
443 声的认可如何激励其他人做出同样的举动，是最令人欣慰的事情。对董事会成员来说，最有成就感的莫过于能够看到他人向非营利组织做出捐赠，不仅给捐赠人的生活带来改变，也提升了非营利组织所服务的人群的生活水平。

董事会成员应该与筹款员工合作，这一点十分重要。筹款员工与董事会成员在一起共事，有助于形成向潜在捐赠人介绍慈善组织的恰当氛围，这是最好的结果。董事会成员与筹款员工之间的亲密合作，能够使新的潜在捐赠人进行捐赠的工作变得更加愉快、更易成功。

最后，董事会成员在个人劝募方面也可以发挥有效作用。董事会成员参与到前文所述的筹款活动中，将有助于他们进行个人劝募。对已经参与到劝募中的董事会成员来说，他们要欣然接受慈善组织的宗旨、筹款声明、筹款规划，并做出相当数额的捐赠，这是十分必要的。筹款员工应该教会董事会成员如何发出筹款请求，邀请潜在捐赠人基于筹款声明进行捐赠以支持慈善组织。有经验的董事会成员已经充分理解了他们的筹款责任，他们明白，发出筹款请求是与捐赠人建立联系的重要时刻。在这一时刻，董事会成员真诚地向潜在捐赠人打开心扉，展示自己的价值观，邀请潜在捐赠人进行捐赠，以捐赠额度来检验他们对组织重要工作的支持度。由于这一工作和时机非常重要，董事会成员已经承担起筹款责任，面对捐赠人的首次拒绝或难以回答的问题，他们一般不会轻易放弃。他们会尽可能地让捐赠人理解其正在进行一场真诚的对话，首先要探讨的就是通过慈善组织让世界发生改变，其次是实现改变所需要的资助。筹款员工可以协助董事会成员理解这一过程，鼓励他们在劝募时，将重点放在诚恳的筹款手段上，在发出筹款请求时，首先得到潜在捐赠人的允许，不让潜在捐赠人感到意外。从而创造良好的氛围，让捐赠人和劝募团队在相互尊重的基础上开展有关讨论。然而，除非在筹款员工充分了解、参与、支持并有意愿协助筹款的情况下，董事会成员不得与捐赠人就捐赠事宜进行任何严肃的讨论。有效的劝募，是董事会成员和

筹款员工之间的一种伙伴关系。

董事会成员能够带给筹款工作的价值

董事会成员是非营利组织的倡导者。基于他们对组织的充分了解、所提供的管理以及自身作出的慷慨支持，他们可以向大众证明组织宗旨的重要性，并证明慈善事业在实现宗旨的过程中所发挥的作用。董事会 444
成员必须明确表示，他们信任并支持慈善事业，信任并支持慈善事业在实现组织宗旨中的力量。董事会成员可以在公共论坛上、组织的简报，或者向其他捐赠人进行劝募时，分享他们捐赠的原因，同意列在捐赠人名单上，讲述他们参与组织慈善活动的故事。当听到董事会成员是如何被鼓励进行慷慨捐赠的故事时，人们会受到影响，而这些故事也会对捐赠和慈善组织产生积极影响。

董事会成员被视为慈善组织捐赠中的领军人物。他们和慈善组织很多的大额捐赠人和潜在捐赠人都有着相似的身份和地位。通过他们的捐赠，他们所传递的信息会受到这些同伴的注意：捐赠人和相关人员都认为董事会成员对于慈善组织内部情况有着最深入的了解。他们都假设董事会成员非常了解慈善组织的需求，认为董事会成员在表达慈善组织值得个人去捐赠支持时，是情真意切的。董事会成员也必须通过慷慨捐赠表示出真诚之意，实现言行一致。

董事会成员是倡导者，是楷模。作为董事会成员，他们利用自身的慈善能力，更加慷慨地投入全部的筹款工作中。他们与很多大额捐赠人和潜在捐赠人身份地位相似。他们可以就捐赠人、潜在捐赠人和筹款环境提供很多背景情况。他们带来了关系，打开了大门。通过同伴身份，他们可以劝募。

筹款员工对董事会成员有着很高的期望，同样地，董事会成员也对筹款员工寄予厚望。董事会成员期望筹款员工支持他们参与筹款；他们期望筹款员工和他们约谈并完成跟进任务；他们期望员工对慈善组织的项目和计划有着深入的了解，正如员工期望董事会成员对社区和潜在捐赠人有更多的了解一样；董事会成员期望员工能够为他们打劝募电话做好准备；董事会成员期望员工能够尊重他们的时间，不要在劝募时过度利用关系。

招募董事会成员

非营利组织必须根据各自的宗旨和筹款声明，凭借实力来招募包括董事会成员在内的志愿者，而不是出于歉意进行招募。招募董事会成员和筹款很相似，筹款声明是发出邀请的根本原因，而对董事会新成员的邀请也包括他对非营利组织的慈善贡献。

445 董事会成员的招募通常始于对董事会优势与弱势的分析，也要分析董事会可能存在的特定需求，如技能、人口信息、地理分布，或者分析非营利组织随时间而产生的动态变化。董事会利用治理委员会、董事会委员会、提名委员会或类似的架构，来实现自我更新和延续。通过使用图 32.1 这样的网格，这些委员会可以对董事会及其主要特征有初步的印象，从而确定其首要重点。董事会可以将重点放在与人口相关的特征上，如年龄、性别或族群，也可以重点关注地理分布，抑或在法律、科学、传播、金融、营销或行政专业方面有特殊的要求。但是，必须时刻考虑到未来的董事会成员可以在筹款中发挥怎样的作用，也要考虑潜在捐赠人对于组织宗旨的兴趣，以及其慷慨解囊进行支持的程度（慷慨程度是慈善学中衡量某人是否有能力进行捐赠的标准，这不是一个简单的数额就可以衡量的）。

在招募董事会新成员时，有三件事不可或缺：组织的宗旨和筹款声明；董事会成员能够带来的特有优势；描述职责、责任和期望的简明文件，这一文件应清晰地阐释董事会及其成员的期望。必须要明确的期望就是该成员将会进行慷慨的捐赠，并且参与到一个或多个层级的筹款中（见图 32.1）。

董事会成员必须接受恰当的情况介绍和培训，这样才能在筹款中有效发挥作用（BoardSource，2012a）。即使董事会成员在其他慈善组织任职时在筹款中发挥了有效作用，我们也不能默认他们一定会在新的董事会中同样有效地发挥作用。

组织的宗旨和筹款声明是招募董事会成员的基础，因此可以在招募过程中进行情况介绍。此外，做情况介绍，应该包括对组织项目、预算、财务和所需慈善事业的介绍。培训时，应该回顾慈善事业的作用以及慈善事业在该组织中发挥的特定作用。培训还应该包括对于筹款和捐赠动态变化的介绍（见第四章中关于筹款声明的相关内容）。培训时，应该把

图32.1　董事会构成网络

姓名	年龄				性别		族群						地理区域					成员类型								专长											机构服务	出勤（Na=未在出席范围内，AB=缺勤，LV=请假，标黑=出勤）						
																										规划与评估			慈善专业与咨询				联系与筹款											
	65岁以上	50~65岁	35~49岁	35岁以下	女	男	亚洲人	亚裔美国人	非裔美国人	西班牙裔美国人	高加索人	印第安人	美国东部	美国南部	美国西部	美国中西部	非美国本土	校友	其他学术机构	企业领导人	资助者和捐赠人	从业人员	慈善家	非营利组织的志愿者	其他	组织评估	战略规划	行政管理	筹款/发展	倡导	营销与传播	非营利管理	非营利组织	捐赠型组织	捐赠人	企业	慈善研究院，雷克慈善宗教研究院，筹款学院，女性慈善研究院	董事会会议	董事会会议	董事会会议	董事会会议	董事会会议	董事会会议	董事会会议
	5	10	3	1	12	8	0	0	0	0	0	0	0	0	0	0	0	0	0	0	0	0	0	0	0	0	0	0	0	0	0	0	0	0	0	0								

第二十六章中列出的劝募实践做个介绍。董事会成员总是说，他们对是否要参与到个人劝募中感到十分犹豫，因为他们不知道如何向他人发出捐赠请求。在董事会成员打筹款电话前，为他们提供培训、和他们共同练习筹款、回顾董事会成员的作用和责任，有助于消除董事会成员的犹豫，使其参与到更有个性化的活动中。

448 在进行筹款工作时，无论是签署感谢信还是面对面地劝募，董事会成员都必须得到支持。一个比较好的方式，就是询问董事会成员，员工如何支持他们筹款。他们可能会有以下回答：尊重他们的时间、提供支持、体现专业性并对所在组织有深入的了解。

一般来说，当员工抱怨无法让董事会成员参与到筹款中时，他们并没有考虑过，这可能是由于他们并没有在相关工作中给予后者支持。期待董事会成员（或任何志愿者）凭借自己的力量完成组织的筹款工作，即便这些工作是他们的强项，即便给他们提供了筹款声明和相关培训，也是不现实的。如果员工不提供支持，董事会成员关注的重点通常是在自身的职业和个人生活上。员工必须让董事会成员将关注重点放在筹款上，并向他们提供支持。

当组织将董事会成员视为筹款团队中非常有价值的一员时，就能够开始创造一种支持的文化。董事会成员、其他志愿者、组织领导层和筹款员工在实现成功筹款的过程中，通常是通过共同合作，发挥着各自的作用。组织必须利用规划阶段，协助董事会成员做好筹款工作的准备，不管是发送个人捐赠请求信，还是准备面对面劝募。

449 董事会成员参与筹款承诺的形成，始于董事会成员的招募阶段。在这一阶段，十分有必要对董事会成员个人的期望进行开诚布公的讨论，包括期望他们慷慨地支持组织，并且参与到筹款中。如同本章开篇所述，利用“职位描述”可以清晰地阐释这些期望。例表 32.1 中所展示的由董事会成员签署的年度协议书也是一种对承诺的延续，以实现这些期望。

由董事会成员进行的年度自我评估有助于加强问责性。在不同背景下进行的评估方面的研究显示，自我评估通常要比他人评估更加严格。当董事会成员未能履行筹款承诺（或相关的其他承诺）时，董事会主席或者筹款发展委员会主席将会与该成员进行关于如何履行承诺的谈话。如果董事会成员未能通过本章前文所述的任何一种方式参与筹款、履行承诺，则应

例表 32.1　董事会协议书样本

组织名称

2016-2017 财年

董事会的责任　董事会依法对组织的工作负责。董事将与组织的执行董事和其他管理层亲密合作，发挥咨询与支持倡导的作用。

董事会应该有以下集体责任：

董事会通过一切可行的方式，包括鼓励捐赠、赠款、捐助和遗赠，以公共关系和资金支持为重点，进一步推进本组织的宗旨和目的。

- 推荐组织发展与宗旨更新相关的政策。
- 确保组织目前的战略规划和项目评估有效进行。
- 作为组织的大使，代表关键的支持群体面向组织，代表组织面向支持群体。
- 保障足够的财力资源，确保对组织资源的管理服务。
- 评估董事会的组成和绩效，并向董事会推荐新成员。
- 作为智库，不断产生新的想法，实现组织多方面的能力发展。

董事会成员的个人责任

每个董事会成员应该在一个或多个委员会服务，全力参与董事会工作，每年参加两次董事会会议，缺席应得到董事会主席的准许。国际成员每年应该亲自参加一次董事会会议。

除此之外，董事会应该做到：

- 在组织战略规划过程中起到积极作用。
- 通过与组织员工共同审核组织的宗旨和目标，确保筹款声明有较强的说服力。
- 参加组织工作以及执行董事绩效的评估。
- 为组织的执行董事和关键员工提供有关外部资源的建议与咨询。
- 提供能够协助组织实现宗旨的相关关键人物的联系方式。
- 协助制定组织大额捐赠筹款和认可的政策与流程。
- 为组织筹款活动中的规划、培养和筹款阶段提供咨询与积极协助。
- 进行与其捐助能力相当的年度捐赠或活动捐赠。

我已经阅读了董事会成员的集体与个人责任，并承诺会尽最大能力履行以上责任。

董事会成员

日期

该让他考虑辞去这一职务。与董事会成员参与筹款相关的谈话，应该由充分参与筹款工作的董事会领导层主导，而不应由普通员工进行，这一点很关键。

对筹款成功进行庆祝十分重要。董事会会议应该报告董事会成员在筹款中取得的成功，并为他们的个人业绩提供积极反馈和认可。筹款发展委员会在筹款工作领先时，也可以庆祝成功。同时，为了感谢董事会成员（和其他志愿者）在筹款中取得比上年更好的成绩时，可以举行一些特设活动进行庆祝。不要将董事会成员参与筹款看作是理所当然的事情。组织员工、董事会的筹款发展委员会都应该向董事会成员表达感谢。庆祝筹款成功，将会为那些很少参与筹款或并没有那么成功实现筹款的董事会成员提供楷模和正向激励。

结　语

本章回顾了让董事会参与筹款的一些关键问题。包括筹款执行官在内的非营利组织领导人都十分了解一个全力以赴的董事会为筹款带来的价值，但建立一个全力参与筹款的董事会，是很难的。本章帮助你了解如何让董事会成功地参与到筹款中。本章内容涵盖了董事会成员的作用和职责，以及让董事会成员参与筹款的基本根据。本章内容还涵盖了董事会成员协助筹款的不同方式，以及他们可以给筹款过程带来的价值。本章重点关注了几个同样重要的问题，包括择优聘用董事会成员、为董
450 事会成员进行筹款情况介绍和培训，以及在工作中提供支持。最后，本章重点强调了捐赠承诺、问责和庆祝筹款成功。

讨论问题

（1）你如何阐释董事会成员参与筹款的重要性与基本根据？

（2）聘用董事会成员参与筹款，关键要素有哪些？

（3）你将如何设计情况介绍和培训项目，让董事会成员参与到筹款中？

（4）慈善组织如何实现对董事会成员在筹款中的问责？

（5）慈善组织如何庆祝筹款成功？

第三十三章　志愿者管理

泰隆·麦金利·弗里曼　埃琳娜·赫曼森

在过去，美国社会中的志愿服务一直被严重忽视，其总体的贡献没 451
有得到充分的认可（Ellis and Noyes，1990）。从殖民时代到现在，志愿服务和公民参与都是美国生活图景中的重要风景线。出于对慈善事业的热情与决心，志愿者们为筹款事业增加了特殊的价值。专业筹款人应该想尽办法、尽全部力量，在筹款项目中实现志愿者十分有价值的参与，并通过详细的流程实现成功的志愿者参与。如此，将会获得巨大的回报，让非营利组织能够向筹款的总体目标更进一步，满足重要的社会需求，并建立起捐赠人的共同体。

在本章，你将会收获志愿者的相关知识，包括志愿服务参与率、不同的志愿服务形式、志愿服务的国际背景、志愿者参与的动机、志愿者在非营利组织筹款项目中的战略价值以及志愿者参与的八步模型。

志愿服务参与率和志愿服务活动

志愿服务是美国慈善事业中一种关键且重要的形式。2013 年，将近
6300 万美国人（或 25%的成年人口）正式参与过非营利组织的志愿活 452
动，贡献了近 80 亿个小时的服务时间，劳动价值超过 1730 亿美元（Corporation for National and Community Service，2015）。即使在经历了近期最严重经济衰退的前 6 年，志愿服务参与率依然保持相对稳定。美国人放弃了很多占用时间的事情，如慈善捐赠，却大都坚持着志愿服务。

在经济衰退的背景下，志愿服务继续以多样的形式蓬勃发展。一些志愿服务形式利用技术，让那些有意愿、有能力、有兴趣参与志愿服务

的人获得参与的渠道，无论他们身处何方。志愿服务的传统形式依然较为普遍、占据主导地位，但其他形式也不断对其加以补充，例如微志愿服务，即可以在几分钟到几小时这样的时间片段内提供的简短服务，以及网络志愿服务（或E志愿服务），即通过社交媒体和其他网络平台辅助实现的服务（见第二十九章关于社交媒体在筹款中的应用的内容）。虽然一些网络辅助的志愿服务形式被讽刺地贴上了“懒人行动主义”的标签，因为这些形式和一般的面对面的参与形式大不相同，并不需要太多的承诺和决心，但是技术已经克服了传统上对于时间和地理位置的要求，让非营利组织和个人都有了极大的灵活性，使他们能通过志愿服务互相连接。

除了正式的志愿服务形式的发展，非正式志愿服务也进展飞速。非正式志愿服务是指对自身家庭之外的群体如邻居或朋友提供帮助（Lee and Brudrey，2012）。2013年，13800万美国人曾帮助自己的邻居和朋友，提供儿童照护、看家护院或购买物品方面的支持（Corporation for National and Community Service，2015）。这类非正式的志愿服务非常重要，因为其产生于社区层面他人与自身家庭之间的社会纽带与关系，也会加强这种纽带与关系。这类社区层面的参与，促进了社区总体公民关系的健康发展，也意味着存在大量的潜在志愿者，筹款人应该对这类人群加以考虑和培养（Lee and Brudrey，2012）。然而，无论志愿服务的形式如何，其核心是统一的：有这样的一个群体，他们会在为他人及其认为重要的事业提供服务的过程中寻找价值和意义，而成功的筹款则创造了条件，让这类群体参与进来。

这样的理念十分重要，慈善捐赠是捐赠人和接受捐赠的组织之间以价值为基础的交换，志愿服务也是如此，它们反映了参与者的价值观与责任。人们会为与其有联系或对其有特殊意义的组织进行捐赠并提供志
453 愿服务。美国人捐款最多以支持的前三类组织是宗教组织、教育组织和人类服务组织，这并不是没有理由的，而这也是美国人参与志愿服务最多的三类组织（Giving USA，2014；Corporation for National and Community Service，2015）。

美国国家与社区服务公司（The Corporation for National and Community Service）曾反复验证捐赠与志愿服务之间的联系。2013年，79%的美国志愿

者曾向慈善组织捐赠，而在未曾从事志愿服务的人群中，只有40%曾向慈善组织捐赠（Corporation for National and Community Service，2015）。此外，筹款始终是志愿者们参与最多的活动，下面依次是收集和分发食品、一般性劳动以及辅导或教学。

志愿服务的国际背景

志愿服务并不仅仅是一种美国现象。2013年，15岁以上的加拿大人中，有44%正式参与过非营利组织的志愿服务，贡献了19.6亿个小时（Turcotte，2015）。虽然近年来志愿服务参与率有一些下降，志愿服务总时间依然保持稳定。同时，在加拿大，捐赠与志愿服务之间依然有较强的关联，捐赠率较高的省份也有着较高的志愿服务参与率。根据澳大利亚志愿者协会（Volunteering Australia，2015）的统计，19.4%的澳大利亚人曾贡献时间为相关组织提供志愿服务，而大多数的志愿服务是在体育、宗教和社会福利领域。而在非正式志愿服务方面，只有不到12%的澳大利亚人曾帮助家庭之外的忍受病痛或残疾的人们，但超过30%的澳大利亚人曾帮助朋友或邻居照看小孩（Volunteering Australia，2015）。除了北美和澳大利亚，在亚洲、撒哈拉以南非洲和南美洲的部分地区也有较高的志愿服务水平。盖洛普咨询公司（Gallup Organization）曾进行调查，在130个国家中，志愿服务参与率从2%到48%不等，非正式志愿服务参与率从21%到80%不等（English，2011）。此外，联合国也曾认可正式和非正式志愿服务在地区、国家和全球层面产生的积极影响，并且已经在近几年采取措施，鼓励展开全球对话，探讨志愿服务以及如何更好地在全球范围内对志愿活动进行测评和跟踪（United Nations Volunteer，2015）。显而易见，志愿服务是一个全球现象，筹款人扮演了至关重要的角色，将志愿者资源与社区需求联结起来。

志愿者动机和优势 454

作为筹款人，在实现组织宗旨的过程中进行志愿者管理时必须牢记，虽然对于志愿者的管理责任（与和董事会合作有所区分）有时可能看似与筹款工作剥离，但实际上，这是一项实现年度目标和战略目标的关键手段。

在管理志愿者之前，我们必须了解这一群体，并了解他们将会为筹款带来什么。人们进行志愿服务的原因有很多，包括认同特定的非营利组织目标、希望实现自我学习与提升、与他人联系互动、培养就业技能、逃离或解决生活中的困难（Musick and Wilson，2008）。很多志愿者有着利他主义的意愿，希望能够通过提供服务帮助他人，从而促进或支持对社区生活有特定影响的事业的发展。还有些群体或专业人员进行志愿服务，是为了利用其掌握的特殊知识或技能，为重要的事业服务，从而实现自我的发展。志愿服务也提供了一种方式，让人们获取新技能、收获与工作相关的宝贵经验、建立关系从而实现就业或升职。实际上，近期的研究显示，未就业的志愿者获得就业机会的可能性要远远高于非志愿者（Corporaion for National and Community Service，2015）。很多专业人员会在退休过渡期提供志愿服务，退休人员也会通过增加志愿服务来填补新增的空余时间。另外有一些志愿者是出于对友情或社区归属感的需要而选择志愿服务。他们参与到社区服务和他人的生活中，让自己的生活更有意义，也会感到自己对于他人是有利和有益的。千禧世代更热爱志愿服务，这或许是因为他们从幼儿园到高中的基础教育（K12）中包括社区服务的要求，或许是出于对社会环境不断增长的关心，抑或是出于志愿服务中排名最高的动机，即被要求提供服务。这些动机之间并不是互斥的关系。实际上，志愿者通常有一系列动机促使他们提供服务。这些动机作为一个整体都应该得到珍视与尊重，它们有助于实现非营利组织的宗旨和筹款工作的成功。

如果志愿者的动机能够得到良好的管理，它将会为组织的成功筹款创造出重要优势。志愿者可以通过为日常生活注入热情与能量，丰富组
455 织的工作与生活。作为社区的代表，志愿者也扮演着大使的角色，帮助组织建立良好的声誉。志愿者带来的独特技能与才能，可以提升组织的工作和影响。志愿者们也拥有物质资源以及个人的、专业的联系，能够强化组织的筹款工作。没有人能像志愿者一样为组织的意义、价值和成功提供担保。因此，作为专业筹款人，我们应该尽一切努力，开展志愿者管理工作，以获得满足社区需求的必要资源。

志愿者的战略价值与作用　志愿者在成功筹款中发挥着重要作用。为非营利组织工作的志愿者并没有酬劳，他们体现了组织价值观的内

化。从很多方面来讲，他们都体现着组织的宗旨，由于他们并没有酬劳补贴，也没有任何的既得利益，所以他们能够作为有力的倡导者，准确地宣传组织的有效性和影响力。志愿者有他们自己的生活、工作，也有着对于家庭、工作和社区的其他责任与义务。他们既然选择了你所在的组织，就是对你的工作的赞许，这一点也应该用来支持你的筹款工作。

志愿者为捐赠人和潜在捐赠人提供重要联系。在之前的章节中探讨过联系、能力和兴趣的 LAI 原则（见第三章），即当潜在捐赠人与组织有联系或关联、对组织的事业有兴趣并且有能力提供一定额度的捐赠时，这样才能筹集最具潜力的捐赠。志愿者可以通过他们的个人和专业社交网络做出这样的关联，并明确捐赠人的兴趣和捐赠能力。志愿者在成功的前景研究中起到了关键作用，因为他们与捐赠人生活在同一社区，也可协助组织对捐赠人捐赠的可能性进行评估，帮助组织与捐赠人建立重要且持续的关系。

志愿者也可以作为带头人，测评所在社区对筹款声明和筹款活动的需求以及回应情况。他们作为公民和邻里参与社区活动，可以提供新的见解，帮助筹款活动保持新鲜、与时俱进、行之有效。

志愿者应该相信慈善支持，并成为组织的捐赠人。之前我们探讨过志愿服务与慈善捐赠之间的关系，志愿者已经将自己的时间和才能用来全力支持组织的发展，如果不给他们提供对组织进行资金支持的机会，就是我们作为筹款人的失职。对于那些支持筹款项目的志愿者，这一点
尤其正确。志愿者在开始支持你的筹款工作前，必须先进行捐赠。包括 456
员工、董事会成员和一般志愿者在内的人群，如果自身不进行捐赠，他们就不应该代表组织进行劝募。

志愿者在筹款活动的规划和评估中也能提供战略价值。如果我们回顾筹款周期，会发现这一点是显而易见的。筹款周期并不仅仅是协调各项活动的管理模型，也可以作为一种教育工具，实现志愿者在筹款中的参与（见第三章）。这一模型为志愿者参与和动员提供了两个明确的切入点，但其实你可以在筹款的任何一点让志愿者参与进来。在审查筹款声明、分析市场要求、明确并验证需求声明和目的方面，志愿者能够提供重要的反馈。根据这些反馈，可以评测你对社区需求的理解、表达和

传达程度。为了实现这一过程，可以让志愿者参与到核心小组中，也可以向志愿者发放文件草稿，征求他们的意见。在评估捐赠市场、选择筹款工具、明确潜在的捐赠来源以及制订筹款和传播计划等工作时，志愿者可以提供建议、联系、有创意的想法以及其他有价值的贡献，促进规划和决策的进展。志愿者参与筹款的准备和意愿程度将戏剧性地延伸筹款项目的能力，当处于孤军奋战或组织规模较小的情况时，更能体现出他们的作用。最后，志愿者可以成为筹款工作中非常有效的劝募人或关系建立者。如果有恰当的培训和支持，志愿者可以协助筹集捐赠、履行管理责任并实现持续性捐赠。而志愿者做以上工作是通过具有战略性的也很有意义的捐赠人实现的，而这些捐赠人中既有他们熟识的，也有他们陌生的。在面对个人捐赠人、基金项目专员或企业捐赠委员会时，志愿者可以成为组织有力的见证者和倡导者。他们拥有热情与能量，能够有艺术性地传达组织宗旨的重要性。这对于那些曾经受益于组织项目和服务的志愿者来说尤其如此。为他们创造机会，特别是分享他们的经验和激情，有利于巩固捐赠人关系。志愿者用私人化或直接的方式阐释组织的影响和问责情况，这是全职带薪员工几乎无法完成的事情。因此，志愿者一直以来都被视为重要的人力资源，填补非营利组织的技能、人力和领导力缺口（Eisner et al.，2009）。因此，考虑到你在组织中作为筹款人的各项作用和职责，你应该时常停下来思考如何让志愿者有效且有意义地参与到你的工作中，从而更有效、高效地实现筹款目标。

457 实现志愿者成功参与的步骤

当你考虑如何在你的筹款项目中最好地利用志愿者时，这里有八个步骤可以帮助你实现志愿者的成功参与。筹款的日常压力有时会使这种规划和准备工作变得困难。然而，在这些步骤的初始阶段你投入时间和精力，可以节省后期的时间、精力和金钱，因为你将深思熟虑地确定组织与志愿者之间的需求交集，并创建一个能够持续支持志愿者招募、培训、参与和评估的流程。

明确组织的需求

首先，必须分析组织的志愿者需求。志愿者可以有效地服务于总体筹款规划的各个方面，包括直接邮寄、活动、电话劝募、个人劝募、有规划的捐赠、巨额筹款活动、社交媒体和传播（Lysakowski，2005）。因此，要问问自己有哪些筹款任务需要完成，志愿者如何提供帮助，需要多少志愿者，志愿者需要怎样的知识、技能、精力和实践来实现成功筹款。提出并且回答这些问题，将帮助你更好地确定如何有效利用志愿者、如何为他们提供有意义的经验。要记住，志愿者是希望能够发挥作用的。考虑到志愿者还有许多其他的志愿服务选择以及志愿者流动率的问题，安排他们做一些在其能力范围内的具体任务非常重要，这能够让他们参与进来，并长时间保持较高的满意度。在为志愿者分配好职责和任务之后，你可以制定工作描述，清晰地阐释工作任务、技能、知识和时间要求。这样可以帮助你在专业知识、性格和可用性方面考虑哪些人最适合你的志愿者职位。这将帮助你清晰地传达志愿服务的机会以及对表现的预期，你也可以考虑像筹款专业人员管理志愿者参与所应该提供的支持。在这一步中，还应该考虑到法律保护、要求或其他最好的实践，指导志愿者参与，同时你要制定和实施政策与程序，进行实际操作。如青年组织一般会要求参与青年互动的志愿者接受背景安全调查。即使你所在的组织可能不需要采取这样的步骤，但考虑到可能影响志愿者的其他问题，458
如隐私、捐赠人记录保密和基本的品德操守等，并做好应对措施，也是大有裨益的。

识别并招募志愿者

清楚地了解要完成的任务后，你就可以在接下来的两个步骤中识别并招募志愿者。应该用与招募带薪专业员工一样尽职的态度来对待这一过程，这是至关重要的，尤其是在招募筹款活动主席和那些能够提供服务和志愿者领导作用且对你整体成功非常关键的人员时。为了推广志愿者的招募机会，可以在非营利组织的关系网络中利用口碑和社交媒体进行传播。有一些志愿者网站，例如 www. volunteermatch. org，可以帮助志愿者与慈善事业建立联系。通过当地的联合劝募基金会、社区基金会、服务俱乐部青年组织和推广员工志愿服务的企业帮助找到志愿者，也可能在你的社区中找到其他志愿者匹配网络。你也可能已经有了合适的人选，需要开始亲自吸引他们参与。或许在确定关乎筹款成功的志愿者领导职位时就是如此，所以要仔细考虑前景预期，并在接触他们的过程中体现出敬意和尊重。在交流的过程中，必须体现出这一职位非他们莫属，要表达出为什么他们是这类服务最好的候选者，他们的专业、知识、技能、关系和声誉最符合目前的职位。志愿者候选人还要有足够的时间和机会，来认真考虑他们的参与，在经过深思熟虑之后，为他们的承诺和参与做出最终决定。

为志愿者做情况介绍

一旦志愿者同意参加，那么为他们提供情况介绍和培训便是让他们成功参与筹款的下一步。即使是对于经验丰富的志愿者领导人，我们也必须花时间让他们具备成功发挥作用所必需的基本知识，如本组织的一般背景资料以及成功吸引捐赠人的具体细节。在熟悉组织的宗旨和具体操作方面打下坚实的基础，这是非常重要的。永远不要假设你的志愿者已经获得了全部知识。情况介绍可以为志愿者提供关于你的工作和社区影响方面的细微知识。至于筹款方面，志愿者应该熟知组织的财务情况、项目需求和筹款声明，这样他们才能够代表你与捐赠人有效且合理地进
459 行沟通互动。也可以为他们提供手册或线上资源，使他们能够反复参考，增强对组织的理解认识。在为志愿者提供了情况介绍之后，还应该对他们进行与工作任务直接相关的培训，这也十分重要。如果他们将要与捐赠人进行互动，那么就可能要接受劝募方面的培训。如果他们的任务是为马拉松式电视劝募节目接电话，那么你的培训活动必须包括文字录入、电话流程、捐赠记录和相关技术的使用。可以重新参阅职位描述，以提供培训机会，支持要完成的任务。同时还要考虑到有效培训所需要的实践投入。有些工作可能只需要在志愿者开始工作的几个小时前，对特定的流程进行回顾和联系。其他工作可能需要几个星期的培训时间，让他们充分准备好提供服务。也可能需要聘请顾问、供应商或其他志愿者来协助培训支持。要清楚地考虑到培训需求以及开展培训的最佳方式，确保新志愿者成功的入职体验以及老志愿者的持续满意度。最后，不要忘记动机和激励的重要性。当你试图用知识、流程和技能武装志愿者的身心，协助他们完成任务，同时确保也要打动他们的心灵。发掘他们的动机，并帮助他们在自身工作、组织的宗旨以及改善他人和社区生活之间

建立联系。展示他们工作的价值。帮助他们了解你对于组织成功的愿景。如果可能的话，让他们与项目受益人和参与者进行互动，或是在行动中体察组织的宗旨。永远不要错过强化组织宗旨的机会，并将志愿者与这些机会联系起来，不要忘记在志愿者参与的过程中，持续提供必要的培训、认可和支持。

确保有意义的参与

在对志愿者进行适当的情况介绍和培训之后，就可以让他们承担指定的职责和任务。分配任务时应该直接、具体，并考虑到志愿者的兴趣与才能。志愿者希望能够在服务中找到意义，感受到与工作之间紧密的联系，并且能够成功地服务于相关活动。将他们的个人情况与筹款活动进行恰当匹配，这一点在志愿者的成功的长期参与中至关重要。此外，我们必须时刻意识到志愿者对他们所从事的服务是满意的，这样他们才能够关注并致力于相关工作，让我们成功地实现筹款目标。这也与下一个步骤，即谨慎利用志愿者时间息息相关。志愿者能够投入慈善事业中的时间和精力是有限的，所以必须明智地利用他们的时间，不要把时间 460
浪费在和早期招募、情况介绍和培训过程中所体现的工作水准不相符的琐事上。我们的目标并不是让他们忙个不停，而是让他们有意义地参与推进组织的宗旨。

评估志愿者的表现

让志愿者成功地参与筹款，倒数第二步就是评估志愿者的表现。出于种种原因，我们必须花时间恰当地评估志愿者的表现。第一，这是向志愿者展示他们对于组织宗旨的重要性，以及他们对于组织的内在价值。第二，评估提供了有用的并具有建设性的反馈，让志愿者能够知晓和评估他们的贡献。第三，作为专业人员，我们应该对志愿者所做的工作负责，必须确保工作确实得以良好完成，达到了总体目标和标准。评估应该按照标准惯例与可以接受的程序进行，也应该符合职位描述以及通过情况介绍和培训所传达的信息。评估应该以口头和书面形式提供，包括对成功完成活动的积极评价，以及对需要改进和发展的活动的建设性批评。对于令人关切的领域，应该就如何改进提出具体建议，并提供相应的培训和支持，实现预期的改变。当以这种方式得以体现时，评估就提供了有效的平台，得以重新分配没有实现预期的志愿者的精力和工作，并为他们提供机会和支持，改善未来的成绩。对于那些虽然已经得到了足够的支持与建设性反馈，但依然不足以满足预期的志愿者来说，评估提供了结束志愿者任务的依据，从而分配不同的服务模式，或终止志愿服务关系。

对志愿者的认可

让志愿者成功地参与筹款的第八步，也是最后一步，就是提供认可。认可可以是公开或私下的、正式或非正式的。无论形式如何，认可对于支持志愿者、确保志愿者满意度以及对其服务表示感谢都是至关重要的。正如前文所讨论的，由于志愿者服务的动机多种多样，所以奖励可以帮助他们满足被认可的需求，也可以庆祝成功且有效的服务。同样重要的是，应该通过与其所提供的服务相匹配的恰当方式来实现认可。首先当
461 然是“谢谢”二字。你应该经常并慷慨地对志愿者使用这个词。也可以用感谢信、奖章和奖品、媒体封面、晚宴或其他活动上的致谢等形式表示认可。也可以提供表示赞赏的小纪念品，如礼券、带组织标志的纪念品或其他能够体现组织宗旨的物品，这取决于组织的情况。关键是要思考如何有意义地对其提供的服务表达感谢、欣赏和支持。

让志愿者参与组织的宗旨有很多原因。要想在这样的参与中取得成功，关键是要清楚地了解组织对志愿者的需求。做好吸收志愿者的准备，并有效地利用他们的时间和才能，促进组织宗旨的实现。对志愿者工作的预期直接表达出来，并在深思熟虑后将志愿者的才能和兴趣与组织的需求和机会进行匹配。最后，要对他们的服务给予建设性的评价和认可。

志愿者政策及程序

志愿者政策和程序对于支持志愿者参与的八步模型至关重要。它们在非营利组织中也发挥着很多作用，如传达组织价值、保护利益相关者、实现一致性、明确组织流程以及为志愿者管理中的角色和责任提供清晰的预期。除此之外，组织对于所签署同意书的使用，可以帮助解决法律或伦理困境，正式的纪律和解雇程序有助于组织终止使用或重新分配那

些造成问题或者工作低效的志愿者，这是相关工作中我们不愿发生但真实存在的情况。

为所在非营利组织制定志愿者政策和程序时，要考虑很多问题。志愿者参与的八步模型，可以帮助指导你的初始流程。问问自己，政策需要保护的对象是谁，要考虑到所有的利益相关者，包括员工、志愿者、客户和捐赠人。同时要问问自己，志愿者将承担哪些工作？组织应该对志愿者和他们的工作有哪些期望？志愿者将会处理敏感信息还是帮助弱势群体？利用对这些问题的探讨，可以在你的发展办公室展开对话，组织也可以开始进行志愿者政策和程序制定的过程。

由于组织宗旨、需求、文化和支持群体的差别，不同的组织需要不同类型的志愿者政策。然而，一般性的志愿者管理政策要考虑纳入保密性、活动中志愿者的使用、利益冲突、背景调查、员工与志愿者关系、 462
反歧视和性骚扰，以及解雇和纪律行为等内容。越来越多的组织需要考虑制定志愿者政策，对个人志愿者或独立志愿者群体进行管理，他们在非营利组织的正式结构和流程之外，寻求筹集资金、提高公共认知度或进行自我倡导。这样的志愿者通常被称为“自由代理人”，他们可以成为实现组织宗旨的宝贵资产（Kanter and Fine，2010）。传统意义上，非营利组织可能忽略了自由代理人志愿者，因为他们并没有正式加入该组织。对于他们来说，能够让他们与正式的志愿者保持联系，已经足够了。在如今高度网络化的世界里，非营利组织不得不重新思考如何与自由代理人志愿者进行互动，最大限度地扩大影响力。为这类第三方志愿者制定政策，可以协助建立指标，衡量他们在慈善事业中可以有多大的发展，如何为组织的宗旨发声，如何代表组织筹集资金，如何利用你所在组织的商标、标语和其他材料。政策制定的最后一步，就是要遵循所在组织的治理结构，以便董事会及相关委员会能够全面考虑、讨论并批准通过志愿者管理政策。

在筹款中，志愿者管理有时是非常困难的，但制定志愿者政策和程序让员工能够保持组织的标准，并为志愿者提供安全、统一的环境。这种一致性和结构可以带来更有成就感、更积极的志愿者体验。

留住志愿者

绝大多数志愿者每年会继续提供服务，然而，1/3 的志愿者所提供的服务会逐年减少（Corporation for National and Community Service，2010）。这一流动率非常高，作为专业筹款人，虽然我们无法控制造成流动的所有因素，但是还可以采取一些步骤，让志愿者心情舒畅，继续参与。研究表明，志愿者停止参与的原因可能包括：志愿者的技能与现有的志愿活动不匹配；赞赏和认可不足；缺乏培训和支持；领导和监督不足（Eisner et al.，2019）。如果专业筹款人能够抽出时间关怀志愿者，这些因素都可以避免。前文所述的提供情况介绍、培训、持续支持、评估和认可，都是成功留住志愿者的关键因素。研究表明，志愿者在志愿服务
463 上花的时间越多，他们继续服务的可能性就越大（Corporation for National and Community Service，2010）。因此，我们必须努力支持、关心志愿者。在这方面，组织与志愿者的关系很像组织与捐赠人的关系。这种关系同样需要培育、培养和管理，以回报志愿者和组织的有效劳动。

员工主导和志愿者主导的筹款项目

随着筹款工作的专业化和筹款项目的制度化，在一些组织中，员工主导的筹款活动已经超过了志愿者主导的筹款活动。在高校、医院和文化机构中，员工主导的筹款项目是相当普遍的，在这类项目中，带薪的专业人员在志愿者很少甚至没有志愿者参与的情况下，开展筹款的各方面工作。对此有很多赞扬的声音，认为这种做法让员工的时间有效地用在筹款上而不是志愿者管理中，但同时也有对于长时间内志愿者参与和可用性的担忧，这种担忧主要体现在年度活动或巨额筹款活动中。尽管如此，即使是员工主导的组织，也往往能找到有意义的方式，让志愿者参与筹款，无论是在筹款活动委员会和咨询委员会正式地任职，还是非正式地审阅潜在捐赠人名单、联系捐赠人。最终在多大程度上让志愿者参与筹款，将由每家组织自身决定。当然，所有的筹款都需要始于并终于董事会的决定（见第三十二章关于董事会在筹款中作用的探讨）。没有什么能够取代董事会成员志愿者在成功筹款中的领导力和参与。但是，正如同本章所讨论的，非董事会成员志愿者可以提供很多筹款计划，加之充分的规划和精密的执行，这类志愿者也可以成功地融入组织的筹款工作。

结　语

志愿者是成功筹款的关键。如果非营利组织不能找到方法让志愿者有意义地参与到筹款中，就会错失与捐赠人加强联系、建立信誉、加强自身社区关系、利用合适人才支持其宗旨发展的重大机会。专业筹款人应该了解是什么激励了志愿者，这样才能有效地管理志愿者关系，使志愿服务、志愿者满意度和社区影响最大化。志愿者参与的八步模型是行 464
之有效的方法，能够将志愿者的技能和兴趣与组织的筹款需求相匹配。汉克·罗索认为，志愿者，无论是董事会成员还是其他人，都是成功筹款的关键。他们在组织中没有既得利益，他们所带来的热情和激情完全是出于组织宗旨与他们内心深处的价值观和个人重点倾向产生共鸣。通过制定政策、流程和程序，组织能够经常地、有效地让志愿者有意义地参与到筹款工作中，这样的组织将会获得巨大的投资回报。

讨论问题

（1）为什么了解志愿者的动机很重要？这些信息如何帮助你所在的非营利组织识别、招募和留住志愿者？

（2）志愿者能够为你所在的组织提供什么战略价值？列出志愿者可以为组织宗旨做出独特贡献的三种方式。

（3）在志愿者成功参与的八个步骤中，你认为哪一步对你所在的组织最具挑战性？你可以采取什么措施来解决这个问题？

（4）你所在组织的志愿者留住率是多少？这揭示了目前志愿者管理项目中的什么问题？

第七部分

伦理与问责

第三十四章　伦理与问责

尤金·坦普尔

为什么少数人的行为会对很多人造成影响？这是对美国筹款人研究所得出的关键问题之一（Doronio and Tempel，1997）。筹款人都很关心同事的职业伦理水平。这一问题的答案在于公众对非营利部门的期望。在非营利部门工作的人们要比在营利部门工作的人受到更高的信任。专业筹款人协会（AFP）的伦理准则（见例表34.1）要求其成员在管理、问责和保密领域，不仅对自己的行为负责，也要对组织的行为负责。 467

当专业筹款人努力追求专业地位时，技术标准和伦理标准都是必不可少的。这本书的大部分内容都是筹款的基本根据和技术层面的内容。本章则是论述伦理方面的问题。慈善筹款的伦理实践至关重要，有利于通过提升公共信心和信任促进慈善事业的持续发展，也有利于筹款实践的专业化。

本章包括以下内容：

- 伦理在职业精神中的作用。
- 伦理标准与伦理准则。
- 伦理价值观和其他竞争性的价值观。
- 明确并解决伦理困境。

例表 34.1　专业筹款人协会伦理准则规范和专业实践标准

1964 年通过；2007 年 9 月修订

专业筹款人协会（AFP）的成立是为了促进专业筹款人和筹款专业的发展和成长，倡导筹款专业的高尚道德行为，维护并加强慈善事业与志愿服务的发展。

AFP 会员的内在动力是通过他们所服务的事业来提高生活质量。他们为慈善事业的理念服务，致力于维护和加强志愿服务，并将这些理念作为其职业生涯的首要方向。他们认识到了自身的责任，确保全力并且合乎伦理地寻求所需的资源，并忠诚地实现捐赠人的意图。

为此，AFP 会员，无论是个人还是企业，都信奉某些价值观，并在履行提供慈善支持的责任时，努力坚持这些价值观。AFP 的企业成员努力促进并保护他们客户的工作和宗旨。

AFP 会员，无论是个人还是企业，都渴望：

- 以正直、诚实、真诚的态度践行自己的专业，恪守维护公共信任的绝对义务。
- 按照其组织、专业、客户和良心的最高目标与愿景行事。
- 将慈善宗旨置于个人利益之上。
- 用自身的奉献精神和崇高目标激励他人。
- 提升自身的专业知识和技能，使其自身的表现更好地为他人服务。
- 关心受其行为影响的群体的利益和福祉。
- 重视受其行为影响的群体的隐私、选择自由以及利益。
- 培养文化多样性和多元价值观，有尊严地尊重所有人。
- 通过个人捐赠，对慈善事业及其在社会中的作用做出承诺。
- 遵守所有适用法律法规的精神和文字规定。
- 在组织内部倡导遵守所有适用的法律法规。
- 避免出现任何刑事犯罪或执业不当行为。
- 通过自身的公开举止，给筹款行业带来信誉。
- 鼓励同事接受并实践这些伦理准则和伦理标准。
- 有意识地了解其他专业慈善组织制定的伦理准则。

伦理标准

此外，努力按照以上价值观行事的同时，AFP 会员，无论是个人还是企业，同意遵守（并尽其所能，确保其所有员工都遵守）AFP 伦理标准，违反这些标准的成员可能面临 AFP 执行程序中所规定的纪律处罚，包括除名。

会员义务

1. 会员不得从事危害会员所在组织、客户或专业的活动。
2. 会员不得从事任何对其组织、客户或专业的守信、伦理和法律义务相冲突的活动。
3. 会员应有效披露所有潜在的和实际的利益冲突。此类披露并不代表或暗示任何伦理上的不当行为。

续表

4. 会员不得利用与捐赠人、潜在捐赠人和志愿者之间的任何关系，为会员或会员所在组织牟利。 5. 会员应遵守所有适用的地方、州、省和联邦民事及刑事法律。 6. 会员应该认识到自身个人能力的界限，并公开、诚实地介绍自身的专业经验和资格，并应该准确、毫无夸张地介绍自身的成就。 7. 会员应该如实地提供产品、服务，不得有虚假陈述，同时应清楚地明确产品细节，如产品、服务的可获得性，以及其他可能影响产品、服务对于捐赠人、客户或非营利组织适用性的因素。 8. 会员应该在初始阶段确定合同关系的性质和目的，并在销售材料、服务交易之前、期间和之后，能够灵敏及时地回应各个组织及其所负责的组织。会员将遵守本合同所规定的全部公平合理的义务。 9. 会员应避免在任何时刻故意侵犯其他各方的知识产权，会员应处理并修正可能发生的任何无意的侵权行为。 10. 会员应保护与供应商、客户关系相关的所有特权信息的机密性。 11. 会员不得从事任何旨在恶意诬蔑竞争对手的活动。 **慈善基金的募集和使用** 12. 会员应注意确保所有招募和沟通材料是准确无误地、精准地反映了组织的宗旨与募集资金的使用情况。 13. 会员应注意确保捐赠人接收到了关于捐赠的价值和相关税务方面翔实、准确、合乎伦理的咨询意见。 14. 会员应注意确保按照捐赠人的意图使用捐款。 15. 会员应注意确保恰当管理所有收入来源，包括及时报告资金的使用和管理情况。 16. 会员应在修改财务交易条件之前，征得捐赠人的明确同意。 **展示信息** 17. 会员不得向未经授权的各方披露特权信息或机密信息。 18. 会员应遵守这一原则，所有由某组织或客户亲自或代表某组织或客户创建的捐赠人和潜在捐赠人信息，均为该组织或客户的财产，除代表该组织或客户的人员之外，不得进行转让或使用。 19. 会员应为捐赠人和客户提供机会，使其能够将名字从出售、出租或与其他组织进行交易的名单中删除。 20. 会员在陈述筹款结果时，应使用准确、一致的会计方法，该方法应符合美国注册会计师协会（AICPA）对相关类型组织所采用的相应准则（美国以外的国家也可以利用类似的权威组织）。 **报酬与合同** 21. 会员不得接受报酬或订立以会费比例为基础的合同；会员亦不得收取中介费或佣金。

续表

企业会员必须避免在未经披露给客户的情况下，获得来自第三方为客户提供的产品或服务的报酬（例如，供货商向企业会员提供的批量回扣）。

22. 会员可接受基于绩效的报酬，如奖金。但所提供的奖金应符合会员所属组织的惯例，且不以贡献的比例为基础。

23. 会员不得以影响产品或服务选择为目的，提供或接受报酬及特别照顾。

24. 会员不得支付中介费、委托费或基于贡献比例的报酬，并应注意劝阻其组织做类似款项的支付。

25. 任何代表捐赠人或客户接受资金的会员必须符合支付这些资金的法律要求。应完全披露基金的任何利息或收入。

资料来源：copyright © 1964, Association of Fundraising Professionals（AFP）all rights reserved. Reprinted with Permission from the Association of Fundraising professionals。

471 ## 信任问题

20世纪末的美国曾处于信任危机之中。一项全国性研究显示，只有57%的受访者表示，他们信任或高度信任私立高等教育，而这已经是美国所有机构中信任度的最高水平。医疗保健机构的数据为39%，而私人和社区机构的数据为31.6%。只有15.8%的人表示他们信任或高度信任国会（Independent Sector，1996）。20世纪末以来，公众对非营利组织的信任度一直保持低迷。根据2008年3月的一项研究，34%的美国人称他们对慈善组织“不太”有信心，或者“完全没有”信心。这种信心的缺乏严重挑战了“该行业的独特性，在于其目的是进行捐赠和志愿服务”（Light，2008）。2015年的《慈善纪事》（*Chronicle of Philanthropy*）调查（Perry，2015）显示，这一数字并没有改变，只有2/3的美国人表示，他们对于慈善组织非常或比较有信心。令人欣慰的是，80%的受访者表示，慈善组织“在帮助他人方面做出了很好或比较好的工作”（Perry，2015）。

472 丑闻、虐待、管理不善和浪费等不良事迹，虽然有时会被媒体夸张扩大，但还是会影响人们对整个非营利部门的信心。信任是慈善事业发展的基础。捐赠人必须“信任”并相信，当他们资助某个慈善组织时，他们的捐款能够按照承诺的一样得到明智的使用。正如第二十二章所指出的，如今，捐赠人和公众要求各个非营利组织具有透明度和问责制。筹款人和所在非营利组织的透明度、问责性以及职业伦理行为，有助于建立对慈善事业的信任和支持。

伦理与专业主义

从一群从业人员形成某一专业，伦理是这一过程的关键因素。25年前，卡蓬（Carbone）将筹款作为一种专业进行重点研究。他根据六个被普遍认为对某一专业至关重要的标准来评估筹款：（1）自主性；（2）系统性知识；（3）自我规制；（4）承诺和身份认同；（5）利他主义和奉献精神；（6）伦理和制裁（Carbone，1989）。基于这六个标准，筹款人在不断确保其专业根基方面取得了重大进展。大多数筹款人致力于他们所在的组织和职业生涯发展。筹款人在花费他们的资源和时间上比其他公民更慷慨。筹款人会关注其他筹款人的伦理行为（Duronio and Tempel，1997）。AFP已经建立相应程序，制裁违反伦理准则的会员。

专业的概念建立在服务他人的概念之上，建立在承诺将客户的利益置于自身利益之上而产生的信任。普利本诺（Pribbenow，1999）认为，筹款作为一种专业，必须专注于服务公共利益，而不是试图用其他相关专业定义自身。为公共利益而提供的服务能够确保信任。信任则建立在从业者的技术能力和伦理水平之上。

有很多的学术著作能够帮助我们提升技术能力和伦理水平。学者们曾经尝试协助筹款人直面伦理问题和伦理困境。包括戴维·史密斯（David Smith）在其主编的《良好意愿：伦理障碍和机会》（*Good Intentions: Moral Obstacles and Opportunities*，2005）以及詹尼斯·高·帕蒂（Janice Gow Pettey）的实践指南《非营利筹款战略》（*Nonprofit Fundraising Strategy*，2013）中提到的内容。这些资源共同提供了一个框架，协助处理筹款人及其所在的非营利组织所面临的伦理问题。

筹款执行官、筹款领导人和筹款经理有责任了解情况，仔细并批判性地思考对非营利部门和慈善事业健康至关重要的伦理标准和伦理问题。他们也必须能够向同事和捐赠人讲授伦理方面的议题。这 473
些问题对于开展相关工作的非营利组织以及帮助组织获取资源的筹款人来说，都非常重要。

本章在后文将会提到一些标准，能够协助指导我们的伦理实践。然而，大多数的伦理问题并不是简单而容易记忆的“应该做什么”和“不应该做什么”，也无法进行统一应用。伦理问题需要筹款人制定宽泛的框架和原则，由此做出最佳的选择。印第安纳大学慈善研究中心前主任罗伯特·佩顿（Robert Payton）曾指出：“并没有伦理问题的答案；只有伦理方面的问题。”因此，希望能够在工作中表现得更专业、提高公信力的筹款人应该在职业生涯中，对伦理问题进行自我教育，这样才能够在遇到伦理问题时作出最佳的选择。

伦理标准可以协助筹款人初步解决一些明显违反伦理的问题。专业筹款人协会伦理准则规范和专业实践标准提供了这样的指南，医疗保健慈善协会（Association of Healthcare Philanthropy，AHP）（见例表 34.2）、教育促进和支持理事会（CASE）和其他机构的规范也提供了类似的指导。它们为伦理实践提供了良好基础，通过遵守这些规范，可以建立起信任。然而，它们并不会提供全部答案。大多数的决定并不只是遵守规范这么简单。因此，筹款人必须做好准备，让自己能够在一个合乎伦理的环境中发挥作用，在这个环境中，尽可能充分地满足公众和专业人士的期望，这始终是应该关注的重点。

例表 34.2　医疗保健慈善协会专业标准和行为声明

所有会员均需遵守本协会的专业标准和行为声明：

医疗保健慈善协会会员通过自身的示范和行为，代表他们的雇主和专业面向公众。因此，他们有责任忠诚地遵守以下各方面的最高标准和行为：

Ⅰ. 倡导所在组织的优势以及医疗慈善领域总体取得的卓越成就，在与卫生、教育、文化和其他类型组织的合作中，发挥领导力。

Ⅱ. 他们的言行应体现对真理、诚实、公平、自由探寻以及他人观点的尊重，平等而有尊严地对待所有人。

Ⅲ. 尊重所有个体，不分种族、肤色、性别、宗教、出生国、残疾、年龄或其他受适用法律保护的特征。

Ⅳ. 承诺努力提高专业和个人技能，从而改善对捐赠人和组织提供的服务，鼓励并积极参与自身以及其他负责支持资源发展的人们的职业生涯发展，适时与他人自由分享知识和经验。

Ⅴ. 不断投入努力和精力，追求新想法和改变，从而为捐赠人及其所在组织改善条件和福利。

Ⅵ. 避免可能会损害任何捐赠人、所在组织、其他资源发展专业人员或筹款专业或他们自身声誉的行为，充分信任他人的想法、言论或形象。

Ⅶ. 在履行职责时，尊重他人的隐私权和所获信息的保密性。

续表

Ⅷ. 接受自由议定、基于所在组织惯常使用的薪酬准则的薪酬计算方法，这些准则已经为一般机构所使用而制定并批准。但始终要牢记：任何薪酬协议都应该充分反映专业实践标准；美国的反垄断法禁止在薪酬计算方法方面有所限制。
Ⅸ. 将尊重法律和职业伦理作为个人行为标准，完全遵守所在组织的政策和流程。
Ⅹ. 承诺遵守本专业标准和行为声明，鼓励他人共同遵守本准则。

很多年前，当时罗伯特·佩顿还是埃克森教育基金会（Exxon Education Foundation）的一名高管，他曾向筹款人提出这个问题："我们是为慈善事业而生还是靠慈善事业为生?"专业筹款执行官必须时常把这个问题摆在眼前。个人利益是公信力的首要弱点。《美国国内税收法典》第501（c）（3）条规定了建立非营利组织的相关条款，也规定了有资格接受慈善捐赠的组织的相关标准：

> 任何以促进宗教、慈善、科学、公共安全检测、文学、教育、推进国家或者国家体育竞赛爱好、防止虐待儿童或者动物为唯一目的设立并运营的企业、社区福利基金、协会或基金会，其净收入的任何一部分都不得让任何私营领域的利益相关者或个人受益，其主要活动不是出于宣传或试图影响立法的目的而展开，不代表公共部门任何候选人参加或干预（包括印刷或发放声明）任何政治活动。

筹款执行官必须特别注意"不分配"条款："其净收入的任何一部 475
分都不得让任何私营领域的利益相关者或个人受益。"

"不分配"条款要求非营利组织和与其相关联的组织致力于公共利益。这是捐赠人与组织之间建立信任的基础。专业筹款执行官有法律上和伦理上的责任，确保所有与组织相关联的各方不会从组织接受捐赠所得的资金中为个人牟利。

这并不意味着他们不应该得到公平、平等的工作报酬。这意味着他们不能接受捐赠的佣金，意味着他们不能从捐赠人处接受礼物，意味着他们的薪金必须与公共期望相符合，意味着董事会成员在与其他组织进行业务竞标时不应有竞争优势。"不分配"条款在信任问题中非常重要，以至于协会代表专业人员和非营利部门中的组织共同努力，通过了名为“中间制裁”的立法，协助非营利部门的自我监管。这也向美国国税局提供了可以对超额收益和内部交易实施的惩罚措施（Independent Sector，1998）。独立部门组织的官网上可以搜索到中间制裁的相关规定。

专业人员与技术人员之间的区别就在于可信度。专业人员有意识地将客户的利益放在首位。那些代表非营利组织工作的人必须忠于组织宗旨，必须赢得那些雇用筹款人的组织的信任。最后，他们有义务了解非营利部门更大的宗旨，了解慈善事业的作用，而不仅是了解所在组织，因为捐赠人和所在组织是在非营利或慈善部门的大环境中发挥作用的。理解非营利部门的宗旨可协助他们从捐赠人的角度看待慈善事业。越来越多的筹款人被要求以所在组织以外的方式来协助捐赠人从事慈善活动（Tempel and Beem，2002）。印第安纳大学礼来家族慈善学院（2014）近期开展的一项关于高净值家庭的研究发现，非营利组织的员工就是慈善事业的关键顾问。

476 这些专业性问题引发了如下更广泛的问题（The Fund Raising School，2009）：

- 信任在发展筹款专业人员中的作用是什么？
- 《美国国内税收法典》第 501（c）（3）条中的“不分配”条款给筹款从业人员带来了哪些负担？
- 作为筹款从业人员，谁才是客户：捐赠人还是组织？
- 在每一笔交易中，捐赠人的意图是什么？组织的意图又是什么？
- 作为捐赠人和组织之间的“边界管理者”，筹款专业人员如何保护并维护他们的信誉？
- 筹款人在为组织工作的同时，组织也要协助捐赠人扩大其慈善事业，如何解决二者之间的矛盾？

通往伦理的路径

在某些情况下，以上问题很容易回答，因为存在毋庸置疑的最佳选择。但是，当两种利益之间存在或看似存在冲突的时候，这一问题就变得很困难，就像是经典的不正当收入问题。如果将不是通过正当途径获得的收入用于有价值的事业，是否应该被接受？如果接受了这样的收入，虽然它也将提供公共利益，但是否损害了组织的诚信度？接受它是否增强了这类收入的合法性？拒绝接受是否提高了组织的诚信度，同时也导致某些公共需求不能满足？

很多学者响应佩顿关于只有伦理方面的问题的说法。约瑟夫森（Josephson，2002）、安德森（Anderson，1996）、费舍（Fischer，2000）都同意，筹款中的伦理问题是复杂的。像康德这样的哲学家认为，这一问题实际上是有正确答案的，但是康德的“绝对命令”表明,伦理理论和伦理困境往往难以在实践层面进行评估。

安德森（Anderson，1996）将这种方法称为形式主义，而形式主义提供了一个入手点。实际上，一些伦理问题可以基于伦理准则等标准做出决定。然而，如果存在竞争性的价值观，则需要更复杂的决策流程。约瑟夫森（Josephson，2002）和安德森（Anderson，1996）将其称为结果主义。筹款人面临的问题是：“长远来看，对大多数组织的服务对象最有利的是什么？”筹款人面临的伦理冲突可以通过一系列价值观、信仰和承诺得以调和，并对其行为加以评判。

伦理的背后是什么？可能是一系列价值观和信仰，它们能够引导人 477
们对所做出的决定产生信任，引导人们对于他人行为产生各种期望。约瑟夫森研究院对 1 万多人进行了调查，以确定对于有道德或有德行的人来说，哪些价值观才是重要的。这个调查可以在一个群体中重复进行。询问某一个群体，他们所认为的有道德的人都有哪些特质或特点。他们将会列出一个如下的清单。《做出合乎伦理的决策》（*Making Ethical Decisions*）（Josephson，2002）正是基于对 10 种主要伦理价值观的倡导，这些价值观形成了合乎伦理的决策基础。约瑟夫森提出的 10 种价值观是：

1. 诚实
2. 正直
3. 信守承诺
4. 忠诚/忠实
5. 公平

6. 对他人关心
7. 对他人尊重
8. 遵纪守法/公民责任
9. 追求卓越
10. 个人责任

安德森（Anderson，1996）也提出了类似的清单：

1. 尊重
- 个人自主
- 个人隐私
- 不伤害原则

2. 善行
- 公共利益
- 慈善意图

3. 信任
- 讲真话
- 信守承诺
- 问责性
- 公平
- 对目标的忠诚

独立部门组织（Independent Sector，2002a）概述了与安德森和约瑟夫森所列出的伦理价值观相一致的9项承诺。这些承诺对于非营利部门和慈善部门相关人员来说是至关重要的。

478 • 超越自我而做出的承诺是市民社会的核心。

• 遵纪守法，包括管理免税慈善和志愿组织的法律，这是管理工作的基本责任。

• 超越法律而做出的承诺，服从于并无法律约束力的约定，这是慈善和志愿组织领导者的更高义务。

- 对公共利益作出的承诺，要求那些希望为公共利益服务的人们实现公众的信任。
- 尊重每个人的价值与尊严，这是慈善组织和志愿组织特殊的领导责任。
- 宽容、多样性和社会正义反映了独立部门的丰厚遗产以及所提供的必要保护。
- 对公众负责是公益组织的基本责任。
- 在报告、筹款并与所有服务对象建立联系时公开并诚实，这对非营利组织来说是基本的行为，这些组织要寻求并使用公共资金或私人资金，并服务于公共目的。
- 谨慎使用资源与公众的信任通常是相辅相成的。

独立部门组织（Independent Sector，2002a）提议，非营利公益组织的人员应该将以上9项承诺融入自身的工作中。这当然也适用于筹款工作。增强透明度、治理与道德标准，对于非营利部门的健康发展非常重要，独立部门组织还制定了《良好治理和伦理实践准则》（*Principles of Good Governance and Ethical Practice*）（2007）报告。这一报告可以在线上免费获得，对刚刚起步的新组织和希望能够评估并改进目前实践的成熟组织来说，都是很好的资源。

这些价值观和承诺适用于筹款人的行为，也可以应用于本章表格中出现的各种伦理准则。实际上，佩格·杜洛尼奥（Peg Duronio）在其对筹款人的研究中询问参与者，他们最欣赏其同事的哪一点，出现最多的回答就是“正直”（Duronio and Tempel，1997）。

筹款人在与捐赠人和非营利组织打交道时，必须保持诚实。他们的行为必须是可靠的，也必须信守诺言。为了实现声誉，他们必须以最能代表其所在组织和同事的方式开展工作。他们必须信守在接受捐赠时对捐赠人作出的承诺。筹款人必须忠诚于非营利组织和捐赠人。他们之间的协商必须对非营利组织和捐赠人都是公平的。筹款人必须体现出对捐赠人的关心，无论捐赠人是个人或实体，同时要对捐赠人表示出真诚的尊重，而不是嫉妒他们的资源或将他们看作为了获取利益而被操纵的对象。

479 筹款人不仅要遵守法律，还应体现出自身的公民责任和慈善责任。作为专业人员，他们有责任尽可能做到最好，必须为他们和客户的行为负责。我们都同意约瑟夫森价值观所提倡的一系列义务，但是这些价值观之间的冲突需要复杂的决策过程。

伦理困境

当非营利组织（忠诚—忠实）决定将捐赠人（信守承诺、正直、诚实）出于某一目的捐赠的资金用于其他目的时，筹款人应该怎样做（个人责任）？当遇到这类伦理冲突时，约瑟夫森（Josephson，2002）给出了分三步走的建议：

> Ⅰ. 所有决定必须考虑并反映出对于全部利益相关者利益与福祉的关注。
>
> Ⅱ. 伦理价值观和准则总是优先于非伦理的。
>
> Ⅲ. 只有在明确需要提出另外一个真实的伦理原则，且根据决策者的良知，从长远看将会产生最大的利益平衡时，违背某一伦理原则才是合乎伦理的。

费舍（Fischer，2000）提出了类似的方法。她围绕以下三个主题提出了问题：组织宗旨、关系和个人诚信。

独立部门组织（Independent Sector，2002a）则概述了三个层次的行动。第一，有些行为显然是非法的，对于这些问题所做出的决定十分明确。第二，有些事情显然是不合乎伦理的，利用伦理准则，对于这些行为的决定也很容易做出。第三，就是独立部门组织所说的伦理困境。对于伦理困境所做出的决定类似于约瑟夫森研究院的模型，也类似安德森关于冲突价值观的讨论。

独立部门组织（Independent Sector，2002a）建议筹款人根据超越自我而做出的承诺来评估这些选项。它提供了涉及全部三个层次行为的例子：

- 非法行为的例子。非营利组织的复印传真机总是被一位友好的公职候选人使用。为什么这是非法的？

- 不合乎伦理的行为的例子。相对于工资，筹款总监更倾向于从筹集的资金中提成。为什么这是不合乎伦理的？

- 伦理困境的例子。全部由志愿者组成的非营利组织意识到， 480
聘用其首个执行董事将会用尽现有的和未来的资金。一半董事会成员认为，应该用全部的时间和资金来支持这一职位，不用给项目留出资金。另一半董事会成员认为，给未来发展的投资是必要的。他们应该怎么做？

约瑟夫森的模型给我们提供了找到最佳答案的框架。刚才提出的问题与筹款人每年所遇到的问题并没有什么不同。筹款方面的新投资会减少项目的资金。反过来，这种新投资最终将会为项目创造额外收入（长期/短期困境）。在怎样的情况下，未来的潜力会大于目前的损失？当做出这一决定时，有哪些其他的伦理价值在发挥作用？谁是关键的利益相关者？

筹款中的伦理运用

罗伯特·佩顿设计了一个伦理立方体，概括了筹款人所面临的伦理困境。伦理立方体的顶部和底部分别是“个人”（这里指筹款人）和“组织”。立方体的其他四个面分别为“能力”、“语言”、“关系”和“宗旨”。这些组成部分是不受时间影响而长期有效的。

个人和组织

筹款执行官必须调节的第一个伦理矛盾，就是自身（作为个人）和组织之间可能发生的冲突。筹款执行官必须时常检视自身的行为，确保并不是为了自身的利益，而是为了组织的利益而行事。“我们是为慈善而生还是靠慈善为生？”

同时，筹款执行官有权利期望组织将他们作为专业人士来对待。例如，矛盾中常出现的报酬问题。筹款执行官有权要求公平、恰当的报酬，且应该与组织中和类似组织中其他人员的薪酬水平一致。然而，筹款执行官不应该接受提成报酬，因为这就会使其工作重点放在个人利益而不是组织利益（和捐赠人利益）之上。美国国税局相关法律中所提出的

“中间制裁”条款，为确定公平的薪酬提供了指导。可以在独立部门组织的官网上搜索到相关规定。

481 第二个矛盾，是筹款人面临着“谁是客户”的问题。组织和捐赠人，二者谁是客户？筹款必须保护这两方的利益。这就加剧了作为个人的筹款人，和作为其雇主的组织之间的矛盾。也正如前文所述，这一矛盾在21世纪可能会不断加剧。

客户问题也是比较困难的问题。调节捐赠人和组织之间的关系，是筹款执行官必须完成的最困难的任务。植根于伦理价值观，并理解这种关系所带来的矛盾，是成为专业筹款人的重要步骤。捐赠人和组织都有他们各自的权利和利益，通过理解这一点，筹款人就可以让自己做好准备。筹款人必须首先了解组织的边界和组织的限制因素。他们也必须了解一般捐赠人的边界以及特定捐赠人的特定边界和利益所在。调节组织和捐赠人的利益，第一步就是要做到诚实地对待组织和捐赠人。如果不能诚实地叙述未来的可能性，就无法保持声誉、信守承诺。

能　力

能力的概念也适用于筹款执行官。专业筹款人必须尽其可能，致力于提高自己的能力（个人责任）。如果要成为与能力相符的专业人员，他们必须学习并实践的伦理标准和技术标准是什么？通过培训来提高技术标准，通过学术研究发展技术专长，这是非常重要的。然而，理解伦理标准、培养伦理价值观、在筹款的伦理困境中运用伦理标准和伦理价值观作出决定，这些都是非常必要的。能力的概念与约瑟夫森的价值观和独立部门组织提出的承诺也有所关联。约瑟夫森价值观中的遵纪守法/公民责任、追求卓越和个人责任，都在这里得到了应用。独立部门组织价值观中的遵纪守法、超越法律而做出的承诺、对公众负责以及谨慎使用资源也在这里得到了体现。

语　言

语言是筹款的重要方面。筹款人以何种方式谈论其职业，谈论从个人、企业、基金会和其他组织进行筹款和慈善事业流程，事关筹款流程的尊严。捐赠人并不是“目标”。邀请人们进行捐赠是一个庄严的过程，而不是“搭讪”。与非营利组织相关的材料必须反映出组织的宗旨、意图和目标。筹款声明的材料不应只是回应捐赠人的兴趣，在收到捐赠后 482
就不再去满足捐赠人的兴趣。约瑟夫森研究院提出的价值观中，诚实和正直与“语言”这一概念是相对应的。独立部门组织也致力于语言伦理应用中的开放性和诚实。

关　系

筹款是建立捐赠人与组织之间的关系的过程。筹款人面临的关键问题是“谁是这段关系的所有者?”筹款人与捐赠人的关系只因为组织而存在。组织是这些关系的所有者。谁又从这些关系中受益呢?只有组织才能够获得利益。信任的作用在这里也很重要。捐赠人必须要相信，筹款执行官并不会从这段关系中获得个人利益。组织也必须相信，如果筹款执行官离开的话，这段关系依然会存在于组织中。

约瑟夫森研究院提出的价值观中，信守承诺、忠诚—忠实、公平、关心他人和尊重他人这几点建立起了关系方面的伦理准则。独立部门组织关于尊重每个人的价值与尊严以及追求宽容、多样性和社会正义的承诺，为关系方面的伦理准则做出了贡献。本书经常引用的罗索所说的“筹款是慈善事业的服务者”也适用于此。

宗　旨

筹款始于宗旨。每个组织都有责任理解其作为非营利组织存在的根据。筹款执行官必须理解他们的宗旨，并且用宗旨这一桥梁，基于共同的价值观与利益，将个人、企业、基金会、其他组织和所在组织连接在一起。宗旨针对客户的需求。宗旨基于公共的利益。筹款人有责任协助组织忠实于自身的宗旨。所有筹款必须以宗旨为基础。约瑟夫森研究院关于诚实和正直的价值观适用于此。独立部门组织关于超越自我而做出的承诺也是实现宗旨的绝佳手段。宗旨必须超越内部的员工，面向外部。独立部门组织关于对公共利益作出的承诺是宗旨这一概念的基础，也为对宗旨相关行动形成伦理上的理解奠定了基础。

这六个概念提供了框架，让本章前文提到的伦理价值观的各个方面得以整合，并且将它们应用到筹款人所面临的最紧张的矛盾之中。

483 本章开篇提出了这样的观点：没有伦理问题的答案，只有伦理方面的问题。专业筹款人必须培养做出符合伦理的决定、克服伦理困境的能力。培养这样的能力，当然有一些入手点。每个专业人员一定要拥有一套不容置疑的伦理标准。筹款执行官可能是几个专业协会的成员，这些协会都提供了指导。对于所有的筹款执行官来说，一个共同的切入点就是专业筹款人协会的伦理准则规范和专业实践标准。专业筹款人协会的全部会员被要求遵守这个规范和标准。

另一个对筹款执行官大有裨益的视角就是捐赠人权利清单（见例表34.3）。捐赠人和非营利组织之间的关系产生了某些期望。如果筹款人希望培养出作为专业人员所必需有的公共信任，那么就一定要有一份能够保护捐赠人权利的指南。专业筹款人协会、教育促进和支持理事会（CASE）、医疗保健慈善协会（AHP）、捐赠研究所和其他一些组织都已经就捐赠人权利清单做出了签字承诺，提醒成员尊重捐赠人的重要性以及对他们的责任。赞助组织也都鼓励各组织使用捐赠人权利清单，对其加以复制，或向专业筹款人协会索取副本，向其员工和捐赠人分发。

例表 34.3　捐赠人权利清单

慈善事业建立在为共同利益而自愿行动的基础上。捐赠和分享的传统是实现高质量生活的首要因素。为了确保慈善事业值得拥有一般大众的尊重和信任，确保捐赠人和潜在捐赠人对非营利组织、对要求他们支持的事业有着充分的信心，我们声明，所有捐赠人拥有如下权利：

Ⅰ. 了解本组织的宗旨、本组织意图如何使用捐赠的资源，以及本组织为其预期目标有效使用捐赠的能力。

Ⅱ. 了解服务于组织董事会的人员，期望董事会在履行其管理责任时做出谨慎的判断。

Ⅲ. 能够获得组织最近期的财务报表。

Ⅳ. 确保捐赠能够用于其被捐助的目的。

Ⅴ. 接受适当的感谢与认可。

Ⅵ. 确保处理其信息的过程是在法律规定的范围内带有最大程度的敬意并保密。

Ⅶ. 相信与捐赠人感兴趣的相关组织代表之间所建立的关系都是专业的。

Ⅷ. 了解寻求捐赠的人员是志愿者、组织员工还是聘用的劝募人员。

Ⅸ. 有可能将他们的名字从组织意图共享的邮件列表中删除。

Ⅹ. 捐款时可以随时提问，并迅速得到真实、直接的答复。

捐赠人权利清单由专业筹款人协会（AFP）、医疗保健慈善协会（AHP）、教育促进和支持理事会（CASE）和捐赠研究所等居于领先地位的非营利组织咨询机构共同制定。目前已得到许多组织的支持。

结　语 484

两年前《美国新闻与世界报道》（*U. S. News and World Report*）的一篇文章将筹款形容为“欺骗之舞”，认为筹款人与捐赠人彼此之间不够真诚。埃利奥特（Elliot，1991）曾就筹款中欺骗的概念给予我们指导。避免欺骗，就意味着要说出全部事实，不允许任何一方根据没有说出口的事情而得出结论。“欺骗之舞”的形象需要筹款人和所在组织做出合乎伦理的应对，也要求筹款人向他人倡导推动慈善事业发展的价值观。

合乎伦理的行为始于透明性。透明性意味着组织将其流程向公众开放，因为他们为公共利益服务，就必须承担起公众信任的责任。问责则意味着将资金用于承诺的公益事业，并如实地向捐赠人和公众进行报告。透明性和问责可以扩大公众参与、增进公众理解、提高公众信任。

讨论问题

（1）非正当收入是筹款人将要面临的最普遍的伦理困境。在接受或拒绝一笔捐赠时，必须考虑哪些问题和价值观？筹款人扮演了怎样的角色？

（2）谁是客户？是组织还是捐赠人？如何决定？ 485

（3）捐赠人权利清单可以对组织产生怎样的影响？

（4）筹款人曾在另一家组织任职，因此了解了某一捐赠人的信息，在这种情况下，筹款人应该如何用专业筹款人协会的伦理准则指导自己的行为？

第三十五章　法律与筹款

菲利普·珀塞尔

487　读完本章后，你将能够：

1. 在谨慎的决策、治理和伦理考量中辨别法律的来源和作用。
2. 解释与董事、受托人和员工的筹款责任相关的勤勉、忠实和服从的法律义务。
3. 列出州法律中的筹款法律问题，例如州检察长的监督职责、捐赠限制的执行，慈善认捐、捐赠管理、筹款登记以及顾问和劝募人的监管。
4. 确定联邦法律中的筹款法律问题，如完成美国国税局 990 表格，以及了解其公益慈善组织、会员福利慈善组织、私人基金会、支持型组织、捐赠人建议基金、营业外应税收入、慈善捐赠的税收优惠、捐赠证实及披露之间的区别。
5. 描述国际慈善事业、捐赠人隐私权和保密权等影响筹款的一系列法律问题。

卓越筹款需要遵守法律和伦理标准的文本和精神。法律在筹款中的
488　重要性显而易见，体现在美国国会、美国国税局、州总检察长、非营利组织董事会和捐赠人对慈善组织及其筹款实践的关注上。例如，美国国税局通常会在其年度“十二骗局”（Dirty Dozen）税务（诈骗）清单中列出免税组织或捐赠人在筹款和管理方面的违规行为。

美国联邦和州法律、行政法规以及司法判决共同形成了管理筹款的

法律体系。当然，这一法律体系是动态的，可能会有所变化。现行的准确法律信息来源包括合格的法律顾问、独立审计师、更新的参考资料、顾问、州或联邦政府办公室（如州总检察长或州务卿、美国国税局）。

行为的伦理标准由代表筹款职业和慈善组织的各类协会颁布，包括专业筹款人协会、慈善计划伙伴关系、医疗保健慈善协会、教育促进和支持理事会、独立部门组织和美国捐赠基金委员会。此外，如律师协会、会计师协会、理财规划师协会和保险专业人士协会等营利性顾问协会，都会对行为的伦理标准进行推广。包括慈善组织和营利组织在内的所有伦理标准的共同主题，都包括保护捐赠人或客户的保密性、避免利益冲突，确保公平和适当的赔偿、向捐赠人和客户提供合适的建议，以及遵守所有法律和伦理标准。本章将重点介绍这一复杂的法律环境和伦理环境中最重要的方面，从而确保实现卓越的筹款。

谨慎的决策

筹款法律中的许多问题不是“非黑即白”的。相反，通过对适用标准进行分析，很难解决法律和伦理困境。解决困境需要相当多的洞察力。首先，必须准确地澄清和详细地了解所有事实和情况。接下来，必须确定和分析可能适用于该情况的现行法律和伦理标准。必须与所有恰当的各方进行讨论，其中可能包括慈善组织的员工、律师和环境允许的情况下慈善组织的其他组成人员，如筹款人、员工领导层、董事会、法律顾问和审计人员以及志愿者、捐赠人和他们的专业顾问（如法律顾问、会计师、财务顾问）。最后，必须在针对将来类似的情况下制定、实施、监控或修订决策。

治　理 489

筹款中谨慎决策的起点是有效的治理，而后者又部分取决于组织的结构。根据州法律，慈善组织通常可以是非法人团体、非营利性企业、慈善信托或其他选择，如有限责任企业。每种组织的治理结构都是根据适用的州法律，以组织章程、宪章或章程细则（针对非法人团体）、信托工具和管理法规（针对慈善信托）或公司章程和章程细则（针对非营利性企业）的形式确定（Fishman and Schwarz，2010）。非营利性企业是最受欢迎的组织形式，因为它为董事责任限制和有效的治理结构提供了宝贵的平衡。根据州法律确定组织架构后，慈善组织可以作为公共慈善组织（公共或互利）或私人基金会向美国国税局申请免税资格（参见美国国税局 1023 表格、1024 表格和美国国税局第 557 号出版物，可通过 www. irs. gov 免费获得）。

谨慎勤勉义务 董事会或受托人对非营利性企业的监督负有根本责任，包括保证筹款的卓越性。州法律对非营利性企业董事会强制执行三项主要法律义务：谨慎勤勉、忠实和服从（Fishman and Schwarz, 2010）。谨慎勤勉义务要求董事会成员按照一个谨慎的人在同样情况下所拥有的善意、勤勉和技能，行使其职责。这种谨慎勤勉需要对支出和收入等方面做出精心决策，包括通过筹款产生的收入。在行使谨慎勤勉义务时，州法律可允许董事会成员将某些责任委托给董事会指定和控制的委员会，其成员可包括非董事会成员。利用发展、筹款、活动和其他委员会来监督筹款，是履行谨慎勤勉义务的极好方法。在对治理最佳实践进行规划和评估时，比较有用的参考资源是独立部门组织的《良好治理和伦理实践原则：慈善组织和基金会指南》（*The Principles for Good Governance and Ethical Practices: A Guide for Charities and Foundations*, Independent Sector, 2015）及其配套工作手册，以协助组织遵守最佳实践的 33 条标准。

利益冲突 服从义务要求非营利性企业执行其依法声明的慈善宗旨。忠实义务要求董事会成员避免以任何可能损害非营利性企业或可能导致董事会成员获得个人经济利益的方式行事。虽然忠实义务是由州法律规定的，但当慈善组织根据《美国国内税收法典》第 501（c）（3）条和
490 法典的其他条款申请免税资格时，也将涉及联邦层面的监督，要求企业提交相关的章程与证明材料，表明利益冲突政策已经由董事会批准。例如，如果慈善捐赠被慈善组织用来与董事会成员或与董事会成员有某些关系的人（如家属或生意伙伴）签订金融合同，则可能会出现利益冲突的情况。

美国国税局 990 表格和治理 美国国税局 990 表格针对大型组织的年度信息申报询问了有关慈善组织治理的实质性问题。通过这一申报表，美国国税局得以收集有关董事会、利益冲突政策、慈善捐赠和其他数据

的相关信息，并将进行审查。990 表格还会询问董事会是否已对其进行审核。董事会对 990 表格的审核是一种新兴的良好实践，通常伴随着董事会对年度财务审计的审核。小型组织通常会提交简短的明信片或其他需要较少信息的表格（可在 www. irg. gov 获得目前版本的 990 表格和说明）。对谨慎的治理与筹款实践的监督，逐渐成为联邦和各州相关主管部门的共同责任。

州法律的考量

对州一级慈善组织的监督通常由州总检察长负责。根据各州情况不同，其他负责监督的州政府机构可能包括州务卿（如非营利组织和年度认证）和税务部门（如财产、销售和其他免税申请，宾果游戏等慈善博彩）。一般来说，在捐赠人、举报人或公众指控慈善组织发生了管理不善、盗窃或其他违规行为时，州总检察长依法代表公众向法院提起诉讼或执行其他补偿措施（如禁令、资产接管、替换董事或受托人）。

捐赠的定义和捐赠限制

州和联邦法院都要求进行主观测试和客观测试，以确定慈善捐赠是否存在。主观测试要求捐赠人的意图必须是“无私的慷慨”，以支持慈善宗旨。客观测试要求捐赠不包括任何经济利益或退还给捐赠人的补偿 491
（United States vs. American Bar Endowment，1986）。此外，捐赠人不能对捐赠物施加如下限制，这种限制会不当地限制董事会对使用捐赠的谨慎勤勉义务（例如捐赠资产的出售或投资）。

捐赠人出于慈善目的进行的指定或限制捐赠是被允许的。例如，通常可能会根据美国财务会计准则委员会（FASB）的规定，对特定慈善计划支持进行限制，将其指定为临时限定性资产，并经独立审计师批准，直至完成了此种限制为止。慈善基金等某些限定性捐赠可能被美国财务会计准则委员会列为永久性限制性资产。然而，对于捐赠人的指定是有限制的，尤其是当指定的使用方式是不可能实现、不切实际或非法时。例如，在捐赠人死亡的情况下，大多数州提供了法定程序，使慈善组织修改捐赠的指定目的，以便其可以使用。这些程序在州成文法、法院诉讼案件信托法中有所概述，如近似原则和公平偏离的法律原则，大多数州采用的《机构基金统一谨慎管理法》（Uniform Prudent Management of Institutional Funds Act，UPMIFA）也有所提及。

慈善认捐 筹款项目通常鼓励多年期的认捐承诺。虽然慈善认捐执行方面的诉讼较为罕见，但根据州法律，这类认捐可能被视为可执行合同，尤其是在慈善组织依赖于认捐的情况下（例如建筑物修建都是依靠大额捐赠认捐承诺而开始）。此外，美国财务会计准则委员会要求慈善组织在审计财务报表中将慈善认捐作为应收款进行登记。积极认捐的捐赠人可能会被要求通过独立审计员确认其认捐承诺。此外，捐赠人建议基金和私人基金会的捐赠人不能通过捐赠人建议基金和私人基金会支付其个人认捐。

慈善基金 许多慈善组织的筹款目标之一，是建立慈善基金以实现长期的财务支持。大多数州采用了《机构基金统一谨慎管理法》（UPMIFA）作为管理捐赠的法律依据。《机构基金统一谨慎管理法》的法例条文和目前颁布该法案的州名单可从 www. nccusl. org 获得。根据《机构基金统一谨慎管理法》和美国财务会计准则委员会会计准则，慈善基金被定义为捐赠人永久赋予的捐赠，可以通过捐赠人的通信（如传
492 真和签署的慈善基金协议）确定，也可以通过对慈善组织营销材料（如捐赠活动信件和手册）的回执所确定。另一种情况是，捐赠人并没有将其捐赠目的限制为慈善基金，但董事会将其作为慈善基金进行处理，根据美国财务会计准则委员会的标准，这种情况被视为准慈善基金（quasi-endowment）。准慈善基金可以在董事会的指示下被随时支出。

董事会必须批准相关政策，用于其慈善基金的谨慎投资、支出和费用。虽然法律要求私人基金会每年至少花费5%的资产（除例外情况），但公共慈善基金没有强制的支出率。根据《机构基金统一谨慎管理法》，董事会有义务在其认为谨慎的情况下花费或积累资产，平衡资金的短期需求与基金长期获得的永久支持，通常以代际公平为目标。

州筹款注册 筹款注册的要求因各州而异。美国全国州级政府慈善监管官员协会（NASCO）是由负责慈善组织监督和劝募的州级官员组成的协会。该协会（www. nasconet. org）提供了慈善劝募法的范本，包括一些州已经使用或修订的统一注册表。一些州规定，在该州居住并使用自己的员工或志愿者筹款的慈善组织可以免于注册。然而，其他州的慈善

组织可能需要至少注册一次，或必须进行年度注册。

互联网筹款 互联网筹款的使用为各州的筹款管理提出了新的问题和挑战。因此，美国全国州级政府慈善监管官员协会发布了名为“查尔斯顿原则”的互联网筹款建议指南。查尔斯顿原则的一个基本前提是，尽管各州都有现行法律对互联网慈善劝募进行管理，但即使组织不需要在某州注册筹款，通常来说，该州政府也对欺诈或其他欺骗行为拥有管辖权。

筹款顾问和劝募人 许多慈善组织会聘请顾问和/或劝募人协助筹款活动，而非使用全职或兼职员工。顾问和劝募人的规定因州而异。在许多州，筹款顾问被定义为组织聘请的独立签约人或组织，为慈善组织提供关于筹款策略的建议和培训，但并不直接进行劝募。筹款劝募人是组织雇用的直接进行劝募的独立签约人或组织。许多州要求筹款顾问和劝募人在开展业务之前，在州总检察长办公室或其他办公室处进行年度注册。注册时可能需要提供咨询或劝募合同的副本、披露所支付的费用，493
并验证顾问或劝募人是否将对捐赠有照护权。

提成要求 州法律不得根据筹款成本设置提成限制。此外，筹款劝募人在劝募时不需要准确地披露筹款成本。但是，如果捐赠人和潜在捐赠人未被明确告知其捐赠中向筹款劝募人支付的比例，这种情况下，各州可以按欺诈行为进行起诉（Fishman and Schwarz，2010）。

电话营销 许多州通过州总检察长办公室或其他办公室维护“禁止电话营销”的名单，以防止不受欢迎的劝募电话。在某些州，如果慈善组织使用自己的全职或兼职员工或志愿者拨打劝募电话，相关部门会将该组织从“禁止电话营销”名单中豁免。

联邦法律的考量

根据《美国国内税收法典》，申请符合第 501（c）（3）条免税资格的是以下两种慈善组织：公益慈善组织和私人基金会。一般而言，除非慈善组织在美国国税局 990 表格年度信息申报中证明其是公益慈善组织，其他的慈善组织都被假定为私人基金会。这种区分非常重要，因为向公益慈善组织提供捐赠可以为捐赠人提供更多的税收优惠。此外，私人基金会必须遵守一些非常严格的规定（参见《美国国内税收法典》第 4940

条）。因为私人基金会可能会造成单一捐赠人（个人、家族或企业）对私人基金会的投资、资助或运营项目拥有主要控制权，所以要对私人基金会进行严格规定。

捐赠人建议基金

捐赠人建议基金可以成为私人基金会的较有吸引力的替代方案。虽然捐赠人建议基金已经流行多年，2006年的美国《年金保护法》才首次提供了捐赠人建议基金的法律定义和其他要求。捐赠人建议基金由公益
494 慈善组织如当地社区基金会以及由富达慈善捐赠基金（Fidelity Charitable Gift Fund）等金融公司发起的“捐赠基金”持有，这些基金有慈善组织宗旨，允许向其他有资格的慈善组织提供资助。与向私人基金会捐赠不同，向捐赠人建议基金进行的捐赠符合向公益慈善组织捐赠的税收优惠。根据签署的协议，捐赠人保留向捐赠人建议基金推荐资助的权利。然而，与私人基金会不同，捐赠人建议基金的捐赠人并没有控制资助分配或捐赠资产投资的合法权利。相反，该捐赠人建议基金的赞助组织的董事会保留最终的合法控制权。捐赠人的认捐承诺不能从捐赠人建议基金支付，捐赠人建议基金也不能为收到赠品的回报价值提供资助，如包括筹款晚餐券在内的餐费支出。

公益慈善组织的类型

按照《美国国内税收法典》，有两种一般类型的公益慈善组织，以组织是否必须通过“公众支持测试”来区分。公众支持测试是一个复杂的公式，必须在美国国税局990表格年度信息申报中每年完成一次。一般而言，公众支持测试要求组织筹款总额的1/3必须来自公众，而不是来自一个人或少数人。这种公众支持的重要组成部分包括来自广大捐赠人的筹款收入。不必经过公众支持测试就有资格成为公益慈善组织的组织类型包括教堂、学校、医院、医学研究组织、州立大学基金会和政府单位（Fishman and Schwarz，2010）。

支持型组织

另一种不需要满足公众支持测试的公益慈善组织，被称为支持型组织。

支持型组织创建的初衷，就是支持另一个公益慈善组织（即受支持的组织）的慈善宗旨。支持型组织有三种类型，具体取决于组织关系的性质以及受支持的组织的控制权（Fishman and Schwarz，2010）。从筹款的角度来看，支持型组织在许多特殊情况下可能非常有帮助，例如接受可能带来潜在责任的特定资产（如房地产）、接受大额捐赠以避免受支持的组织违反公众支持测试，或作为慈善项目演变为公益慈善组织的“孵化器”。

会员福利慈善组织 495

有资质的会员福利慈善组织的收入不会被征税，但向这些免税组织进行的捐赠通常不会让捐赠人获得所得税的慈善性优惠。会员福利慈善组织包括公民联盟、商业联盟、商会、房地产委员会、社交和娱乐俱乐部、兄弟福利社团或协会、信用合作社和退伍军人组织。退伍军人组织、慈善性兄弟社团和陵园公司的捐赠可享受所得税的减免［《美国国内税收法典》第 170（c）（3）～（5）条］。一些会员福利慈善组织会与独立注册的公益慈善组织合作，作为慈善性“基金会”接受特定慈善目的的捐赠，使其符合所得税减免的资质（如使用基金会接受奖学金捐赠的兄弟组织）。

营业外应税收入

免税组织通常不会就其筹款或其他收入缴纳所得税。但是，组织从其经常进行且与慈善宗旨基本无关的贸易或业务产生的收入，将作为营业外应税收入（unrelated business taxable income，UBTI）征税。例外情况包括特定赞助付款产生的收入，捐赠人要确保对赞助商的认可不会成为广告宣传。许多慈善组织利用赞助来实现资源发展目标。不符合赞助商认可的广告包括推荐、诱导购买和/或定性或比较性的语言、价格信息或其他暗示节省或价值的消息。营业外应税收入的其他例外情况包括慈善捐赠的被动投资收入、房地产租赁和宾果游戏收入（可参考美国国税局第 598 号出版物《豁免组织的营业外收入税》获得更多指导）。

慈善捐赠的所得税优惠

1917 年美国在所得税方面建立了慈善捐赠的税收减免制度，1921 年在遗产税方面建立了慈善捐赠的税收减免制度。慈善捐赠的税收减免的金额取决于捐赠的资产以及接受捐赠的慈善组织的类型（Toce，2010）。向公益慈善组织（以及私人基金会）提供现金捐赠，最高可获得捐赠人调整后总收入（AGI）50%的所得税减免。任何超额减免可以最多结转
496 至接下来的5个纳税年度，每年可要求尽可能多的减免。如果向私人非运营基金会进行捐赠，则最高可获得捐赠人调整后总收入30%的所得税减免，可结转5年。私人非运营基金会不直接管理慈善项目。另外，针对为了支持其所运营的慈善项目而获得的捐赠，私人运营基金会也可像公益慈善组织一样，获得更多的税收优惠。

向公益慈善组织（和运营基金会）捐赠的长期（即持有超过一年）增值财产（如股票、房地产），基于其资产公允价值，最高可获得捐赠人调整后总收入30%的税收减免，结转5年。除了符合要求的增值股票以外，向私人非运营基金会进行的任何资产捐赠，基于捐赠人购买该资产的成本价值，最高可获得捐赠人调整后总收入20%的税收减免，结转5年。若该财产被出售，无论受赠方为公益慈善组织还是私人基金会，捐赠人和慈善组织都无须缴纳资本收益税。

向公益慈善组织（以及私人运营基金会）捐赠的短期增值资产和普通收入资产（如贸易或商业的存货清单、人寿保险合同、创作者的艺术品），基于捐赠人购买该资产的成本价值，最高可获得捐赠人调整后总收入50%的税收减免。而向私人非运营基金会提供的同类捐赠，则最高可获得捐赠人调整后总收入30%的税收减免，每年的超额减免可结转5年。

如果受赠组织不将捐赠财产用于与其慈善宗旨相关的目的，则向公益慈善组织、私人运营基金会或私人非运营基金会提供的有形个人资产（艺术品、设备、书籍等）捐赠也会获得基于捐赠人购买该资产成本的税收减免。其中，向公益慈善组织或私人运营基金会的捐赠，最高可获得捐赠人调整后总收入50%的税收减免；向私人非运营基金会的捐赠，最高可获得捐赠人调整后总收入20%的税收减免，均可结转5年。

慈善捐赠的赠与税和遗产税优惠

慈善捐赠的收入所得税、赠与税和遗产税优惠之间存在显著差异。

第一，赠与税和遗产税的慈善减免并没有比例限制。第二，慈善收入所得税减免只适用于国内组织的捐赠，而遗产税减免则同时适用于国内外的组织。第三，对遗产税而言，受赠人必须是企业、协会、信托或兄弟社团。而对于收入所得税，受赠人也可以是社区公益金、基金或基金会。对于赠与税来说，它的受赠人条件与遗产税相同，但赠与税相关的法律 497
也将社区公益金、基金或基金会视为有资质的受赠人，而不要求其必须为企业形式［参见《美国国内税收法典》第 2522（a）条］。

捐赠证实及披露

只有获得捐赠的同期书面确认，捐赠人才能就任何 250 美元或以上的单笔捐款申请减税。如果组织不能够提供捐赠确认，该组织不会受到处罚，但如果没有书面确认，捐赠人就不能申请减税。虽然获取书面确认是捐赠人一方的责任，但组织可以通过及时提供包含以下信息的书面声明来协助捐赠人：

1. 组织名称。
2. 捐赠日期。
3. 现金捐赠额。
4. 非现金捐赠的描述（不是描述捐赠的价值）。
5. 声明组织未提供任何商品或服务以换取捐赠。
6. 描述并如实预计组织为换取捐赠而提供的商品或服务的价值（如有）。
7. 声明组织作为捐赠回报而提供的商品或服务（如有）全部是无形的宗教利益。

美国国税局没有提供捐赠确认表格。捐赠人不须将确认书附在其个人所得税申报表上，但必须保留该确认书以证实其捐赠。受赠组织通常会在捐赠后一年的 1 月 31 日之前向捐赠人发送书面确认。要证明书面确认与捐款的同期性，捐赠人必须在以下日期之前收到确认书：捐赠人实际提交其捐赠年度个人所得税申报表的日期，或申报（包括延期）的截止日期。

确认书必须描述组织为获得 75 美元或以上的捐赠而提供的商品或服务。同时必须提供对此类商品或服务价值的诚信估价，因为捐赠人通常
498 必须基于组织提供的商品和服务的公允价值申请捐赠的税收减免。商品或服务包括现金、资产、服务、福利或特权。但是，礼券（非实质性价值）、会员福利和无形宗教福利属于重要的例外情况。有关捐赠接受的相关规定，请参见美国国税局第 1771 号出版物《慈善捐赠——证实和披露要求》。

非现金捐赠

针对非现金捐赠（如股票、房地产、艺术品、设备、软件）的慈善所得减免，捐赠人需要填写美国国税局 8283 表格（小额赠品除外），并提交所得税申报表。如果捐赠人要求的税收减免超过 5000 美元，则需要进行有资质的独立评估。非现金捐赠估价可参考美国国税局第 561 号出版物《确定捐赠资产的价值》。如果受赠慈善组织在捐赠后三年内出售捐赠的非现金资产，则必须提交美国国税局 8282 表格，报告销售价格，但有一些例外情况，如公开交易股票。美国国税局会将销售价格与税收减免价值进行比较，以确定是否存在不当夸大的减免额。有许多特殊规定禁止或限制某些捐赠的慈善所得税减免金额。例如，志愿服务时间或服务不能获得慈善所得税减免，资产贷款也不享有所得税减免。美国国税局第 526 号出版物《慈善捐赠》，是审视各类捐赠税收规则的极好资源。

国际慈善事业

慈善事业正日益全球化。国际筹款以及捐赠人税收优惠的法律要求可能非常复杂，这不足为奇。“9 · 11”事件之后，美国颁布了一系列法规，包括与恐怖主义有关的组织名单，以确保慈善事业不会协助恐怖主义活动。美国财政部也为捐赠人和资助者提供了相关的最新法规。一般而言，只有向根据美国法律设立的慈善组织的捐赠，或美国与特定国家（如加拿大、墨西哥和以色列）之间受税收协定约束的赠品，才有资格获得所得税减免。这些法规不适用于遗产税方面的慈善捐赠税收减免。当然，美国慈善组织可以使用享受税收优惠的捐赠，用于在其他国家完

成与其宗旨相关的工作（如教会社团、红十字会、“友好”组织）。此外，只要私人基金会满足了等效性测试或支出责任测试，就可以向外国组织提供符合要求的资助（免税支出）（Toce，2010）。 499

捐赠人的隐私权和保密权

筹款领域的所有伦理行为准则以及联邦和州层面的隐私法，都要求保护捐赠人的隐私权和保密权。关于公开记录获取方面的州法律可以应用于组织的捐赠人记录。根据州法律，一些公立大学基金会的捐赠记录是可以为公众访问的。其他可能影响捐赠人记录的法律包括《家庭教育权和隐私权法》（Family Educational Rights and Privacy Act，FERPA）和《健康保险流通与责任法案》（Health Insurance Portability and Accountability Act，HIPAA）。应该咨询法律顾问，以确定各类法律和程序的适用性，以确保应用了保护捐赠人隐私权和保密权的最佳做法。

结　语

卓越的筹款需要遵守法律和伦理标准的文本和精神。对慈善组织的谨慎管理，需要认真关注筹款中“黑白分明”的法律和伦理要求，从而在产生矛盾且必须做出艰难决定的情况下，做出正确的决策。做出正确的决策需要我们能够澄清事实、理解适用的法律和伦理标准并做出合理的决定。对个人的决策进行评估和修正，有助于不断改进筹款活动。要实现卓越筹款，所需的无外乎上述要求。

讨论问题

（1）你所在组织的董事会成员、受托人和/或员工是否参与了与筹款相关的谨慎决策、治理和伦理考量？您所在组织的董事会是否遵循独立部门组织发布的33项良好治理原则？

（2）你所在组织的董事会成员、受托人和员工是否理解他们在筹款责任方面需要依法遵守的勤勉、忠实和服从义务？你所在组织的董事会是否有积极的委员会负责监督筹款？你所在组织是否有董事会批准的综合性的捐赠接受政策？

500 （3）你是否熟悉你所在州关于州总检察长的监督职责、捐赠限制的执行、慈善认捐的执行和财务体现、捐赠基金管理、筹款注册以及顾问和劝募人监管的适用法律？

（4）你是否熟悉管理筹款的联邦法律？例如，你所在组织的董事会是否会审阅美国国税局 990 表格中披露筹款相关信息的问题和时间表？你所在组织属于什么类型：公益慈善组织、支持型组织、会员福利慈善组织或私人基金会？如果你所在组织是公益慈善组织，是否必须通过公众支持测试？是否通过了公众支持测试？你是否持有或推广捐赠人建议基金的捐赠？你是否遵守了捐赠证实及披露的相关规定？

（5）你是否熟悉并遵守任何适用的国际慈善、捐赠人隐私权和保密权方面的法律？

第八部分

筹款职业生涯

第三十六章　筹款作为一种专业

伊娃·奥德里奇

长期以来，虽然筹款一直是慈善事业的一部分，但筹款的专业化是 503
20 世纪后期开始的一种现象，并且至今仍在继续。学术界的共识是，筹款仍然是一种新兴专业，研究和理论的进一步发展对该专业的未来至关重要。回顾筹款活动中的关键里程碑和这一新兴专业中的关键问题，可以让我们看到筹款作为一种专业已经走过的道路，同时展望前方的道路还有多远。

本章包括如下内容：

- 有组织筹款的历史和演变。
- 关于一种专业基本要素的讨论。
- 关于筹款作为一种专业的探讨。
- 资格认证的类型和作用。
- 证书和认证之间的区别。

筹款专业化历程的重要里程碑

1641 年，传教士休·彼得（Hugh Peter）、托马斯·韦尔德（Thomas Weld）和威廉·希宾斯（William Hibbens）离开马萨诸塞州海湾殖民地前往英格兰寻求资金支持哈佛大学，他们成为“北美大陆首次为筹款做出系统性工作”（Cutlip，1965：3）的人，从而在历史上获得一席之地。 504
虽然他们所做的工作具有系统性，但对于其本职——神职人员来说，仍然是辅助性的。直到 19 世纪中叶，当工业革命期间穷人日益增长的需求超过了慈善组织面对面地满足这些需求的能力时，筹款才从一项辅助活动转而成为专业追求。从那时起，筹款才开始成为一门独立的学科（Pribbenow，1993）。

到19世纪末，在约翰·霍普金斯大学和芝加哥大学等机构开展的大额筹款活动［浸信会神职人员弗雷德里克·盖茨（Frederick T. Gates）和托马斯·古德斯皮德（Thomas W. Goodspeed）协助工作取得成功］体现出筹款活动不再是以志愿者为主导的工作，而是逐渐开始专业化（Pribbenow，1993）。莱曼·皮尔斯（Lyman Pierce）和查尔斯·沃德（Charles Ward）为基督教青年会所做的工作，是专业组织筹款实践如何开始转变的另一个例子。他们开展的“小额捐赠大众倡导活动”彻底改变了筹款，有效地实现了“慈善民主化”，并为基于大量小额捐赠的其他成功的筹款工作，如全国圣诞印章基金会（National Christmas Seal）和美国出生缺陷基金会铺平了道路（Hodgkinson，2002：397）。到第一次世界大战时期，大众筹款活动已经成为既定的载体，这也促使红十字会在1917年启动了美国首次全国性筹款活动，在8天内成功地筹集了1.14亿美元（Cutlip，1965）。

一战结束后，专业筹款顾问公司诞生，当时有几家公司得以创建，包括1919年的沃德和希尔公司（Ward and Hill，查尔斯·沃德是其创始人之一），1919年的凯旋公关公司（Ketchum Inc，当时称为凯旋宣传），以及1926年的马茨和伦迪公司（Marts and Lundy，从沃德和希尔公司分离）。后两家公司至今仍然存在。

这个时代最成功的公司之一是1919年成立的约翰·普莱斯·琼斯公司（John Price Jones）。前几代人的筹款活动一般都依赖于个人素质，如弗雷德里克·盖茨所推崇的人们，他们“劝告自己和他的追随者只为最崇高的动机所前进，不要在沮丧时举旗投降，每天都要扬起风帆，风雨无阻”（Pribbenow，1993：226），而约翰·普莱斯·琼斯公司则增加了“科学”和“全面”的方法（Pribbenow，1993：208）。正如卡特利普（Cutlip，1965）在探讨约翰·普莱斯·琼斯公司在1918~1919年为哈佛大学筹集1400万美元背后的方法时所指出的，该公司首次使用了战略性公关计划和当代的筹款委员会结构。这种结构带来的专业训练远远超出此前的筹款方法，不仅依靠好运气，也依靠良好的计划。

到了20世纪30年代早期的大萧条时期，“筹款已经发展成为一种有合法性的专业”（Hodgkinson，2002：397）。部分是对大萧条的回应，部分是像卡特利普（Cutlip，1965）所说，在大萧条时期困难日子里，对资助动力的竞争和批评意见加剧，1935年美国筹款顾问协会成立了。正如霍奇金森（Hodgkinson，2002）指出的那样，自那时起成立了更多的专业筹款组织，其中包括1960年成立的专业筹款人协会（当时名称为全国筹款执行官协会）、医疗保健慈善协会（1967年）、教育促进和支持理事会（1974年）和全国计划捐赠委员会（1988年）。 505

筹款学院被称为“首个正式专业筹款人培训项目”，由汉克·罗索、乔·米克瑟（Joe Mixer）和莱尔·库克（Lyle Cook）于1974年创立（Wagner，2002：34）。筹款学院目前成为印第安纳大学礼来家族慈善学院的重点项目。

筹款作为新兴专业的相关问题

尽管筹款作为一种专业得到了迅速发展，但相关文献调查表明，筹款依然被广泛视为一种新兴而非成熟的专业（Carbone，1989；Bloland and Bornstein，1990；Pribbenow，1993；Duronio and Tempel，1997；Bloland and Tempel，2004；Levy，2004；Chobot，2004；Wagner，2007）。正如布洛兰和伯恩斯坦所观察到的，“筹款人也渴望专业和职业所普遍追求的目标：工作中的有效性和效率、对工作的控制和工作管辖权，以及对工作和工作者合法性的认可”（Bloland and Bornstein，1990：69）。卡尔博纳（Carbone，1997）更进一步断言了三种不同的方法，也是三个不同的步骤。一是流程方法，首先将该专业指定为全职性工作，随后建立专门的教育和培训项目以及公认的专业协会。二是权力方法，说服公众相信该专业所开展的服务是至关重要的，且还没有为大量人员所掌握，从而实现市场控制。三是结构功能性方法，这种方法需要理论和应用知识的基础；决策中的专业自主权；为他人服务；对专业主管机构的认同；发展独特的专业文化；以及社会对专业合法性的认可。

布洛兰和滕佩尔对卡尔博纳（Carbone，1997）的断言进行了回应，同时提供了一个被普遍接受的专业特征精简清单，包括“具有理论基础、需要通过长期培训（最好是在大学里）而获得的专业知识体系；表现出 506

对服务的热情；活跃的专业协会；伦理准则；以及对认证和应用于工作的高度掌握”（Bloland and Tempel，2004：6）。然而，他们指出，衡量筹款这一专业在多大程度上满足了这些特征，是具有挑战性的工作，对每个特征的检验都表明了这一点。

具有理论基础的专业知识

布洛兰和滕佩尔指出，“对于一个忙碌而成功的专业筹款人来说，理论可能是模糊不清的，与实践很难联系起来。然而，通过研究产生的理论非常重要，是区分专业人员和非专业人员的主要手段”（Bloland and Tempel，2004：11-12）。尽管如此，筹款行业和筹款人似乎都很重视技术的发展，而不是对理论或研究知识的开发和利用（Bloland and Bornstein，1990）。部分原因在于筹款人传统上接受培训的方式。在一项研究中，74%的受访者认为在工作中学习是他们学习筹款的方式；43%的人提到了非学位的职业发展培训；不到10%的人提到正规教育（Tempel and Duronio，1997）。许多经验丰富的筹款人认为，该专业的主要资质在于个人素质，即良好的倾听、谈判和沟通技巧，这些伍德（Wood，1997）曾经加以引用。然而，他们对这一专业仅仅拥有技能方面的概念，却忽略了这样一种角度：“虽然业余人士也一起完成了筹款工作，但是由于专业人员掌握了理论和研究基础，会使专业人员和业余人士之间的区别更加清晰，将会更有能力界定和捍卫筹款的工作界限。”（Boland and Bornstein，1990：82）

随着筹款作为一种专业逐渐成熟，正规教育项目正在蓬勃发展——实际上是对需求的跟随（Cohen，2007）。非营利学术中心委员会（Nonprofit Academic Centers Council，NACC）自称为“由符合认证的高校学术中心或课程组成的国际会员性协会，专注于非营利/非政府组织、志愿服务和/或慈善事业的研究”，其成员中有46所高等教育机构。在其他方面，非营利学术中心委员会一直致力于为非营利学术中心制定质量指标（2006年）以及非营利领导力、非营利部门和慈善专业的本科和研究生课程指南（2007年）。然而，值得注意的是，在非营利学术中心委员会的课程指南中，筹
507 款的知识基础仍然相对广泛。例如，非营利学术中心委员会的研究生课程指南中的第10节“筹款和发展”中只包括两点内容：

10.1 有组织的慈善建立的各种形式和结构

10.2 综合基金发展流程的组成部分和要素（Nonprofit Academic Centers Council，2007：10）

这些内容有些过于教条，如果能够有所改善，就更有助于促进非营利学术中心委员会既定目标的实现，即尝试“制定一套在不同文化和制度背景下都能发挥作用的指南”（Nonprofit Academic Centers Council，2007：5）。然而，具体内容的缺乏也可能表明，要让学术界彻底接受筹款这一专业，并将其成功且深入地整合到学术学位项目中，还有很长的路要走。这也可能表明，为什么依然需要通过基于从业者的评估为筹款专业人员提供自愿认证，如筹款执行官认证（Certified Fund Raising Executive，CFRE）。

学术项目和继续教育项目在筹款专业化方面都发挥着重要作用，自愿认证也是如此。

然而，许多筹款专业人员可能会对教育项目（其中许多会提供结业证书）和认证计划（如 CFRE，即经过有资质的独立第三方对成就进行的评估）之间的区别感到困惑。这二者之间并没有高下之分；相反，这只是表明成为一名专业筹款人的认证过程和完成教育项目的过程有着不同的目标。筹款执行官认证是基于实践衡量所需的知识，以便能够将最佳实践原则应用于专业筹款人所面临的与工作相关的实际任务和挑战中。而教育项目的目的主要是扩大参与者的知识基础。认证和教育项目之间的另一个关键区别，在于认证是基于通过严格的评估和测试流程而制定的行业标准，而教育（证书）项目（也可能要求很高）则更有可能由机构或导师的记录确定其成绩标准。CFRE 国际对获得 CFRE 和教育项目（也可能颁发成绩证书）等认证之间区别的描述如表 36.1 所示。

表 36.1　认证与证书的区别

认证	证书
结果来自评估过程	结果来自教育过程
针对个人	针对个人
通常需要一定的专业经验	针对新手和有经验的专业人员

续表

认证	证书
由第三方标准制定机构授予	由教育项目或机构授予
通过实际应用或考试，根据一系列合理的标准，体现出掌握情况/能力	体现出完成了一门或一系列专业课程；与学位教育项目不同
通过合理的、行业广泛认可的流程制定标准（岗位分析/职责描述），形成所需知识和技能的大纲	课程内容通过多种方式进行确定（学院委员会、系主任、导师，有时会通过对课程主题的合理分析进行）
认证获得人的名字后可加上特定称呼（CFRE、ACFRE、FAHP、CPF、APRA、CAE）；可能获得认证文件，可悬挂在墙上或放在钱包中	证书获得人可以将证书列为简历中的教育经历；可能获得认证文件，可悬挂在墙上
为了保持认证资格有持续的要求；获得人必须体现出能够持续满足要求	是最终结果；通过一段时间的学习，体现出对课程内容的掌握

资料来源：CFRE 国际。

508 认证、继续教育证书项目、学术项目和学位都在筹款专业的不断发展中发挥着作用。然而，为了充分利用诸多机会来支持持续的专业发展，筹款人必须了解和理解这些互补而独特的活动之间的区别。证书和学术项目能够丰富这一专业的知识，提高专业筹款人的知识水平；认证则通过制定行业标准，建立起专业的信任，确保自愿认证人员的基本知识水平和成就，最终加强这一专业的建设。这些活动互相补充，对于筹款行业、从业者以及他们所服务的诸多非营利组织的持续发展至关重要。

表现出对服务的热情

普利本诺（Pribbenow，1999）同意布洛兰和伯恩斯坦（Bloland and Bornstein，1990）的观点，即技术能力并不足以证明专业主义。根据普
509 利本诺（Pribbenow，1993：221）的观点，筹款作为一种专业，“由于多次尝试将其知识基础植根于对人际关系的契约式理解中，而尝到很多苦头”，因此必须以服务的精神为基础。筹款人对于这一专业的典型理解，是一套被掌握的技巧和技能，而这种理解“只有在被用来促进组织与其朋友和支持群体之间的良性关系时，才能发挥作用”（Pribbenow，1993：222）。普利本诺（Pribbenow，1999：34）将这种“知识和服务之间的脱

节”看作一个关键问题，并表示这种脱节解释了为什么目前将筹款专业化的努力进一步“走错了方向”。他提出，筹款作为一种专业，其下一步发展不是要反对业余人士的追求，因为业余人士的追求是由爱驱动的，而专业人士的追求是由工作驱动的。而是要采取一种“让爱转变工作”的模式。通过这种方式，筹款人对人类的热爱和对社区的服务精神能够将筹款工作从一套技术转变为强有力的呼吁。普利本诺说，这将正确地“在慈善层面定义慈善筹款这一专业”（Pribbenow，1999：42）。

活跃的专业协会和伦理准则

虽然拥有伦理准则是专业主义的一个特征，但布洛兰和滕佩尔却指出，即使这样也是有问题的，因为“伦理准则可以编写得很糟糕或很精良，可能过于笼统或过于具体，过于严格或过于松懈，可能会遗漏最重要的伦理行为衡量标准”（Bloland and Temple，2004：10-11）。更重要的是，在执法方面，该专业尚未明确如何对伦理和标准进行监督，以及可能采用何种制裁方式或如何实施这些制裁方式（Tempel and Duronio，1997）。

尽管如此，筹款作为一种专业，其最成熟发展的领域，就是活跃的专业协会和相关伦理准则的发展。筹款行业在全球拥有众多专业协会，并且越来越多地相互理解和合作，因为全球的筹款协会都希望将筹款发展为国际专业，并拥有一套共同的关键伦理准则。2006 年见证了这一工作的里程碑，那就是《筹款伦理原则国际声明》（International Statement of Ethical Principles in Fundraising）的制定。这一文件代表着 30 个国家筹款协会之间的合作达到了高潮，旨在提出一个超越边界和文化的“能够团结所有筹款人的宏观原则的总声明”。该声明确定的五个有关伦理筹款的普遍原则是“诚实、尊重、正直、同理心、透明度”，并由此制定了实践标准，包括：

1. 筹款人对捐赠的责任。 510
2. 与利益相关方的关系。
3. 对传播、营销和公共信息的责任。
4. 管理报告、财务和筹款成本。
5. 工资和薪酬。
6. 遵守国家法律和筹款人对捐赠的责任。

正如以上文件制定者所指出的，“筹款人将继续遵守具体的地方或各国伦理准则，这些准则主要针对与其地区和法律相关的关键细节和具体问题。本国际声明……足够灵活，能够适应政治、文化和法律方面的差异”（n. p.）。

各国筹款协会越来越活跃且不断向其成员提供急需指导的另一种方式，就是提供专业路径建议。随着筹款中各种发展机会的增加，包括继续教育、学位、认证和在职学习/指导，专业筹款人逐渐开始寻求指导，考虑如何获得这些机会，或如何安排这些机会的顺序，从而实现事业的成功。包括美国专业筹款人协会、澳大利亚筹款协会、新西兰筹款协会、英国筹款人协会、日本筹款协会、欧洲筹款协会等协会都在积极致力于制定职业发展和升级的框架，协助会员成长为成功而有职业伦理的筹款人。大多数（但不是全部）框架包括实现自愿认证和/或完成筹款教育中严格的标准化课程，这是职业发展过程中的重要一步。

掌握认证

霍巴特指出，“建立筹款认证项目的最初动力，是要证明筹款是一种专业”（Chobot，2004：31）。虽然资格认证并不是从业所必需的，但筹款人之间已经就资格认证的价值做过探讨，资格认证已成为筹款专业标准的一部分。在对许可、认证、证书和合格证明的比较优势的讨论中，霍巴特指出，资格认证项目使认证，如国际公认的 CFRE 认证拥有了独
511 特的“投资回报”，为被认证人员提供了专业认可、捐赠人信心、就业优势、更高的薪酬以及更强的专业能力等收益（Chobot，2004）。

然而，与实际情况相比，这些收益更多的是一种感受。正如霍巴特（Chobot，2004）所指出，支持此类主张的研究少到基本不存在的程度，虽然认证证明了某种程度的能力，但实际上记录的是基本的知识水平——这两件事可能互相存在联系，但并不等同。事实上，霍巴特的研究指出，CFRE 与专业主义之间最显著的相关性是，CFRE 持有人上报的薪酬水平一直高于未认证从业人员。这一说法得到了“专业筹款人协会报酬和福利调查”（Association of Fundraising Professionals，2014：9）结果的支持。该调查报告称，持有 CFRE 认证的美国筹款人的年收入比未经认证的同行高出 2500 美元左右。拥有高级认证的筹款人年收入比未经

认证的筹款人高出 46000 美元（Association of Fundraising Professionals，2014：22）。尽管如此，霍巴特得出的结论是，关于筹款人和筹款专业的认证项目，最重要的是这些认证已经发展为“良好筹款实践的范例”，这种做法已经在全球范围内得到认可（Chobot，2004：47）。

由于并没有随时可得的筹款学术学位课程，我们很容易看出，自愿认证在筹款的专业主义建设方面发挥了重要作用。经过认证的 CFRE 认证书通过其定期的 CFRE 岗位分析，定期研究和记录从业者作为专业筹款人所拥有的知识体系。CFRE 岗位分析是 1981 年成立以来，CFRE 认证参考的一项重要研究，它是一项每五年进行一次的国际筹款实践调查。CFRE 岗位分析询问专业筹款人在工作中执行的任务、执行任务的频率、这些任务对筹款成功的重要性以及执行任务所需的知识。2014 年，最新一次的 CFRE 评估分析研究已经完成。该研究由专业测试机构在一个国际工作组的监督下进行，该国际工作组的成员均为筹款方面的专家，是持有 CFRE 证书的资深从业者。该研究对 10 个国家的专业筹款人展开了调查，包括澳大利亚、巴西、加拿大、德国、印度、日本、新西兰、南非、英国和美国。CFRE 国际发布，该调查的合作伙伴包括巴西筹款人协会、德国筹款人协会、欧洲筹款人协会、澳大利亚筹款人协会、新西兰筹款人协会、奥地利筹款人协会、英国筹款人协会、日本筹款人协会、资源联盟和南非筹款人协会。分析研究的结果证实，筹款是一种全球性 512
专业，无论处于何种地理位置，专业筹款人都执行相同的任务。不同国家的平均评分差别不大。

CFRE 岗位分析的结果构成了 CFRE 测试内容大纲的框架。基于岗位分析研究结果而更新的 CFRE 测试内容大纲如表 36.2 所示。这个更新的 CFRE 测试内容大纲将从 2016 年起，作为 CFRE 考试的框架（有关 CFRE 证书的更多信息，包括申请要求和有关考试的其他信息，请访问 CFRE 国际网站 www.cfre.org。）

自愿资格认证对筹款专业十分重要，其原因与专业自治的问题有关。正如卡尔博纳指出的那样，“许可在某种程度上是自治的敌人，因为它是政府当局通常是州政府所颁布的授权”（Carbone，1997：89）。不仅是因为这种许可是专业自治的敌人，政府颁布的筹款人许可还存在其他严重的问题。因为筹款人必须拥有公众的信任，所以他们所做的必须超越许可要求的标准，许可仅仅是基于“满足最低标准的能力”而做出的（Carbone，2004）。正如普利本诺所指出的，“人们对公共部门与志愿部门之间相互关系的期望水平更高了；公共利益需要公众信任，信任就是一种相互关系”（Pribbenow，1993：229）。

筹款专业的未来

滕佩尔和杜罗尼奥（Temple and Duronio，1997）在近20年前指出了筹款专业在未来所面临的至关重要的问题，如离职率、对请求捐赠的态度、专业女性化和薪酬，它们在今天仍然具有现实意义。由于经验丰富的专业筹款人数量无法满足需求，尤其是无法满足大额捐赠领域的需求，所以离职率如今仍然是该专业面临的挑战（Hall，2007）。请求捐赠仍然是一些筹款人不愿意承认的专业事实，而他们这一受人尊敬的非营利专业被视为“肮脏的工作”（Bloland and Tempel，2004；Tempel and Duronio，1997）。目前女性占该专业的大多数，尽管依然占据较少的领导职位，在薪酬方面也低于男性。事实上，专业筹款人协会薪酬与福利调查（Association of Fundraising Professionals，2014：9）的结果表明，如果该样本能够相对代表筹款专业，则意味着筹款人中白人（89%）和女
515 性（75%）占据了绝大多数，比例很不均衡。女性筹款人的年收入比男性低25000美元。薪酬本身仍然是该专业的一个问题，各方难以决定筹款人的恰当薪酬水平。筹款人又是社会迫切需要的，但是他们要在非营利部门的文化限制下开展工作，而非营利部门常常假定从宗旨驱动型工作中获得的满足感能够弥补低收入水平（Duronio and Tempel，1997）。瓦格纳明确了该专业另一个一直存在的挑战——“引导”，“无论处于何种级别，筹款人都需要行使领导力以激励他人”（Wagner，2005：1）。她接着断言，筹款人是格林利夫（Greenleaf）所说的“仆从式领导者”概念的典型例子，他们的动力不是个人抱负，而是对组织宗旨和服务的承诺（Wagner，2005：97）。

不过，筹款专业的国际发展和对筹款核心伦理准则和筹款技术逐渐形成的跨国共识，使专业筹款人开始有了更好的机会。这种能够真正建立起全球知识体系的能力，意味着筹款日益成为一种不断扩展、可移植的专业，这才是打造全球慈善理念的核心。

表 36.2　CFRE 测试内容大纲——知识领域和任务（2016 年生效）

领域 01：现有捐赠人和潜在捐赠人研究

任务

0101 通过识别个人、团体和实体（如基金会、企业和政府机构），制定一份潜在捐赠人名单，并给出他们的联系、能力和兴趣，以便为未来研究和培养确定符合条件的潜在捐赠人。

0102 实施并利用安全的数据管理系统，以确保数据隐私，存储现有捐赠人和潜在捐赠人的信息，并实现分组检索和分析。

0103 收集和分析现有捐赠人和潜在捐赠人的信息，包括人口统计特征、心理统计特征、兴趣、价值观、动机、文化、能力、捐赠和志愿者历史以及联系，从而为具体项目和筹款规划选择潜在捐赠人。

0104 评估现有捐赠人和潜在捐赠人的联系、能力和兴趣，对培养和劝募进行排序和计划。

0105 与组织的主要利益相关方沟通并验证相关捐赠人的信息，以制订参与、培养、劝募和管理的行动计划。

领域 02：获得捐赠

任务

0201 通过让利益相关方参与，制定筹款声明，传达支持组织宗旨的理由。

0202 确定适合现有捐赠人和潜在捐赠人的劝募策略和技巧。

0203 为个人捐赠人、捐赠人团体和/或实体的参与制订和实施具体的劝募计划。

0204 准备以捐赠人为中心的劝募沟通，实现知情的捐赠决定。

0205 向现有捐赠人和潜在捐赠人索取并获得捐赠，为组织宗旨提供支持。

领域 03：关系建设

任务

0301 通过系统培养和管理计划与支持群体建立并培养关系，从而建立对组织的信任和长期承诺。

0302 制订并实施全面的传播计划，向支持群体介绍组织的宗旨、愿景、价值观、财务实践和伦理实践、资助重点和捐赠机会。

0303 通过扩大支持群体对捐赠价值的理解，来提倡一种慈善的氛围。

0304 以对捐赠人有意义，且符合组织宗旨和价值观的方式确认并认可捐赠人的捐赠和参与。

领域 04：志愿者参与

任务

0401 判断组织邀请志愿者参与的准备程度和机会。

0402 为志愿者的识别、招募、做情况介绍、培训、评估、认可、留住和交接建立结构化流程。

0403 在筹款过程中招募各类志愿者（如董事会、项目、筹款活动），以提高组织的能力。

0404 参与招募经验丰富且具有多样性的领导人进入董事会和/或委员会，确保他们能够代表并回应所服务的慈善领域。

续表

领域 05：领导力及管理层
任务
0501 展示推动筹款实践的领导力。
0502 在组织和其支持群体中倡导并支持慈善文化，促进筹款活动的发展。
0503 确保制定健全的行政管理政策和流程，以支持筹款活动。
0504 参与组织的战略规划过程，以确保筹款和慈善事业的统一性。
0505 设计并实施短期筹款、长期筹款和预算，以支持组织的战略目标。
0506 采用营销、公共关系原则和工具来支持和发展筹款项目。
0507 使用公认的适当标准和指标，对筹款项目进行持续的绩效评估和分析，从而发现机会、解决问题并为未来的规划提供参考。
0508 通过提供专业发展机会和应用人力资源准则招聘、培训和支持员工，从而培养专业主义和高效、团队导向的工作环境。
0509 根据需要，利用外部服务来优化筹款工作。
领域 06：伦理、问责及专业主义
任务
0601 确保所有筹款活动和政策符合伦理原则和法律标准，并能反映组织和社区的价值观。
0602 向利益相关方传达伦理筹款原则，以促进伦理实践和加强慈善文化。
0603 将伦理筹款作为慈善事业的重要组成部分加以提倡，巩固非营利部门的发展，并支持该部门发挥市民社会支柱的作用。
0604 明确、实施、监督和尊重捐赠人关于捐赠使用的意图和指示。
0605 确保捐赠的分配准确记录在组织档案中。
0606 向支持群体报告捐赠的来源、用途、影响和管理，从而体现出透明度，并增强公众对组织的信任。
0607 通过辅导、继续教育、研究和专业协会会员等活动，作为筹款专业中积极、有贡献的一员参与相关工作。

结　语

总而言之，筹款专业就像是走在钢丝上。一边是专业化以及所有相关的收益，包括对专业知识的认同和来自社会的广泛尊重。另一边是服务精神，正如普利本诺（Pribbenow，1999）指出的那样，可以追溯到业余主义最美好的一面，即推动组织宗旨发展的爱。最终，如果要作为一种专业获得蓬勃发展，筹款必须继续发展所需的专业知识，从一系列技巧提升到拥有科学的学科，以平衡其传统上所拥有的艺术性。实践者和学术界所带来的知识需要得到同样的尊重和整合。在这之后，筹款人——以及整个非营利部门——必须继续讲述筹款专业为公众服务、获得公众信任的故事。只有通过这种方式，才能够像筹款学院所说的那样，将歉意替换为筹款的自豪，而这种筹款将真正地巩固其自身的地位，成为慈善事业中关键而受到尊重的一方面。

讨论问题 516

（1）将筹款定义为一种专业的因素有哪些？为什么筹款被视为新兴专业？

（2）筹款作为一种专业面临着哪些挑战和机遇？作为一种专业选择，筹款又面临着哪些挑战和机遇？

（3）专业筹款人有哪些选择来发展他们的知识和技能？这些选择如何相互矛盾或相互补充？

（4）认证和教育项目（可能提供结业证书）之间有什么区别？

（5）筹款专业中存在哪些全球共性和/或合作？对筹款专业的未来，它们意味着什么？

第三十七章　筹款人素养提升的各种资源

弗朗西斯·赫斯

517 筹款专业在过去 35 年中取得了发展，筹款人也逐渐能够获得更多的相关学术和实践资源。本章并不是意图穷尽非营利部门和筹款可以直接参考的组织和出版物以及其他资源，而是对一些已证实可靠（尤其是质量可靠）的资源进行汇编。这些资源都已发展成熟，在一段时间内将以印刷品、电子版或是我们还无法想象的某种形式继续存在，供我们参考。

是什么资源提升了筹款人的素养？在可获得的最佳实践和研究成果的帮助下，有实力的筹款人为强有力的筹款奠定了基础。本章讨论的一些资源显然可以归类为筹款专业发展领域的资源。还有一些资源则旨在直接增强筹款实践。按照顺序，本章将对主要协会及其提供的服务、正规教育机会、出版物资源和主要的互联网资源一一描述。内容描述章节之后，附有本章介绍的所有资源的注释列表。

518 协会资源

四个主要协会——专业筹款人协会（AFP）、教育促进和支持理事会（CASE）、医疗保健慈善协会（AHP）和筹款专业研究者促进协会（APRA）——都提供诸多的服务。会员组织还可以使用其他的资源。这四个协会都会主办美国国内、国际和网络的会议。此外，还提供培训和研修班等服务，如 CFRE 认证备考、专业指导、线上会议和网络研讨会等。AFP 的网站上提供了 CFRE 资源阅读列表的链接。特别项目包括 AFP 领导力学院和 AHP 麦迪逊学院等，AHP 麦迪逊学院是针对医疗保健职业筹款人的强化项目。除了拥有自身的系列专业出版物，例如 CASE

的《匹配捐赠》(*Matching Gift*) 和 AFP 的“基金发展系列丛书”之外，每个组织还会出版旨在推广最佳实践的期刊。虽然它们的资源中心仅限于会员登录，但这些组织的公开网站都拥有丰富的信息，任何有兴趣自学的人都可以访问这些信息。最后，CASE、AFP、AHP 和 APRA 在官方网站之外，还通过 Facebook、LinkedIn 和 Twitter 等网站提供社交网络互动机会。

另外两个值得注意的会员组织是捐赠研究所（Giving Institute）和慈善规划伙伴关系（Partnership for Phiplanthropic Planning，前身是全国计划捐赠委员会）。捐赠研究所的会员包括 45 个筹款咨询公司。该研究所与印第安纳大学礼来家族慈善学院合作，发布了《捐赠美国》(*Giving USA*)，对慈善捐赠的来源和使用进行年度汇编。慈善规划伙伴关系的宗旨，是协助捐赠人和组织发展有意义的捐赠机会。其网站提供了继续教育的研究和其他资源。

正规教育的机会

对于希望通过正规教育获得深入和广泛学习的专业筹款人而言，有多种可行的选择机会。到目前为止，由西东大学的罗斯安妮·米拉贝拉（Roseanne Mirabella）开发和维护的数据库提供了最全面的资源，供人们搜索各高校提供的教育机会。该资源列出了学位和非学位项目，还包括线上授课的机会。最新表格列出了 79 所高校提供的继续教育（非学位）机会。其中许多课程是继续教育院系提供的。提供本科课程 519
的院校数量已增加到 154 所左右，其中约 33% 的学校是非营利领导力联盟［Nonprofit Leadership Alliance，前身为美国人文组织（American Humanics）］成员。非营利领导力联盟是一个非营利组织，致力于通过基于经验的本科课程对入门级非营利专业人员提供培训，培训内容包括掌握 10 项核心能力。这一项目主要在课堂展开，完成课程的人员将获得非营利专业人员认证书。有 250 多所院校提供本科后课程学习文凭和硕士学位项目，有 44 所院校提供博士学位项目。这些项目的学科归属各不相同，包括公共事务、商科、文科和社会工作。近 80 个机构提供线上课程，或是作为学位或文凭项目的一部分，或是作为非学分课程。有些机构还提供“管理人员版”项目，更加适合在职专业人员的日程安排。

学术型项目涵盖的课程通常比筹款更广泛，包括法律、经济学、市场营销和道德等课程。非营利学术中心委员会（NACC）是一家会员组织，主要面向提供非营利组织管理课程的学院和大学（目前有 44 个）。NACC 致力于开发和维护高质量学术项目，为本科和研究生课程制定了课程大纲指南。在这两个层级都建议开展筹款课程。

正规课程项目中也有非学术性课程的选择。三个类似项目是筹款学院（TFRS）、筹资能力中心（Grantsmanship Center）和筹款专业研究者促进协会（APRA）。筹款学院的网站上列出了以下课程：

- 筹款的原则和技巧（线上提供）
- 为小型非营利组织筹款
- 有规划的捐赠（线上提供）
- 准备成功的资助提案（线上提供）
- 实现年度基金可持续性（线上提供）
- 管理巨额筹款活动
- 开发大额捐赠
- 信仰与筹款
- 女性捐赠的动力
- 在筹款中使用社交媒体（仅限线上）

虽然许多课程目前只在筹款学院所在地印第安纳波利斯提供，但一
520 些课程也在芝加哥、奥兰多、明尼阿波利斯、达拉斯、华盛顿（特区）、纳什维尔（田纳西州）、伯灵顿（马萨诸塞州）、坦帕、凤凰城和旧金山授课。此外，还会提供定制化的研修班。筹款学院还提供四门额外课程，结业后可获得非营利组织行政领导证书（Certificate in Nonprofit Executive Leadership）。

除了六门常规课程外，位于洛杉矶的筹资能力中心还提供以下定制化培训：

- 筹资能力培训

- 重要的资助技巧
- 研究提案研修班
- 争取联邦资助
- 资助管理的要点
- 非营利组织的社会企业

筹资能力中心网站会提供每项课程的详细内容分析。各项课程尤其是筹资能力培训，会在美国各地授课。筹资能力中心还会提供课程的后续支持。

APRA 为以下 10 个主题领域提供线上培训机会：高级研究、筹款活动、数据分析、医疗保健、管理和专业人员发展、成员和公益事业组织、潜在捐赠人识别、关系管理、研究基础和行业趋势。这些内容可以作为线上课程以网络广播（APRA 线上课程）、APRA 国际会议（APRA 会议点播）录像的形式提供，也可作为特定产品或服务的商业化培训（线上解决方案展示）提供。其产品也可以根据基础、中级或高级培训的需求进行定制。

出版物资源

学术研究

筹款和非营利营销研究机构的快速发展推动了大量学术课程项目的设置。2010 年以来，学术期刊上发表的相关研究成果大幅度增加，涉及的主题广泛，包括筹款评估、捐赠人留住、互联网和社交媒体、品牌推广、公益事业营销和关系营销。此外，研究正逐渐聚焦各个捐赠人细分市场，如种族和少数族裔、性别和 LGBTQ 群体。这些理论研究很重要，因为它们对最佳实践的有效性进行了检验，并发展了理论。专业的一个重要标志就是理论体系，研究对话正是围绕这一理论体系开展。文后的 521
参考资料部分包含了最新的参考书目列表，这些书目并未局限于最佳实践。

发表筹款研究成果的期刊主要集中于商业、经济、营销和非营利研究领域。可以通过私人订阅或通过学术图书馆获得访问方式。由于学术图书馆所提供的权益因机构而异，因此对此类研究感兴趣的筹款人应与其所在地区的图书馆建立联系。一些索引服务提供了访问此类内容的最佳途径，包括一些商业资源，如商管财经类全文数据库（Business Source Premier）和商业信息数据库（ABI/Inform），以及印第安纳大学的慈善研究索引（Philanthropic Studies Index）和谷歌学术。后两者可在线上免费提供给所有用户。有四家期刊一直在发表关于筹款的学术研究成果，它们分别为《非营利和志愿部门营销国际期刊》（*International Journal of Nonprofit and Voluntary Sector Marketing*）、《非营利和志愿部门季刊》（*Nonprofit and Voluntary Sector Quarterly*）、《非营利组织管理和领导力》（*Nonprofit Management and Leadership*）以及《非营利和公共部门营销期刊》（*Journal of Nonprofit and Public Sector Marketing*）。

关注实践

许多有关筹款的图书是基于最佳实践而不是基于研究。由于有大量可供选择的书目，所以建议有选择性地阅读。很多网站提供了推荐阅读清单，包括 AFP，印第安纳大学筹款学院、CFRE 国际和基金会中心。巴斯出版社、约翰·威立父子出版公司和劳特利奇出版社等出版的筹款系列丛书的作者涵盖了该领域最著名的专家。

《医疗保健慈善协会期刊》（*AHP Journal*）——该期刊重点关注医疗保健领域的资源，包括筹款发展项目、医疗保健领域慈善环境分析以及该领域的发展趋势。

《倡导慈善》（*Advancing Philanthropy*）——专业筹款人协会的期刊，强调筹款从业人员可运用的基于实践的信息和工具。

《慈善纪事》（*Chronicle of Philanthropy*）——双周刊，包括非营利部门新闻以及会议列表、继续教育机会、招聘职位和新出版物。

522 《最新动态》（*Current*）——教育促进和支持理事会的期刊，涵盖教育发展的各个方面，包括筹款、营销和校友关系。

《草根筹款》（*Grassroots Fundraising Journal*）——目标受众是中小型组织。文章侧重于法律问题、基层筹款、案例研究和大额捐赠人。

《非营利时报》（*Nonprofit Times*）——新闻和特别报道，包括年度薪酬调查和《非营利时报》百强非营利组织。

互联网资源

毋庸置疑，互联网提供了大量免费获取和有偿订阅的可用信息。其中四种宝贵资源可用以指导实践，是筹款人不可或缺的工具。

指南星数据库（Guidestar database）是最大的非营利组织信息来源。参与其中的非营利组织和订阅者可以访问在美国国税局注册的 180 万个非营利组织的信息，包括一般性财务信息和 990 表格信息。使用其高级搜索引擎，可以运用 NTEE 代码、定位和资产等标准，创建组织比较列表。指南星专业版用户可以使用更广泛的搜索引擎下载数据，进行分析。指南星还为公众免费提供基础版本，为学术课程项目和图书馆提供特别版本。

基金会中心（Fundation Center）是获得基金会和资助相关信息的最佳资源。为了履行其提高基金会活动透明度的责任，基金会中心推出了三类主要活动。第一类是基金会报告活动，通过对私人基金会的信息回执（990PF 表格）进行分析，生成关于资助和资助人的专题报告和统计报告。基金会中心提供的 IssueLab 服务协助在线上生成大量关于基金会的研究。基金会中心运营的监督机构 Glasspockets 则从各个基金会收集运营数据，以提高非营利部门在该领域的透明度。大部分信息是通过基金会中心网站公开提供的。第二类是资助目录的编制——包括纸质版和电子版。《基金会名录》（*Foundation Directory*）是迄今为止最全面的可用资助机会汇编。第三类是公共传播和教育。除了网站上的大量信息外，基金会中心还成立了基金会信息网络，通过全国的公共图书馆和学术图书馆提供线上和线下的资助信息。同时，该中心还举办了一系列以基金会筹款为主题的研修班，包括免费线上教程和全日课堂培训。

非营利组织研究协作体（Nonprofit Research Collaborative）旨在协调 523
筹款方面的调查研究。协作体的成员包括 AFP、CFRE 国际、坎贝尔·林克公司、美国捐赠基金会、全国慈善统计中心以及慈善规划伙伴关系。通过整合多项调查工作，该协作体能够提供更好的基准和趋势数据，减少非营利组织完成调查所需的时间。可在其网站获得相关调查数据，数据将会提供有关员工配置、捐赠、董事会捐赠、方法、目标实现、捐赠人类型和筹款社交媒体等问题的答案。

美国城市研究所下属非营利和慈善组织研究中心（Center on Nonprofits and Philanthropy）是全国慈善统计中心（NCCS）的母体组织。NCCS 是非营利部门数据（包括慈善捐赠数据）的交换站。虽然与筹款可能没有直接关系，但 NCCS 为筹款人提供了理解非营利部门的背景情况。如前所述，NCCS 是非营利组织研究协作体的合作伙伴。通过其网站公开提供的数据，你可以将所在组织的财务活动和慈善捐赠与国家基准进行比较。

结　语

知识推动了筹款专业的发展，如今可以在各地以不同形式获得关于这些知识的信息。如果成功了，就证明这些增强筹款领域的机遇是前所未有的。协会的发展非常强劲，能够提供前所未有的正式和非正式的机遇，实现教育和专业网络联系。正规学术教育的机遇也很强劲，并继续扩展到新的领域。与此同时，在学术机构之外，也有可行的培训选择。出版物蓬勃发展，该领域的学术研究给专业实践提供了可靠的保证。基金会中心等实力强劲的组织，正利用技术提供高质量的信息，为实践提供参考。我们无法知道在本书下一版出版时，信息资源会呈现怎样的状态，但是至少在目前，用于提升筹款人素养的各种资源都呈现良好的态势。

讨论问题

（1）作为草根非营利组织的新任和首任发展总监，你所在组织的员工规模较小但都具有奉献精神，你很快意识到，捐赠人发展方面的培训将会有助于员工的发展。但是你目前没有培训的预算。这种情况下，你
524 可以使用哪些无成本的资源来建立内部培训项目？

（2）你所在的组织给你安排了对筹款进行研究和评估的任务。在你的分析中，可以使用哪些资源来获得筹款、财务活动和慈善捐赠的比较数据？

（3）筹款的最佳实践如何获得更深的研究基础？学术界和实践工作

者应该如何协作，从而改善研究和实践，推动筹款专业发展？

供参考的组织及其资源

Association of Professional Researchers for Advancement (APRA): International membership organization for professionals interested in research and relationship management: www. aprahome. org; 330 N. Wabash Ave., Suite 2000, Chicago, IL 60611, 312-321-5196.

Association for Healthcare Philanthropy (AHP): International Membership organization representing development professionals in the health care field; http: //www. ahp. org; 313 Park Ave., Suite 400, Falls Church, VA 220 16; 703-532-6243.

Association of Fundraising Professionals (AFP): International membership organization dedicated to advocacy, education, certification, and fundraising research; www. afpnet. org; 4300 Wilson Blvd, Suite 300, Arlington, VA 22203; 703-6840410.

Campbell Rinker: Market research company that serves both specific clients and the nonprofit sector at large; http: //www. Campbellrinker. com; 25600 Rye Canyon Road, Suite 202, Valencia, CA 91355; 888 722-6723.

Center on Nonprofits and Philanthropy (Urban Institute): Conducts and disseminates research on the role and impact of nonprofit organizations and philanthropy; http: //urban. org/center/cnp/; 2100 M Street, NW, Washington, DC 20037; 202-833-7200.

Council for Advancement and Support of Education (CASE): International membership organization for educational institutions and their affiliated advancement professionals; www. case. org; 1307 New York Ave., N. W. Suite 1000; Washington, DC 20005-4701; 202-328-2273.

CFRE International: International provider of professional certification for fundraisers; http: //www. cfre. org/contact. html; 300 N. Washington St., Suite 504, Alexandria, VA 22314, 703-820-5555.

Foundation Center: Produces the Foundation Directory (print and electronic), the most comprehensive source for grant opportunities; wide range of educational programs; compiles and publishes information about foundation giving trends; supports a network of cooperating library collections in the United States and abroad; http: //foundationcenter. org; 79 Fifth Avenue/ 16th Street New York, NY 100003-3067, 212-620-4230.

525 Giving Institute: Membership organization for fundraising counsel; web site includes resource library of papers and presentations; Giving Institute Foundation published Giving USA, an annual compendium of sources and uses of philanthropic gifts; http: //www. givinginstitute. org; 225 W. Wacker Drive, Chicago, IL 60606.

Grantsmanship Center: Quasi-membership organization offering training workshops; www. tgci · com; 350 S. Bixel St. , Suite 110, Los Angeles, CA 90017, 213-482-9860.

GuideStar: In-depth information for individual nonprofit organizations including finances, Form 990, board members, mission. GuideStar's goal is to promote transparency in the nonprofit sector and provide information for informed decision making and charitable giving; http: //www. guidestar. org; locations in Williamsburg, VA (4801 Courthouse St. , Suite 220), Washington, DC (1730 Pennsylvania Ave. , NW, Suite 250), and San Francisco, CA (720 Market Street) .

National Center for Charitable Statistics (NCCS): Part of the Urban Institute, a clearinghouse of data on the nonprofit sector in the US; http: // nccs. urban. org; The Urban Institute, 2100 M Street, NW, 5th Floor, Washington, DC 20037; 866-518-3874.

Nonprofit Academic Centers Council (NACC): Coalition of university-based academic programs offering formal coursework and degrees in nonprofit and philanthropic education; http: //nonprofit-academic-centers-council. org; 2121 Euclid Avenue, Cleveland, OH 44115, 216-687-9221.

Nonprofit Leadership Alliance: Nonprofit organization that partners with aca emic institutions to offer an undergraduate curriculum that prepares students to enter management positions in nonprofit organizations; program focuses on curriculum that includes experiential education; http: //www. nonprofitleadershipalliance. org; 1100 Walnut Street, Suite 1900, Kansas City, MO, 64106; 816-561-6415.

Nonprofit Management Education: Current offerings in university-based programs (Seton Hall University): most comprehensive listing of continuing education, online, undergraduate, and graduate (Masters and Doctoral) opportunities available through formal academic institutions; http://academic. shu. edu/npo/.

Nonprofit Research Collaborative: Study charitable fundraising at organizations and the factors that influence success and growth; http://www. npresearch. org; 530-690-5746.

Partnership for Philanthropic Planning: Membership organization dedicated to assisting individuals and organizations in developing meaningful gift opportunities for both donors and recipients; http://www. pppnet. org; 233 McCrea Street, Suite 300, Indianapolis, IN 46225, 317-269-6274.

The Fund Raising School: Affiliated with The Lilly Family School of Philanthropy at Indiana University; offers coursework in many areas of fundraising practice; http://ww. philanthropy. iupui. edu/the-fund-raising-school; 550W. North St., Suite 301, Indianapolis, IN 46202, 317-274-7063.

索引来源

由于此类产品的覆盖范围不断变化，访问服务供应商或数据库网站将获得比当前统计数据更准确的信息。

ABI/Inform, ProQuest LLC, Ann Arbor, MI.

Business Source Premier. Ebsco; www. ebsco. com.

Philanthropic Studies Index. Indiana University; http://cheever. ulib. 526
iupui. edu/psipublicsearch/.

Google Scholar. www. scholar. google. com.

学术期刊和行业期刊

Advancing Philanthropy. Arlington, VA: Association of Fundraising Professionals; bimonthly; practice based information and tools for fundraising practitioners; ISSN 1077-2545.

Chronicle of Philanthropy. Washington, DC; biweekly news of the nonprofit sector as well as listings of conferences, continuing education opportunities, available positions, and new publications; ISSN 1040-676x.

Currents. Washington, DC: Council for Advancement and Support of Education; monthly; articles cover aspects of educational development including fund raising, marketing, and alumni relations; ISSN 0748-478x.

Grassroots Fundraising Journal. Kim Klein; target audience is small- to medium-sized organizations; articles focus on legal issues, grassroots fund raising, case studies, and major donors; ISSN 0740 4832.

Healthcare Philanthropy. Journal of the Association for Healthcare Philanthropy; resource for healthcare development professionals; published semiannually; ISSN 2162-2493.

International Journal of Nonprofit and Voluntary Sector Marketing. John Wiley & Sons Inc.; quarterly; ISSN 1465-4520.

Journal of Nonprofit and Public Sector Marketing. Routledge; quarterly; ISSN 1049-5142.

Nonprofit and Voluntary Sector Quarterly. Sage Publications; quarterly; journal of ARNOVA: the Association for Research on Nonprofit Organizations and Voluntary Action; ISSN 0899-7640.

Nonprofit Management and Leadership. Jossey-Bass, Inc. quarterly; ISSN1048-6682.

NonProfit Times. NPT Publishing Group; 17 issues per year; news and special reports including an annual salary survey and the NPT Top 100 Nonprofit Organizations; ISSN 0896-5048.

推进研究和实践的著作

Davis, E. 2012. *Fundraising and the Next Generation: Tools for Engaging the Next Generation of Philanthropists*. Hoboken, NJ: John Wiley & Sons, Inc.

Drezner, N. D. 2011. *Philanthropy and Fundraising in American Higher Education*. San Francisco, CA: Jossey-Bass.

Drezner, N. D. (ed.). 2013. *Expanding the Donor Base in Higher Education Engaging Non-traditional Donors*. New York: Routledge.

Drezner, N. D. and F. Huehls. 2014. *Fundraising and Institutional Advancement: Theory, Practice, and New Paradigms*. New York: Routledge.

Gasman, M. and N. Bowman. 2013. *Engaging Diverse College Alumni: The Essential Guide to Fundraising*. New York: Routledge.

Hunt, P. 2012. *Development for Academic Leaders: A Practical Guide for Fundraising Success*. San Francisco, CA: Jossey-Bass.

Pettey, J. G. (ed.). 2013. *Nonprofit Fundraising Strategy: A Guide to* 527
Ethical Decision Making and Regulation for Nonprofit Organizations. Hoboken, NJ: John Wiley & Sons, Inc.

Polivy, D. K. 2014. *Donor Cultivation and the Donor Lifecycle Map: A New Framework for Fundraising*. Hoboken, NJ: John Wiley & Sons, Inc.

Sargeant, A. and E. Jay. 2014. *Fundraising Management: Analysis, Planning, and Practice*. New York: Routledge.

Thümler, E., N. Bögelein, A. Beller, and H. K. Anheier (eds.). 2014. *Philanthropy and Education: Strategies for Impact*. New York: Palgrave Macmillan.

W. K. Kellogg Foundation. 2012. *Cultures of Giving: Energizing and Expanding Philanthropy by and for Communities of Color*. Battle Creek, MI: W. K. Kellogg Foundation.

参考文献

21/64 and Dorothy A. Johnson Center for Philanthropy. 2013. # *NEXTGENDONORS: Respecting Legacy, Revolutionizing Philanthropy.* New York, NY. Retrieved from: www. nextgendonors. org/wp-nextgendonors/wp-content/uploads/next-gen-donors-brief. pdf.

Ableson, James L., T. M. Erickson, S. E. Mayer, J. Crocker, H. Briggs, N. L. Lopez-Duran, and I. Liberzon. 2014. "Brief Cognitive Intervention Can Modulate Neuroendocrine Stress Responses to the Trier Social Stress Test: Buffering Effects of a Compassionate Goal Orientation." *Psychoneuroendocrinology*, 44: 60-70.

Adelman, Carol, Yula Spantchak, Kacie Marano, and Jeremiah Norris. 2013. *2013 Index of Global Philanthropy and Remittances with a Special Report on Emerging Economies.* Washington, DC: Hudson Institute.

Aknin, Lara B., Elizabeth W. Dunn, and Michael I. Norton. 2012. "Happiness Runs in a Circular Motion: Evidence for a Positive Feedback Loop Between Prosocial Spending and Happiness." *Journal of Happiness Studies*, 13: 347-355.

Aknin, Lara B., Christopher P. Barrington-Leigh, Elizabeth W. Dunn, John F. Helliwell, Robert Biswas-Diener, Imelda Kemeza, Paul Nyende, Claire Ashton-James, Michael I. Norton. 2013. "Prosocial Spending and Well-Being: Cross-Cultural Evidence for aPsychological Universal." *Journal of Personality and Social Psychology*, 104: 635-652.

Aknin Lara B., Alice L. Fleerackers, and J. Kiley Hamlin. 2014. "Can Third-

Party Observers Detect the Emotional Rewards of Generous Spending?" *The Journal of Positive Psychology*, 9 (3): 198–203.

Alden, Lynn E. and Jennifer L. Trew. 2013. "If It Makes You Happy: Engaging in Kind Acts Increases Positive Affect in Socially Anxious Individuals." *Emotion*, 13 (1): 64–75.

Aldrich, Eva E. 2011. *Giving USA 2011 Spotlight #2: Giving By Immigrants.* Chicago, IL: Giving USA Foundation.

Anderson, Albert. 1996. *Ethics for Fundraisers.* Indianapolis, IN: Indiana University Press.

Anderson, Chris. 2008. *The Long Tail: Why the Future of Business is Selling Less of More.* New York: Hyperion.

Andreasen, Alan R. 2009. "Cross-Sector Marketing Alliances: Partnerships, Sponsorships, and Cause-Related Marketing." In Joseph J. Cordes and C. Eugene Steuerle (eds.), *Nonprofits and Business.* Washington, DC: Urbana Institute Press.

Andreasen, Alan R. and Philip Kotler. 2008. *Strategic Marketing for Nonprofit Organizations*, 7th ed. Upper Saddle River, NJ: Pearson/Prentice Hall.

Andreoni, James, Eleanor Brown, and Isaac Rischall. 2003. "Charitable Giving by Married Couples: Who Decides and Why Does it Matter?" *The Journal of Human Resources*, 38 (1): 111–133.

Andresen, Katya. 2006. *Robin Hood Marketing: Stealing Corporate Savvy to Sell Just Causes.* San Francisco, CA: Jossey-Bass.

Anft, Michael. 2002. "Tapping Ethnic Wealth: Charities Pursue Minority Giving as Incomes Rise Among Blacks, Hispanics, and Other Groups." The *Chronicle of Philanthropy*, January 10, 2002.

Anheier, Helmut K. and Siobhan Daly. 2005. "Philanthropic Foundations: A New Global Force?" In *Global Civil Society.* London: Sage Publications Ltd.

Anik, Lalin, Lara B. Aknin, Michael I. Norton, and Elizabeth W. Dunn. 2009. "Feeling Good About Giving: The Benefits (and Costs) of Self-Interested Charitable Behavior." In *Harvard Business School Marketing Unit Working Paper No.* 10–12.

Association of Fundraising Professionals. 2003. *AFP Fundraising Dictionary*. Alexandria, VA: Association of Fundraising Professionals.

Association of Fundraising Professionals. 2006. *International Statement of Ethical Principles in Fundraising*. Association of Fundraising Professionals. http: //www. afpnet. org/Ethics/IntlArticlcDotail. cfmPitcmnumbcr = 3682.

Association of Fundraising Professionals. 2014. *AFP Compensation and Benefits Survey*. Arlington, VA: AFP Research. Available at www. afpnet. org/FEB.

Association for Healthcare Philanthropy. 2012. "AHP Standards for Reporting and Communicating Effectiveness in Health Care Philanthropy." Falls Church, VA: Association for Healthcare Philanthropy.

Association for Healthcare Philanthropy. 2014. "Two New Reports Confirm Number of Fundraisers, Staff Retention Key to Raising More Dollars, AHP Says." Accessed June 10, 2015: http//www. nonprofitpro. com/article/ reports-confirm-number-f'unciraisers-staff-retention-key-raise-more/.

Aufreiter, Nora, Julien Boudet, and Vivian Weng. 2014. "Why Markerters Should Keep Sending You E-mails." McKinsey & Company. Available at http: //www. mckinsey. com/insights/marketing _ sales/why _ marketers _ should_keep_sending_you_emails.

Austin, James E. 2000. *The Collaboration Challenge*. San Francisco, CA: Jossey-Bass.

Auten, Gerald E., Charles T. Clotfelter, and R. L. Schmalbeck. 2000. "Taxes and Philanthropy Among the Wealthy." In Joel B. Slemrod (ed.), *Does Atlas Skrug? The Economic Consequences of Taxing the Rich*, pp. 392 - 424. Cambridge, MA: Harvard University Press.

Auten, Gerald E., Holger Sieg, and Charles T. Clotfelter. 2002. "Charitable Ghing, Income, and Taxes: An Analysis of Panel Data." *Amerian Economic Review*, 92 (1): 371-382.

Badgett, M. V. Lee. 2001. *Money, Myths, and Change: The Economic Lives of Lesbians and Gay Men*. Chicago, IL: University of Chicago Press.

Badgett, M. V. Lee and Nancy Cunningham. 1998. *Creating Communities: Giving and Volunteering by Gay, Lesbian, Bisexual, and Transgender*

People. New York, NY and Amherst, MA: Working Group on Funding Lesbian and Gay Issues and Institute for Gay and Lesbian Strategic Studies.

Badgett, M. V. Lee, Holning Lau, Brad Sears, and Deborah Ho. 2007. *Bias in the Workplace: Consistent Evidence of Sexual Orientation and Gender Identity Discrimination.* Los Angeles, CA: The Williams Institute.

Banaji, Mahzarin R. and Anthony Greenwald. 2013. *Blindspot: Hidden Biases of Good People.* New York: Random House.

Bankers Trust Private Banking. 2000. *Wealth with Responsibility/Study 2000.* Bankers Trust Private Banking.

Bell, Jeanne and Marla Cornelius. 2013. *Underdeveloped: A National Study of Challenges Facing Nonprofit Fundraising.* Oakland, CA: Compass Point and the Evelyn and Walter Hass, Jr. Fund.

Benson, Peter L. and Viola L. Catt. 1978. "Soliciting Charity Contributions: The Parlance of Asking for Money." *Journal of Applied Social Psychology*, 8: 84–95.

Berkshire, Jennifer C. 2012. "Charities Pick up New Ways of Reaching Elusive Donors by Phone." *The Chronicle of Philanthropy*, September 30, 2012.

Berkshire, Jennifer C. 2014. "Social-Service Group's Potential to Do More Inspires Donor to Give." *The Chronicle of Philanthropy*, October 23, 2014.

Bethel, Sheila Murray. 1993. *Beyond Management to Leadership: Designing the 21st Century Association.* Washington, DC: Foundation of the American Society of Association Executives.

Better Business Bureau Wise Giving Alliance. 2014. "How We Accredit Charities." Accessed December 30, 2014: http://www.give.org/for-charities/How-We-Accredit-Charities/.

Beyel, Joseph S. 1997. "Ethics and Major Gifis." In Dwight F. Burlingame and James M. Hodges (eds.), *Developing Major Gifts*, pp. 49 – 59. San Francisco, CA: Josscy-Bass.

Bhagat, Vinay, Pam Loeb, and Mark Rovner. 2010. The *Next Generation of American Giving: A Study on the Multichannel Preferences and Charitable*

Habits of Generation Y, Generation X BabyBoomers, and Matures. Austin, TX: Convio and Edge Research.

Bhagat, Vinay, Dennis McCarthy and Bryan Snyder. 2012. "The Convio Online Marketing Nonprofit Benchmark Index Study." Austin, TX: Convio.

Bishop, Matthew and Michael Green. 2008. *Philanthrocapitalism*, New York: Bloomsbury Press.

Blackbaud. 2014. "Show the Love: Thoughtful Engagement to Retain Supporters." Accessed June 15, 2015: https://hello.blackbauci.com/1064_CORP_npExperts_DonorRetention_SharedAssets_RegistrationLP.html.

Block, Peter. 1993. *Stewardship: Choosing Service Over Self-Interest.* San Francisco, CA: Berrett-Koehler.

Bloland, Harland G. and Rita Bornstcin. 1990. "Fundraising in Transition: The Professionalization of an Administrtive Occupation." In T*aking Fund Raising Seriously: Papers Prepared for theThird Annual Symposium, Indiana University Center on Philanthropy, Indiana University-Purdue University Indianapolis*, June 6-8, 1990.

Bloland, Harland G. and Eugene R. Tempel. 2004. "Measuring Professionalism." In *New Directions for Philanthropic Fundraising*, No. 43, pp. 5 - 20. San Francisco, CA: Jossey-Bass.

Blumberg, Stephen J. and Julian V. Luke. 2014. "Wireless Substitution: Early Release of Estimates from the National Health Interview Survey." National Center for Health Statistics. Available from: http://www.cdc.gov/nchs/data/nhis/earlyrelease/wireless201412.pdf.

BoardSource. 2012a. *Nonprofit Board Answer Book: A Practical Guide for Board Members and Chief Executives*, 3rd ed. San Francisco, CA: Jossey-Bass.

BoardSource. 2012b. *Nonprofit Governance Index 2012.* Retrieved from: http://www.thenonprofitpartnership.org/files/board-source-governance-2012.pdf.

BoardSource. 2014. *Leading with Intent 2014: A National Index of Nonprofit Board Practices.* Retrieved from: https://www.boardsource.org/eweb/images/bds2012/Leading-with-intent-PV.pdf.

BoardSource. 2015. *Leading with Intent 2015: A National Index of Nonprofit.*

Board Practices. Washington, DC: Board Source.

Bowersock, G. W. 2015. "Money and your Soul." *The New York Review of Books*, May 21, 2015.

Brogan, Chris. 2010. *Social Media 101: Tactics and Tips to Develop Your Business Online*. Hoboken, NJ: John Wiley & Sons, Inc.

Brown, Eleanor. 2006. "Married Couples' Charitable Giving: Who and Why." In Martha A. Taylor and Sondra Shaw-Hardy (eds.), *The Transformative Power of Women's Philanthropy*, pp. 69–80. San Francisco, CA: Wiley Periodicals Inc.

Brown, Eleanor and Patrick M. Rooney, P. 2008. "Proceedings from The Center on Philanthropy at Indiana University 20th Annual Symposium: Men, Women, X and Y: Generational and Gender Differences in Motivations for Giving." Indianapolis, IN: Unpublished report.

Brummelman, Eddie, Sander Thomaes, Stefanie A. Nelemansd, BramOrobio de Castrob, Geertjan Overbeeka, andBrad J. Bushmane. 2015. "Origins of Narcissism in Children." *Proceedings of the National Academy of Sciences*, 112: 3659–3662.

Bryan, Brielle. 2008. *Diversity in Philanthropy*. Foundation Center. Retrieved from: http://foundationcenter.org/getstarted/topical/diversity_in_phil.pdf.

Bureau of Labor Statistics. 2015. "CPI Inflation Calculator." Accessed June 8, 2015: http://www.bls.gov/data/inflation_calculator.htm.

Burke, Penelope. 2003. *Donor Centered Fundraising: How to Hold on to Your Donors and Raise More Much More Money*. Chicago, IL: Cygnus Applied Research, Inc.

Burke, Penelope. 2014. *Donor Centered Leadership: What It Takes to Build a High Performance Fundraising Team*, Chicago, IL: Cygnus Applied Research, Inc.

Burlingame, Dwight F. 2003. "Corporate Giving and Fund Raising." In Eugene R. Tempel (ed.), *Achieving Excellence in Fund Raisitig*, 2nd ed., pp. 177–187. San Francisco, CA: Jossey-Bass.

Burlingame, Dwight F. and Dennis R. Young. 1996. *Corporate Philanthropy at* the Crossroads. Bloomington, IN: Indiana University Press.

Business Civic Leadership Center. 2008. *Corporate Community Investment Study*. Washington, DC: US Chamber of Commerce.

Cagney, Penelope. 2013. "The Global Fundraising Revolution." *Advancing Philanthropy*, Spring.

Callahan, David. 2015. "He May be Popular Now, But Darren Walker Has a Tough Message for the Nonprofit World." *Inside Philanthropy*, July 9, 2015.

Cam, Kelly. 2013. "Women in Leadership and Philanthropy." Presentation at the Council for Advancement and Support of Education and Women in Philanthropy Conference, Indianapolis, Indiana, November 3, 2013.

Campobasso, Laura and Dan Davis. 2001. *Reflections on Capacity Building*. Woodland Hills, CA: California Wellness Foundation.

Carbone, Robert F. 1989. *Fundraising as a Profession*. College Park, MD: Clearing House for Research on Fund Raising.

Carbone, Robert F. 1997. "Licensure and Credentialing as Professionalizing Elements." In *New Directions for Philanthropic Fundraising*, No. 15, pp. 83-96. San Francisco, CA: Jossey-Bass.

Carmichael, Mary. 2007. "A Shot of Hope." *Newsweek*, October 1, 2007.

Chance, Zoe and Michael I. Norton. 2015. *I Give, Therefore I Have: Giving and Subjective Wealth*. Unpublished manuscript.

Chao, Jessica, JuliaParshall, Desiree Amador, Meghna Shah, Armando Yañez. 2008. *Philanthropy in a Changing Society*. Rockefeller Philanthropy Advisors. Retrieved from: http: //rockpa. org/document. doc? id=27.

Charities Aid Foundation. 2010. *The World Giving Index 2010*. Accessed June 11, 2015. https: //www. cafonline. org/pdf/WorldGivingIndex 28092010Print. pdf.

Chaves, Mark. 2004. *Congregations in America*. Cambridge, MA: Harvard Univeersity Press.

Chobot, Richard B. 2004. "Fundraising Credentialing." In *New Directions for Philanthropic Fundraising*, No. 43, pp. 31-50. San Francisco, CA: Jossey-Bass.

Choi, Namkee G. and Jinseok Kim. 2011. "The Effect of Time Volunteering and Charitable Donations in Later Life on Psychological Wellbeing." *Ageing and Society*, 31: 590–610.

Chrislip, David D. and Carl E. Larson. 1994. *Collaborative Leadership: How Citizens and Civic Leaders Make a Difference*. San Francisco, CA: Jossey-Bass.

Citigroup. 2002. *Among the Wealthy: Those Who Have It Give It Away*. Citigroup.

Clohesy, William W. 2003. "Fund-Raising and the Articulation of Common Goods." *Nonprofit and Voluntary Sector Quarterly*, 32 (1): 128–140.

Clotfelter, Charles T. 1990. *The Impact of Tax Reform on Charitable Giving: A 1989 Perspective* (Working Paper No. 3273). Cambridge, MA: National Bureau of Economic Research.

Cluff, Angela. 2009. "Dispelling the Myths about Major Donor Fundraising." *International Journal of Nonprofit and Voluntary Sector Marketing*, 14 (4): 371–377.

Cohen, Todd. 2007. "Nonprofit Training Seen Trailing Demand." *Philanthropy Journal*, May 29, 2007.

Cohen, Janet, and Donna Red Wing. 2009. "Raising Heck and Raising Funds: A Conversation About Lesbian Philanthropy." Presentation at the annual AFP International Conference, New Orleans, Louisiana, March 29–April 1, 2009.

Collin, N. 2009. "5 Reasons Creatives Hate Working for You." http://ezinearticles.com/?5-Reasons-Creatives-Hate-Working-For-You-(And-What-To-Do-About-It)&id=3279820.

Committee Encouraging Corporate Philanthropy (CECP). 2008. *Giving in Numbers*. Washington, DC: Committee Encouraging Corporate Philanthropy.

Cone Communications. 2013. *Social Impact Study: The Next Came Evolution*. Boston, MA: Cone Communications.

Connolly, Lori. 2011. *View from the Digital inbox 2011*. Columbia, MD: Merkle, Inc.

Conway, Daniel. 2003. "Practicing Stewardship." In Eugene R. Tempel, *Achieving Excellence in Fund Raising*, 2nd ed., pp. 431 - 441. San Francisco, CA: Jossey-Bass.

Corporation for National and Community Service. 2010. "Volunteering in America Research Highlights." Retrieved January 10, 2010 from http://www.volunteeringinamerica.gov/.

Corporation for National and Community Service. 2014. "Volunteering and Civic Life in America." Accessed April 30, 2014: http://www.voluntecringinamcrica.gov/infographic.cfm.

Corporation for National and Community Service. 2015. "Volunteering and Civic Engagement in the United States: Trends and Highlights Overview." Retrieved March 30, 2015 from http://www.volunteeringinamerica.gov/.

Covey, Stephen M. R. 2006. *The Speed of Trust*. New York: Free Press.

Crutchfield, Leslie R. and Heather McLeod Grant. 2008. *Forces for Good: The Six Practices of High-Impact Nonprofits*. San Francisco, CA: Jossey-Bass.

Cummins. 2009. *Sustainability Report: A Legacy of Dependability and Responsibility. Indianapolis, IN: Cummins, Inc.*

Cummins. 2014. *Living Our Values Through Our People, Products, and Practies: Sustainability Progress Report*: 2013-2014. Indianapolis, IN: Cummins, Inc.

Cunningham, Nancy. 2005. "Myth Versus Reality: State of the Lesbian, Gay, Bisexual, and Transgender Community and Philanthropy's response." In *State of Philanthropy 2004*, pp. 10 - 14. Washington, DC: National Committee for Responsible Philanthropy.

Cutlip, Scott M. 1965. *Fund Raising in the United States: Its Role in American Philanthropy*. New Brunswick, NJ: Rutgers University Press.

Daniels, Alex. 2015. "Foundation Meads Call on Peers to Publicize Diversity Data." *The Chronicle of Philanthropy*, June 29, 2015.

Danner, Deborah D., David A. Snowdon, and Wallace V. Friesen. 2001. "Positive Emotions in Early Life and Longevity: Findings from the Nun Study." *Journal of Personality and Social Psychology*, 80 (5): 804-813.

Demographics Now. 2010. Table of the United States Population, Age by Sex

Summary Report. http：//www.demographicsnow.com，Jan. 2010.

Dove，Kent E. 2000. *Conducting a Successful Capital Campaign*，2nd ed. San Francisco：Jossey-Bass.

Drezner，Noah D. 2013. *Expanding the Donor Base in Higher Education：Engaging Non-Traditional Donors*. New York：Routledge.

Drucker，Peter F. 1990. *Managing the Non-profit Organization：Practices and Principles*. New York，NY：HarperCollins.

Dulin，Patrick L.，J. Gavala，C. Stephens，M. Kostick，and J. McDonald. 2012. "Volunteering Predicts Happiness Among Older Maori and Non-Maori in the New Zealand Health，Work，and Retirement Longitudinal Study." *Aging and Mental Health*，16：617-624.

Dunlop，David. R. 2000. "Fundraising for the Largest Gift of a Lifetime：From Inspiring the Commitment to Receiving the Gift." Workshop at the Council for Advancement and Support of Education Conference（CASE），Charleston，SC，May 22-24，2000.

Dunn，Elizabeth W.，C. E. Ashton-James，M. D. Hanson，and L. B. Aknin. 2010. "On the Costs of Self-Interested Economic Behavior." *Journal of Health Psychology*，15：627-633.

Dunn，Elizabeth W.，Lara B. Aknin，and Michael I. Norton. 2008. "Spending Money on Others Promotes Happiness." *Science*，319：1687-1688.

Duronio，Margart A. and Eugene R. Tempcl. 1997. *Fund Raisers：Their Careers，Stories，Concerns，and Accomplishments*. San Francisco，CA：Jossey-Bass.

Eckel，Catherine，David Herberich and Jonathan Meer. 2014. "A Field Experiment on Directed Giving at a Public University." Accessed January15，2015：https：//site.stanford.edu/sites/default/files/eckel_herberich_meer_directed_giving.pdf.

Eisner，David，Robert T. Grimm，Jr.，Shannon Maynard and Susannah Washburn. 2009. "The New Volunteer Workforce." *Stanford Social Innovation Review*，Winter 32-37.

Elliot，D. 1991. "What Counts as Deception in Higher Education Development." In Dwight F. Burlingame and Lamont J. Hulse（eds.），*Taking Fund Raising*

Seriously. San Francisco, CA: Jossey-Bass.

Ellis, Susan J. and Katherine H. Noyes. 1990. *By the People: A History of Americans as Volunteers*. San Francisco, CA: Jossey-Bass.

English, Cynthia. 2011. "Civic Engagement Highest in Developed Nations." Retrieved June 20, 2015 from http://www.gallup.com/poll/145589/civic-engagement-highest-developed-countrics.aspx.

Fender, Stacy A. 2011. "Philanthropy in the Queer Community: A Review and Analysis of Available Research and Literature on Philanthropy Within the Queer Community from 1969 to 2009." MA thesis, Saint Mary's University of Minnesota.

Fischer, Marilyn. 2000. *Ethical Decision Making in Fund Raising*. New York: John Wiley & Sons, Inc.

Fishman, James J. and Stephen Schwarz. 2010. *Nonprofit Organizations*, 4th ed. New York: Foundation Press.

Flandez, Raymund. 2013. "As Wedding Bells Ring, Charities Seek Support from Newly Visible Same-Sex Couples." *Chronicle of Philanthropy*, May 19, 2013.

Fleishman, Joel L. 2007. *The Foundation: A Great American Secret*. New York: Public Affairs.

Foundation Center. 2014. *Key Facts on U.S. Foundations*. New York: Foundation Center.

Frantzreb, Arthur C. 1991. "Seeking Big Gifts." In Henry A. Rosso, *Achieving Excellence in Fund Raising*, pp. 117–129. San Francisco, CA: Jossey-Bass.

Fried, Linda P., M. C. Carlson, M. Freedman, K. D. Frick, T. A. Glass, J. Hill, S. McGill, G. W. Rebok, T. Seeman, J. Tielsch, B. A. Wasik, and S. Zeger. 2004. "A Social Model for Health Promotion for an Aging Population: Initial Evidence on the Experience Corps *Model*." *Journal of Urban Healthy*, 81 (1): 64–78.

Friedman, Milton. 1970. "The Social Responsibility of Business is to Increase its Profits." *The New York Times Magazine*, September 13, 1970.

Fry, Richard. 2013. "Four Takeaways from Tuesday's Census Income and

Poverty Release." Pew Research Center. Retrieved from: http://www.pewrescarch.org/fact-tank/2013/09/18/four-takeaways-from-tuesdays-census-income-and-poverty-release/.

Galaskiewicz, Joseph and Michelle Sinclair Colman. 2006. "Collaboration between Corporations and Nonprofit Organizations." In W. W. Powell and R. Steinberg (eds.), *The Nonprofit Sector: A Research Handbook*, 2nd ed., pp. 180-204. New Haven, CT: Yale University Press.

Gallo, Marcia M. 2001. "Lesbian Giving-and Getting: Tending Radical Roots in an Era of Venture Philanthropy." *Journal of Lesbian Studies*, 5: 63-70.

Garber, Sheldon. 1993. "The Fund Raising Professional: An Agent for Change." Presentation at the International Conference for the Association of Healthcare Philanthropy, Chicago, IL, October 4, 1993.

Gardner, John W. 1990. *On Leadership*. New York: The Free Press.

Garvey, Jason C. and Noah D. Drezner. 2013a. "Advancement Staff and Alumni Advocates: Cultivating LGBTQ Alumni by Promoting Individual and Community Uplift." *Journal of Diversity in Higher Education*, 6 (3): 199-218.

Garvey, Jason C. and Noah D. Drezner. 2013b. "Alumni Giving in the LGBTQ Communities: Queering Philanthropy." In Noah D. Drezner (ed.), *Expanding the Donor Base in Higher Education: Engaging Non-Traditional Donors*, pp. 74-86. New York: Routledge.

Gates, Gary J. 2011. *How Many People are Lesbian, Gay, Bisexual, and Transgender?* Los Angeles, CA: The Williams Institute, UCLA School of Law.

Gates, Gary J. 2015. *Demographics of Married and Unmarried Same-Sex Couples: Analyses of the* 2013 *American Community Survey*. Los Angeles, CA: The Williams Institute, UCLA School of Law.

Gates, Gary J. and Frank Newport. 2012. "Special Report: 3.4% of U.S. Adults Identify as LGBT." *Gallup*, October 18, 2012. Available at: http://www.gallup.com/poll/158066/special-report-adults-identify-lgbt.aspx.

Gilmore, James H. and B. Joseph Pine II. 2007. *Authenticity*. Boston, MA:

Harvard Business School Press.

Giving USA: The Annual Report on Philanthropy for the Year 2008. 2009. Chicago: Giving USA Foundation.

Giving USA: The Annual Report on Philanthropy for the Year 2013. 2014. Chicago: Giving USA Foundation.

Giving USA: The Annual Report on Philanthropy for the Year 2014. 2015. Chicago: Giving USA Foundation.

Gladwell, Malcolm. 2000. *The Tipping Point: How Little Things Can Make a Big Difference.* Boston, MA: Little, Brown and Company.

Gourville, John and V. Kasturi Rangan. 2004. "Valuing the Cause Marketing Relationship." *California Management Review*, 47 (1): 38-56.

Gray, Kurt. 2010. "Moral Transformation: Good and Evil Turn the Weak into the Mighty." *Social Psychological and Personality Science*, 1 (2): 253-258.

Greenfield, James M. 2002. *Fundraising Fundamentals: A Guide to Annual Giving for Professionals and Volunteers*, 2nd ed. New York: John Wiley & Sons, Inc.

Greenfield, Emily A. and Nadine F. Marks. 2004. "Formal Volunteering as a Protective Factor for Older Adults' Psychological Well-Being." *Journal of Gerontology*, 59B (5): S258-S264.

Gunderman, Richard B. 2009. *We Make a Life by What We Give.* Bloomington, IN: Indiana University Press.

Hall, Holly. 2007. "Evaluating How Well a Fund Raiser Does in Luring Big Gifts." *Chronicle of Philanthropy*, October 1, 2007.

Hall, Holly. 2010. "People Skills No Longer Sufficient for Fund Raisers to Thrive." *The Chronicle of Philanthropy*, April 4.

Hacker, Holly K. 2009. "Seven Universities Raise Enough for 'Tier One'." *Dallas Morning News*, September 2, 2009.

Hager, Mark. 2004. "Exploring Measurement and Evaluation Effects in Fundraising." *New Directors in Philanthropic Fundraising*, No. 41. San Francisco: Jossey-Bass.

Harbaugh, William T., Ulrich Mayr, and Daniel R. Burghart. 2007. "Neural Responses to Taxation and Voluntary Giving Reveal Motives for Charitable Donations." *Science*, 316: 1622-1625. Oxford: Oxford University Pres.

Havens, John J. and Paul G. Schervish. 2001. "Wealth and Commonwealth: New Findings on Wherewithal and Philanthropy." *Nonprofit and Voluntary Sector Quarterly*, 5-25.

Havens, John J., Mary A. O'Herlihy, and Paul G. Schervish. 2006. "Charitable Giving: How Much, by Whom, to What, and How?" In Walter Powell and Richard Steinberg (eds.), *The Nonprofit Sector: A Research Handbook*, pp. 542-567. New Haven, CT: Yale University Press.

Heath, Chip and Dan Heath. 2007. *Made to Stick: Why Home Ideas Survive and Others Die.* New York: Random House.

Helms, Sara and Jeremy P. Thornton. 2008. *The Influence of Religiosity on Charitable Behavior: A COPPS Investigation* (Working Paper). Birmingham, AL: Brock School of Business at Samford University.

Hirschfelder, Adam S. and Sabrain L. Reilly. 2007. "Rx: Volunteer, A Prescription for Healthy Aging." In Stephen G. Post (ed.), *Altruism and Health: Perspectives from Empirical Research*, pp. 116-140.

HNW Inc. 2000. *HNW Wealth Pulse: Wealth and Giving.* HNW Inc.

Ho, S. Shaun, S. Konrath, S. Brown, J. E. Swain. 2014. "Empathy and Stress Related Neural Responses in Maternal Decision Making." *Frontiers in Neuroscience*, 8: 152. doi: 10.3389/fnins.2014.00152

Hodgkinson, Virginia. 2002. "Individual Volunteering and Giving." In Lester Salamon (ed.), *The State of Nonprofit America.* Washington, DC: Brookings Institution Press.

Hope Consulting. 2010. *Money for Good: The US Market for Impact Investments and Charitable Gifts from individual Donors and Investors.* Hope Consulting.

Hopkins, Bruce R. 2002. *The Law of Fundraising*, 3rd ed. New York: John Wiley & Sons, Inc.

Horizons Foundation. 2008. *Building a New Tradition of LGBT Philanthropy.* San Francisco, CA: Horizons Foundation.

Huang, Yunhui. 2014. " Downward Social Comparison Increases Life-Satisfaction in the Giving and Volunteering Context. " *Social Indicators Research*. doi: 10. 1007/s11205-014-0849-6

Hudnut-Beumler James. 2007. *In Pursuit of the Almighty's Dollar*. Chapel Hill, NC: University of North Carolina Press.

Hunter, K. I. and Margaret W. Linn. 1981. "Psychosocial Differences Between Elderly Volunteers and Non-Volunteers." *The International Journal of Aging and Human Development*, 12 (3): 205-213.

IEG Sponsorship Report. 2009. IEG, LLC. www. sponsorship. com/iegsr.

Ilchman, Warren F., Stanley N. Katz, and Edward L. Queen. 1998. *Philanthropy in the World's Traditions*. Bloomington, IN: Indiana University Press.

Immigration Policy Center. 2014. *Strength in Diversity: The Economic and Political Power of Immigrants, Latinos, and Asians*. American Immigration Council. Retrieved from: http: //www. immigrationpolicy. org/just-facts/strength-divcrsity-economic-and-political-power-immigrants-latinos-and-asians.

Independent Sector. 1996. *Givingand Volunteering in the United States*. Washington, DC.

Independent Sector. 1998. *Public Policy Update: Special Report*. Washington, DC.

Independent Sector. 2001. *Givingand Volunleering in the United States*. Washington, DC.

Independent Sector. 2002a. *Ethics and the Nation's Voluntary and Philanthropic Community: Obedience to the Unenforceable*. Washington, DC.

Independent Sector. 2002b. *The New Nonprofit Almanac and Desk Reference*. Washington, DC.

Independent Sector. 2007. *Principles of Good Governance and Ethical Practice*. Washington, DC.

Independent Sector. 2014. *Value of Volunteer Time*. Retrieved April 22, 2015 from: http: //independentsector. org/volunteer_ time.

Independent Sector. 2015. *Principles for Good Governance and Ethical Practice: A Guide for Charities and Foundations*. Washington, DC.

Indiana University Center on Philanilirropy. 2006. *Bank of America Study of High Net Worth Philanthropy: Portraits of Donors.* Indianapolis, IN: The Trustees of Indiana University.

Indiana Universily Center on Philanthropy. 2007. *Corporate Philanlhirypy: The Age of Integration*, Indianapolis, IN: The Trustees of Indiana University.

Indiana University Center on Philanthropy. 2008a. *Bank of America Study of High Net Worth Philanthropy.* Indianapolis, IN: The Trustees of Indiana University.

Indiana University Center on Philanthropy. 2008b. *An Analysis of Million Dollar Gifts* (2000–2007) . Indianapolis, IN: The Trustees of Indiana University.

Indiana University Center on Philanthropy. 2008c. *Bank of America Study of High Net Worth Philanthropy. Portraits of Donors.* Indianapolis, IN: The Trustees of Indiana University.

Indiana University Center on Philanthropy. 2009a. *Philanthropic Giving Index: Summer 2009.* Indianapolis: The Trustees of Indiana University.

Indiana University Center on Philanthropy. 2009b. Overview of Overall Giving. Philanthropy Panel Study. Retrieved from: http://www.philanthropy.iupui.edu/files/research/2009ppskeyfindings.pdf.

Indiana University Center on Philanthropy. 2010. *Bank of America Merrill Lynch Study of High Net Worth Philanthropy.* Indianapolis, IN: The Trustees of Indiana University.

Indiana University Center on Philanthropy. 2011. *2011 Study of High Net Worth Women's Philanthropy and the Impact of Women's Giving Networks.* Indianapolis, IN: The Trustees of Indiana University.

Indiana University Center on Philanthropy. 2012. *Bank of America Merrill Lynch Study of High Net Worth Philanthropy.* Indianapolis, IN: The Trustees of Indiana University.

Indiana University Lilly Family School of Philanthropy. 2014. *The* 2014 *U. S. Trust Study of High Net-Worth Individuals.* Indianapolis, IN: The Trustees of Indiana University.

Indiana University Lilly Family School of Philanthropy. 2015. *The Philanthropy*

Outlook: *2015 and 2016*. Indianapolis, IN: The Trustees of Indiana University.

Indiana University The Fund Raising School. 2002. *Principles and Techniques of Fundraising*. Indianapolis, IN: The Trustees of Indiana University.

Indiana University The Fund Raising School. 2009. *Principles and Techniques of Fundraising*. Indianapolis, IN: The Trustees of Indiana University.

Indiana University The Fund Raising School. 2015. *Principles and Techniques of Fundraising*: *Study Guide*. Indianapolis, IN: The Fund Raising School.

Institute of Medicine. 2011. *The Health of Lesbian, Gay, Bisexual, and Transgender People*: *Building a Foundation for Better Understanding*. Washington, DC: National Academics Press.

Internal Revenue Service. 2007. *Female Top Wealth Holders by Size of Net Worth*. Retrieved from: http://www.irs.gov/uac/SOI-Tax-Stats-Female-Top-Wealthholders-by-Size-of-Net-Worth.

Internal Revenue Service. 2015. " Exempt Organization Annual Reporting Requirements-Overview. " Accessed June 8, 2015: http://www.irs.gov/Charities-&-Non-Profits/Exempt-Organizations-Annual-Reporting-Requirements-Overnview-Annual-Return-Filing-Exceptions.

Jackson, William J. 2008. *The Wisdom of Generosity*: *A Reader in American Philanthropy*. Waco, TX: Baylor University Press.

Jackson, Kenneth W. Alandra L. Washington, and Russell H. Jackson. 2012. "Strategies for Impacting Change in Communities of Color." *The Foundation Review*, 4 (1): 54–67.

Jacobs, Jill. 2009. *There Shall Be No Needy*: *Pursuing Social Justice through Jewish Law and Tradition*. Woodstock, VT: Jewish Lights Publishing.

Jaschik, Scott. 2005. "Price Check." *CASE Currents*, January 4, 2005.

Joseph, James A. 1995. *Remaking America*: *How the Benevolent Traditions of Many Cultures Are Transforming Our National Life*. San Francisco, CA: Jossey-Bass.

Josephson, Michael S. 2002. *Making Ethical Decisions*. Marina Del Ray, CA: Joseph and Edna Josephson Institute on Ethics.

Joulfaian, David. 2000. *Charitable Giving in Life and Death* (Working

Paper) . University of Michigan Business School and Office of Tax Policy Research.

Kahana, Eva, T. Bhatta, L. D. Lovegreen, B. Kahana, E. Midlarsky. 2013. "Altruism, Helping, and Volunteering: Pathways to Well-Being in Late Life." *Journal of Aging and Health* , 25 (1): 159–187.

Kanter, Beth and Allison Fine. 2010. *The Networked Nonprofit: Connecting with Social Media to Drive Change.* San Francisco, CA: Jossey-Bass.

Karlan, Dean and John A. List. 2007. "Does Price Matter in Charitable Ciiving? Evidence from a Large-Scale Natural Field Experiment." *American Economic Review*, 97 (5): 1774–1793.

Katz, Daniel and Robert L. Kahn. 1978. T*he Social Psychology of Organizations.* New York: John Wiley & Sons, Inc.

Kearns, Kevin P. 1996. *Managing for Accountability: Trust in Publicand Nonprofit Organizations.* San Francisco, CA: Jossey-Bass.

Keidan, Charles, Tobias Jung and Cathy Pharoah. 2014. "Philanthropy Education in the UK and Continental Europe: Current Provision, Perceptions and Opportunities." Centre for Charitable Giving and Philanthropy, Cass Business School, City University London.

Kelly, Kathleen S. 1998. *Effective Fund-Raising Management.* Mahwah: Lawrence Erlbaum Associates.

Kendell, Kate and Ruth Herring. 2001. "Funding the National Center for Lesbian Rights." *Journal of Lesbian Studies*, 5 (3): 95–103.

Khanna, Tarun. 2014. "Contextual Intelligence." *Harvard Business Review*, September 2014.

Koestner, Richard, Carol Franz, and Joel Weinberger. 1990. "The Family Origins of Empathic Concern: A 26-Year Longitudinal Study." *Journal of Personality and Social Psychlogy*, 58 (4): 709–717.

Konrath, Sara. 2014. "The Power of Philanthropy and Volunteering." In *Wellbeing: A Complete Reference Guide, Interventions and Policies to Enhance Wellbeing*, Vol. 6, pp. 387–426. Hoboken, NJ: John Wiley & Sons, Inc.

Konrath, Sard, Andrea Fuhrel-Forbis, Alina Lou, and Stephanie

Brown. 2012. "Motives for Volunteering Are Associated with Mortality Risk in Older Adults." *Health Psychology*, 31: 87-96.

Kotler, Philip and Alan R. Andreasen. 1996. *Strategic Marketing for Nonprofit Organizations*, 5th ed. Englewood Cliffs, NJ: Prentice Hall.

Kotler, Philip and Karen Fox. 1995. *Strategic Marketing for Educational Institutions*, 2nd ed. Englewood Cliffs, NJ: Prentice Hall.

Kublcr-Ross, Elizabeth. 1969. *On Death and Dying*. New York: Simon and Schuster.

Kumar, Nirmalya and Jan-Benedict E. M. Steenkamp. 2013. "Diaspora Marketing." *Harvard Business Review*, October 2013.

Kumar, Santosh, Rocio Calvo, Mauricio Avendano, Kavita Sivaramakrishnan, and Lisa F. Berkmanb. 2012. "Social Support, Volunteering and Health Around the World: Cross-National Evidence from 139 Countries." *Social Science and Medicine*, 696-706.

Lacy, Kyle. 2013. "50 Email Marketing Tips and Stats for 2014." Sales Forcc. Available at http://www.exacttarget.com/blog/50-email-marketing-tips-and-stats-for-2014/.

Layous, Kristin, S. Katherine Nelson, Eva Oberle, Kimberly A. Schonert-Reichl, and Sonja Lyubomirsky. 2012. "Kindness Counts: Prompting Prosocial Behavior in Preadolescents Boosts Peer Acceptance and Well-Being." *PLoS ONE*, 7 (12): e51380. doi: 10.1371/journal.pone.0051380

Lee, Young-joo and Jeffrey Brudney. 2012." Participation in Formal and Informal Volunteering: Implications for Volunteer Recruitment." *Nonprofit Management and Leadership*, 23 (2): 159-180.

Levinson, Kate. 2011. *Emotional Currency: A Woman's Guide to Building a Healthy Relationship with Money*. New York: Celestial Arts.

Levy, Jamie D. 2004. "The Growth of Fundraising: Framing the Impact of Research and Literature on Education and Training." In *New Directions for Philanthiorpic Fundraising*, No. 43, pp. 21-30. San Francisco, CA: Jossey-Bass.

Lewin, Tamar. 2000. "Couple Gives $2 Million for Gay Student Center." *The New York Times*, October 13, 2000.

LGBT Movement Advancement Project (MAP) and Services and Advocacy for Gay, Lesbian, Bisexual, and Transgender Elders (SAGE). 2010. *Improving the Lives of LGBT Older Adults*. Denver, CO and New York, NY: MAP and SAGE.

Li, Yunqing and Kenneth F. Ferraro. 2005. "Volunteering and Depression in Later Life: Social Benefit or Selection Process?" *Journal of Health and Social Behavior*, 46 (1): 68-84.

Light, Paul C. 2008. "How Americans View Charities: A Report on Charitable Confidence, 2008." In *Issues in Governance Studies*. Washington, DC: Brookings.

Lipka, Michael. 2013. *What Surveys Say about Worship Attendance-And Why Some Stay Home*. Washington, DC: Pew Research Center.

Liu, Wendy and Jennifer Aaker. 2008. "The Happiness of Giving: The Time-Ask Effect." *Journal of Consumer Research*, 35: 543-557.

Lysakowski, Linda. 2005. *Nonprofit Essentials: Recruiting and Training Fundraising Volunteers*. Hoboken, NJ: John Wiley & Sons, Inc.

MacLaughlin, Steve. 2010. "Demystifying Online Metrics." In Ted Hart, James M. Greenfield, Steve MacLaughlin, and Philip H. Geier, Jr. (eds.), *Internet Management for Nonprofits: Strategies, Tools and Trade Secrets*. Hoboken, NJ: John Wiley & Sons, Inc.

MacLaughlin, Steve. 2015. *Charitable Giving Report: How Nonprofit Fundraising Performed in 2014*. Blackbaud, Inc.

Mattson, Ingrid. 2010. "Zakat in America: The Evolving Role of Islamic Charity in Community Cohesion," Lake Lecture. Indianapolis: Center on Philanthropy at Indiana University, Lake Institute on Faith and Giving.

Maxwell, Margret M. 2011. "Selecting and Working with Fundraising Consultants." In Eugene R. Tempel, Timothy L. Seiler, and Eva. A. Aldrich (eds.), *Achieving Excellence in Fund Raising*, 3rd ed., pp. 375-382. San Francisco, CA: Jossey-Bass.

McCarthy, Kathleen D. 2003. *American Creed: Philanthropy and the Rise of Civil Society*, 1700-1865. Chicago, IL: University of Chicago Press.

McDougle, Lindsey, Femida Handy, Sara Konrath, and Marlene Walk. 2013. "Health Outcomes and Volunteering: The Moderating Role of Religiosity." *Social Indicators Research*, 117: 1-15.

McKeever, Brice S. and Sarah L. Pettijohn. 2014. *The Nonprofit Sector in Brief 2014: Public Charities, Giving and Volunteering*. Washington, DC: National Center for Charitable Statistics at the Urban Institute.

McKitrick, Melanie, J. Shawn Landres, Mark Ottoni-Wilhelm, and Amir Hayat. 2013. *Connected to Give: Faith Communities*. Los Angeles, CA: Jumpstart.

McRobbie, Laurie B. 2013. "The Women's Philanthropy Council." In Michelle Minter and Patricia Jackson (eds.), *From Donor to Philanthropist: The Value of Donor Education in Creating Confident, Joyful Givers*, pp. 105-120. Washington, DC: CASE.

Meier, Stephan and Alois Stutzer. 2008. "Is Volunteering Rewarding in Itself?" *Economica* 75 (297): 39-59.

Merrill Lynch and Capgemini. 2007. *World Wealth Report 2007*. Merrill Lynch and Capgemini.

Mesch, Debra J. 2010. *Women Give 2010: New Research about Women and Giving*. Indianapolis, IN: Indiana University Lilly Family School of Philanthropy.

Mesch, Debra J. 2012. *Women Give 2012: New Research about Women and Giving*. Indianapolis, IN: Indiana University Lilly Family School of Philanthropy.

Mesch, Debra J. and Una Osili. 2014. *Women Give 2014: New Research on Women, Religion, and Philanthropy*. Indianapolis, IN: Indiana University Lilly Family School of Philanthropy.

Meyer, Erin. 2014. "Navigating the Cultural Minefield." *Harvard Business Review*, May 2014.

Millennial Impact Report. 2010. *A Study of Millennial Giving and Engagement*

Habits. Indianapolis, IN. Retrieved from: http: //cdn. trustedpartner. com/docs/library/ AchieveMCON2013/MD10%20Full%20Report. pdf.

Millennial Impact Report. 2013. *Connect*, *Involve*, *Give*. Indianapolis, IN. Retrieved from: http: //cdn. trustedpartner. com/docs/library/AchieveMCON2013/Research%20Report/Millennial%20Impact%20Research. pdf.

Millennial Impact Report. 2014. *Inspiring the Next Generation Workforce*. Indianapolis, IN. Retrieved from: http: //cdn. trustcdpartner. com/docs/library/AchieveMCON2013/MIR_2014. pdf.

Miller, Neil. 2006. *Out of the Past*. New York, NY: Advocate Books.

Mirabella,, Roseanne M. 2007. "University-Based Educational Programs in Nonprofit Management and Philanthropic Studies: A 10-Year Review and Projections of Future Trends." *Nonprofit and Voluntary Sector Quarterly*, 36 (4 Suppl.): 11S–27S.

Mirabella, Roseanne M. 2015. "Nonprofit Management Education Current Offerings in University-Based Programs." Seton Hall University web site http: //academic. shu. edu/npo/.

Mogilner, Cassie, Zoe Chance, and Michael I. Norton. 2012. "Giving Time Gives You Time." *Psychological Science*, 23 (10): 1233–1238.

Mojza, EvaJ., C. Lorenz, S. Sonnentag, and C. Binnewies. 2010. "Daily Recovery Experiences: The Role of Volunteer Work During LeisureTime." *Journal of Occupational Health Psychology*, 15 (1): 60–74.

Moll, Jorge, Frank Krueger, Roland Zahn, Matteo Pardini, Ricardo de Oliveira-Souza, and JordanGrafniman. 2006. "Human Fronto-Mesolimbic Networks Guide Decisions about Charitable Donation." *Proceedings of the National Academy of Sciences*, 103 (42): 15623–15628.

Morris, Tom. 1997. *If Aristotle Ran General Motors*. New York: Henry Holt and Company.

Movement Advancement Project. 2009. *LGBT Nonprofits and Their Funders in a Troubled Economy*. Denver, CO: Movement Advancement Project.

Musick, Marc A. and John Wilson. 2003. "Volunteering and Depression: The Role of Psychological and Social Resources in Different Age Groups." *Social*

Science and Medicine 56 (2): 259–269.

Musick, Marc A. and John Wilson. 2008. *Volunteers: A Social Profile.* Bloomington, IN: Indiana University Press.

National Council of Nonprofits. 2015. "State Law Nonprofit Audit Requirements." Accessed June 8, 2015: https://www.councilofnonprofits.org/nonprofit-audit- guide/state-law-audit-requirements.

Newman, Diana. 2002. *Opening Doors: Pathways to Diverse Donors.* San Francisco, CA: Jossey-Bass.

Neyfakh, Leon. 2013. "Donor Advised Funds: Where Charity Goes to Wait." *The Boston Globe*, December 1, 2013.

Nonprofit Academic Centers Council. 2007. "Curricular Guidelines for Graduate Study in Nonprofit Leadership, the Nonprofit Sector and Philanthropy." Cleveland, OH: Nonprofit Academic Centers Council.

Nonprofit Research Collaborative. 2012. "Nonprofit Fundraising Survey for 2011 Year-End Results." Accessed January 26, 2015: http://npresearch.org/winter-2012.html.

Nonprofit Research Collaborative. 2014. "Nonprofit Fundraising Study Covering Charitable Receipts at Nonprofit Organizations in the United States and Canada in 2013." Accessed June 11, 2015 at http://www.afpnet.org/files/ContentDocuments/2014NRCWinter.pdf.

Norton, Michael I., Lalin Anik, Lara B. Aknin, Elizabeth W. Dunn, and Jordi Quoidbach. 2012. "Prosocial Incentives Increase Employee Satisfaction and Team Performance." Unpublished manuscript.

O'Brien, Carol L. 2005. "Thinking Beyond the Dollar Goal: A Campaign as Organizational Transformation." In *New Directions for Philanthropic Fundraising*, No. 47. San Francisco, CA: Jossey-Bass.

O'Connell, Martin and Sarah Feliz. 2011. "Same-Sex Couple Household Statistics from the 2012 Census." SEHSD Working Paper Number 2011–26. Retrieved from: https://www.census.gov/hhes/samesex/data/decennial.html.

O'Connor, Pauline. 2014. "The New Regulatory Regime for Social Enterprise in Canada: Potential Impacts on Nonprofit Growth and Sustainability."

Association of Fundraising Professionals. Accessed June 4, 2015. http: //afpdc. afpnet. org/International/fndnewsdetail. cfm? ItemNumber=24761.

O'Neill, Michael. 1993. "Fund Raising as an Ethical Act." *Advancing Philanthropy*, 1: 30-35.

Osili, Una and Dan Du. 2003. *Immigrant Assimilation and Charitable Giving*. Retrieved from: http: //www. philanthropy. iupui. edu/files/research/immigrant_ assimilation_ and _ charitable_ giving. pdf.

Ostrower, Francie. 1995. *Why the Wealthy Give: The Culture of Elite Philanthropy*. Princeton, NJ: Princeton University Press.

Otake, Keiko, Satoshi Shimai, Junko Tanaka-Matsumi, Kanako Otsui, and Barbara L. Fredrickson. 2006. "Happy People Become Happier Through Kindness: A Counting Kindness Intervention." *Journal of Happiness Studies*, 7 (3): 361-375.

Payton, Robert L. 1988. *Philanthropy: Voluntary Action for the Public Good*. New York: American Council on Education/Macmillan.

Payton, Robert L. and Michael P. Moody. 2008. *Understanding Philanthropy: Its Meaning and Mission*. Bloomington, IN: Indiana University Press.

Perry, Suzanne. 2015. "1 in 3 Americans Lack Faith in Charities, Chronicle Poll Finds." *Chronicle of Philanthropy*. October 5.

Peterson, Brooks. 2004. *Cultural Intelligence*. Yarmouth, ME: Intercultural Press Inc.

Pettey, Janice Gow. 2013. *Nonprofit Fundraising Strategy: A Guide to Ethical Decision Making and Regulation for Nonprofit Organizations*. Hoboken, NJ: John Wiley & Sons, Inc.

Pew Research Center. 2014. *Millennials in Adulthood: Detached from Institutions, Networked with Friends*. Washington, DC Retrieved from: http: //www. pewsocialtrends. org/files/2014/ 03/2014 - 03 - 07 _ generations-report-version-for-web. pdf.

Pew Research Center. 2015. *America's Changing Religious Landscape*. Washington, DC. Retrieved from: http: //www. pewforum. org/files/2015/05/RLS - 05 - 08 - full-report. pdf.

Pine, B. Joseph Ⅱ and James H. Gilmore. 1999. *The Experience Economy*. Boston: Harvard Business School Press.

Preston, Stephanie D. 2013. "The Origins of Altruism in Offspring Care." *Psychological Bulletin*, 139: 1305.

Pribbenow, Paul P. 1993. "Public Service: Renewing the Moral Meaning of Professions in America." Unpublished doctoral dissertation, University of Chicago, Divinity School, hicago, IL.

Pribbenow, Paul P. 1999. "Love and Work: Rethinking Our Modes of Professions." In *New Directions for Philanthropic Fundraising*, No. 26, pp. 29-50. San Francisco, CA: Jossey-Bass.

Prince, Russ Alan and Karen Mam File. 1994. *The Seven Faces of Philanthropy. A New Approach to Cultivating Major Donors*. San Francisco, CA: Jossey-Bass.

Putnam, Robert D. and David E. Campbell. 2010. *American Grace: How Religion Divides and Unites Us*. New York: Simon & Schuster.

Quintana, Nico S., Josh Rosenthal, andJeff Krehely. 2010. *On the Streets: The Federal Response to Gay and Transgender Homeless Youth*. Washington, DC: Center for American Progress.

Radicati, Sarah. 2013. "Email Statistics Report, 2013-2017." Palo Alto, CA: The Radicati Group, Inc.

Ramos, Henry. n. d. "Harnessing the Still Untapped Potential of Diverse Donors." *AFP Kaleidoscope*. Accessed June 11, 2015: http://www.afpnet.org/newsletters/k/Spring2013/harness.html.

Redbird. 2011. *Motivate and Convince: The Most Effective Tactics for Attracting Donors and Volunteers*. Accessed June 25, 2015: http://www.redbirdonline.com/sites/default/files/imce/motivate_and_convince.pdf.

Reker, Gary T" Edward J. Peacock, and Paul T. P. Wong. 1987. "Meaning and Purpose in Life and Well-Being: A Life-Span Perspective." *Journal of Gerontology*, 42 (1): 44-49.

Reinhard, David A., Sara H. Konrath, William D. Lopez, and Heather G. Cameron. 2012. "Expensive Egos: Narcissistic Males Have Higher Cortisol."

PLoS ONE, 7 (1): e30858. doi: 10.1371/journal. pone. 0030858

Rockefeller, John D. 1933. "The Technique of Soliciting." Speech Delivered to the Citizens Family Welfare Committee, New York City.

Rockefeller Philanthropy Advisors. 2012. *Diversity, Inclusion and Effective Philanthropy*. Retrieved from: https: //rockpa. org/document. doc? id=207.

Rooney, Patrick M. 2010. "Dispelling Common Beliefs about Giving to Religious Institutions in the United States." In David H. Smith (ed.), *Religious Giving: For Love of God*, pp. 1 - 27. Bloomington, IN: Indiana University Press.

Rooney, Patrick M., Eleanor Brown, and Debra J. Mesch. 2007. "Who Decides in Giving to Education? A Study of Charitable Giving by Married Couples." *International Journal of Educational Advancement*, 7 (3): 229-242.

Rooney, Patrick M. and Sarah K. Nathan. 2011. "Contemporary Dynamics of Philanthropy." In Eugene R. Tempel, Timothy L. Seiler, and Eva A. Aldrich (eds.), *Achieving Excellence in Fundraising*, 3rd ed., pp. 117-124. San Francisco, CA: Jossey-Bass.

Rooney, Patrick M., Debra J. Mesch, William Chin, and Kathryn S. Steinberg. 2005. "The Effects of Race, Gender, and Survey Methodologies on Giving in the U. S." *Economic Letters*, 86: 173-180.

Rose, Sharon R. 1998. "A Study of Lesbian Philanthropy: Charitable Giving Patterns." MA thesis, University of San Francisco.

Rosso, Henry A. 1991. *Achieving Excellence in Fund Raising*. San Francisco, CA: Jossey-Bass.

Rovner, Mark. 2013. *The Next Generation of American Giving: The Charitable Habits of Crenerations Y, X, Baby Boomers, and Matures*. Charleston, SC: Blackbaud and Edge Research.

Rovner, Mark. 2015. *Diversity in Giving*. Blackbaud, Inc. Retrieved from: https: //www. blackbau. com. /nonprofit-resources/diversity-in-giving.

Rudd, Melanie, Jennifer Aakcr, and Michael I. Norton. 2014. "Getting the Most Out of Giving: Concretely Framing a Prosocial Goal Maximizes Happiness." *Journal of Experimental Social Psychology*, 54: 11-24.

Sacks, Eleanor W. 2014. *The Growing Importance of Community Foundations*. Indianapolis, IN: The Indiana University Lilly Family School of Philanthropy.

Sargeant, Adrian. 2001a. "Managing Donor Defection: Why Should Donors Stop Giving?" *New Directions for Philanthropic Fundraising*, 32.

Sargeant, Adrian. 2001b. "Relationship Fundraising: How to Keep Donors Loyal." *Nonprofit Management and Leadership*, 12 (2): 177-192. San Francisco, CA: Wiley Periodicals, Inc.

Sargeant, Adrian, John B. Ford, and Douglas C. West. 2005. "Perceptual Determinants of Nonprofit Giving Behavior." *Journal of Business Research*, 59 (2): 155-165.

Sargeant, Adrian and Elaine Jay. 2004. *Building Donor Loyalty: The fundraiser's Guide to Increasing Lifetime Value*. San Francisco, CA: Jossey-Bass.

Sargeant, Adrian and Elaine Jay. 2014. *Fundraising Management: Analysis, Planning and Practice*. London and New York: Routledge.

Scheitle, Christopher. 2010. *Beyond the Congregation: The World of Christian Nonprofits*. New York: Oxford University Press.

Scherer, Michael. 2012. "Exclusive: Obama's 2012 Digital Fundraising Outperformed 2008." *Time*, November 15, 2012.

Schervish, Paul G. 1997. "Inclination, Obligation, and Association: What We Know and What We Need to Learn About Donor Motivation." In Dwight F. Burlingame (ed.), *Critical Issues in Fund Raising*. New York: John Wiley & Sons, Inc.

Schervish, Paul G. 2000a. "The Material Horizons of Philanthropy: New Directions for Money and Motives." In *New Directions for Philanthropic Fundraising*, pp. 5-16. San Francisco, CA: Jossey-Bass.

Schervish, Paul G. 2000b. "The Spiritual Horizons of Philanthropy: New Directions for Money and Motives." In *New Directions for Philanthropic Fundraising*, pp. 17-31. San Francisco, CA: Jossey-Bass.

Schervish, Paul G. 2007. "Why the Wealthy Give: Factors Which Mobilize Philanthropy Among High Net-Worth Individuals." In Adrian Sargeant and

Walter Wymer (eds.), *The Routledge Companion to Nonprofit Marketing*, pp. 173-190. New York: Routledge.

Schervish, Paul G. and John J. Havens. 1997. "Social Participation and Charitable Giving: A Multivariate Analysis." *Voluntas*, 8 (3): 235-260.

Schervish, Paul G. and John J. Havens. 2001. *Extended Report of the Wealth with Responsibility Study*. Chestnut Hill, MA: Social Welfare Research Institute, Boston College.

Schervish, Paul G. and John J. Havens. 2003. *New Findings on the Patterns of Wealth and Philanthropy*. Chestnut Hill, MA: Social Welfare Research Institute, Boston College.

Schervish, Paul G., Mary A. O' Herlihy, and John J. Havens. 2001. "The Spiritual Secret of Wealth: The Inner Dynamics by Which Fortune Engenders Care." Workshop presented at the Welfare Research Institute Conference, Boston, MA, September 20, 2001.

Schwartz, Carolyn E. and Rabbi Meir Sendor. 1999. "Helping Other Helps Oneself: Response Shift Effects in Peer Support." *Social Science and Medicine*, 48 (11): 1563-1575.

Seiler, Timothy L. 2001. *Developing Your Case for Support*. San Francisco, CA: John Wiley & Sons, Inc.

Shaker, Genevieve. 2013. "The Generosily of the Professoriate: Faculty as Donors and Academic Citizens." *Metropolitan Universities*, 23 (3): 5-25.

Shang, Jen and Rachel Croson. 2009. "A Field Experiment in Charitable Contribution: The Impact of Social Information on the Voluntary Provision of Public Goods." *The Economic Journal*, 119: 1422-1439.

Siegel, Dan and Jenny Yancey. 2003. *Philanthropy's Forgotten Resource? Engaging the Individual Donor: The State of Donor Education Today and a Leadership Agenda for the Road Ahead*. Mill Valley, CA: New Visions: Philanthropic Research and Development.

Smith, Hayden W. 1997. "If Not Corporate Philanthropy, Then What?" *New York Law School Law Review*, 41: 757-770.

Smith, David H. 2005. *Good Intentions: The Moral Responsibilities of*

Trusteeship. Bloomington, IN: Indiana University Press.

Smith, Christian and Hilary Davidson. 2014. *The Paradox of Generosity: Giving We Receive, Grasping We Lose*. Oxford: Oxford University Press.

Smith, Christian, Michael O. Emerson, and Patricia Snell. 2008. *Passing the Plate: Why Americans Don't Give Away More Money*. New York: Oxford University Press.

Snell, Patricia and Brandon Vaidyanathan. 2011. "Motivations for and Obstacles to Religious Financial Giving." *Sociology of Religion*, 72 (2): 189–211.

Spectrem Group. 2002. *Charitable Giving and the Ultra High Net Worth Household: Reaching the Wealthy Donor*. Spectrem Group.

Sprecher, Susan and Pamela C. Regan. 2002. "Liking Some Things (In Some People) More than Others: Partner Preferences in Romantic Relationships and Friendships." *Journal of Social and Personal Relationships*, 19 (4): 463–481.

Steinberg, Richard and Debra Morris. 2010. "Ratio Discrimination in Charity Fundraising: The Inappropriate Use of Cost Ratios has Harmful Side-Effects." *Voluntary Sector Review*, 1 (1): 77–95.

Sterling, M. 2005. *Working with Creative People in 12 Steps*. Southampton, Ont: Chantry Island Publishing.

Steuerle, C. Eugene. 1987. *Charitable Giving Patterns of the Wealthy*. Washington, DC: Urban Institute.

Stevenson, Seth. 2010. "How to be Invisible." *Newsweek*, April 9, 2010.

Stukas, Arthur A., Russell Hoye, Matthew Nicholson, Kevin M. Brown and Laura Aisbett. 2014. "Motivations to Volunteer and their Associations with Volunteers' Well-Being." *Nonprofit and Voluntary Sector Quarterly*. doi: 10.1177/0899764014561122

Sturtevant, William T. 1997. *The Artful Journey: Cultivating and Soliciting the Major Gift*. Chicago, IL: Bonus Books, Inc.

Sulek, Marty. 2010. "On the Classical Meaning of Philanthropia." *Nonprofit and Voluntary Sector Quarterly*, 39 (3): 385–408.

Sullivan, Paul. 2014. "Giving Back to Your School in a Meaningful Way." *The New York Times*, October 10, 2014.

Taylor, Paul, Mark Hugo Lopez, Jessica Martinez, and Gabriel Velasco. 2012. "When Labels Don't Fit: Hispanics and Their Views of Identity." Pew Research Center. Retrieved from: http://www.pewhispanic.org/2012/04/04/ii-identity-pan-ethnicity-and-race/.

Tempel, Eugene R. 2003. *Achieving Excellence in Fund Raising*, 2nd ed. San Francisco, CA: Jossey-Bass.

Tempel, Eugene R. 2004. *Development Committee*. Washington, DC: BoardSource.

Tempel, Eugene R. 2008. "Bigger Isn't Always Better: The Importance of Small Gifts and Small Nonprofits." *Nonprofit*, June 15, 2008.

Tempel, Eugene R. and M. J. Beem. 2002. "The State of the Profession." In *New Strategies for Educational Fundraising*. Westport, CT: Praeger Publishers.

Tempel, Eugene R. and Margaret A. Duronio. 1997. "The Demographics and Experience of Fundraisers." In *New Directions for Philanthropic Fundraising*, No. 15, pp. 49–68. SanFrancisco, CA: Jossey-Bass.

Tempel, Eugene R., Timothy L. Seiler, and Eva A. Aldrich. 2011. *Achieving Excellence in Fundraising*, 3rd ed. San Francisco, CA: Jossey-Bass.

The Economist "Crossing the Divide: Why Culture Should be Cool." 2013. *The Economist*, October 12, 2013.

The Wired Wealthy: Using the Internet to Connect with Your Middle and Major Donors. 2008. Convio, Sea Change Strategies and Edge Research. Available at: http://seachangestrategies.com/scwp/wp-content/uploads/2014/03/wired-wealthy_final_32408.pdf.

The World Bank. 2015. "Remittances Growth to Slow Sharply in 2015, as Europe and Russia Stay Weak; Pick up Expected Next Year." Retrieved from: http://www.worldbank.org/en/news/press-release/2015/04/13/remittances-growth- to-slow-sharply-in-2015-as-europe-and-russia-stay-weak-pick-up-expected-next-year.

Tkach, Christopher Terrence. 2005. *Unlocking the Treasury of Human Kindness*:

Enduring Improvements in Mood, Happiness, and Self-Evaluations. University of California, Riverside, Unpublished doctoral dissertation.

Toce, Joseph. 2010. *Tax Economics of Charitable Giving.* New York: Thomson-Reuters.

TowerData. 2013. "Social Media 8c Email Marketing Integration Part 1: The Business Case." Available at http: //www. towerdata. com/blog/bid/118112/ Social-Media-Email- Marketing-Integration-Part-l-The-Business-Case.

Tsvetkova, Milena and Michael W. Macy. 2014. "Thc Social Contagion of Generosity." *PLoS ONE*, 9 (2): e87275. doi: 10. 1371/journal. pone. 0087275

Turcotte, Martin. 2015. *Volunteering and Charitable Giving in Canada.* Minister of Industry: Retrieved June 20, 2015 from: http: // www. statcan. gc. ca/pub/89-652-x/89-652 -x2015001-eng. pdf.

United Nations Volunteer. 2015. *State of the World's Volunteerism.* Retrieved June 20, 2015 from: http: //www. volunteeractioncounts. org/en/swvr - 2015. html.

United States v. American Bar Endowment. 1986. 477 U. S. 105.

United Way. 2013. "Heightening the Capacity of Our Nation." Retrieved from: https: //secure. unitedway. Org/page/-/Files/2013_DI_Annual_Report. pdf.

University of Texas at Dallas. 2015. "Opportunity Funds." Accessed June 8, 2015: http: //www. utdallas. edu/opportunity.

Unruh, Gregory C. and Angel Cabrera. 2013. "Join the Global Elite." *Harvard Business Review*, May 2013.

Uslander, Eric M. 2002. *The Moral Foundations of Trust.* Cambridge, UK: Cambridge University Press.

U. S. Bureau of Labor Statistics. 2014. *Women in the Labor Force: A Databook.* BLS Report 1052. Retrieved from: http: //www. bls. gov/opub/reports/ cps/women-in-the-labor-force-a-databook-2014. pdf.

U. S. Census Bureau. 2011a. *Income, Poverty and Health Insurance Coverage in the United States.* Washington, DC: Government Printing Office. Retrieved from: http: //www. census. gov/newsroom/relcases/archives/incomc _ wcalth/cb11-157. html.

U. S. Census Bureau. 2011b. *Facts for Features: American Indian and Alaska Native Heritage Month.* Washington, DC: Government Printing Office. Retrieved from: https: //www. census. gov/newsroom/releases/archives/facts _ for _ features _ special_ editions/cb11-ff22. html.

U. S. Census Bureau. 2012a. *Overview of Race and Hispanic Origin: 2010.* Washington, DC: Government Printing Office. Retrieved from: http: // ww. census. gov/prod/cen2010/briefs/c2010br-02. pdf.

U. S. Census Bureau. 2012b. *The Foreign-Born Population in the United States:* 2010. Washington, DC: Government Printing Office. Retrieved from: http: //www. census. gov/content/dam/Census/library/publications/2012/ acs/acs-19. pdf.

U. S. Census Bureau. 2012c. *U. S. Census Bureau Projections Show a Slower Growing, Older, More Diverse Nation a Half Century from Now.* Washington, DC: Government Printing Office. Retrieved from: http: //www. census. gov/ newsroom/releases/archives/population/cb12-243. html .

U. S. Census Bureau. 2013. *About: Race.* Washington, DC: Government Printing Office. Retrieved from: https: //www. census. gov/topics/population/race/about. html.

U. S. Census Bureau. 2014. *American Fact Finder.* Washington, DC: Government Printing Office. Retrieved from: http: //factfinder. census. gov/faces/tableservices/ jsf/pages/productview. xhtml? src =bkmk.

U. S. Department of Education, National Center for Education Statistics. 2012. *The Condition of Education 2012* (NCES 2012-045), Indicator 47.

U. S. Trust. 2002. *Survey of Affluent Americans XXI* U. S. Trust.

Van Willigen, Marike. 2000. "Differential Benefits of Volunteering Across the Life Course." *The Journals of Gerontology*, 55B (5): S308-S318.

Vespa, Jonathan, Jamie M. Lewis, and Rose M. Krieder. 2013. *America's Families and Living Arrangements*: 2012. United States Census Bureau. Retrieved from: http: //www. census. gov/prod/2013pubs/p20-570. pdf.

Vohs, Kathleen D., Nicole L. Mead, and Miranda R. Goode. 2006. "The Psychological Consequences of Money." *Science*, 314: 1154-1156.

Volunteering Australia. 2015. *Key Facts and Statistics about Volunteering in Australia.* Retrieved June 20, 2015 from: http: //www. volunteeringaustralia. org/wp-content/uploads/VA-Key-statistics-aboat-Australian-volunteering-16-April-20151. pdf.

Wagner, Lilya. 2002. *Careers in Fundraising.* New York: John Wiley & Sons, Inc.

Wagner, Lilya. 2005. *Leading Up: Transformational Leadership for Fundraisers.* New York: John Wiley & Sons, Inc.

Wagner, Lilya. 2007. "A Crossroads on the Path of Professionalism in Fundraising." *On Philanthropy*, September 17, 2007.

Walker, Julia Ingraham. 2006. *Major Gifts.* Hoboken, NJ: John Wiley & Sons, Inc.

Wang, Wendy, Kim Parker, and Paul Taylor. 2013. *Breadwinner Moms.* Washington, DC: Prc Research Center. Retrieved from: www. pewsocialtrends. org/2013/05/29/breadwinner-moms.

Wheeler, J. A., K. M. Gorey, and B. Greenblatt. 1998. "The Beneficial Effects of Volunteering for Older Volunteers and the People They Serve: A Meta-Analysis." *Internalional Journal of Aging and Human Development*, 47 (1): 69-79.

Wilhelm, Mark O., Eleanor Brown, Patrick M. Rooney, and Richard Steinberg. 2008. "The Intergenerational Transmission of Generosity." *Journal of Public Economics*, 92: 2146-2156.

Wilmington Trust/Campden Research Women and Wealth Survey. 2009. *The New Wealth Paradigm: How Affuent Women Are Taking Control of Their Futures.* Retrieved from: http: //www. wilmingtontrust. com/repositories/wtc_ sitecontent/PDF/new_ wealth_ paradigm. pdf.

Winkleman, Michael. 2005. *Cultural Awareness, Sensitivity and Competence.* Peosta, IA: Eddie Bowers Pub. Co.

Witter, Lisa and Lisa Chen. 2008. *The She Spot: Why Women are the Market for Changing the World and How to Reach Them.* San Francisco, CA: Berrett-Koehler Publishers, Inc.

W. K. Kellogg Foundation. 2012. *Cultures of Giving.* Retrieved from: http: //latinocf. org/pdf/Cultures-of-Giving_ Energizing-and-Expanding-Philanthropyby-and-for-Communities-of-Color. pdf.

Wood, E. W. 1997. "Profiling Major Gifts Fundraisers: What Qualifies Them for Success." In *New Directions for Philanthropic Fundraising*, No. 15, pp. 5-15. San Francisco, CA: Jossey-Bass.

Worth, Michael J. 2010. *Leading the Campaign: Advancing Colleges and Universities*. Lanham, MD: Rowan & Littlefield.

索　引

（以下页码为原书页码，为本书边码）

图书在版编目(CIP)数据

实现卓越筹款：第四版 /（美）尤金·坦普尔（Eugene R. Tempel），（美）蒂莫西·塞勒尔（Timothy L. Seiler），（美）德威特·伯林格姆（Dwight F. Burlingame）编；王伊，刘洋译. -- 北京：社会科学文献出版社，2025. 5

（非营利管理译丛）

书名原文：Achieving Excellence in Fundraising（Fourth Edition）

ISBN 978-7-5201-8333-8

Ⅰ. ①实… Ⅱ. ①尤… ②蒂… ③德… ④王… ⑤刘… Ⅲ. ①非营利组织-集资-组织管理-研究 Ⅳ. ①C912.21

中国国家版本馆 CIP 数据核字(2023)第 077073 号

· 非营利管理译丛 ·

实现卓越筹款(第四版)

编　　者 / ［美］尤金·坦普尔　［美］蒂莫西·塞勒尔　［美］德威特·伯林格姆

译　　者 / 王　伊　刘　洋

审　　校 / 杨　丽

出 版 人 / 冀祥德

责任编辑 / 黄金平　张建中

责任印制 / 岳　阳

出　　版 / 社会科学文献出版社·文化传媒分社(010)59367156

地址：北京市北三环中路甲 29 号院华龙大厦　邮编：100029

网址：www.ssap.com.cn

发　　行 / 社会科学文献出版社（010）59367028

印　　装 / 三河市龙林印务有限公司

规　　格 / 开　本：787mm × 1092mm　1/16

印　张：37.25　字　数：574 千字

版　　次 / 2025 年 5 月第 1 版　2025 年 5 月第 1 次印刷

书　　号 / ISBN 978-7-5201-8333-8

著作权合同登记号 / 图字 01-2024-5021 号

定　　价 / 188.00 元

读者服务电话：400891886